JN485133

스페인 언어문화사 II

이슬람 시대부터 현대까지

이강국 지음

HU:iNE

* 이 저서는 2017년 정부(교육부)의 재원으로 한국연구재단의 지원을 받아 수행된 연구임 (NRF 2017S1A6A4A01021067).

** 이 저서는 2022학년도 한국외국어대학교 교내학술연구비의 지원에 의하여 이루어진 것임.

이슬람 시대부터 현대까지

스페인 언어문화사 II

이강국 지음

HU:iNE

머리말

스페인어사를 전공한 사람으로서 오래전부터 이에 관한 책을 쓰고 싶었고 또 써야겠다고 생각하고 있었으나 워낙 방대한 작업이라 엄두가 나지 않았다. 구체적이고 세분화된 주제에 대해 깊이 파고드는 박사학위 논문과는 달리, 이 책은 깊이보다는 넓이에 더 집중할 수밖에 없었기 때문에 수집해야 하는 자료의 양이 무척 방대했다. 박사학위 논문도 읽어야 할 자료의 양이 많았지만 그래도 그것은 단일한 주제를 다룬 것이라 그리 복잡하지 않았는데, 수천 년에 걸친 언어사를 제한된 지면에 최대한 많은 내용을 넣으려다 보니 시간도 훨씬 더 오래 걸렸고 또 체계적으로 구성하는 것이 여간 어려운 일이 아니었다. 어떤 내용을 넣고 어떤 내용을 뺄까 크게 고민하지 않을 수 없었다. 이 경우에 가장 중요한 기준으로 삼은 것은 스페인어와 스페인 문화를 공부하는 독자들이 무엇에 관심을 둘까, 무엇을 배워야 할까 하는 점이었다. 스페인어사 관련 서적이라면 스페인을 비롯한 외국에서 출판된 것들이 시중에 많이 나와 있지만, 그들 대부분은 그 나라 독자들의 수준과 관심에 맞게 쓰여 있지 우리 상황에 맞는 것은 아니다. 개인적으로 편하게 가고 싶었다면,

적당한 책을 한 권 골라서 번역했을 것이다. 그러나 그보다는 그동안 내가 공부한 내용을 정리도 할 겸 직접 쓰는 것이 개인적으로나 독자들에게 도움이 되는 일이며, 전공한 학자로서의 도리라고 생각했다. 그런 의미에서, 가급적 스페인어를 공부하는 우리나라 독자들이 꼭 알아야 하는 문화사적 내용을 중심으로 책을 구성했으며, 제목도 『스페인 언어문화사』로 정했다. 덕분에, 힘은 들었지만, 오랜만에 학위 논문 쓸 때와 같은 집중력과 성취감을 느낄 수 있었다. 준비한 원고는 한 권으로 묶을 수 없을 만큼 양이 많아 부득이하게 두 권으로 나누어 출판할 수밖에 없었다.

아무쪼록, 이 책이 스페인어와 스페인 문화를 공부하는 사람들에게 조금이나마 도움이 되길 바랄 뿐이며, 내용이나 표기상의 오류는 전적으로 저자의 책임임을 밝힌다. 이 책이 빛을 볼 수 있도록 저술지원을 해주신 한국연구재단에 감사드리며, 출판을 허락해주신 한국외국어대학교 출판부에도 감사드린다.

2022년 4월

이강국

차례

*제1장부터 제4장까지는 『스페인 언어문화사 I』에 수록되어 있습니다.

제5장

이슬람 치하의 이베리아반도와 언어

5.1. 시대 상황

5.1.1. 제1기: 정복기(711-756)

5.1.1.1. 이슬람 세력의 반도 진출

7세기 초, 아라비아의 황량한 사막에서 통일된 국가를 세우지 못하고 부족 단위로 흩어져 살고 있던 아랍인들에게 유일신 알라의 계시를 받은 예언자 마호메트가 나타났다.[1] 출생 연도는 정확하게 알려지지 않

1 Abū l-Qāsim Muḥammad ibn ʿAbd Allāh ibn ʿAbd al-Muttalib ibn Hāšim al-Quraysīī라는 긴 이름을 가진 인물로, 줄여서 Mahoma ibn Abd Allāh라고 부른다. 570년경 메카에서 태어났다. 이름인 Mahomet는 Mahoma, Muhamad, Mohamed 등으로 표기되는 어휘들과 모두 어원(Ḥmd)에서 나온 말이다. 이 중에서 본서에서는 예언자를 '마호메트'로 표기한다. '찬양하다'라는 의미의 동사 hammada에서 나온 것으로 '남성 수동분사이다. 따라서 '찬양받은, 축복받은'이라는 의미이다. 본

으나 대개 570년경으로 추정되며, 610년 메카의 히라 동굴에서 신의 계시를 받고 이슬람교를 창시했다고 전한다.[2] 당시 아라비아에는 유일신을 믿는 유대인과 가톨릭교들도 소수 있었으나, 대부분의 부족은 다신교를 믿고 우상을 숭배하고 있었다. 마호메트는 메카에서 포교에 전념하다가 622년 여름 타 부족들의 박해를 피해 북쪽의 Yathrib이라는 도시로 피신했다. 이를 헤지라, 즉 '성천(聖遷)'이라고 한다. 이후 이 도시는 이슬람 세계의 '중요한 도시'라는 의미에서 이름이 Medina로 바뀌었다. 630년 자신을 따르는 교도들을 이끌고 메카로 진격해 무혈점령하는 데 성공함으로써 교세 확장에 큰 전기를 마련했다. 마호메트는 생전에 아라비아 반도를 정치, 종교적으로 통합했으며, 632년 메디나에서 사망했다.[3]

그의 뒤를 이은 칼리프들은 세력을 더욱 확장해, 동쪽으로는 메소포타미아, 북쪽으로는 시리아와 팔레스타인, 서쪽으로는 이집트까지 진출했다(642년). 이후 동쪽에서는 페르시아 제국을 멸망시키고(651년) 중앙아시아에 진출해 중국의 당(唐)과 국경을 맞대게 되었으며, 북쪽에서는 거대한 비잔틴 제국과 국경을 맞대게 됨으로써 더 이상의 팽창이 저지되었다.

래는 아랍 세계에서 흔한 남자 이름이었는데 예언자의 이름이다 보니 더욱 널리 쓰이게 되었다고 한다. ibn은 '-의 아들'이라는 뜻이며, Abd는 '종, 섬기는 자'이라는 뜻이다. Allah의 어원은 '신'을 뜻하는 ilāh에, 정관사 al이 붙은 al-ilāh에서 나온 것이다. 따라서, Alá는 그 자체로 Dios '신'이라는 의미이므로 '알라신'으로 표기하는 것은 올바른 것이 아니다. 이름의 의미는, 굳이 따지자면, '알라를 섬기는 자의 아들 마호메트'이다. https://www.britannica.com/topic/Allah 참조. 마호메트의 생애와 사상에 대해서는 브리태니커 편찬위원회(2017), 제1장, pp.31-53 참조.

2 히라(Hira) 동굴은 메카에서 북동쪽으로 약 3km쯤 떨어져 있는 누르산(Jabal al-Nour) 중턱에 위치해 있다. 높이는 약 270m쯤 되며, 많은 순례객이 방문하는 곳이다.

3 본 장에서 언급한 이슬람의 역사에 대한 자세한 사항은 최영길(2009)과 Hourani, Albert(2010)를 주로 참조했음을 밝힌다.

서쪽, 즉 북아프리카 쪽에서는 상황이 좀 더 양호한 편이었다. 사막의 전사들인 베두인족을 앞세워 651년에 트리폴리를 정복했다. 당시 북아프리카 일대는 반달족의 약탈과 비잔틴 제국의 수탈로 경제적으로 매우 피폐해져 있었고 정치적으로도 매우 불안정한 상태여서 이슬람 정복자들에게 좋은 조건을 제공하고 있었다. 680년경에는 대서양과 맞닿은 모로코와 모리타니아까지 진출했다. 이 지역 또한 아라비아반도만큼이나 혹독한 사막 지대였다. 그런데 지중해 건너 이베리아반도, 손에 잡힐 듯이 바라보이는 아름다운 시에라 네바다산맥은 푸른 숲이 우거지고 맑은 물이 넘쳐흐르는 그야말로 지상 낙원이었다. 3천 미터가 넘는 고봉에는 늦봄까지도 흰 눈이 덮여 있고 사시사철 푸른 숲이 우거져 있었다. 사막에서는 찾아볼 수 없는 황홀한 광경이었다. 풀 한 포기 자라지 않고 물 한 모금 얻기 힘든 황량한 모래벌판에서만 살던 그들에겐 참을 수 없는 유혹이었다. 꿈에 그리던 지상 낙원이 바로 저 바다 건너 손만 뻗으면 닿을 수 있는 거리에 펼쳐져 있는 것이었다. 그곳은 바로 과거 429년에 반달족이 건너온 곳이었다. 이번에는 이슬람교도들이 그 길을 거꾸로 되짚어가려 하고 있었다. 해협의 최단 거리가 14km 정도밖에 되지 않았으므로 상황만 허락되면 어렵지 않게 건널 수 있는 곳이었다. 기회만 엿보고 있던 차에 이베리아반도에서 반가운 소식이 날아들었다. 710년 로드리고가 왕위에 오르는 과정에서 서고트 왕국이 극심한 내분을 겪고 있다는 것이었다. 치열한 권력 투쟁에서 밀려난 위티사 일파는 북아프리카의 이슬람 세력에게 지원을 요청했다.[4] 더 없는 낭보가 아닐

4 위티사는 로드리고의 전임 왕으로 710년에 사망했다. 생전에 아들인 아길라 2세를 톨레도의 왕으로 내정했으나, 아길라 2세는 선출파의 영수인 로드리고와의 권력 투쟁에서 패했다. 이에 아길라 2

수 없었다.

710년 7월, 탕헤르의 총독이던 타릭 이븐 지야드는 반도의 상황을 파악하기 위해 부하인 Tarif를 정찰대로 파견했다. 타리프는 약 500명의 병사를 이끌고 은밀하게 반도에 잠입해 서고트군의 방어 태세를 파악했다. 이 Tarif라는 사람의 이름에서 나온 지명이 Tarifa이다. Al Yazira Tarif '타리프의 섬'에서 나온 말이다.[5]

서고트군의 방비가 허술한 것을 파악한 타릭은 이듬해, 즉 711년 4월 드디어 군대를 일으켰다. 북아프리카 지역 총사령관인 무사 이븐 누사이르의 지시에 따라 약 7천 명의 베레베르 병사들을 이끌고 본격적으로 해협을 건넜다.[6] 정치적, 종교적으로 단단히 무장되어 있었고, 또 그동안 사막에서 크고 작은 전투에 익숙해 있던 이슬람군에게 좁은 해협을 건너는 것은 그리 어려운 일이 아니었다. 그들은 별다른 저항 없이 반도에 상륙하는 데 성공했다.[7]

북아프리카에서 보면 현재 Gibraltar '히브랄타르'라 불리는 곳에는 거

세는 세비야 주교인 숙부 옵파스와 결탁해 북아프리카의 이슬람 세력을 끌어들인 것이었다. 서고트 왕국의 역사와 멸망 과정에 대한 자세한 사항은 Collins, Roger(2005) 참조.

5 타리프가 이끈 병력은 보병 400명, 기병 100명이었으며, 네 척의 배에 나누어 타고 지금의 타리파에 상륙했다고 한다. 실질적으로 이베리아반도에 상륙한 최초의 인물이다. Gozalbes Cravioto, Enrique(1998), <Tarif, el conquistador de Tarifa>, http://www.tarifaweb.com/aljaranda/num30/art1.htm.과 Criado Atalaya, Francisco Javier & Vicente Lara, Juan Ignacio de(1995), <Tarifa la Guerrera (II)>, http://www.tarifaweb.com/aljaranda/num17/art4.htm. 참조. 최영길(2009:66)은 병력과 선박을 제공한 인물이 세우타의 훌리안 백작이라고 기술하고 있으나, 다른 스페인 문헌들에서는 언급이 없는 것으로 보아 직접 돕지는 않았어도 최소한 그의 묵인하에 작전을 진행했다고 보는 것이 옳을 것 같다. 타리파는 본래는 섬이었으나 현재는 모래톱으로 육지와 연결되어 있다.

6 García de Cortázar, F. & González Vesga, J.M.(1996:149) 참조.

7 본 장에서는 이슬람 세력의 정복 초기에 대해 주로 Isla Frez, Amancio(2010)와 Collins, Roger(1994)를 참고했음을 밝힌다.

대한 바위산이 우뚝 솟아 있다. 이슬람교도들은 이 산을 '타릭의 산'이라는 의미에서 Yabal Táriq이라고 불렀다. Gibraltar는 이것이 변한 것이다. Gibr-는 아랍어 Yabal이 변한 것으로 '산, 바위'라는 뜻이다.[8]

히브랄타르 서쪽에 작은 만을 사이에 두고 마주 바라보고 있는 도시가 Algeciras이다. 이곳 역시 711년 이슬람교도들이 상륙한 곳이다. 어원은 Al Yazira al Jadrā' 'isla verde'라고 한다. 이것이 변해 Algeciras가 된 것이다. 이는 인명에서 나온 것이 아니라 '녹색의 섬'이라는 아름다운 경치에서 나온 것이다.[9]

5.1.1.2. 과달레테 전투와 서고트 왕국의 멸망

이슬람군이 상륙했다는 소식을 들은 로드리고는 정적인 아길라 2세와 동맹을 맺고 남하했다. 711년 7월 19일 서고트 연합군은 과달레테 강변에서 이슬람군과 조우했다. 로드리고는 약 4만 명의 서고트 연합 병력을 이끌고 타릭이 지휘하는 약 7천 명의 이슬람군과 격돌했다. 그러나 전투가 벌어지자 동맹을 약속했던 아길라 2세는 자신의 병력을 이끌고 전열에서 이탈했다. 그 덕분에 수적 열세에 놓여 있던 이슬람군에게 활로가 열렸고, 전투는 그 빈 곳을 집중적으로 공략한 이슬람군의

8 Lapesa, Rafael(1981:141) 참조. 현재 영국령인 지브로올터는 흔히 The Rock이라고도 불린다. 동쪽은 깎아지른 듯한 암벽이고 서쪽으로 약간의 경사면이 형성되어 있다. 따라서 북아프리카에서 보면 거대한 바위산이 두드러져 보인다.

9 어원의 구조를 보면 verde에 해당하는 형용사 jadra 앞에도 관사 al이 붙은 것을 볼 수 있다. 스페인어 문법을 바탕으로 보면 매우 이상한 구조이지만, 이는 아랍어 구문 구조의 특성 때문에 붙은 것이다. 만약에 jadra 앞에 al이 붙으면 '푸른 섬'이라는 의미의 수식 관계가 되지만, al이 없으면 '섬은 푸르다'라는 의미의 문장이 되기 때문이다. 아랍어 문법에 대해는 최진영 외(2019) 참조. 알헤시라스도 현재는 더는 섬이 아니며, 북아프리카로 건너가는 중요한 항구이다.

승리로 끝났다. 로드리고는 끝내 사망했다.[10]

과달레테강은 카디스만으로 흘러드는 안달루시아 남부의 작은 강이다. Guadalete라는 강의 이름은 아랍어와 그리스어가 혼합된 것이다. 즉 아랍어의 Guad- '강'과 그리스 신화에서 저승에 갈 때 지나는 '망각의 강'인 Lete가 합쳐진 것이다. 결국 '망각의 강'인 것이다. 본래 이 지역에 먼저 들어온 종족은 페니키아인들로 카디스를 중심지로 삼았다. 후에 그리스인들이 들어와 강 하구 인근에 자리를 잡았다. 지금의 엘 푸에르토 데 산타 마리아 자리로 카디스에서 지척이다. 당연히 두 종족 간에 충돌이 잦았다. 그러나 다행히도 슬기롭게 갈등을 잘 극복했다고 한다. 후에 서로 간에 구원(舊怨)을 잊고 화해를 했다는 의미에서 강 이름을 Guadalete '망각의 강'으로 부르게 되었다고 한다.[11]

과달레테 전투에서 승리한 타릭은 톨레도로 향했다. 별다른 저항 없이 톨레도에 입성한 타릭은 로드리고를 배신한 아길라 2세를 왕위에 앉히고 공물 협상에 들어갔다. 본래 타릭이 노렸던 것은 영토보다는 막대한 양의 보상금이었다. 그러나 톨레도의 위티사파 귀족들은 로드리고를 제거해준 대가치고는 터무니없는 액수를 제시하며 시간만 끌었다. 이에 격분한 타릭은 아예 왕국을 멸하고, 나머지 지역을 정복하기 위해 북아프리카 총사령관인 무사에게 원군을 요청했다. 712년 무사는 약 18,000명의 병력을 이끌고 안달루시아로 건너왔다.[12] 713년 여름 톨레도에서 합류한 두 사람은 북쪽으로 진격해 갈리시아와 칸타브리아, 사

10 로드리고의 생애와 죽음에 관한 자세한 사항은 Corral, Pedro de(2001) 참조.

11 http://etimologias.dechile.net/?Guadalete 참조.

12 García de Cortázar, F. & González Vesga, J.M.(1996:152) 참조.

라고사, 타라고나까지 정복했다.[13] 이 과정에서 베르베르족의 여러 지파가 반도 곳곳에 정착했다. Medinaceli에는 Salim ibn Waral을 수장으로 하는 마스무다족이 정착했다. 도시의 이름인 Medinaceli는 그의 이름, 즉 Medinat Salim에서 나온 것이다. 곧 '살림의 도시'라는 뜻이다.[14] 그 동쪽에 있는 Daroca에 정착한 이들은 예멘 출신의 투이비 가문이었다.[15] 이들은 후에 Calatayud '욥의 성'을 세우고, 더 후에는 사라고사를 지배했다.[16]

아랍인들은 새로 정복한 지역을 Al-Andalus '알안달루스'라고 불렀다. 과거 이 지역에 살다가 북아프리카로 건너갔던 vandalus 또는 wandalus '반달족'으로부터 나온 말이다.[17] al-은 아랍어 관사이다. 정복 초기(711-755년)에는 우마야 왕조의 칼리프에게 종속된 관계로 다마스커스에서 파견된 valí '총독'에 의해 통치되었다. 따라서 이 시기를 Valiato '총독기'라고도 부른다. 곧이어 식민 지배 관료들과 상인들이 들어오고 아라비

---

13 714년 말 무사와 타릭은 다마스커스로 소환되었다. 표면적으로는 칼리프에게 이베리아반도의 전황을 보고하라는 것이었으나, 속사정은 두 사람을 견제하기 위한 것이었다. 이베리아반도 정복으로 제국 서쪽 끝에 새로운 거대 권력이 탄생했기 때문이었다. 칼리프로서는 자신의 영향력이 잘 미치지 못하는 곳에서 생겨난 새로운 세력에 신경이 날카로워질 수밖에 없었을 것이다. 무사는 횡령 혐의로 기소되어 사형을 언도받았다. 715년 2월 칼리프인 알왈리드가 사망하고 동생인 술레이만 1세가 즉위하자 새 칼리프에게 거액의 배상금을 내고 풀려났으나 이베리아반도로 돌아가지는 못했다. 다마스커스에 머물다 716년 한 사원에서 암살당했다. 타릭 역시 풀려나긴 했으나 현직에 복귀하지 못하고 720년에 다마스커스에서 사망했다.

14 Lapesa, Rafael(1981:141) 참조. Salim은 Selim으로도 발음되고 표기된다.

15 Daroca의 의미는 정확하게 알려져 있지 않으나, 셀티베로인들이 부르던 Darek에서 나온 것이라고 한다. 도시의 역사에 관해서는 http://www.daroca.es/daroca/historia-de-daroca/ 참조.

16 Lapesa, Rafael(1981:141) 또는 https://www.calatayud.es/contenido/qal-at-ayyub-arabe 참조.

17 Lapesa, Rafael(1981:116) 참조. 따라서 현재 부르는 Andalucía는 '반달족의 땅' 또는 '반달족이 건너온 지역'이 된다.

아의 사회 체제도 옮겨왔다. 결혼은 기본적으로 족내혼을 택했다. 반도의 귀족 여자와는 결혼이 허용되었지만, 아랍 여자는 철저히 아랍 남자와의 결혼만이 허용되었다. 반도의 일반 주민들 입장에서는 지배자가 서고트족에서 아랍인으로 바뀐 것뿐이었다. 그들은 여전히 궁핍한 반노예 상태에서 벗어나지 못하고 있었다.[18]

5.1.1.3. 코바동가 전투와 프와티에 전투

이베리아반도를 정복한 이슬람군은 피레네산맥을 넘어 남프랑스로 진격해 들어갔다. 그러나 칸타브리아산맥 속에 숨어든 일단의 서고트 세력을 그대로 방치하는 우를 범했다. 718년 이슬람 세력이 공세를 늦춘 틈을 타 서고트 왕국의 귀족으로 알려진 돈 펠라요는 오비에도, 산탄데르, 야네스 등지에 터를 잡고 서고트의 유민들을 규합해 아스투리아스 왕국을 건설했다.[19]

722년 5월 28일 코바동가에서 알 카마가 이끄는 일단의 이슬람군과 전투를 벌여 최초의 승리를 거두었다.[20] 전설에 따르면, 이슬람군을 상대로 고전을 면치 못하고 있을 때 하늘이 갈라지면서 한 줄기 빛이 비추었다고 한다. 이에 펠라요는 급히 나무 막대로 십자가를 만들어 병사들을 독려했고, 신이 자신들을 돕고 있다고 믿은 병사들은 용기를 얻어

---

18 이슬람 지배하의 이베리아반도 상황에 대해서는 Lewis, Bernard(1996), 제9장, pp.241-266 참조.

19 아스투리아스 왕국의 초기 정착 과정과 발전에 대해서는 Tuñón de Lara, Manuel, *et. al.*(1991:77-82) 참조.

20 Menéndez Pidal, Ramón(2005:206)에 따르면, Covadonga의 어원은 Cova Dominĭca라고 한다. 여기서 Dominĭca란 성모 마리아를 가리키는 것이다. 이것이 Cova Domnĭca를 거쳐 Covadonga가 되었다는 것이다. 이 말을 그대로 따른다면, domnĭca는 강세 모음이 탈락한 흔치 않은 예가 된다.

적군을 물리쳤다고 한다.[21] 승리를 거둔 코바동가는 가톨릭의 성지가 되었으며, 후일 이 승리를 기념해 알폰소 3세(h.848-910)는 '승리의 십자가'를 만들었다. 이는 현재 아스투리아스의 상징이자 스페인 문장(紋章)에서 왕관 위에 놓여 있다. 실물은 오비에도 성당에 보관되어 있으며, 캉가스 데 오니스의 로마교 밑에 매달려 있는 것도 볼 수 있다. 겨우 목숨만 부지하던 가톨릭교도들은 이 코바동가 전투에서 승리를 거둠으로써 생존의 발판을 마련했으며 곧이어 추진하게 되는 재정복 전쟁을 위한 힘을 기르게 되었다.

한편, 725년 피레네 너머의 셉티마니아를 정복한 이슬람군 주력은 북쪽으로 계속 진격했다.[22] 그러나 732년 프랑스 중부의 프와티에에서 카알 마르텔이 이끄는 프랑크군에 패해 피레네 이남으로 다시 후퇴해야 했다.[23] 이 전투를 계기로, 이슬람 입장에서는 서유럽 쪽에서 더는 세력을 확장하는 것이 불가능해지자 이베리아반도 경영에만 주력하게 되었고, 프랑크 왕국 입장에서는 왕국과 가톨릭을 보호할 수 있게 되었다.[24]

이베리아반도 내에서도 정복 부족들 간의 알력으로 곧 두에로강 이

---

21 이 전설은 https://www.laaventuradelahistoria.es/batalla-de-covadonga 참조.

22 Septimania는 Colonia Iulia Septimanorum에서 나온 말로, 과거 옥타비아누스가 제7군단 베테랑들을 정착시킨 데서 비롯된 명칭이다. 로마 시대 갈리아 나르보넨세에서 론강 서부 지역으로, 현재의 랑그독-로세욘 지방과 비슷하다. 주요 도시로는 나르본을 비롯하여, 몽펠리에, 님, 카르카손느, 베지에 등이 포함된다.

23 프와티에는 파리 남서쪽 약 342km 지점에 위치해 있는 도시로, 스페인과의 국경에서 파리까지 거리의 절반 이상을 간 지점이다.

24 8세기 초반 당시는 아직 다마스커스의 우마야 칼리프조 시기로, 동쪽에서도 비잔틴 제국에 막혀 터키로도 진출하지 못하고 있었다. 이슬람 세력이 발칸반도로 진출하는 것은 14세기 이후의 일이다. 1389년 코소보 전투, 1396년 니코폴리스 전투 등에서 승리한 것을 계기로 본격적으로 발칸반도로 진출한 것이었다. 따라서 당시 가톨릭 입장에서는 이베리아반도가 최전선이었던 것이다.

남으로 후퇴해야 했다. 아랍인, 시리아인, 베레베르인 등으로 구성된 각 정복 부족들 간에 알력이 발생했기 때문이었다. 지배층을 이루고 있는 아랍인들은 톨레도와 같은 부유한 도시 지역에 머물기를 원했다. 북부의 척박한 산악지대에는 들어가려고 하지 않았다. 병사들의 대부분을 구성하고 있던 베레베르인들은 이런 땅을 배정받자 불만을 품었다. 또한 정복 초기에는 토착 귀족들의 세력이 여전히 남아 있어 통치력이 전국에 미치지 못했다. 이런 틈을 타 아스투리아스의 알폰소 1세(739-757)는 갈리시아로 진출하는 데 성공했다.[25]

5.1.2. 제2기: 도약기(756-929)

5.1.2.1. 독립 에미리트 왕국

750년 이슬람 제국에서 정변이 일어났다. 바그다드의 압바스 가문이 다마스커스의 우마야 가문을 몰아내고 '황제'에 해당하는 칼리프 지위를 차지한 것이었다. 그러자 756년 우마야 가문의 한 일파가 코르도바로 피신해 와 새로운 독립 왕국을 세우고 압데라만 1세(756-788)라 칭했다.[26] 세계사에서 흔히 '후기 옴미아드 왕조'라고도 부르는 왕국으로,

---

25 Tuñón de Lara, Manuel, *et. al.*(1991:78) 참조. 741년 루고를 재정복하는 데 성공했다. 그러나 산티아고 데 콤포스텔라(800), 아스토르가(853), 투이(854년) 등 갈리시아를 완전히 재정복하는 것은 9세기 이후의 일이다.

26 왕조의 명칭은 Umayya 가문에서 나온 것이다. 스페인어로는 Omeya라고 읽는다. Ommiad는 Umayyad '우마야 칼리프조'의 영어식 명칭이다. 본서에서는 원어에 준해 '우마야'라고 표기한다.

emir '왕'을 칭했으므로 이 시기를 Emirato '에미르기'라고도 한다. 정치적으로는 여전히 바그다드 조정에 예속된 상태였으나, 아랍 세계의 중심이 동쪽의 바그다드로 이동한 틈을 타 독자적인 세력을 구축해 나갔다. 바그다드 칼리프의 풍모가 차츰 동방화 되어가자, 자연히 서쪽 끝에 있는 로마풍의 이베리아반도와는 관계가 소원해졌다. 코르도바를 중심으로 하는 알안달루스는 자체적으로 발전해 정치-경제적으로 융성해졌다. 중세 최대의 회교 사원인 코르도바 대사원, 즉 메스키타를 세워 세력을 과시한 것도 이 당시이다.[27]

5.1.2.2. 주요 도시

[Toledo]

이슬람 치하에서는 코르도바에 밀려 수도가 되지는 못했으나 여전히 중요한 도시로 발전했다. 아랍인들은 이 아름다운 도시를 '기쁨의 도시'라는 의미에서 Tulaytula라고 불렀다.[28] 1031년 칼리프 제국이 소왕국으로 분열된 후에는 톨레도 왕국이 되었다. 검과 더불어 톨레도에서 생산되는 공예품으로 유명한 것은 바로 damasquinado '다마스키나도'이다.[29]

---

emir는 토후(土侯)라고도 번역되지만, 여기서는 '왕'이라고 칭한다. Emirato는 현재에도 아랍에미리트에 그 이름이 남아 있다. 아부다비, 두바이, 샤르자, 아지만, 움알쿠와인, 라스알카이마, 푸자이라 등 7개의 에미리트로 구성된 연합국가이다. 각국의 에미르는 독자적으로 자기 나라를 다스리면서, 동시에 에미르들 중 한 명이 수장으로 선출되어 국가 간의 이해관계를 조정하는 통치 구조로 되어 있다.

27 후기 우마야 왕조에 대해서는 김정위(2002), 제9장, pp.156-169 참조.

28 http://www.diputoledo.es/global/areas/turismo/muni_datos.php?id_area=11&id_cat=&f=&codine=45168&id_ent=222 참조.

29 이 어휘는 damasquino에서 나온 것이며, 이는 De *Damasco*, capital de Siria라는 뜻이다. https://

철판에 가느다란 금과 은실로 각종 문양을 상감기법으로 세공한 공예품이다. 섬세함과 아름다움으로 유명하다. 말 그대로 Damascus '다마스커스'에서 들여온 기법을 발전시킨 것이다. 아랍인들이 이베리아반도에 전한 것이다.

[Córdoba]

도시명의 기원은 명확하지 않다. 로마인들은 기원전 1세기 이 도시를 정복하고 Corduba라고 불렀는데, 이는 Colonia Patricia Corduba에서 나온 것이다. 그러나 이곳에는 이미 페니키아인들과 이베로인들이 거주했었으므로 셈어 Qart '도시'에 '강'이라는 의미의 이베로어 uba가 붙어 만들어진 것이라고 한다. 의미는 '강의 도시'인데, 여기서 강이란 현재의 과달키비르강을 가리키는 것이다. Guadalquivir는 아랍어 〈guad '강'+al+quivir '큰'〉에서 나온 것으로 옛 이름은 Oba였다고 한다.[30]

718년 알안달루스의 수도가 되었고 칼리프 조에 들어서는 더욱 번성했다. 특히 메스키타로 대표되는 유적이 유명하다. 786년 압데라만 1세 때 건설되기 시작했다. 메스키타는 1984년에, 구시가지는 1994년에 유네스코 세계문화유산으로 등록되었다.

이 도시 출신의 유명한 인물로는 이븐 루시드(1126-1198)와 마이모니데스(1138-1204)를 들 수 있다. '아베로에스'라는 별칭으로 더 유명한 이븐 루시드는 서유럽에서는 잊혔던 아리스토텔레스 철학에 주석을 달아

dle.rae.es/damasquino?m=form 참조.

30 Villar, Francisco(2000:64) 참조.

다시 전해준 인물이다. 오늘날 유럽 철학사에서 아리스토텔레스의 이성주의적 사고 체계가 제대로 평가받을 수 있는 학문적 기틀을 놓아준 인물이다. 마이모니데스는 아베로에스에게서 아리스토텔레스 철학을 배운 유대교 랍비이다. 이 역시 종교에서의 합리주의적 사고 체계를 발전시켜 유대교의 사상 체계 발전에 큰 공헌을 한 인물이다.

[Badajoz]

도시의 기원은 875년 이븐 마르완이라는 사람이 세운 것이라고 한다. 이베리아반도 출신의 이슬람교도인 물라디이다. 코르도바 조정에 반기를 들고 도시를 세워 통치했다. 당시의 도시 이름은 Batalyaws였다고 한다. 이것이 변해 현재의 Badajoz가 된 것이다.[31] 현재 엑스트레마두라에서 인구가 가장 많은 도시이다.

[Alcalá de Henares]

도시명의 의미는 글자 그대로 해석하면 에나레스강 변의 성이다. 마드리드에서 북동쪽으로 약 30km 떨어진 지점에 위치해 있다. 로마인들은 이 도시를 Complutum이라고 불렀다. 도시명은, 정설은 아니지만, 라틴어 confluvium '강들의 합류 지점' 또는 그리스어 Kompos Ploutos '비옥한 들판'으로부터 나왔을 것이라고도 하고, 로마 이전에 거주했던 이베

31 '호두나무가 많은 땅(tierra de nogales)'이라는 의미라고 한다. 이 도시의 형용사형은 pacense이다. 이유는 로마 시대에 세워진 Pax Augusta에서 유래했다는 설 때문이다. 그러나 학자 중에는 Pax Augusta가 Badajoz가 아니고—당시에는 도시라고 할 정도의 규모는 아니었으므로—포르투갈의 Beja를 가리키는 것이라고 주장하는 사람들도 있다. 이 도시의 형용사형 역시 pacense이다. Del lat. *Pacensis*. "Natural de Badajoz, ciudad o provincia de España". https://dle.rae.es/pacense 참조.

로족의 명칭이 라틴화된 결과일 것이라고도 한다.[32] 서고트인들도 이곳에 거주했다. 그러나 아랍인들은 이 지역을 점령한 후에 방어가 좀 더 용이한 강 건너 언덕에 성채를 다시 쌓았다. 이 성채를 중심으로 차츰 도시가 발전하자 이름도 Al-Calat de Henares 에나레스강 변의 성으로 바뀐 것이다. 도시의 형용사형이 Complutense인 이유는, 도시명은 바뀌었으나, 과거의 이름인 Complutum에서 파생된 형용사 complutensis는 살아남았고 이것이 변한 것이기 때문이다.[33]

5.1.2.3. 코르도바 메스키타 건설

mezquita는 고전 아랍어 masǧid에서 나온 것으로 lugar de prosternación '무릎 꿇고 기도하는 장소' 또는 lugar de culto '예배소'라는 뜻이다.[34]

786년에 건설을 시작했으며 848년, 961년, 987년에 확장하여 한꺼

---

32 http://etimologias.dechile.net/?complutense 참조. 도시의 역사에 관해서는 https://www.complutum.com/origen/ 참조.

33 Complutense라는 명칭은 마드리드에 있는 대학교 이름인 Universidad Complutense de Madrid에서 찾아볼 수 있다. 이 대학교의 역사는 1499년 시스네로스 추기경이 설립한 '알칼라 대학교'로 거슬러 올라간다. 이름은 Universidad Complutense, Universidad Cisneriana, Universidad de Alcalá 등으로 불렸으며, 황금 세기에 번영을 누렸다. 1836년 마드리드로 이전했으며 명칭도 Universidad Central de Madrid로 바뀌었다. 지금과 같이 Universidad Complutense de Madrid로 바뀐 것은 1970년의 일이다. 알칼라 데 에나레스에 다시 대학교가 설립된 것은 1977년이다. 처음에는 Nueva Universidad de Madrid con sede en Alcalá de Henares라는 긴 이름으로 불렸다. 그러나 1981년 Universidad de Alcalá de Henares로 바뀌었다가, 1996년 Universidad de Alcalá로 다시 바뀌어 현재에 이르고 있다. 약어는 Universidad de Alicante(UA)와의 혼동을 피하기 위해 계속 UAH로 쓴다. 이 대학교에 대한 자세한 사항은 https://www.uah.es/es/ 참조.

34 Del ár. hisp. *másǧid*, y este del ár. clás. *masǧid* 'lugar de prosternación'. https://dle.rae.es/mezquita?m=form 참조.

번에 약 25,000명의 신자를 수용할 수 있는 규모가 되었다. 크기는 남북 180m, 동서 130m로 23,400m^2이다. 내부에는 줄무늬 석영, 벽옥, 대리석, 화강암 등으로 만들어진 850개에 이르는 둥근 대리석 기둥이 수백 개의 아치를 떠받치고 있다. 흰 돌과 붉은 벽돌을 교대로 조합해 쌓은 아치와 그 아치가 이고 있는 천장의 정교한 기하학적인 모자이크 문양은 비잔틴 제국의 정취를 물씬 풍긴다. 이슬람 건축 문화의 우수성과 더 나아가 코르도바 칼리프 제국의 위용을 나타내는 이 아치 장식은 후일 스페인 건축에 많은 영감을 제공했다. 당시에는 메카를 빼고는 가장 큰 사원이었다고 한다. 특이하게도 Kaaba '카바'를 향한 alquibla '방향 벽감'이, 다른 모든 이슬람 사원들과는 달리, 정확하게 메카를 향해 있지 않고 약 51도 남쪽으로 기울어져 있다. 이유는 과달키비르강을 끼고 있어 건축 시 방향에 제한을 받았기 때문이라고 한다.[35]

메스키타는 가톨릭교도들에 의해 재정복된 후에 큰 수난을 겪었다. 1236년 카스티야의 페르난도 3세가 도시를 재정복한 후 성당으로 개조

---

35 카바란 cubo '정육면체'라는 뜻으로 가로, 세로, 높이가 10x12x15m의 사각 건축물이다. 메카 대사원의 내부 광장 중앙에 위치해 있다. 모든 이슬람교도가 기도할 때 향하는 기도 방향(quibla)의 원점이다. 따라서 모든 사원에는 이 카바를 향한 '방향 벽감'인 alquibla가 설치되어 있다. 630년 마호메트가 메카를 점령하기 전에는 예루살렘을 향해 기도했으나, 그 이후부터는 카바를 향해 기도한다. 카바는 암녹색과 회색의 돌로 만들어진 구조물이다. 현재는 코란 구절이 금박으로 새겨져 있는 검은 비단으로 덮여 있다. 이 카바는 아브라함이 아들 이스마엘과 함께 지었다고 한다. 남동쪽 외부 모서리에 '흑석(Piedra Negra)'이 안치되어 있다. 이 돌은 천사 가브리엘이 아브라함에게 전해준 '운석'이라고 한다. 630년 메카를 점령한 마호메트가, 모든 우상을 타파했으나, 이곳에는 경배했으므로 지금까지 카바와 흑석 모두 이슬람교도들에 의해 신성시되고 있다. 그러나 종교적 숭배의 대상은 아니라고 한다. 다만 대사원이 이슬람 율법에 따라 일생에 한 번은 반드시 방문해야 하는 순례 장소이고 순례객들이 대사원 내부 광장을 돌다 보니 그 중앙에 위치해 있는 카바가 자연스럽게 중심으로 떠오른 것이고 더욱 신성시되고 있는 것이다. 메카대사원에 관한 자세한 사항은 https://gph.gov.sa/index.php/ar/의 한국어판 참조.

하기 시작했다. 이 작업은 16세기 카를로스 5세가 사원 중앙부를 르네상스 양식의 성당으로 완공할 때까지 수백 년간 지속적으로 이루어졌다. 그 결과 현재는 가톨릭 성당과 회교사원이 한 곳에 동거하게 되었고, 이름도 Mezquita-Catedral de Córdoba '코르도바 대사원–대성당'이 되었다.[36]

5.1.2.4. 건축 양식: 모사라베와 무데하르

mozárabe '모사라베'란 이슬람 치하에서 살던 가톨릭교도들을 가리키는 말이다. 어원은 아랍어 musta'rab으로 arabizado '아랍화된 사람'이라는 뜻이다.[37] 이들은 이슬람 치하에서 무거운 세금을 부담하며 때로는 자유롭게 때로는 숨어서 자신들의 종교를 지켜나갔다. 이슬람 문화 속에서 살다 보니 자연히 그들의 문화도 이슬람화 되어 갔다. 이들이 발전시킨 건축 양식을 '모사라베 양식'이라고 부른다. 주제는 가톨릭적인데 표현 양식은 이슬람식이다. 유럽 가톨릭 세계에서는 찾아보기 힘든 아랍식의 기하학적인 장식이 돋보인다. 이렇게 뒤섞인 문화가 모사라베 문화이다. 모사라베들 중에는 예술가, 건축가, 문필가로 활동한 사람이 많았다. 따라서 이들은 자연스럽게 알안달루스의 아랍 문화와 북부의 가톨릭 문화를 융합시켰다.[38]

---

36 메스키타에 관한 자세한 사항은 https://www.andalucia.org/es/cordoba-turismo-cultural-mezquita-de-cordoba 참조.

37 Del ár. hisp. *musta'rabí*, gentilicio del ár. clás. *musta'rab* 'arabizado', infl. por *árabe*. https://dle.rae.es/moz%C3%A1rabe 참조.

38 김희곤(2014:144) 참조.

모사라베 문화의 가장 대표적인 것은 건축에서 찾아볼 수 있다. 말발굽 모양의 아치와 늑골이 있는 둥근 천장이 특징이다. 913년에 완공된 레온의 산 미겔 데 에스칼라다 수도원은 지금까지 남아 있는 모사라베 건축물 가운데 가장 대표적인 것이다. 코르도바에 거주하다 북부 가톨릭 세계로 이주한 모사라베들이 세운 성당이다. 산토 도밍고 데 실로스 성당의 회랑 또한 모사라베 건축의 걸작으로 꼽힌다. 복층 아치로 이루어진 회랑에 둘러싸인 정원은 중세의 풍모를 그대로 간직하고 있다.

모사라베 건축 양식의 일반적인 특징은 다음과 같이 요약할 수 있다.[39]

① 벽돌을 가로세로로 엇갈리게 쌓는다.

② 외벽 장식은 거의 하지 않거나 소박하게 한다.

③ 층이 일정하지 않다. 비율과 공간이 약간씩 다르기도 하며 둥근 돔으로 덮는다.

④ 말발굽형 아치를 즐겨 쓰는데, 아치의 둥근 부분이 거의 2/3정도까지 닫히게 만들기도 한다.

⑤ 벽과 아치 사이, 즉 아치의 위와 옆 부분에 보호 부를 둔다.

⑥ 기둥을 즐겨 쓰는데, 기둥머리 부분은 주로 코린트식으로 꽃이나 식물무늬로 장식한다.

⑦ 추녀가 서까래 장식 위에 얹혀 밖으로 튀어나온다.

반면에, mudéjar '무데하르'란 가톨릭 치하에서 살게 된 이슬람교도들을 가리키는 말이다. 어원은 mudayyan으로 '남아있는 자'라는 뜻이

---

39 모사라베 건축과 예술에 대해서는 Fernández José, Arenas(1972); Borrás Gualís, Gonzalo M., *et. al.*(2000); Gómez Moreno, Manuel(2011) 참조.

다.[40] 1085년 톨레도가 카스티야에 의해 재정복 된 이후에, 과거에 가톨릭교도들이 이슬람 치하에서 살았던 것과는 반대로, 이제는 많은 이슬람교도가 가톨릭 치하에서 살게 되었다. 특히 13세기 이후 알안달루스의 주요 도시들이 재정복된 후에는 그 수가 급격하게 증가했으며, 1492년 그라나다 함락으로 절정에 달했다.

16세기까지 특히 건축 양식에서 이슬람 문화와 가톨릭 문화를 접목한 독특한 양식을 발전시켰다. 모사라베 양식이 가톨릭 문화에 이슬람 양식이 접목된 것이라면, 무데하르 양식은 반대로 이슬람 양식에 가톨릭적 요소가 가미된 것으로 스페인의 독창적인 건축 양식으로 발전했다. 무데하르 양식의 가장 큰 특징이라면 석회와 벽돌을 주재료로 사용했다는 것이다. 벽돌을 격자무늬나 마름모 또는 아치 모양으로 쌓아 장식하는 것이 특징이다. 검정, 초록, 흰색 등의 채색 타일을 즐겨 사용해 색채감을 높였다. 기하학적 무늬나 꽃, 도형 무늬 등과 같은 형이상학적인 무늬를 즐겨 사용했다. 또한, 지붕은 주로 목재를 사용해 마감했다. 테루엘 대성당이 특히 유명하다. 유럽 다른 나라에서는 찾아볼 수 없는 아랍풍의 양식이 곁들여진, 스페인 냄새가 물씬 풍기는 건축 양식이다. 모사라베 양식과 비교해 보면, 두 양식이 서로 영향을 주고받았기 때문인지 상당히 유사한 면이 많다. 두 양식 모두 아치형을 즐겨 쓰고 기하학적인 아랍식 문양으로 장식했다. 그러나 무데하르 양식이 세공 면에서, 특히 외벽 장식에서 더 섬세하고 화려하다. 모사라베 양식이 남성적이고 실질 강건한 스타일이라면 무데하르 양식은 좀 더 여성적이고 세

---

40 Del ár. hisp. *mudáǧǧan*, y este del ár. clás. *mudaǧǧan* 'domado'. https://dle.rae.es/mud%C3%A9jar 참조.

밀한 아랍 스타일이 느껴진다.[41]

5.1.3. 제3기: 전성기(929-1031)

5.1.3.1. 칼리프 제국

이 시기는 전성기와 왕국의 해체라는 양극단의 두 정치 질서가 교차한 시기로 명과 암이 극명하게 엇갈린 시기이다.

압데라만 3세(912-961) 때 국내의 정치, 종교 세력을 통합하고 북아프리카의 지중해 교역을 장악해 부를 축적함으로써 코르도바는 풍요롭고 화려한 도시로 변모해 서부 지중해 최대의 도시로 떠올랐다. 이와 더불어 이슬람 학문과 예술 분야에서도 최고의 중심지가 되었다. 이에 929년 압데라만 3세는 바그다드와 대등하게 '칼리프'를 칭하기 시작했다.

알하켐 2세(961-976) 때는 학문, 예술, 과학, 법률 등 모든 면에서 최고의 경지에 올라 유럽 각지에서도 발달한 아랍 문화를 배우기 위해 유학생들이 몰려들 정도였다. 후일 교황 실베스트레 2세가 되는 헤르베르투스가 아랍의 문화와 과학 기술을 배우기 위해 프랑스에서 유학 온 곳도 코르도바였다. 북부의 카스티야-레온 왕국의 왕들도 동전을 주조할 때 아랍어를 새겨 넣었으며, 서유럽의 다른 군주들도 앞다투어 아랍풍을 모방하고 동경했다. 당시 코르도바 조정은 최신 유행의 메카이자 상

41 López Guzmán, R.(2005) 참조.

징이었다.[42]

압데라만 3세와 알하켐 2세의 전성기를 끝으로 알안달루스에는 서서히 종교적 광신이라는 어두운 그림자가 드리워지기 시작했다. 이전까지는 가톨릭교도와 유대교도들에게, 이슬람교도에 비해 상대적으로 무거운 세금만 부과했을 뿐, 개종을 강요하지는 않았다. 그러나 북쪽에서 압박해 내려오는 가톨릭 세력에 밀리고 북아프리카에서 올라오는 이슬람 원리주의로 무장한 새로운 왕조의 압박에 시달리게 되자 알안달루스에도 여유와 관용은 서서히 설 자리를 잃어갔다.[43] '유럽의 진주'로 불리며 학문의 등대 역할을 했던 코르도바에도 각 종교 지도자들 간의 자유로운 철학적 토론이 사라져 갔다. 학문의 발전은 자유로운 사고와 토론에서부터 시작되는 것인데, 곳곳에서 감시의 눈이 번득이게 되자 모두 말을 아끼는 분위기가 되었다. 타 종교를 존중하던 풍토가 사라지고 탄압이 그 자리를 대신하게 되었다. 학문과 사상이 침체의 길로 접어들었고 관용과 화합의 정신 또한 자취를 감추었다. 이슬람 내에서도 검열이 강화되자 코란과 우주에 대한 자유로운 사고와 토론은 자취를 감추었다. 말 한마디 실수로 인해 이단으로 몰려 처형되는 시기, 오로지 권력과 결탁한 이맘 단 한 명의 교리 해석만이 절대 권위를 갖는 사상의 독재 시대가 도래한 것이었다.[44] 이러한 경향은 정치에도 영향을 끼

42 Alatorre, Antonio(1989:76) 참조.

43 10-12세기 당시에 북아프리카를 지배한 왕조는 파티마 제국(909-1171)이었다. 그러나 점차 원리주의에 입각한 알모라비데 제국(1040-1147), 알모아데 제국(1121-1269)이 들어서자, 그 여파가 알안달루스에도 고스란히 미치게 된 것이었다.

44 imám '이맘'은 이슬람 교단의 지도자로 원래는 이슬람의 신앙생활 및 의식에서 모범적인 지도자를 가리켰다. 수니파에서는 칼리프를, 시아파에서는 제4대 칼리프인 알리의 직계 자손 가운데 학덕이

쳐 나이 어린 칼리프를 등에 업은 강력한 재상 알만소르가 등장해 권력을 장악하면서 절정에 달했다.

5.1.3.2. 칼리프, 술탄, 에미르

칼리프는 아랍어로 Khalifa '할리파'라고도 부른다. 632년 마호메트 사망 이후 그의 후계자들은 '마호메트의 대리인'이라는 의미에서 Califa '칼리프'라 칭했다.[45] 예언자로서의 기능과 능력은 상실했으나, 교리의 수호자로서 범이슬람 공동체의 종교와 정치, 양대 권력을 소유했다. 이 두 분야에서 마호메트를 대리하는 역할을 맡고 있었으므로 종교적으로 예배, 재판, 윤리 규범 등을 단속할 뿐만 아니라 정치와 행정을 집행하는 데 있어서도 최고 책임자가 된 것이었다.

마호메트가 후계자를 지정하지 않고 사망했으므로 제4대 칼리프인 알리까지는 선거를 통해 선출되었다. 이 시기를 정통 칼리프 시대(632-661)라고 한다. 초기에는 교단의 유력한 지도자가 칼리프로 선출되었다. 그러나 제3대 칼리프로 우스만이 선출되고 그가 속해 있던 우마야 가문으로 권력이 집중되자 내분이 발생했다. 제1대부터 제3대까지 마호메트와는 아무런 혈연관계가 없는 사람이 계속 후계자가 된 데 대한 불만이 누적된 것이었다. 우스만이 암살되고 마호메트의 사촌이자 사위인 알리가 제4대 칼리프에 올랐다. 이에 우마야 가문의 반발로 양 파 간에

뛰어난 사람을 이맘이라고 부른다. https://stdict.korean.go.kr/search/searchResult.do 참조.

45 Del fr. *calife*, y este del ár. clás. *ḫalīfah* 'vicario'. https://dle.rae.es/califa?m=form 참조.

권력 투쟁이 발생해 알리도 암살당했다.[46]

이때부터 두 파로 나뉘었다. 하나는 마호메트의 후계자는 그와 혈연 관계가 있어야 하며 정통성이 있는 마호메트의 sunna '관행'을 따라야 한다고 주장하는 파로서, 이른바 시아파이다.[47] 시아란 '분파'라는 뜻으로 곧 '알리를 받드는 분파'를 의미한다. 따라서 이들에게는 마호메트의 피가 섞인 알리만이 정통 칼리프이다. 반면에 다른 하나는 수니파이다.[48] 이슬람공동체가 보편적으로 받드는 sunna '관행'을 따라야 한다고 주장하는 파이다. 따라서 이들은 공동체 내에서 가장 신망 있는 사람을 마호메트의 후계자로 내세우고자 한다. 이슬람권에서 약 90% 정도 절대다수를 차지하는 것은 수니파이지만, 이란과 이라크에서는 시아파가 다수를 차지하고 있다.

다마스커스의 우마야 왕조(661-750)와 그 뒤를 이은 바그다드의 압바스 왕조(750-1258)에서도 칼리프제(制)는 계속 이어졌다. 그러나 압바스 왕조는 후기에 쇠퇴하여 바그다드 주변의 지방 정권으로 몰락했다. 자신들의 권력을 계속 유지하기 위해 어쩔 수 없이 각 지역의 실권자들에

46 제1대 칼리프는 Abu Bakr as-Siddiq (632-634)이다. 이어서 Úmar ibn al-Jattab (634-644), Uthmán ibn Affán (645-656), Ali ibn Abi Tálib (656-661)가 차례로 칼리프에 올랐다. 이 시기를 정통 칼리프기라고 부른다. 이 중에서, 우스만도 사위이긴 했지만, 마호메트와 혈연관계에 있는 사람은 마호메트의 사촌이자 마호메트의 딸인 파티마의 남편인 알리뿐이었다. 이슬람의 역사에 대해서는 최영길(2009), 특히 정통 칼리프 시대에 대해서는 제2장, pp.30-43 참조.

47 sunna '순나'란 '관행' 또는 '관습'이라는 뜻으로 해석되며, 공동체 내에서는 강제 구속력을 지닌다. 마호메트 이전에는 부족 공동체의 순나가 우선시 되었으나, 이후에는 예언자의 순나만을 인정하게 되었다. 어느 것을 더 우선시하느냐에 따라 '수니파'와 '시아파'로 나뉜다. 시아파는 마호메트와 초기 네 칼리프의 순나만을 따라야 한다고 주장하는 분파이다. Del ár. hisp. *súnna*, y este de ár. clás. *sunnah* 'tradición'. https://dle.rae.es/sunna?m=form 참조.

48 스페인어로는 suní라고 한다. 이슬람공동체의 sunna를 따라야 한다고 주장하는 분파이다. Del ár. clás. *sunnī*. https://dle.rae.es/sun%C3%AD 참조.

게 '술탄'이라는 칭호를 내려 명맥을 유지했다. 칼리프는 여전히 이슬람 공동체 통합의 상징이었지만, 10세기 중반부터 12세기에 걸쳐 이베리아반도 알안달루스의 후기 우마야 왕조(756-1031)와 북아프리카의 파티마 왕조(909-1171)에서도 칼리프 칭호를 사용했다.[49]

종교적 영향력만을 유지하던 칼리프는 1258년 몽골의 침입으로 압바스 왕조가 멸망하면서 단절되었다가 1261년 맘루크 왕조 때 부활했다. 카이로에서 일어난 맘루크 왕조에서는 살아남은 압바스 왕조의 후예를 칼리프로 옹립해 자신들의 정통성을 인정받았다. 이로써 과거와는 달리, 칼리프의 지위가 매우 불안정했고 실권도 없어졌다. 1299년에 성립된 오스만 제국에서도 명목상이나마 칼리프의 존재를 인정했다. 그러다가 1517년 오스만 제국의 술탄 셀림 1세가 이집트의 맘루크 왕조를 정복한 후 칼리프 직을 이양받아 겸임하기 시작했다. 이를 '술탄-칼리프제'라고 한다.[50] 1924년 터키의 케말 파샤에 의해 '술탄-칼리프제'가 폐

---

49 파티마 왕조(909-1171)는 자신이 알리의 후손임을 주장하는 시아파의 사이드 이븐 후사인(?-934)이 베르베르족의 지원을 받아 튀니지 지역에서 아글라브 왕조(800-909)를 멸망시키고 세운 왕조이다. 이름도 예언자의 딸이자 알리의 아내인 파티마에서 따왔다. 수니파인 압바스 왕조의 칼리프를 인정하지 않고 독립된 이맘 체제를 구축했다. 초기에는 마디야를 수도로 삼았으며 922년에 모로코의 페스를 점령함으로써 북아프리카 서부 일대를 평정했다. 963년에는 동쪽으로 진출해 이집트를 점령했으며, 카이로를 세우고 새 수도로 삼았다. 974년에는 이드리스 왕조(789-974)를 멸망시키고 모로코 전역을 차지했다. 10세기 후반 전성기 때는 서쪽의 모로코에서부터 동쪽으로 팔레스타인 전역과 메카, 메디나까지 정복했고, 남쪽으로는 사하라 이북의 북아프리카 전역과 이집트, 에티오피아까지 정복했다. 11세기 이후 가톨릭 세력의 십자군 원정으로 세력이 약화되었다. 특히 가톨릭 세력을 물리치고 예루살렘을 탈환한 압바스 왕조에게 팔레스타인 지방을 빼앗기면서 내부 분열로 멸망했다. 이들이 한창 세력을 확장하던 시기는 알안달루스의 압데라만 3세(912-961) 때이다. 파티마 왕조는 압바스의 영향력이 약화된 틈을 타 '칼리프'를 칭했다. 그러나 말기에는 모로코와 모리타니아 지역에서 일어난 알모라비데 왕조(1040-1147)와 그 뒤를 이은 알모아데 왕조(1147-1269)에 시달렸다. 이 두 왕조 모두 '칼리프'를 칭했으며 이베리아반도를 점령해 많은 영향을 끼쳤다.

50 브리태니커 편찬위원회(2017:161) 참조.

지됨으로써 칼리프는 역사 속으로 사라졌다.[51]

sultán '술탄'은 아랍어로 '권력자' 또는 '지배자'를 의미한다. 칼리프가 종교 지도자인 데 반해, 술탄은 세속 권력, 즉 정치, 행정, 군사적 실권을 지닌 '왕' 또는 '대왕'을 의미한다.[52] 최초로 술탄 칭호를 획득한 왕은 아프가니스탄에서 일어난 가즈나 왕조의 무함마드(998-1030)로 이슬람사에서 가장 위대한 통치자 중 한 명으로 전해지는 인물이다. 가즈나 왕조를 카스피해 부근에서 인도 펀잡 지방에 이르는 광대한 제국으로 발전시킨 인물이다.[53] 그 후 이슬람권에서 각 지역 세속 군주의 일반적인 칭호가 되었다. 칼리프는 하나였지만 술탄은 각 지역의 여러 군주가 사용하던 칭호였다. 오스만 제국에서는 황제를 술탄이라고 칭했다. 이 술탄제(制)는 1924년 터키의 케말 파샤에 의해 폐지되었다. 그러나 현재 오만과 부르나이에서는 국왕을 '술탄'이라고 부른다. 오만의 공식 국명은 Sultanato de Omán '오만 술탄국'이다.

emir '에미르'는 일반적으로 아랍 세계의 '지역 수장'을 가리키는 칭호이다. 칼리프로부터 일정 지역의 정치, 군사적 통치권을 위임받은 '사령관' 또는 '총독'을 이르는 말이었다.[54] '술탄' 또는 '말리크'라는 칭호가 도입되자, 이보다 하위의 통치자를 가리키는 칭호가 되었다. 알안달루스에서는 773년 압데라만 1세 때부터 '에미르' 칭호를 쓰기 시작했으며 압

51 https://www.britannica.com/topic/caliph 참조.

52 Del turco *sultan*. "1. m. Emperador de los turcos. 2. m. Príncipe o gobernador musulmán." https://dle.rae.es/sult%C3%A1n 참조.

53 https://www.britannica.com/topic/sultan-Islamic-title 참조.

54 Del ár. hisp. *amír*, y este del ár. clás. *amīr*. https://dle.rae.es/emir?m=form 참조.

데라만 3세 때부터는 이보다 상위 개념인 '칼리프' 칭호를 썼다. 칼리프 제국이 해체된 후 소왕국의 군주들은 '에미르'을 칭했고, 그라나다의 대(大) 군주는 '술탄'을 칭했다. 현재는 모두 '왕' 또는 '군주'로 번역된다. 현재에도 아랍 세계에서는 '에미르'가 존재한다. 아부다비, 두바이 등 7개 에미리트가 연합체를 형성한 '아랍에미리트(UAE)'가 그것이다. emir의 변이형 또는 어원에 해당하는 amir에서 나온 말로 almirante가 있다. '해군 제독'이라는 뜻이다.[55]

5.1.3.3. 알만소르

976년 알하켐 2세의 뒤를 이어 칼리프에 오른 사람은 11살의 히셈 2세(976-1009)였다. 많은 왕족과 대신이 나이 어린 왕의 등극에 반대했으나, 그 반대 세력을 물리치고 뒤를 받쳐준 사람이 바로 Abu 'Amir Muhammad ben Abi 'Amir al-Ma'afirí라는 긴 이름을 가진 장군이었다. 타릭을 따라 알안달루스에 들어온 군인의 후손으로, 일명 Almanzor '알만소르'라는 이름으로 더 잘 알려진 인물이다(938-1002). al은 아랍어 관사이고 mansor (또는 mansur)는 '승리자'라는 뜻이다. 알하켐 2세가 죽자 군의 지지를 등에 업고 히셈 2세의 모친을 섭정으로 내세우며 권력을 장악했다. 이때부터 1002년 사망할 때까지 군사독재가 지속하였다. 알만소르는 권력을 장악하기 위해서 무자비한 숙청을 단행했다. 경쟁자인 대신들과 장군들뿐만 아니라 자신의 정부(情婦)이기도 한 칼리

55 Del ant. *amirate*, interpretado como part. act. y con infl. del art. ár. *al*, este del b. lat. *amiratus*, este del gr. bizant. ἀμιράς, -άδος *amirás, -ádos*, y este del ár. clás. *amīr*. https://dle.rae.es/almirante?m=form 참조.

프의 모후, 자신의 사위, 사촌들까지 반대 세력은 가차 없이 모두 제거했다. 이 과정에서 그는 981년에 Al-Mansur bi-l-llah '알라에 의한 승리자'라는 칭호를 얻고 실질적으로 제국을 통치했다.[56]

알만소르는 북쪽의 가톨릭교도들에 대한 반격을 개시해 사모라(981), 바르셀로나(985), 코임브라와 레온(987), 산티아고 데 콤포스텔라(997), 팜플로나(999), 산 미얀 데 라 코고야(1002) 등을 재정복했다. 가톨릭교도들에게는 그야말로 공포의 대명사였다. 산티아고 데 콤포스텔라를 정복한 후에는 도시를 불태우고 포로들을 시켜 교회의 종들을 코르도바로 끌고 갔다고 한다.[57] 1002년 8월 산 미얀을 공격하던 중 병이 들어 메디나셀리에서 사망했다.[58]

알만소르가 사망한 후에는 그의 큰아들이 독재를 이어갔다. 그러나 권력 내부의 분열과 여러 세력 간의 충돌이 끊이지 않았다. 1009년 큰아들이 죽자 둘째가 뒤를 이었다. 그러나 히셈 2세를 몰아내고 자신이 칼리프가 되려고 획책하다가 그의 아들인 무함마드 2세가 이끄는 세력에 의해 축출되었다. 이로써 33년에 걸친 알만소르 일가의 독재는 끝났

56 Tuñón de Lara, Manuel, *et. al.*(1991:69) 참조. 이슬람 세력의 지배에 대한 자세한 사항은 제5장(pp.64-76) 참조.

57 2세기 반 후에 페르난도 3세(1217-1252)가 이 도시를 재정복한 후에는 거꾸로 이슬람 포로들을 시켜 이 종들을 제자리로 되돌려 놓았다고 한다. 이 과정에서 자연스럽게 남쪽의 순례길이 열렸으며, 로마네스크와 같은 건축 양식과 여러 문화적 요소가 남쪽으로 전파되었다.

58 알만소르의 죽음에 대해서는 자연사라는 것이 정설이지만, 가톨릭 측에서는 소리아 지방의 칼라타냐소르 전투에서 입은 부상 후유증으로 죽었다고도 주장한다. 사료에는 전하지 않으므로 사실 여부를 확인하기가 어려운 일로, 많은 학자는 아마도 알만소르에 대한 가톨릭교도들의 강박관념과 피해의식, 증오심, 복수심 등이 한데 어우러져 이런 식으로 표출된 것이 아닌가 추측한다. 이에 대해서는 Bariani, Laura(2003:298) 참조. 그가 죽자 가톨릭 측에서는 <fue sepultado en los infiernos> '지옥에 매장되었다'라고 환호했다고 하니, 그에 대한 증오와 공포가 어떠했었는지 짐작할 만하다. Tuñón de Lara, Manuel, *et. al.*(1991:69) 참조.

다. 1009년 히샴 2세는 일생에 단 한 번도 스스로 정치적 결정을 내려 보지 못하고 허수아비처럼 살다가 퇴위했다.

알만소르의 철권통치를 무력으로 뒷받침해 준 것은 북아프리카에서 데려온 수천 명의 베레베르 용병들이었다. 그러나 이는 결과적으로 알 안달루스에서 인종 갈등을 일으키고 칼리프를 경시하는 풍조를 만연시켰다. 그의 사후 생긴 커다란 정치권력의 공백을 메우지 못하고 1031년 코르도바 칼리프 제국은 결국 해체되었다.[59]

5.1.4. 제4기: 분열기(1031-1212)

5.1.4.1. 제국의 분할과 가톨릭 세력의 남하

1002년 알만소르가 죽자 코르도바 조정에서는 어리고 무능한 황제와 분열된 귀족들 간의 내분이 격화되었다. 1009년 히샴 2세가 퇴위한 후에는 혼란이 더욱 격화되었다. 1010년 히샴 2세가 재옹립되었으나 1013년 베레베르인들에 의해 축출되고 술레이만이 새 칼리프로 추대되었다. 1016년 술레이만이 축출되고 북아프리카에서 온 알리가 정권을 장악했다. 1023년 알리가 실각하고 우마야 칼리프 왕조가 재건되었다. 이처럼 20여 년 동안 서너 명의 칼리프가 수시로 교체될 정도로 정국의 혼란은 극에 달했다. 결국, 1031년 조정에 모인 유력 귀족들은 제국

59 Tuñón de Lara, Manuel, et. al.(1991:70) 참조.

을 지역별로 분할하기로 합의하고 칼리프 제국을 해체하기에 이르렀다. 거대한 제국이 스스로 무너져 내린 것이었다. 이로써 제국은 수십 개의 소왕국(小王國)으로 분할되었다. 이렇게 분할된 소왕국을 taifa라고 부르는데, facción '도당, 무리'라는 뜻이다.[60]

칼리프 시대의 문화적 '황금 세기'는 정치적으로 분열되어 있던 소왕국 치하에서도 지속하였다. 이는 각 소왕국의 군주들이 앞다투어 문화를 장려하고 지식인들을 보호했기 때문이었다. 이 당시의 대표적인 학자들로는 철학자이자 과학자로 이름 높은 아벰파세(h.1070-1138), 시인인 벤구스만, 철학자 아베로에스(1126-1198) 등을 들 수 있다. 그러나 이들은 모두 고전 아랍어로 글을 썼으므로, 이들의 저서를 통해 당시 대중들이 사용하던 말의 실체를 알 수는 없다.

약 35개에 달하던 소왕국들이 난립해 서로 대립하는 틈을 타 북부 두에로강 연안의 가톨릭교도들이 본격적으로 남하하기 시작했다. 가장 두드러진 활약을 보인 것은 카스티야였다. 본래 레온 왕국의 한 백작령에 불과했던 카스티야는 1035년 페르난도 1세(1035-1065) 때에 이르러 왕국으로 독립했으며, 그의 아들인 알폰소 6세(1072-1109)에 이르러서는 톨레도를 재정복하고(1085년), 이어 발렌시아를 재정복함으로써(1094년), 재정복 전쟁의 주도권을 쥐었다.

톨레도의 재정복은 가톨릭교들에게나 이슬람교도들에게나 매우 중요한 일대 사건이었다. 가톨릭교도들에게는 반도의 중앙 고원을 차지함으

---

60 Del ár. clás. *ṭā'ifah* 'facción'. https://dle.rae.es/taifa?m=form 참조. 11세기 초에는 약 35개에 달하는 taifa가 난립했으나, 점차 이합집산을 거듭한 결과 13세기 초에는 17개 정도가 남았다. 1248년 세비야가 재정복된 후에는 실질적으로 그라나다 하나만이 남았다.

로써 타호강 유역뿐만 아니라 멀리 시우다드 레알에 이르는 드넓은 라만차 평원을 수중에 넣게 되어 재정복 전쟁의 주도권을 쥐게 된 것을 의미했다. 반대로, 이슬람교도들에게는 정치-군사적으로뿐만 아니라 경제적으로도 심각한 타격을 받고 생존을 위협받는 수준의 위기의식을 느끼게 된 것을 의미했다. 그 영향은 멀리 북아프리카에까지 미쳐 사하라 일대에서 대제국을 건설하고 있던 알모라비데족이 반도로 건너와 이슬람 소왕국들을 재통합하는 계기가 되었다.

5.1.4.2. 알모라비데 시대(1040-1147)

알모라비데족은 베르베르족의 일파로 현재의 모로코 남부 지역 사하라 사막에 살던 유목민족이었다. 파티마 왕조의 세력이 약해진 틈을 타 1040년 아그흐맛을 수도로 정하고 제국을 건설했다. 차츰 세력을 넓혀 남쪽으로는 모리타니아와 말리까지, 북쪽으로는 이베리아반도 남부까지 지배했다. 1062년에는 수도를 모로코의 마라케시로 옮기고 이슬람 세계 서쪽을 제패했다. 수니파 교리로 무장한 원리주의 종파이다.[61]

이베리아반도에 들어온 것은 1085년 카스티야의 알폰소 6세에게 톨레도를 빼앗긴 것이 계기가 되었다. 위기감을 느낀 세비야의 왕 알무타밋은 이미 세우타까지 북상해 있던 유스프 이븐 타수핀에게 원조를 요청했다. 이슬람 계율에 철저한 이 왕은 군대를 이끌고 이베리아반도로 건너왔다. 처음에는 단순한 군사원조만을 염두에 두었었으나, 건너와 보니 땅이 풍요롭고 이슬람 소왕국들이 종교적으로 너무 나태해져 있

61 알모라비데는 devotos '신앙심이 깊은 자들'이라는 뜻이라고 한다. Alatorre, Antonio(1989:75) 참조.

는 것을 보고는 이베리아반도를 점령하기로 마음을 바꾸었다. 알안달루스가 정치적으로 여러 소왕국으로 분열되어 가톨릭 세력의 남하를 저지하지 못하고 있는 데다가 종교적으로도 자신들과는 달리 유대인이나 가톨릭교도들에게 지나치게 관대한 태도를 보였기 때문이었다. 1090년 알모라비데군은 톨레도 탈환에 실패한 후, 그라나다, 세비야, 코르도바, 하엔, 무르시아, 바다호스 등 이슬람 소왕국들을 차례로 정복해 나갔다.

카스티야에서 쫓겨난 엘시드가 발렌시아에서 싸웠던 군대가 바로 이 알모라비데군이었다. 이 도시를 되찾기 위해 공격해 오는 이들과 1094년과 1097년 두 차례에 걸쳐 공방전을 벌였다. 그러나 1099년 엘시드가 죽자 알폰소 6세는 1102년 도시를 불태우고 철수했다. 알모라비데족은 발렌시아를 재탈환한 후 1110년에는 사라고사를 점령했고, 1114년 마요르카마저 점령함으로써 알안달루스 일대를 재통일하는 데 성공했다.

재통합을 계기로 알안달루스의 뛰어난 건축, 예술, 학문 등이 북아프리카에 영향을 끼쳤다. 이들은 행정을 개혁하고 화폐 제도를 통일해 상업을 장려했다. 초기에는 유대인과 모사라베들에게 개종을 강요하기도 했으나, 시간이 지나면서 알안달루스 문명의 영향을 받아 점차 유화적으로 변해갔으며 타 종교에 대해 관용적인 태도를 보였다.

5.1.4.3. 알모아데 시대(1121-1269)

1121년 북아프리카 모로코에서 알모아데족이 일어나 알모라비데족을 몰아냈다.[62] 이들은 알모라비데족의 신앙이 알안달루스의 영향으로 타락하고 오염되었다고 비난하고 타 종교 집단에게까지도 더욱 엄격한 이슬람 교리를 적용하고자 했다. 1147년 수도인 마라케시를 점령함으로써 알모라베데족을 완전히 몰아내는 데 성공했다. 이 영향으로 이베리아반도에서도 알모라베데족을 대신해 알모아데족의 시대가 도래했다. 코르도바에 입성해 엄격한 종교 검열을 실시하고, 가톨릭과 유대교도들에게 개종을 강요하며 핍박했다. 자신들의 지배를 거부하는 알안달루스의 다른 도시들도 무력으로 정복했다. 이베리아반도에서 이들의 전성기는 1195년 알라르코스 전투에서 승리했을 때였다. 1195년 7월 시우다드 레알 서쪽 인근의 과디아나강 유역에서 카스티야의 알폰소 8세가 이끄는 카스티야 대군을 격파해 톨레도 목전까지 라만차 일대를 휩쓸었다. 이들은 1212년 라스 나바스 데 톨로사 전투에서 패할 때까지 이베리아반도 남부를 지배했다. 카스티야와의 2차전 격인 이 전투에서 패한 이후 급격히 세력이 약화되어 북아프리카로 쫓겨났으며 1269년 멸망했다. 세비야의 히랄다(기단 부분), 황금 탑 등이 이들이 세운 것이다.[63] 또한, 아랍 철학자인 아베로에스와 유대 철학자인 마이모니데스가 활약한 시기이기도 하다.

---

62 알모아데는 unitarios '정-교 일치주의자들'이라는 뜻이라고 한다. Alatorre, Antonio(1989:75) 참조.

63 세비야 대성당의 종탑인 히랄다의 원조는 쿠투비아 대사원의 탑이다. 12세기 말 알모아데족이 모로코 마라케시에 세운 건축물이며, 이를 모델로 삼아 세비야에 종탑(기단)을 세웠다고 한다. 두 탑 모두 현재 남아 있으므로 비교해 볼 수 있다.

5.1.4.4. 아베로에스와 마이모니데스

무함마드 이븐 루시드는 일명 Averroes '아베로에스'라는 라틴식 이름으로 더 잘 알려진 인물이다.[64] 1126년 코르도바에서 태어났다. 철학과 법학을 공부했으며, 의학과 천문학에서도 뛰어난 재능을 보였다. 부친의 뒤를 이어 세비야와 코르도바에서 법관으로 일했으며 칼리프의 주치의로도 활약했다. 평생을 아리스토텔레스 연구에 바쳤다. 아랍어로 된 아리스토텔레스의 저서를 라틴어와 히브리어로 번역했고, 상해(詳解), 요해(要解), 약해(略解) 세 종류의 주석을 달았다. 이로써 서양 철학에서는 El Comentador '주석가'라는 이름으로 통한다. 아리스토텔레스의 저서들을 번역하고 주해를 단 대표적인 철학자라는 뜻이다.[65]

중세 초기 가톨릭 세계는 이데아론을 주창한 플라톤의 철학을 적극적으로 받아들여 교부철학으로 발전시켰다. 이성을 중시한 아리스토텔레스의 철학은 도외시 되고 잊혔다. 신의 존재에 관한 논쟁에서는 이성적 추론보다는 추상적인 이데아론이 훨씬 더 유용했기 때문이었다. 아리스토텔레스가 살아남은 것은 아랍 세계였다. 이것이 아베로에스의 주석을 통해 되살아났고 유럽에 전해져 약 천 오백 년간 잊혔던 아리스토텔레스의 철학이 다시 빛을 보게 된 것이다. 유럽에 아리스토텔레스의 철학이 전해진 것이 꼭 아베로에스를 통해서만은 아니었다. 소수지만

---

64 Averroes는 그의 본명인 'Abū al-Walīd' Muhammad ibn Aḥmad ibn Muḥammad ibn Rušd를 라틴어 식으로 줄여서 부른 말이다. 우리가 흔히 부르는 이븐 루시드는 '루시드의 아들'이라는 의미로 긴 이름에서 맨 마지막 붙은 것이다.

65 본 절에서 인용한 아베로에스의 생애와 철학 체계에 대해서는 Corbin, Henry(1997), 안달루시아의 철학에 대해서는 제8장, 특히 아베로에스의 철학에 대해서는 pp.344-357과 Fraile, Guillermo(1971:94-102)를 주로 참조했음을 밝힌다.

아리스토텔레스를 연구하는 학자들이 있었고 십자군 전쟁을 계기로 동방과의 교류가 재개되면서 조금씩 다시 알려지기 시작했다. 그러나 그의 주석으로 인해 가톨릭 신학자들이 아리스토텔레스에 더 큰 관심을 갖게 되었고, 사고 체계에 일대 혁신을 불러일으키는 데 가장 결정적인 계기를 제공한 것은 분명한 사실이다. 후에 아베로에스의 많은 제자가 가톨릭의 박해를 피해 이탈리아 파도바로 옮겨 갔다. 파도바 대학 의학부 교수의 대부분이 그의 제자였다고 한다. 이들의 경험주의적 사고는 자연과학의 발달에도 큰 영향을 미쳤다. 라파엘로 등 여러 화가가, 좋은 의미에서든 나쁜 의미에서든, 앞다투어 이 이슬람 철학자를 그렸을 만큼 그의 존재와 사상, 즉 '아베로이즘'은 16세기까지 유럽에서 큰 관심의 대상이었다.[66]

1510년경 라파엘로가 그린 『아테네의 학당』에 등장하는 유일한 아랍 철학자이다. 고대의 위대한 철학자, 예술가, 과학자 등 수십 명의 인물이 아테네 학당에 모여 있는 그림이다. 그림의 중앙에는 플라톤과 아리스토텔레스가 토론하는 듯한 모습으로 서 있다. 소크라테스나 아리스토텔레스, 알렉산드로스 등 중요 인물들은 대개 계단 상단부에 서 있다. 우측 하단부 끝부분에 검은 피부의 터번을 쓰고 앉아 있는 인물이 바로 아베로에스라고 한다. 중앙에 배치하거나 전신을 할애할 만큼 중요하게 여기지는 않았으나 서양인들 입장에서도 결코 무시할 수 없는 무게를 지니고 있었던 것이었다.

아베로에스는 당시 드물게 이성을 중시한 합리주의자였다. 그가 제기

---

66 아베로에스 학파에 대해서는 Hirschberger, Johanes(2017:676-681); 아베로에스가 쓴 아리스토텔레스의 형이상학 체계에 대해서는 Horten, Max(2012) 참조.

한 물음은 '신학과 철학이 양립할 수 있는가?', 즉 '신앙과 이성은 서로 화합이 가능한가?' 하는 것이었다. 당시 이슬람 세계에서는 알 가잘리로 대표되는 기존의 정통 이슬람 신학자들의 주장에 따라 철학에 대한 신학의 우위, 또는 이성에 대한 신앙의 우위 사상이 절대적이었다. 반면에 아베로에스는 이성과 신앙이 충분히 양립할 수 있다는 입장을 견지했다. 이는 『Refutación de la refutación』 '반박에 대한 재반박'에 잘 드러나 있다.[67] 여기서 신학이란 이슬람 성전인 코란에 대한 해석과 예언자 마호메트의 언행을 기록한 '순나', 이를 구체적으로 설명한 '하디스'에 기초한 이슬람 신학이며, 철학이란 고대 그리스의 합리주의 철학을 말하는 것이다. 아베로에스의 중심 사상은 『Sobre la armonía entre religión y filosofía』 '종교와 철학의 조화에 관하여'라는 저서에도 잘 드러나 있다.[68] 그는 이슬람 율법이 철학 연구를 결코 금하고 있지 않으며, 오히려 논증적 추론을 추구하는 철학 연구를 장려하고 있다고 해석했다. 철학과 율법은 상호 배치되는 것이 아니라는 주장이다. 아베로에스는 철학과 신학의 조화를 변호하는 정도를 넘어서 이성적 사고야말로 진리에 이르는 지름길이라고까지 주장했다. 그의 다소 과격하고 반신앙적인 주장은 신앙에 대한 이성의 우위를 인정하는 것으로 해석되어 정통을 자처하는 이슬람 신학자들로부터 공격을 받았다. 1148년 알모아데족이 코르도바를 점령한 후 광신적인 율법 학자들의 주도하에 이

67 이 책은 알가잘리의 『La incoherencia de los filósofos』'철학자의 비일관성'에 대한 반론으로 쓴 것이다.

68 이 책의 원제목은 Kitab fasl al-Maqal인데, 한국어로는 『결정적 논고』(이재경 역, 서울: 책세상, 2005)라는 제목으로 번역되어 있다.

성 논의에 대한 박해가 본격화되자 이단으로 몰려 투옥되었고 논리학과 형이상학에 관한 그의 저서들은 소각되었다. 남아 있는 것들의 대부분은 아랍어 원본이 아니라 히브리어나 라틴어로 번역된 것들이다. 이듬해 감금에서 풀려나 모로코의 마라케시로 건너갔으며, 그곳에서 법관 생활을 하다가 1198년 생을 마감했다.[69]

당시는 철학자 또는 지식인이라고 하면 곧 신학자이던 시대였다. 아베로에스 또한 법관이자 의사이며 철학자였다. 그의 가장 큰 관심사는 '우주는 창조된 것인가? 신이 우주를 창조했을 때 시간이 시작된 것이라면 창조 이전에는 무엇이 존재했으며, 시간은 영원한 것인가? 신이 자신이 창조한 우주에 대한 선의(善意)를 접으면 어떻게 되는가?' 등 본질적인 존재론에 관한 질문들이었다. 이슬람교건 유대교건 가톨릭교건, 신학자들은 대부분 이성보다는 신앙을, 철학보다는 신학을 우위에 두고 신의 무한성과 우주 창조설에 대해 어떠한 의문도 용납하지 않았다. 또한, 세 종교 모두, 비록 서로는 진정한 예언자가 누구냐를 놓고 다투는 입장이었지만, 신의 존재와 예언자의 언행을 종교적이 아닌 이성적, 논리적 관점에서 해석하려는 시도는 용납하지 않았다. 이런 의미에서 아베로에스는 어느 곳에서도 환영받지 못했다. 이슬람 세계에서는 신학보다 이성을 중시하는 철학을 우위에 두려는 사고로 인해 이단으로 단죄되었고, 가톨릭 세계에서는 신학적 논쟁을 통해 삼위일체설이나 예수의 신성 등에 관한 교리를 공격하려는 저격수로 보았다.

그러나, 그는 이슬람의 신과 예언자를 부정하는 이단도 아니었고 가

69 Arnau, Juan(2017), 〈Averroes: Todas las almas, un entendimiento〉, https://juanarnau.com/onewebmedia/posdata2-3.pdf 참조.

톨릭 세계에 위험한 인물도 아니었다. 그는 누구보다도 신앙심이 투철한 이슬람교도였으며, 수십 년간 같은 도시에서 함께 살았던 유대교도들이나 가톨릭교도들을 경시하지도 적대시하지도 않았다. 그의 최대 관심사는 어느 종교든 일신교라면 '신앙과 이성을 어떻게 조화시킬 것인가?'라는 철학적 주제에 대해 고민해야 할 필요가 있다는 것이었다. 따라서 그는 유대 철학자인 마이모니데스와도 말이 통하는 당시 몇 안 되는 이슬람 지식인 중 하나였다.

그의 가장 큰 업적은 아리스토텔레스의 철학을 유럽에 전해준 학문의 중개자였다는 것이다. 그가 없었다면 아마도 중세 유럽에서 아리스토텔레스의 철학을 접하는 것은 불가능했을 것이다. 그는 또한, 최초는 아니었겠지만, 신앙과 이성 간의 조화 문제, 즉 인간이 가진 합리적 사고와 인간의 지식과 지혜를 초월하는 신에 대한 신앙이 조화될 수 있는가 아니면 서로 다른 범주에 속하는 것인가 하는 문제에 대한 고민을 본격적으로 제기한 인물이기도 했다. 토마스 아퀴나스조차도 그를 통해 아리스토텔레스를 배웠고 이성적 사고를 통한 신의 존재 증명이라는 주제에 대한 자신의 철학 체계를 완성했다. 근대 유럽의 이성적이고 합리적인 사고 체계 형성에 지대한 공헌을 한 인물이다. 이런 의미에서 그는 신앙 만능주의에 빠진 중세 한복판에서 살다 갔지만 진정한 의미의 근대인이었던 것이다.

아베로에스가 태어난 지 9년 후인 1135년 코르도바에서 또 한 명의 위대한 철학자가 탄생했다. 본명은 Moshé ben Maimón이며, 일명 '마이몬의 아들'이라는 의미에서 '마이모니데스'라고 불리는 인물이다. 의사이

자 랍비이며, 중세에 가장 유명한 유대 신학자이다.[70]

1148년 알모아데족이 코르도바를 점령해 이교도들을 박해하자 알메리아도 피신했다. 여기서 아베로에스를 알게 되었고 아리스토텔레스를 공부했다. 1160년 모로코의 페스로 갔다. 이곳에서 5년간 머물며 알카라위인대학교에서 수학했다. 1165년 이집트로 건너가 아유브 왕조의 궁정에서 시의(侍醫)가 되었다. 알아즈하르대학교에서 강의했다. 1177년 이집트 유대공동체의 수장이 되었으며, 1204년 사망했다.

그는 철학과 과학, 신학 간의 차이점에 의문을 갖는 사람들에게 올바른 신앙을 깨우쳐 주기 위해 노력했다. 그 역시, 율법과 철학은 성질이 다른 학문이지만, 양자는 융합될 수 있다고 보았다. 철학적 문제에 관해서는 아리스토텔레스의 권위를 인정하지만, 종교 문제에서는 율법의 가르침을 우위에 두었다. 철학의 고유한 목적은 율법에 대한 질문에 합리적인 논증을 부여하는 것이라고 주장했다. 양자 간에 상충하는 부분은 성서의 은유적 해석을 통해 해소할 수 있다고 보았다. 이러한 해석은 이슬람뿐만 아니라 토마스 아퀴나스의 스콜라 철학에도 영향을 미쳤다. 세계는 신에 의해 무(無)로부터 창조되었다고 보고 우주에 대한 신의 섭리가 작용함을 주장했다. 이와 상충하는 아리스토텔레스의 이론은 배격하거나 필요에 따라 취사선택함으로써 아베로에스와는 다른 행보를 취했다.

그는 이슬람 치하의 코르도바에서 유대인으로 태어나 두 세계의 언어

---

70 마이모니데스의 생애와 철학 체계에 대해서는 Kraemer, Joel L.(2012) 참조. 온라인 자료로는 https://www.imj.org.il/en/exhibitions/maimonides.; https://www.britannica.com/biography/Moses-Maimonides.; https://islamsci.mcgill.ca/RASI/BEA/Maimonides_BEA.htm. 참조.

와 문화를 체득하고 있었다. 또한, 알모아데족이 들어오기 전에는 코르도바의 자유로운 분위기 속에서 가톨릭을 포함한 타 종교의 교리와 철학도 별다른 장애 없이 접할 수 있었다. 서로 적대시하지 않았기 때문이었다. 이슬람교도인 아베로에스로부터 아리스토텔레스를 배울 수 있었던 것도 이런 분위기였기에 가능했다. 이러한 것들이 아리스토텔레스의 사상과 합쳐져 '종교적 현실주의'로 표현되는 마아모니데스의 사상을 형성하는 데 일조했다.

그는 후에 광신적인 알모아데족 치하에서 이슬람교로 개종했었다는 비난을 받기도 하고 유대교의 비전(祕傳) 지식인 카발라를 신봉하는 정통 신비주의적 유대교와는 다른 이성주의적 성향으로 인해 경원시되기도 했지만, 동시대 유대인들로부터 존경을 받았으며 후세 유대 철학 체계 형성에도 큰 영향을 끼쳤다.

5.1.4.5. 라스 나바스 데 톨로사 전투

13세기 들자 북아프리카 알모아데 왕조의 칼리프 무함마드 알 나스르가 군대를 이끌고 다시 북상했다. 이에 카스티야의 알폰소 8세는 아라곤의 페드로 2세, 나바라의 산초 7세, 포르투갈의 알폰소 2세 등과 연합전선을 구축해 맞섰다. 1195년에 알라르코스에서 패한 것에 대한 복수전이기도 했다. 이들의 지원 요청을 받은 교황 인노센트 3세 또한 유럽 기사들에게 십자군으로 참전해줄 것을 호소하여 3만 명 이상이 참전했다. 그러나 유럽의 기사들은 스페인의 무더위에 질린 데다 카스티야 왕국이 유대인과 아랍인에 대해 유화 정책을 취하는 것에 반발해 귀국했다. 결국, 이베리아반도의 가톨릭 세력만으로 이슬람 세력과 전쟁을 치를 수밖에 없었다.

전투는 1212년 7월 15-16일 하엔 지방에 있는 라스 나바스 데 톨로사라는 작은 마을 뒤 구릉에서 벌어졌다. 결과는 예상과는 달리 병력 수에서 절대 열세였던 가톨릭군의 대승으로 끝났다.[71] 이슬람군은 병력 수에서뿐만 아니라 모든 전력에서 압도적이었음에도, 카스티야를 주축으로 한 가톨릭 연합군에게 크게 패함으로써 반도 내에서 세력이 급격하게 위축되었다. 반면에 승리한 카스티야는 프랑스를 비롯한 대외 세력의 지원 없이도 재정복 전쟁을 수행할 수 있다는 정치-군사적 자신감을 갖게 되었고, 이들의 영향에서 벗어나 독자적인 발전을 이룩할 수 있는 계기를 마련했다. 알모아데족은 이 전쟁에서 패한 이후 세력이 급격하게 약화되어 북아프리카 각 지역의 왕국들이 독립해 나갔다. 결국, 모로코의 지역 소국으로 전락했다가 1269년 마린 왕조에 의해 멸망했다.

71 Eggenberger, David(2012:232)에 따르면, 가톨릭 측의 참전자 수는 약 10만, 이슬람 측은 'several hundred thousand warrioirs'였다고 하며, 이슬람 측 사상자는 약 15만 명으로 추정된다고 한다. Bressler, Richard(2018:24)에 따르면, 알폰소 8세가 교황에게 보낸 보고서에 "포로로 잡힌 이슬람 측 인사들의 추정에 따르면, 이슬람 측 사상자는 10만 명 이상이라고 합니다. 우리 측에서는 25-30명 정도의 사상자만이 발생했습니다"라고 적었다고 한다. 학자마다 양측의 참전자와 사상자 수에서 약간 차이가 있고, 위 내용이 다소 과장되었다고 해도 압도적인 대승이었던 것만은 사실로 평가된다.

5.1.5. 제5기: 쇠퇴기(1212-1492)

5.1.5.1. 이슬람 세력의 쇠퇴

1212년에 벌어진 라스 나바스 데 톨로사 전투에서 패한 후, 이슬람 세력은 알안달루스에서 급격하게 세력이 위축되었다. 1232년 포르투갈에게 반도 남서부의 알가르베 지역을 정복당했고, 카스티야에게는 1236년 코르도바, 1246년에 하엔, 1248년에는 세비야, 1264년에는 무르시아를 차례로 점령당했다.

이런 와중에도 알안달루스에서 이슬람 세력을 재규합해 왕국을 건설한 사람이 있었으니, 바로 나사리 가문의 모하메트 1세였다. 계속 위축되어 가던 이슬람교도들을 규합해 그라나다 일대를 중심으로 다시 세력을 구축했으며, 1232년에는 술탄을 칭하기에 이르렀다. 그가 새로 세운 왕국이 이슬람 최후의 왕국인 그라나다 왕국이다. 이와 동시에 '알람브라 궁전'을 건설하기 시작했다.

북아프리카의 이슬람 세력은 알안달루스에서 빼앗긴 영토를 회복하기 위해 안간힘을 써보았으나, 이미 기운 대세를 뒤집기에는 역부족이었다. 1340년 알안달루스를 탈환하기 위해 북아프리카의 술탄은 대규모 군사 원정을 단행했으나 살라도 전투에서 격퇴당했고, 1340년에는 히브랄타르, 1344년에는 알헤시라스마저 빼앗겼다. 이제 고립무원에 빠진 그라나다 왕국은 1492년 결국 카스티야-아라곤 연합군에 항복함으로써 이베리아반도에서 이슬람 세력의 통치는 막을 내렸다.

5.1.5.2. 그라나다 왕국의 건설과 멸망

이슬람교도들이 알안달루스를 지배하던 당시 현 그라나다 인근에서 가장 중심적인 도시는 알바이신에서 10킬로쯤 서쪽에 위치해 있던 메디나 일비라, 즉 현재의 엘비라였다.[72] 그러나 1009-1031년 사이 코르도바 칼리프 제국이 해체되고 각 지역이 소왕국으로 분열되는 과정에서 도시가 황폐화되었다. 그라나다 지역의 유력한 세력이었던 시리 가문은 근거지를 방어가 용이한 지금의 알바이신 언덕으로 옮겨 Medina Garnata를 건설하고 소왕국의 수도로 삼았다. 작은 시골 마을에 불과하던 지역에 성곽을 쌓고 도시를 건설한 것이었다. 1010-1025년 사이에 본격적인 이주가 이루어졌다고 한다. 시리 가문의 지배는 1090년 북아프리카에서 알모라비데족이 건너올 때까지 지속되었다.

이들이 처음 정착한 곳은 물을 얻기 쉬운 언덕 아랫부분으로 이곳에 Medina '도심'을 건설했다. 성벽 밖 북쪽 언덕은 Albaicín '알바이신'이라고 불렸다. 이 용어의 어원에 대해서는 여러 의견이 있지만, 일반적으로 이슬람교도들이 사는 '교외 언덕'을 가리키는 것이라고 한다. '알바이신'이라는 지명은 그라나다뿐만 아니라 다른 여러 도시에도 있는데 모두 '성 밖 언덕'이라는 지리적 공통점을 갖고 있기 때문이다.[73]

Granada라는 도시명의 어원에 대해서는 여러 설이 있으나, 가장 유

72 Lapesa, Rafael(1981:33)에 따르면, Elvira는 바스크어 Iriberri 'ciudad nueva'가 라틴화된 것이라고 한다. 현재는 유적만 남아 있다. 이 도시의 역사에 관해서는 http://www.medinaelvira.org/la-ciudad/2/historia 또는 http://www.medinaelvira.org/ 참조.

73 아랍어 기원어로서 '교외, 마을 밖 변두리'라는 의미가 있는 일반명사는 arrabal이다. Del ár. hisp. *arrabáḍ*, y este del ár. clás. *rabaḍ*. https://dle.rae.es/arrabal?m=form 참조.

력하게 받아들여지는 것은 아랍어 Gar-anat '순례자들의 언덕'에서 나온 것이라는 설이다.[74] 1013년경 아랍인들이 현재의 자리에 Medina Garnata를 세운 데서 비롯되었다는 것이다. Garnata는 Garanat에서 나온 것으로, 후에 자위전환과 유성음화를 겪어 Granada로 변했다.

공교롭게도 도시명은 과일 Granada '석류'와 형태가 동일하다. 이로 인해 도시명이 라틴어 [malum] granatum '석류'에서 나온 것이라는 주장도 있으나, 이는 어형의 변화 결과가 동일해 진 것일 뿐, 사실관계를 확인하기는 어렵다. 이 중성명사의 복수형이 [mala] granata인데, 과일 명 gradana '석류'는 여기서 나온 것이다. 이 과일의 원산지는 이란에서 인도 북부에 이르는 지역이라고 한다. 고대로부터 소아시아와 북아프리카에서 흔히 재배되었다고 한다. 특히 페니키아인들이 자색 염료 추출을 위해 많이 재배했다고 한다. 이들을 통해 로마로 전해졌다. 따라서 로마인들은 이 과일을 punica granatum 또는 malum granatum이라고 불렀다. 이 과일을 스페인에 들여온 종족은 베레베르인들이라고 한다. 이 과정에서 도시명도 이 과일에서 따와 지은 것이라는 주장이 제기되는 것이다. 어쨌든 이 과일명은 도시명과 동음이의어가 되었고, 단순히 그것 때문인지 아니면 정말로 어원적 관계가 있는 것인지는 분명치 않지만, '석류'는 현재 그라나다 왕국을 대표하는 상징으로 스페인 문장(紋章)에 포함되어 있다.

그라나다는 베레베르 시대, 즉 알모라비데 시대(1090-1147)와 알모아데 시대(1147-1269)를 거치면서 점차 확장되었다. 1212년 라스 나바스

---

74 <Del nombre de Granada>, http://www.nueva-acropolis.es/granada/pagina.asp?art=2925 참조.

데 톨로사 전투에서 알모아데족이 패하자 나사리 가문의 아부 알 아흐마르는 알안달루스 남동부의 과딕스, 바싸, 알메리아, 말라가 등을 중심으로 세력을 확장했다. 1232년 모하메트 1세라는 이름으로 술탄을 칭하기 시작했고 1238년 그라나다를 점령했다. 이로써 그라나다를 기반으로 하는 나사리 왕조가 시작되었다.[75] 1238년 그라나다가 한눈에 내려다보이는 시에라 네바다산맥 자락의 한 언덕 위에 '알람브라 궁전'을 짓기 시작했다. 이 궁전은 이후 약 200년간 모로 왕들의 마지막 안식처가 되었다.

그러나 아무리 아름답고 화려한 궁전을 짓고 온갖 부귀영화를 다 누리고 있었어도, 이미 13세기 중반에 알안달루스에 남아 있는 이슬람 세력이라고는 이 그라나다 왕국 하나뿐이었다. 이미 코르도바, 하엔, 세비야, 무르시아 등 주변의 대도시들은 모두 카스티야에게 재정복 당했기 때문이었다. 외로운 섬과 같은 신세가 된 것이었다. 결국, 1246년 카스티야와 하엔 조약을 맺고 조공 협정을 체결해야만 했다. 14세기 들어서는 도시의 군사 전략적 이점을 잘 활용하고 가톨릭 국왕들 간의 세력 다툼을 이용해 생존해 나갔다. 한때는 유럽과 아프리카 간의 중계무역으로 경제적 번영을 누리기도 했다.

1269년 알모아데 제국이 붕괴하자 북아프리카의 마그레브 일대는 여러 소국으로 분열되었다.[76] 북아프리카의 이슬람 제국이 이베리아반도

---

75 흔히 **nazarí** '나사리'라고 부르는 왕조의 명칭은 가문 명인 **ibn Nasr**에서 나온 것으로, 모음을 전사한 결과이다.

76 알모라비데나 알모아데 제국이 통치하던 북아프리카 일대를 **Al-Maghrib**이라고 불렀다. 아랍어로 '해가 지는 곳', 즉 '서쪽'을 가리키는 말로, 주로 이집트 서쪽을 가리키는 말이었다. 대체로 오늘날의 튀니지, 알제리, 모로코가 핵심 지역이고 더 넓게는 동쪽의 리비아와 모로코 남쪽의 모리타니아까

에 신경을 쓰지 못하고 있는 사이에 북부의 가톨릭교도들은 세력을 정비하고 차츰 남하하기 시작했다. 그 사이에 북아프리카의 베르베르족은 사하라 일대에서 새로이 마린 왕조(1244-1465)를 세우고 북아프리카 일대를 지배하기 시작했다. 1340년 가톨릭 세력의 군사적 압력에 큰 위협을 느낀 그라나다의 유스프 1세는 마린 왕조의 술탄에게 원조를 요청했다. 이에 술탄은 지브롤터 해협을 건너 군사 원정을 단행했다. 이에 맞서 카스티야의 알폰소 11세(1312-1350)는 포르투갈의 알폰소 4세와 연합했다. 양 군은 타리파 근처의 살라도 하천변에서 격돌했다.[77] 전투는 가톨릭 연합군의 승리로 끝났으며, 그 결과 지브롤터(1340)와 알헤시라스(1344)까지 점령당했다. 이베리아반도에서 교두보를 상실한 북아프리카의 이슬람 세력은 이제 더는 반도에 위협이 되지 못했다. 실제로 이 전투 이후 이베리아반도에서 이슬람 세력의 대규모 군사행동은 종식되었다. 반면에, 그라나다는 북아프리카로부터의 지원 통로마저 차단당해 고립무원의 상태에 빠졌다. 이제 가톨릭 세력에게 재정복 전쟁을 완결하기 위해 남은 것은 그라나다 왕국 하나뿐이었다.

살라도 전투(1340) 이후부터 1492년까지 약 150년간은 카스티야에 대한 조공과 가톨릭 왕국 간의 알력을 이용한 교묘한 외교술로 지탱해 나간 시기였다. 한때 이베리아반도와 아프리카를 잇는 지리적 이점을 이용해 중계무역으로 번성하기도 했으나, 15세기 들어 가톨릭 세력

지 포함하기도 한다. 영어로는 Maghreb, 스페인어로는 Magreb으로 표기한다. algarve '서쪽'과 같은 의미이다.

77 살라도 하천(Arroyo del Salado)은 타리파 북쪽에 위치해 있으며 하라강(Río de la Jara)로 흘러드는 매우 작은 하천이다. 평상시에는 물기조차 찾아보기 어려운 작은 여울에 불과하지만, 살라도 전투(Batalla del Salado)라는 이름으로 역사에 이름을 남기고 있다.

이 카스티야를 중심으로 통일되고 아프리카 교역로 또한 포르투갈을 경유하게 되자 그라나다의 정치-경제 상황은 급격히 악화하였다. 엎친 데 덮친 격으로 그라나다 왕국에서 내분이 발생했다. 1482년 보압딜이 아버지를 상대로 반란을 일으킨 것이었다. 1492년 그라나다가 함락될 때까지 10년 동안 그라나다의 왕은 알리 물레이 하센(1464-1482), 모함메드 12세 '보압딜'(1482-1483), 다시 알리 물레이 하센(1483-1485), 모함메드 13세 '엘 사갈'(1485-1486), 다시 보압딜(1486-1492) 등 수시로 바뀌었다. 물레이 하센은 보압딜의 아버지이고 엘 사갈은 숙부이다. 이처럼 정국의 혼란이 극에 달했던 시기였다. 보압딜은 집권하자마자 카스티야에 대한 조공을 폐지하고 군사적 대결 국면으로 돌입했다.

그라나다의 내정이 혼란한 틈을 타 1482년 이사벨과 페르난도, 두 가톨릭 공동 왕은 대규모 군대를 이끌고 남하했다. 말라가(1487), 알메리아(1489), 과딕스(1489) 등 그라나다 부근의 주요 도시들을 차례로 함락시켰고, 그라나다 인근에서는 군 주둔지로 쓰던 곳에 아예 도시를 세웠다. 지금의 Santa Fe '산타페'로 그라나다 서쪽에 위치해 있다. 가톨릭 세력의 종교적 염원이 잘 드러나 있는 지명이다.[78]

아무리 그라나다의 일부 귀족들이 도시를 구하기 위해 목숨을 걸고 싸워도 한계가 있는 법이었다. 종교적 열정은 상대방의 압도적인 화력 앞에서 무기력했고 개인의 헌신적인 노력은 다수의 이기심과 사리사욕 앞에서 조롱만 당할 뿐이었다. 수적 열세에다 국왕의 무능이 더해져 그라나다 왕국은 1492년 1월 2일 결국 카스티야-아라곤 연합군에 의해

78 그라나다에서 약 10km 정도 떨어져 있는 도시이다. http://www.santafe.es/index.php?g=1&c=2&c2=&f1=contenidos&s1=see&f2=&s2=&ob=&spp=81f9222c8a88c312991f586ae60ecc00 참조.

함락되었다. 이로써 장장 8세기에 걸친 Reconquista '재정복 전쟁'은 가톨릭 세력의 승리로 대단원의 막을 내렸다.

왕국이 멸망하면 으레 이런저런 전설이 생기게 마련이다. 그라나다 남쪽에 Puerto del Suspiro del Moro라는 해발 865m의 높은 고개가 있다.[79] 이사벨과 페르난도 가톨릭 공동 왕에게 아름다운 그라나다를 넘겨준 보압딜이 북아프리카로 떠날 때 이곳에서 뒤를 돌아보며 눈물을 흘렸다는 전설이 전해지는 곳이다.[80] 이 설의 진위는 확인할 수 없으나, 어쨌든 현재의 지명이 '모로인의 탄식 고개'이니 보압딜이 아름다운 그라나다 궁전을 빼앗기고 떠날 때의 비통한 심정이 고스란히 배어있는 곳임에는 틀림없다. 이제 이 고개만 넘으면 영원히 그라나다를 볼 수 없게 되었으니 그 심정이 오죽했을까 싶다.[81]

---

79 puerto는 흔히 '항구'라는 의미로 쓰이지만, '고개, 령(嶺)'이라는 의미로도 쓰인다. paso '통로, 고개'와 유의어이다. "3. m. Paso entre montañas." https://dle.rae.es/puerto 참조.

80 이에 그의 어머니가 Llora como mujer por lo que no has sabido defender como hombre '사내답게 지키지도 못한 주제에 계집처럼 징징대는구나'라고 핀잔을 주었다고 하는데, Villena(2010)에 따르면 이 말은 후에 창작된 것일 가능성이 매우 크다고 한다. Villena, Leonardo(2010), <Un bulo para poder lucirse>, https://www.ideal.es/granada/prensa/20070302/provincia/bulo-para-poder-lucirse_20070302.html 참조.

81 보압딜은 1492년 1월 그라나다를 내준 후 곧바로 북아프리카로 떠난 것이 아니었다. 먼저 '탄식의 고개'를 넘어 조금 더 남쪽에 있는 몬두하르에 머물다가 이사벨 여왕의 양해하에 개인 영지였던 알메리아 지방의 라후아르 데 안다락스라는 산속 마을에 정착했다. 북아프리카로 건너간 것은 1493년 10월이었다. 그해 8월 부인이 죽자 몬두하르에 묻고 10월 아드라에서 배를 타고 멜리야로 건너갔다. 후에 모로코 페스에 정착해 살다가 1533년에 사망했다. https://www.britannica.com/biography/Muhammad-XII 참조.

5.1.5.3. 알람브라 궁전 건설

중세 이슬람 건축의 최고 걸작이자 아랍 귀족 문화의 결정체이다. 그라나다 시내가 내려다보이는 해발 약 740m 시에라 네바다산맥의 한 구릉 위에 세워져 있으며, 전체 면적은 약 142,000m^2 (대략 740x205m)에 달한다.[82]

어원은 al Hamra '붉은'이라는 의미의 형용사이다. 앞에 붙었던 명사인 Qalat '성'은 탈락하고, 형용사만 남아 궁전의 이름이 된 것이다. 이 의미의 유래에 대해서는 여러 가지 설이 있으나, 가장 일반적으로 받아들여지는 것은 al Qal'a al hamra '붉은 성채'에서 비롯되었다는 것이다. 이는 궁전의 벽돌이 붉은색을 띠고 있었기 때문에 붙은 것이라고 한다.[83]

전체적인 건물 배치는 자연과의 조화를 최대한 살려 귀족다운 아름다움과 우아함을 동시에 지닌 건축물로 평가받는다. 선이 섬세하고 부드러운 기둥과 아치를 적절하게 배치해 평온함과 안락함을 추구하고 있다. 유럽 가톨릭 국가들의 궁전처럼 높거나 거대하지 않아 위압감을 주지 않으며 돌이 지니는 차가움을 피해 편안함을 느끼게 해 준다. 우상숭배를 금지한 이슬람 교리에 따라 생물을 대상으로 한 표현을 최대한 자제하고 있다. 내부도 보석이나 그림, 테피스트리, 조각품 등으로 화려

---

82 https://www.alhambra-patronato.es/descubrir/alhambra-y-generalife 또는 Barbosa García, María Vicente & Ruiz Ruiz, Manuel(1999), <La Alhambra y el Generalife>, https://www.juntadeandalucia.es/educacion/portals/delegate/content/0401bbf4-6ccc-4e7b-ae24-0b797ebe744a 참조.

83 Sánchez Peinado, Ana(2014) 참조. 다른 설에 따르면, 이 궁전을 주로 밤에 공사해 불빛에 비친 성벽이 붉은색으로 보였기 때문이라고도 하며, 이 궁전을 지은 Abu al Ahmar의 수염이 '붉은색'이었기 때문이라고도 한다.

하게 장식하지 않았다. 대신 식물과 천문 등에 기초한 기하학적인 문양으로 주로 구성하여 정교하면서도 소박한 모습을 보인다. 치밀하고 섬세한 아랍인들의 뛰어난 세공 기술과 종교적 열정을 동시에 엿볼 수 있다. 한 마디로, 이슬람 예술의 정수를 만끽할 수 있는 곳이다. 여러 왕을 거치면서 증, 개축되었으나, 가장 중요한 건축물들은 주로 유스프 1세(1318-1354)와 무하마드 5세(1339-1391) 때 건설되었다.

주요 건물로는 술탄의 접견실로 쓰였던 Mexuar, arrayanes '도금양' 정원이 아름다워 '도금양 궁전'으로 불리는 Palacio de Comares, 12마리의 사자가 등으로 떠받치고 있는 분수가 아름다운 Palacio de los leones '사자들의 궁전', 별궁이자 '비원(祕苑)'인 Generalife,[84] 1527년 카를로스 5세의 명에 의해 르네상스풍으로 건축된 Palacio de Carlos V '카를로스 5세 궁전' 등이 유명하다. 우리의 흥미를 끄는 또 다른 곳으로는 Torre de la Cautiva '포로의 탑'이 있다. 왜 하필 '여자 포로'였으며, 정관사가 붙은 이유는 무엇일까? 그라나다의 마지막 왕인 보압딜의 아버지는 물레이 하센이다. 그런데 그의 부인, 즉 그라나다의 왕비는 가톨릭 포로였다고 한다. 왕립역사아카데미에서 전하는 바에 따르면, 그녀는 베드마르 성주의 딸이었는데 1471년 어린 나이에 다른 사람들과 함

---

84 13세기 Muhamed II(1273-1302) 때 조성된 별궁이자 '비원'이다. 명칭은 '건축가의 정원'이라는 의미의 Yannat al-Arif에서 유래된 것이라고 한다. 물이 귀한 아프리카와 중동에서 살아온 이슬람교도들이라 그런지 곳곳에 아름다운 연못과 분수가 있는 정원과 꽃길을 조성해 놓았다. 알람브라 궁전 밖 동쪽 인근에 있는 Cerro del Sol에 조성되었으며, 알람브라궁과는 Cuesta de los Chinos라는 길로 연결되어 있다. 별궁 내의 주요 시설로는 Patio de la Acequia, Sala Regia, Patio del Ciprés de la Sultana, Jardines Altos, Escalera del Agua 등이 있다. 헤네랄리페에 대한 자세한 정보는 https://www.alhambra-patronato.es/descubrir/alhambra-y-generalife 이외에도 Díez Jorge, Mª Elena(2006)과 Bermúdez López, Jesús, *et. al.*(2010) 참조.

께 이슬람군의 포로가 되었다고 한다. 후에 하센의 눈에 들어 노예에서 일약 왕비가 되었으며, Soraya '소라야'라고 불렸다고 한다. 포로 시절 그녀가 갇혀있던 곳이 바로 이 탑이었기 때문에, 이런 이름이 붙은 것이라고 한다.[85]

18세기 이후 알람브라 궁전은 정부와 시민들의 무관심 속에 방치되어 많은 유적이 파손되었다. 1808년 나폴레옹군이 점령해 막사로 사용했으며 1812년 철수하면서 Torre de los Siete Suelos '7층 탑'과 Torre de Agua '저수 탑' 같은 중요한 건물들을 파손했다. 1821년에는 지진으로 피해를 보기도 했다. 알람브라 궁전의 아름다움과 역사적 가치가 훼손되는 것을 안타깝게 여긴 세계 각국의 관광객들과 문인들, 예술가들이 보존 및 복원 운동을 전개했다. 특히 1829년 미국의 작가이자 외교관인 워싱턴 어빙이 『알람브라 이야기』를 집필하면서 세간의 이목을 집중시켰다. 스페인 정부는 1842-1846년 스페인 주재 대사를 역임하기도 했던 워싱턴 어빙의 업적을 기려 그가 집필했던 방에 기념 명패를 붙여놓았다. 1870년 스페인 정부가 국가 문화재로 지정했으며, 1984년에는 유네스코 세계문화유산으로 지정되었다.[86]

---

85 https://dbe.rah.es/biografias/6636/soraya 참조. 보압딜은 다른 부인에게서 태어난 아들이었으므로 소라야의 아들은 아니다. Soraya는 Lucero del alba '동틀 녘의 샛별'이라는 의미이다. 하센이 그녀에게 준 결혼 선물 중 하나가 몬두하르에 있는 '소라야성'이다. 현재는 시에라 네바다 남쪽 기슭에 있는 레크린이라는 마을 인근에 있는데, 현재는 성터만 남아 있다. 재정복 후에는 다시 개종해 Doña Isabel de Solís로 불렸다고 한다. 이 탑에 대한 추가 정보는 https://www.alhambradegranada.org/es/info/torresyalhambraalta/torredelacautiva.asp 참조. 이 성 인근에는 나사리 왕가의 전용 공동묘지였다고 알려진 공동묘지가 있다. 1493년 8월 보압딜은 부인이 죽자 여기에 안장했으며 10월에 아드라에서 배를 타고 북아프리카로 떠났다.

86 알람브라 궁전에 대한 더 자세한 정보는 Grabar, Oleg(2006); Sánchez Peinado, Ana(2014); 김희곤(2014:147-191); 손광호 & 최계영(2015:122-129) 참조.

5.2. 아랍어 기원의 어휘

우리는 흔히 이베리아반도에 들어온 모든 이슬람교도를 구분 없이 아랍족 또는 모로족이라 부른다. 넓은 의미에서 틀린 말들은 아니지만, 그 의미를 정확하게 짚고 넘어갈 필요가 있다. 정복 초기에 이베리아반도에 들어온 구성원을 보면, 대략 정치-군사적 지배층은 소수의 아랍인이었고, 주로 하층 관리로 중간 지배 계층을 형성한 것은 시리아인들이었다. 숫자상으로 가장 많았던 것은 베레베르인들이었다. 이들은 주로 일반 병사로서 산악지대나 취약 지대에 배치되었다. 정치, 종교, 문화 모든 면에서 가장 큰 영향력을 행사하던 것은 아랍인들이었으므로, 초기에는 이들이 대표화된 것이다. moro라는 말의 어원은 라틴어 maurus이며, 본래는 Mauritania '모리타니아' 주민들을 일컫는 말이었다.[87] 따라서 엄밀한 의미에서는 이들 역시 여러 종족 중의 하나였으므로 모든 이

87 Del lat. *Maurus* 'mauritano', y este del gr. Μαῦρος *Maûros*; propiamente 'oscuro', por alus. al color de su piel. https://dle.rae.es/moro 참조. 현재 모리타니아의 형용사형은 mauritano(a)로 쓴다.

슬람교도를 총칭하는 대표가 될 수는 없다. 그러나 후기에 들어서는 북아프리카 대안의 이 종족과 가장 긴밀한 유대관계를 맺게 되었으므로 일반화된 것이다. 이베리아반도에 들어온 이슬람교를 믿는 종족으로는 아랍족과 모로족 이외에도 시리아족, 베레베르족, 알모라비데족, 알모아데족, 베니메린족 등 많은 종족이 있었다. 이 중에서 아랍족과 모로족이, 그 본래의 고유 의미 이외에, 그 주도적인 역할로 인해 넓은 의미에서 이슬람교도들을 가리키는 대표 종족이 된 것이다.

이들은 약 8세기 동안 반도에 머물면서 스페인어에 4천 개 이상의 어휘를 남겼다고 한다.[88] 그러나 음성, 음운 분야에서는 별다른 흔적을 남기지 못했다. 즉 발음과 언어 체계상으로는 라틴 체계에 거의 아무런 영향도 끼치지 못했다는 뜻이다. 이전의 게르만족은 자신들의 언어 습관을 버리고 라틴 체계에 동화되었기 때문에 별다른 영향을 남기지 못했는 데 반해, 이들은 정치 종교적 적대감으로 인해 가톨릭교도들로부터 철저하게 배척당했기 때문이었다. 정복자들 또한 굳이 자신들의 언어를 강요하지도 않았다. 공직에 진출하기를 원하는 사람들만이 개종하거나 아랍어를 썼을 뿐, 일반 주민들은 자신들의 로망스어를 썼다. 따라서 로망스어와 아랍어는 동일 지역에서 동시대에 사용되었지만, 종족 간, 계층 간, 지역 간 서로 완전히 분리된 채 쓰였다. 아마도 일반 주민들도 삶의 필요에 따라 아랍어를 알고 있었을 것이고 아랍인들 또한 로망스어를 알고 있었겠지만, 각 언어 사용자들 간에는 '성전'이라 불리는 종교전쟁이 벌어지고 있었기 때문에 서로 간에 쉽게 동화되지 못했다. 따라

---

88 Lapesa, Rafael(1981:133) 참조. 더 나아가 본 절에서 인용한 아랍어 자료에 대한 자세한 사항은 같은 책 제5장(pp.129-156)과 Alatorre, Antonio(1989:79-86)에서 주로 인용했음을 밝힌다.

서 전쟁이 끝나자, 패자의 언어 또한 자연히 사라질 수밖에 없었다. 로망스어의 뿌리가 된 라틴 체계가 변하지 않은 이유였다.

이슬람교도들이 8세기라는 긴 기간 동안 지배 계층으로 머물러 있었으므로, 비록 언어 체계는 변화시키지 못했지만, 어휘에는 많은 영향을 남겼다. 그들이 남긴 언어적 흔적은 다방면에 걸쳐 상당히 광범위하다. 그중에서도 특히 물이 귀한 사막에서 살았던 종족의 특성상 물과 관계되는 용어가 두드러지고, 또 정복자로서의 면모를 보이기라도 하듯이 전쟁에 관한 용어들, 뛰어난 과학 기술을 보여주는 수학, 천문, 역법 등의 용어들이 특히 눈에 띈다.

5.2.1. 농업과 원예 관련 어휘

물이 귀한 사막 지대에서 생활하던 종족답게 농업, 원예, 수리시설 등과 관련된 용어들이 많다.

acelga 근대	acequia 관개수로	albaricoque 살구
albérchigo 복숭아	alcachofa 엉겅퀴	alfalfa 알팔파 풀
algodón 면화	alhelí 비단향꽃무	ajonjolí 참깨[89]
aljibe 저수조	almunia 텃밭	amapola 양귀비

89 같은 의미의 sésamo는 라틴어 기원이다. Del lat. *sesămum*, y este del gr. σήσαμον *sḗsamon*. https://dle.rae.es/s%C3%A9samo 참조. '기쁨'이라는 의미의 alegría도 '참깨(ajonjolí)'라는 의미가 있다. 이와 유사한 '들깨'는 스페인어로는 따로 없다. 학명이 perilla frutescens이므로, 영어로는 Korean perilla 또는 그냥 perilla라고 쓴다. 참깨가 참깨과에 속하는 데 반해 들깨는 꿀풀과에 속하므로 종이 서로 다른 식물이다.

arroz 쌀	azafrán 사프란	azahar 오렌지꽃
azúcar 설탕	azucena 나리꽃	azufaifa 대추[90]
berenjena 가지	hachís 하치스	jazmín 재스민
limón 레몬	naranja 오렌지	noria 양수
sandía 수박	zanahoria 당근	

5.2.2. 군사 관련 어휘

정복자로 들어왔기 때문에 군사에 관련된 용어들이 많다.

adarga 방패	adarve 성벽 위 통로	alcaide 간수장
alcalde 시장	alcazaba 요새	alcázar 성채
alférez 기수	almena 흉벽	almirante 제독
hazaña 업적	zaga 후미대	

5.2.3. 학문 관련 어휘

아랍인들이 학문적으로 특히 뛰어났던 것은 수학, 천문, 역법, 화학 발달의 기초가 된 연금술 등이었다.

---

90 흔히 '대추야자'인 dátil과 혼동하는데, 서로 종(種)이 다른 식물이다. 생긴 것은 비슷하지만, azufaifa는 '갈매나무과'에 속하는 '대추'이고, dátil은 '종려나무과'에 속하는 '야자'의 일종이다. Del cat. *dàtil*, este del lat. *dactỹlus*, y este del gr. δάκτυλος *dáktylos*; propiamente 'dedo', por alus. a su forma. https://dle.rae.es/d%C3%A1til 참조.

acimut 방위각
alambique 증류기
alcalí 알칼리[91]
alcohol 알코올
álgebra 대수(代數)
algoritmo 알고리즘, 수 계산
almagre 자토(赭土)
almanaque 달력
alquimia 연금술
alquitara 증류기
alumbre 명반(明礬)
azogue 수은[92]
cénit/nadir 천정(天頂)
cero 0
cifra 숫자
elixir 묘약
guarismo 수량

5.2.4. 경제 관련 어휘

경제 활동에 관한 용어로는 다음과 같은 것들을 들 수 있다.

almacén 창고
aduana 세관
tarifa 요금
quilate 캐럿[93]
arroba 아로바[94]

5.2.5. 건축 관련 어휘

건축에 관한 용어로는 다음과 같은 것들을 들 수 있다.

91 산(酸)'은 ácido인데, 이는 라틴어 기원이다. Del lat. *acĭdus*. https://dle.rae.es/%C3%A1cido 참조.

92 같은 의미의 mercurio는 라틴어 기원이다. Del lat. mediev. *Mercurius* 'mercurio', en lat. 'Mercurio', el mensajero de los dioses; también, el planeta. https://dle.rae.es/mercurio?m=form 참조.

93 200mg에 해당하는 중량의 단위이다. Del ár. hisp. *qiráṭ*, este del ár. clás. *qīrāṭ*, y este del gr. κεράτιον *kerátion* 'peso de cuatro granos'. https://dle.rae.es/quilate?m=form 참조.

94 본래는 25파운드, 11.502kg을 가리키는 중량의 단위였으나, 현재는 @의 의미로 쓰인다. Del ár. hisp. *arrúb*', y este del ár. clás. *rub*' 'cuarta parte'. https://dle.rae.es/arroba?m=form 참조. 새로운 의미 획득 과정에 대해서는 Gil, Juan, *et. al.*(2015:53) 참조.

alarife 건축가 albañil 미장이 alcantarilla 하수도
alcoba 침실 aldaba 노커 alfombra 양탄자
almohada 베개 azotea 옥상, 베란다[95] azulejo 타일[96]
zaguán 현관홀[97]

5.2.6. 일상생활 관련 어휘

의상이나 치장에 관한 용어로는 다음과 같은 것들이 있다.

ajorca 팔찌[98] albornoz (아라비아식) 겉옷[99] alhaja 보석[100]
aljófar 진주[101] talco 분(粉)

---

95 '베란다'를 흔히 '발코니'와 혼동하는데, veranda는 '옥상에 설치하는 트인 공간'이므로 azotea와 동의어가 된다. Del angloíndio *verandah*, y este del hindi *varandā*. https://dle.rae.es/veranda?m=form 참조. '옥상 공간'을 흔히 '테라스'와도 혼동하는데, 엄밀한 의미에서 terraza는 '1층 흙바닥에 설치하는 공간'이다. 어원은 terrazo에서 나온 것으로 라틴어 기원이다. Del lat. *terraceus* 'de tierra'. https://dle.rae.es/terrazo?m=form 참조. '2층 이상에서 외부로 튀어나온 공간'인 balcón '발코니'는 이탈리아어 기원이다. Del it. *balcone*. https://dle.rae.es/balc%C3%B3n 참조. 따라서 밑에 거주 공간이 있는 veranda와 밑에 거주 공간이 없는 balcón의 차이는 어원을 살펴보면 쉽게 구분할 수 있다.

96 '(아라비아 스타일의) 푸른색 타일'이다. De *azul* y *-ejo*. https://dle.rae.es/azulejo?m=form 참조.

97 흔히 '로비'라고도 불리는 '현관 안쪽에 있는 공간'이다. 같은 의미의 vestíbulo는 라틴어 기원이다. Del lat. *vestibŭlum*. https://dle.rae.es/zagu%C3%A1n 참조. 유사한 의미로 atrio나 portal도 쓰인다.

98 같은 의미의 brazalete는 라틴 어원의 brazal (<Del lat. *brachiālis*)에서 나온 말이다. 라틴어에서 '팔'은 brachĭum(>brazo)이다.

99 지금은 '목욕가운(bata)'라는 의미로도 쓰인다. bata는 프랑스어 기원의 guata에서 나온 말이다. Del fr. *ouate*. https://dle.rae.es/guata?m=form 참조.

100 같은 의미의 joya는 프랑스어 기원이다. Del fr. ant. *joie*, hoy *joyau*. https://dle.rae.es/joya?m=form 참조.

101 perla '진주'의 어원은 명확하지 않다. https://dle.rae.es/perla?m=form 참조.

이 밖에도 음악이나 유희 등에 관한 용어로는 다음과 같은 것들이 있다.

adufe 손북[102]	alfil (장기의) 말	algarabía 확자지껄함
aljamía (아랍어로 쓰인) 문학	ajedrez 장기	albogue 피리(의 일종)
jaque 왕[103]	rabel 삼현금	laúd 만돌린과 유사한 악기
tambor 북		

5.2.7. 타 언어 기원의 어휘

대부분의 용어들은 아랍어 발음이 로망스어화된 것이다. 그러나 이 중에는 본래는 아랍어가 아닌 것들도 있다. 즉, 다른 언어에서 기원한 것인데 아랍어를 통해 들어온 것들이다. 아랍어에도 당연히 다른 언어에서 차용한 어휘들이 있었는데, 이들이 아랍어를 거쳐 로망스어로 전해진 것이다.[104]

대표적인 예가 수의 개념에서 혁명적인 발상으로 평가되는 cero '0'이다. 이는 본래 인도인들이 고안해 낸 개념으로써, 아랍어를 거쳐 유럽으

102 작은 북으로 손으로 가볍게 두드려 연주한다. 가죽이 씌워진 pandereta '탬버린'과 유사한 악기이다.

103 본래는 '왕'이라는 뜻이므로, 장기에서는 '장군!'을 부를 때 쓴다. Del ár. clás. *šāh*, y este del pelvi *šāh* 'rey'. https://dle.rae.es/jaque?m=form 참조. 또한 jaque mate의 줄임말로 mate라고도 쓴다. Acort. de *jaque mate*, y este del ár. *aššāh māt* 'el rey ha muerto'. https://dle.rae.es/mate?m=form 참조. 스페인어에서는 '멍군!'에 해당하는 용어는 따로 없다.

104 아랍 기원 스페인어 어휘들의 원(原) 어원 분석을 통한 문화전파 흔적 연구는 이강국(2015:29-52) 참조.

로 전해진 것이라고 한다.

ajedrez '장기'라는 말도 본래 인도 기원인데 아랍어를 거쳐 로망스어로 유입된 것이다.[105]

naranja '오렌지'의 어원은 타밀어라고 한다. 이것이 산스크리트어, 페르시아어, 아랍어를 거쳐 유럽으로 전해진 것이라고 한다. 스페인어는 아랍어 naranya에서 들어온 것이다.

berenjena '가지'는 페르시아어에서 아랍어 badhinyana를 거쳐 들어온 것이다. 원산지는 인도 북동부의 아셈 지방과 미얀마, 중국 등이라고 한다. 아랍인들의 손을 거쳐 이베리아반도로, 다시 유럽에 전해진 것이다.

jazmín '재스민'은 고대 페르시아어 yasaman '신의 선물'에서 나온 것이다. 이것이 아랍어 yasamin을 거쳐 이베리아반도에서 yas(a)min이 된 것이라고 한다. 영화에 나오는 예쁜 페르시아나 아랍의 공주 이름에 흔히 쓰인다.

tambor '북'이라는 악기의 이름도 페르시아어에서 아랍어를 거쳐 들어온 것이다. 본래는 페르시아어 tabir에서 나온 것인데, 아랍어 tanbur를 거쳐 tambor가 된 것이다. 유럽인들이 처음 이 악기를 본 것은 중세 때 아랍 군대와 대적한 전쟁터에서였다고 한다. 당시 군사들은 물론이고 말들도 둥둥거리는 '괴상한' 소리를 처음 듣고는 놀랐다고 한다. 악기라기보다는 '무기'였던 셈이다. 스페인에 알려진 것은 아랍인들을 통해서였다.

105 기원과 전래 과정에 대해서는 Gil, Juan, *et. al.*(2015:35) 참조.

granada '석류'는 10세기경에 베레베르인들이 이베리아반도에 들여온 것이다. granada의 어원은 라틴어 [punica] granatum (또는 [mala] granata)에서 나온 것이다. 원산지는 페니키아라고 한다.

sandía '수박'은 파키스탄의 Sind '신드' 지방에서 유래한 것이다.[106] 이 과일이 이 지방의 특산으로 여겨졌기 때문에 sind로 불렸고, 아랍어 sindiyya를 거쳐 스페인어로 들어온 것이다.

alberchigo '살구'의 어원은 라틴어 persicum이다. 이름에서도 알 수 있듯이 원산지는 페르시아인데, 아랍인들이 이 라틴어 persicum에 관사 al-이 붙여 발음한 것이다. 모사라베어에서는 al-berchigo 'el pérsico'였다.[107] 즉, '페르시아 복숭아'라는 뜻이다.

이처럼 라틴어 어간에 아랍어 관사나 접두사 등이 붙어 만들어진 용어들도 있다. 예를 들어, atún '참치'는 본래 고전 라틴어 thunnus에서 나온 말인데, 정상적인 변화를 겪었다면 *ton이 되었을 것이다. 이 형태는 현재 tonina '[어] 다랑어(=atún)'에서 관찰된다. 그러던 것이 아랍어 관사 a-가 붙어 현재의 atún이 된 것이다.[108] almendra '아몬드'도 마찬가지로 어원은 그리스 기원의 라틴어인 amygdala인데, 아랍어 관

---

106 파키스탄 동남부 인도와의 접경지대, 인더스강 하류에 위치한 주이며, 주요 도시로는 카라치가 있다.

107 Del ár. hisp. **alberšiq*, y este del gr. περσικόν *persikón*; propiamente 'persa'. https://dle.rae.es/alb%C3%A9rchigo 참조.

108 아랍어에서 관사는 al-인데, 뒤에 오는 명사의 첫 글자에 따라 a-로 쓰이기도 한다. 이른바 '태양 문자'라고 불리는 주로 치음(d, n, l, r)과 치찰음(Θ, s) 앞에서는 a-로 쓰였다: adarga, añafiel, arrabal; azote, azumbre 등. Lapesa, Rafael(1981:147) 참조. 아랍어에서는 조음 시 혀끝이 작용하면 '태양 문자', 작용하지 않으면 '월 문자'로 구분해 a-와 al-의 적용이 엄격하지만, 스페인어에서도 반드시 그런 것은 아니다 (예: aldea, altramuz). 아랍어 관사의 변이에 대해서는 최진영 외(2019:28-30) 참조.

사 al-이 붙어 almendra가 된 것이다. alcázar 역시 마찬가지이다. 라틴어 castrum에 아랍어 관사 al이 붙은 것이다. amapola '양귀비'의 기원은 더 흥미롭다. 이의 어원은 라틴 속어 papavera (고어는 papaver)이다. 이 속어 형태가 변해 papaura가 되었고, 여기에 '낟알, 씨앗'을 뜻하는 아랍어 habba가 붙어 habb-papaura가 만들어졌다. 이 형태가 *habapaura〉*habapora〉*hamapora를 거쳐 hamapola [hamapola]로 변한다. 후에 h-가 묵음화되면서 현재와 같은 발음과 철자가 정착된 것이다.

hachís '하치스'는 hašiš '말린 풀'에서 나온 것이다.[109] 담배처럼 피워 연기를 들이마시면 환각 증세를 일으키는 풀이다. 여기서 파생된 것이 asesino '암살자'이다. 이 단어는 '하치스(hašiš) 흡연자'라는 의미의 haššišīn에서 나온 것이다. 전하는 바에 따르면, 이란 지역에서 활동하던 시아파의 한 분파인 이스마엘파 교도들이 자행했다고 전해지는 암살 행위로부터 나온 말이라고 한다. 이 교파의 초대 지도자는 하산 일 사바흐(?-1124)라는 인물이라고 한다. El viejo de la montaña '산중 노인'이라는 별명으로 더 잘 알려져 있으며, 근거지는 카스피해 남쪽 이란 북부에 있는 알라무트 요새였다. 이 종파의 수는 적었지만, 하산의 명에 따라 정치적 목적이나 군사적 목적으로 잔혹한 암살을 자행해 악명을 떨쳤다. 수 세기 동안 정치적 암살로 많은 이에게 공포의 대상이었다. 이들이 임무를 띠고 암살을 자행하기 전에 하치스를 피웠다는 설도 있고 암살 후에 피웠다는 얘기도 있으며, 이들이 암살을 자행할 때 실제

109 Del ár. clás. *ḥašīš* 'hierba'. https://dle.rae.es/hach%C3%ADs 참조.

로 환각제를 피웠는지 아닌지가 명확하지 않다는 얘기도 있다. 그러나 어찌 되었든 asesino '암살자'라는 단어는 여기서 나온 것이다.[110]

아랍인들은 10세기에 azafrán '사프란'도 들여와 재배했다. 이제 쌀과 사프란이라는 두 기본 재료가 갖추어지고, 여기에 지중해에 흔한 채소와 해산물, 지역에 따라서는 육류를 더 첨가하면서 '파에야'가 탄생했다. 이 재료들을 로마에서 들여온 patella라 불리던 프라이팬에 넣어 요리함으로써 paella라는 이름이 붙은 것이다.[111]

'파에야'라는 말은 라틴어 patella에서 유래된 발렌시아 방언 paella 'sartén'에서 나온 것이라고 한다. 밑이 넓고 얕은 냄비로 현재 파에야를 만드는 데 쓰는 것과 같은 형태이다. 이 음식의 기원은 스페인에서 쌀이 재배된 시기와 일치한다. 쌀이 유럽에 전해진 것은 여러 가지 설이 있다. 알렉산더 대왕이 인도를 정복했을 때로 거슬러 올라간다는 설도 있고 더 이전에 전해졌다는 설도 있다. 그러나 유럽인들의 중요한 식자재가 아니었기 때문에 재배되지는 않았다. 본격적으로 재배되기 시작한 것은 아랍인들이 알안달루스에 들어온 이후이다. 뛰어난 관개 기술을 갖고 있었기에 가능했다고 한다. arroz '쌀' 이외에도 sorgo '수수', caña de azúcar '사탕수수', espinaca '시금치', berenjena '가지', sandía '수박', limón '레몬', melocotón '복숭아', naranja '오렌지' 등도 들여왔다.

---

110 Del ár. *ḥaššāšīn* 'adictos al cáñamo indio'. https://dle.rae.es/asesino?m=form 참조. 의미 획득 과정에 대해서는 Gil, Juan, *et. al.*(2015:54) 참조. 그러나, Wasserman, James(2006:156)에 따르면, asesino와 hachís 사이에 어떤 연관 관계가 있었는지는 정확하게 규명된 바가 없다고 한다. 당시에는 약물 사용하는 것을 천하게 여겼기 때문이기도 하고, 아마도 후대에 적대 세력들과 유럽인들이 이들을 폄하하기 위해 조작한 것이 아닌가 의심하고 있다.

111 Del valenciano *paella*. https://dle.rae.es/paella?m=form 참조.

서남아시아, 중앙아시아, 터키 등에서는, 우리가 먹는 방식과는 달리, 쌀로 pilav '필라프'라는 볶음밥을 만들어 먹는다. 지역에 따라 이름과 요리 방법은 약간씩 차이가 나지만, 보통 각종 채소와 양, 소 등의 고기를 기름에 볶은 후 육수를 붓고 꼬들꼬들하게 밥을 짓는다. 지중해에서는 이것이 약간 변화되어, 이탈리아에서는 risotto '리조토 (riso '쌀')' 스페인에서는 paella '파에야'로 발전한 것이다.[112]

이 밖에도, 그리 다양하지는 않지만, 명사 이외의 다른 품사에서도 아랍어의 흔적을 찾아볼 수 있다.

동사에서는 acicalar, halagar, recamar 정도가 언급할 만하다.

형용사로는 baldío (de balde, en balde), baladí, zahareño, gandul, mezquino 등이 있다. azul '푸른색'도 아랍어 기원의 어휘이다.[113]

일반명사에서는 fulano, mengano 등이 있다. fulano는 'fulan ibn man kan'이 변한 것으로서, 글자 그대로의 의미는 un Tal, hijo de quien sea '아무개'이다. 전치사 (hatta>) hasta도 아랍어 기원이다.[114]

알라에 대한 신앙심이 투철한 아랍인들의 말투를 로망스어로 표현한 것들도 있다. 가장 대표적인 것이, 알라에게 기원하는 표현에서 유래된 ¡Ojalá!라는 감탄사이다. 아랍어 law sha'a Allah에서 나온 것이다. Si quiere Alá, 즉 '알라께서 원하신다면'이라는 뜻이다. 이와 유사

---

112 Tannahill, Ray(2006:161-163) 참조.

113 Quizá alterac. del ár. hisp. *lazawárd*, este del ár. *lāzaward*, este del persa *lağvard* o *lažvard*, y este del sánscr. *rājāvarta* 'rizo del rey'. https://dle.rae.es/azul?m=form 참조.

114 Del ár. hisp. *ḥattá*, y este del ár. clás. *ḥattà*, infl. por el lat. *ad ista* 'hasta eso'. https://dle.rae.es/hasta?m=form 참조. 반면에 desde '-로 부터'는 라틴 기원이다. Contracc. de las preps. lats. *de, ex, de*. https://dle.rae.es/desde?m=form 참조.

한 표현으로, 가톨릭교도들은 Alá 대신에 Dios를 넣어 Si quiere Dios, Que Dios te ampare, Que Dios te guarde 등을 사용하기 시작했다.[115] 이 Ojalá라는 표현 덕분에 수백 년간 이슬람교도들과 싸웠던 이베리아 반도의 가톨릭교도들은 지금까지도 거리낌 없이 '알라!'를 외치고 있다. 싸우면서 정이 든 모양이다. 포르투갈의 유명한 가톨릭 성지인 Fátima 역시 이슬람교와 긴밀한 관계에 있는 어휘이다. 예언자 마호메트의 딸인 Fátima az-Zahra에서 나온 지명이다.[116] 이 지명 역시 가톨릭교도들이 아무런 거부감 없이 부르는 이름으로, 오늘날에는 오히려 성모 마리아가 발현한 가톨릭 성지로 더 유명하다.[117]

주로 종족이나 언어를 표시할 때 사용되는 접미사 -í도 아랍어 기원의 형태소이다. 현재 alfonsí, israelí, kuwaití, marroquí, pakistaní, sefardí 등에서 쓰이고 있다.

의미적 영향에 의해 만들어진 단어도 있고, 아랍어의 영향으로 의미가 변화된 예들도 있다.

아랍어 ibn은 hijo de '–의 아들' 이외에도 descendiente de primer grado '귀족 자제'라는 의미도 갖고 있었다. 이의 영향을 받아 로망스어에서 hijo de algo라는 말이 생겨났다. 이것이 변한 것이 hidalgo '하급 귀족'이다. 따라서 이 어휘는 어원은 아랍어가 아니지만, 아랍식으로 합

---

115 Lapesa, Rafael(1981:155) 참조.

116 Parrinder, Geoffrey(2008:138) 참조.

117 이 도시가 유명해진 것은 1917년 5월 루시아 도스 산토스, 프란시스코, 하신타 마르토 세 명의 어린아이들에게 성모 마리아가 출현했기 때문이다. 이 기적에 대한 자세한 사항은 https://www.freguesiadefatima.pt/pt/sobre-fatima/historia/ 참조.

성된 것이다.[118]

infante의 어원은 라틴어 (infans의 대격인) infantem으로써 '아직 말 못 하는 아기 (niño que aún no habla)'라는 의미였다. 그런데 아랍어 walad 'niño o hijo de reyes'의 영향으로 '왕자, 공주'라는 의미를 갖게 되었다.[119]

118 시간이 지나면서 돈키호테와 같이 몰락한 '하급 귀족'을 가리키는 말이 되었다. De *fidalgo*, y este del ant. *fijo dalgo*; literalmente 'hijo de algo'. https://dle.rae.es/hidalgo?m=form 참조.

119 Lapesa, Rafael(1981:153) 참조. infante, infanta는 주로 왕위계승권이 뒤처지는 왕자나 공주에게 붙인다. 예를 들어, 스페인의 국왕인 펠리페 6세에게는 레오노르(2005년생)와 소피아(2007년생) 두 공주가 있다. 첫째는 왕위계승권자로서 Princesa라고 칭하고, 둘째는 Infanta라고 칭한다.

5.3. 아랍어 기원의 지명

5.3.1. 카스티야의 지명

[Madrid]

Madrid는 일설에 의하면 아랍어에서 유래된 지명이라고 한다. 대부분 학자가 인정하는 바는 기원전 2세기 로마인들이 이 지역에 Matrice라는 마을을 세운 것이라고 한다. 이후 알안달루스의 모하메드 1세(852-886)가 남하해 오는 가톨릭교도들로부터 Toledo를 방어하기 위해 만사나레스강 변에 성채를 세우고 이름을 Mayrit이라고 불렀다고 한다. 이것이 변해 Madrid가 된 것이라고 한다.[120]

다른 한 편으로는, 전설에 따르면 이 Madrid를 건설한 사람은 트로

120 Madrid 명칭의 기원에 대해서는 Oliver Asín, Jaime(1959) 참조.

이 함락 시 도망쳐 나온 한 왕자의 후손인 오크노 비아노르라는 사람이다. 부친과 동일한 이름을 물려받은 사람으로, 신탁에 따라 발칸반도와 북이탈리아를 거쳐 이베리아반도 중앙부까지 오게 되었다고 한다. 그는 주변의 원시 부족인 carpetano '카르페타노족'을 규합해 도시를 짓고, '대지와 곡식의 여신'인 Metragirta 여신을 수호신으로 모셨다고 한다. 이 여신의 이름이 Magerit을 거쳐 Madrid로 변한 것이라고 한다.[121]

[Alcalá de Henares]

마드리드 북쪽에 Alcalá de Henares라는 유서 깊은 도시가 있다. 본래 라틴식 이름은 '땅이 비옥한 지역'이라는 의미의 Complutum이었는데, 아랍인들이 자신들 도시를 세우고 '관사 al-'에 '성(castillo)'을 뜻하는 Calat을 붙여 Alcalat이라 부른 데서 유래한 것이다.[122] 명사형은 이렇게 바뀌었지만, 형용사형 complutensis는 그대로 남아 아직도 complutense라고 쓰이고 있다.[123]

그라나다 북서쪽에 Alcalá la Real이라는 도시 역시 같은 어원에서 나온 것이다. 1341년 카스티야의 알폰소 11세가 이 마을을 점령하고 〈la Real〉이라는 칭호를 내렸다. 그라나다에서 50km쯤 떨어져 있는 전략적 요충지인데, 정복 과정에서 마을 주민들이 그에게 '충성심'을 보여주었기

---

121 Mena, Juan María de(1990:13-18) 참조. 이 여신의 다른 이름이 Cibeles '시벨레스'이다.

122 Alatorre, Antonio(1989:73, 주) 참조.

123 이 도시에 관한 자세한 사항은 https://www.ayto-alcaladehenares.es/ 참조. Henares는 heno '건초'에서 나온 것이며, 이의 어원은 라틴어 fenum이다. 따라서, henares는 '목초용 초지, 건초 생산지'라는 의미이다. Del lat. *fenum*. https://dle.rae.es/heno?m=form 참조.

때문이라고 한다.[124]

[Calatayud]

마드리드와 사라고사 사이에 Calatayud라는 도시가 있는데, 이 또한 마찬가지로 Calat 'castillo'를 기초로 만들어진 지명이다. 의미는 '욥의 성채(Castillo de Ayyub)'라는 뜻이다.[125]

시우다드 레알 북동쪽 인근에 Calatrava (Calatrava la Vieja)라는 성채가 있다. 8세기 Guadiana강 남쪽 기슭에 아랍인들이 세운 것으로 Calat Rabah '라바흐 성채'라는 뜻이다.[126] 1158년 이곳에서 칼라트라바 기사단이 창설되었고 초기의 본부가 설치되었던 곳이다. 후에 재정복이 진행됨에 따라 본부가 남쪽의 Calatrava la Nueva로 이동하면서 쇠퇴했다. 현재는 성채만 남아 있다.[127]

테루엘 지방에 있는 Calaceite도 Calat Zaide (또는 Zeid)을 기반으로

---

124 이 도시의 역사에 관한 자세한 사항은 https://alcalalareal.es/historia-de-la-ciudad/ 참조.

125 Lapesa, Rafael(1981:141)와 Alatorre, Antonio(1989:73, 주) 참조.

126 Rabah는 스페인어로는 'fortaleza de rábida'라는 의미이다. rábida는 'convento militar para la defensa de las fronteras'이다. 따라서 Rabah는 '(국경 수비를 위한) 군사 요새용 수도원'이다. Lapesa, Rafael(1981:141) 참조. 우엘바 지방에 있는 Monasterio de La Rábida도 같은 어원에서 유래한 지명이다. 이에 대해 Menéndez Pidal, Ramón(2005:279)은 의미를 'castillo de provecho'라고 제시하고 있다.

127 시우다드 레알 지방에는 아예 지역 이름이 Campos de Calatrava라는 곳이 있다. 이곳에는 Alcolea de Calatrava, Argamasilla de Calatrava, Ballesteros de Calatrava, Bolaños de Calatrava, Calzada de Calatrava, Cañada de Calatrava, Caracuel de Calatrava, Carrión de Calatrava, Corral de Calatrava, Granátula de Calatrava, Los Pozuelos de Calatrava, Moral de Calatrava, Pozuelo de Calatrava, Torralba de Calatrava, Valenzuela de Calatrava, Villamayor de Calatrava 등 Calatrava라는 이름이 들어 있는 마을이 많다. 이 밖에도 하엔 지방의 Santiago de Calatrava와 Higuera de Calatrava 등도 있다. 모두 칼라트라바 기사단과 관련 있는 마을이다.

형성된 지명이다. '자이드의 성채'라는 의미이다.[128]

로망스어 Castillo '성채'와 아랍식 이름이 합쳐진 지명도 있다. 예를 들어 발렌시아 지방의 Castielfabib은 Castillo de Habib '하빕의 성채'라는 의미의 지명이다.[129] calat과 형태는 다르지만, 의미는 '성채'로 동일한 지명이다.

[Medinaceli]

Medinaceli도 아랍어에 기원을 둔 도시이다. 중세의 서사시 『엘시드의 노래』를 최초로 카스티야어로 기록한 juglar '방랑 시인'이 살았던 지역으로 유명한 곳이다. 어원에 대해서는 여러 가지 설이 있다. 우선 이 도시의 옛 이름이 Occilis라는 데서 유래했다는 설이다. 켈트어로 colina '언덕'이라는 뜻이다. 이 도시가 주변을 굽어볼 수 있는 구릉 위에 위치해 있기 때문에 붙은 이름일 것이다. 현재 DRAE에서 인정하는 이 도시의 출신 형용사는 medinés(a)이지만—이는 Medina가 들어가는 모든 도시의 출신 형용사로 쓰이고 있다—ocelitano(a)도 쓰이고 있다. 후에 아랍인들이 들어와 medina '도심'을 붙여(Medina+occilis)) Medinaceli가 되었다는 설이다.[130] 또 다른 설로는 madīnat Salim (또는 Selim)에서 유래했다는 것이다. 라파엘 라페사를 비롯한 많은 학자가 주장하는 바이다.[131] Salim은 seguro '안전한'이라는 의미도 있지만, 남성의 이름으로도

---

128 Lapesa, Rafael(1981:141) 참조.

129 Lapesa, Rafael(1981:141) 참조.

130 https://medinaceli.es/conocenos/ 참조.

131 Lapesa, Rafael(1981:141)과 Alatorre, Antonio(1989:73, 주) 참조. madinat은 medinat의 변이형이며,

널리 쓰이는 어휘이다.[132] 따라서 굳이 의미를 따지자면, '안전한 도시' 또는 '살림의 도시'가 된다. Salim은 8세기 이 지역에 정착해 도시를 세운 베르베르족의 족장인 Salim bin Waral을 가리키는 것이라고 한다.[133]

바야돌리드 남쪽의 Medina del Campo나 그 북서쪽에 위치해 있는 Medina de Rioseco 등에서도 Medina라는 아랍식 지명의 흔적을 찾아 볼 수 있다. 산탄데르와 부르고스 사이에 Medina de Pomar라는 도시도 있다. Pomar는 라틴어에서 나온 것으로 lugar de manzanos '사과밭'이라는 뜻이다. 따라서 도시의 이름은 ciudad de los manzanos '사과나무의 도시'라는 뜻이다.[134]

[La Mancha]

돈키호테가 한여름 불볕더위에 땀을 뻘뻘 흘리며 걸었던 La Mancha도 아랍 기원으로 altiplanicie '고원'이라는 뜻이다.[135] 스페인 중남부에 위치해 있는 고원 평야 지대다. 톨레도, 시우다드 레알, 쿠엥카, 알바세테 지방을 아우르는 광활한 평원이다. 여름과 겨울 기후가 혹독하고 사

Sélim은 Salim의 다른 형태이다. 원어로 표기할 때는 자음만 썼으므로, 로망스어로 표기하는 과정에서 모음을 어떻게 전사하느냐에 따라 표기 방식이 약간씩 달라지는 것이다.

132 salam '평화'라는 어휘와 동일한 어간을 고유하고 있는 어휘이다.

133 https://medinaceli.es/conocenos/에서도 도시의 기원에 대해 "En la primavera del 712 llega Tarik a la Villa y la repuebla con bereberes. Las crónicas árabes la denominan Medina Talmeida y Medinat Salim"이라고 인정하고 있다. 이로 미루어 보아, 아랍인들이 들어온 이후의 이름이 바뀌었는데, 공교롭게도 음 형태가 유사해 어원을 적시하기가 어렵게 된 것 같지만, 여기서는 Lapesa, Rafael(1981)의 견해에 따른다.

134 라틴어에서 '사과'는 중성명사인 pomum이었으며, 복수형은 poma였다. 현재도 poma는 '사과'라는 의미가 있다. https://dle.rae.es/poma?m=form 참조.

135 Alatorre, Antonio(1989:73, 주) 참조.

막과 같이 건조한 지역이다. 포도, 올리브, 밀 등이 많이 생산되고 목축도 성행하고 있다. 이 지방에서는 알바세테의 Valdepeñas산 포도주와 라 만차 치즈가 유명하다. Valdepeñas는 말 그대로 Valle de peñas '바위 계곡'에서 나온 것이다. 사방이 석회암 구릉으로 둘러싸인 지리적 특성에서 나온 말이다. 돈키호테의 연인 둘시네아 공주가 살았던 El Toboso '엘 토보소' 마을도 유명하다.[136]

[Albacete]

Albacete는 아랍어 Al-Basit '평원, 평야'에서 나온 것이다.[137] 이 역시 도시 주변의 지형과 연관이 있는 이름이다. 현대식 도시라 고색창연한 맛은 별로 없다. 유적을 보려면 동남쪽으로 약 15km 떨어진 Chinchilla de Montearagón에 가볼 것을 권한다. 바위산 꼭대기에 세워진 고성이 일품이다. 작지만 알바세테가 번창하기 전 이미 로마 시대부터 있어 온 마을이므로 단번에 중세의 한 시기로 시간여행을 온 듯한 기분을 느낄 수 있을 것이다.

[Almagra]

Almagra 역시 아랍어에서 나온 것이다. 이 지역에서 많이 나는 al-magra '자토(赭土)'에서 유래된 것이다. 스페인어의 almagra 또는

---

136 마을의 이름은 '응회암' 또는 '엉겅퀴'를 뜻하는 toba에서 유래한 것이라는 설이 있는데, 확실한 것은 아니다. 마을 주변에 엉겅퀴(cardo)가 많아 생긴 것일 수도 있고, toboso '응회암의'와 음 형태가 동일해 생겼을 가능성도 있다. https://dle.rae.es/toboso?m=form. 마을에 대한 자세한 사항은 https://www.eltoboso.es/ 참조.

137 Alatorre, Antonio(1989:73, 주)와 Menéndez Pidal, Ramón(2005:279) 참조.

almagre '자토'가 여기서 나온 것이다.[138] almagre는 el color almagre처럼 형용사형으로도 쓰인다.[139]

[Cuenca]

Cuenca 역시 아랍 시대의 Qunka라는 성채 이름에서 유래된 것이며, 후에 도시명이 되었고 한다. 그러나 형태상으로 보아 이 요새의 이름이 아랍어에서 나왔다고 보기는 어려우므로, 어원은 후기 라틴어 conca에서 나왔을 가능성이 제기된다.[140] 도시는 높은 구릉 위에 세워져 있고 주변은 마치 '조개' 모양으로 후카르강과 우에카르강이 주변을 에워싸고 흐르고 있기 때문으로 풀이된다.[141] 구도심 외곽은 일부분이 절벽을 따라 형성되어 있어서 많은 건물이 절벽 위에 아슬아슬하게 서 있다. 가파른 절벽 밖으로 삐쭉 튀어나온 유명한 〈Casas colgadas〉의 발코니는 오금을 저리게 한다. 가히 '초현실주의'의 고향다운 풍경이다.[142]

---

138 Del ár. hisp. *almágra*, y este del ár. clás. *maḡ[a]rah* 'tierra roja'. https://dle.rae.es/almagra 참조.

139 De *almagra*. https://dle.rae.es/almagre#0rcLGo6 참조.

140 Del lat. tardío *conchŭla*, dim. del lat. *concha* 'concha', y este del gr. κόγχη *kónchē*. https://dle.rae.es/concha?m=form 참조.

141 Nieto Ballester, Emilio(1997:145), <Cuenca> 참조.

142 이 도시에 대한 자세한 사항은 https://www.cuenca.es/?AspxAutoDetectCookieSupport=1 참조.

5.3.2. 안달루시아의 지명

[Algarve]

포르투갈 남부의 아름다운 휴양지인 Algarve 지방은 al-Garb에서 나온 말로 '(안달루시아의) 서쪽'이라는 뜻이다.[143] 안달루시아와 마찬가지로 햇볕이 좋고 백사장이 발달해 유럽에서도 손꼽히는 휴양지이다. 자연경관 또한 아름다워 전 세계에서 관광객들이 모여드는 곳이다.

[Algeciras]

Gibraltar 바로 옆에 있는 다른 주요 항구인 Algeciras도 아랍어에서 유래된 이름이다. 어원은 Al-Yazira al-Jadrā '녹색 섬(isla verde)'에서 나온 것이라고 한다.[144] 1세기경 로마 시대에 이 자리에 Iulia Traducta라는 이름의 도시가 건설되었다고 한다. 711년 이슬람인들이 들어와 도시를 다시 세우며 Al-Yazira al-Jadrā라는 이름을 붙인 것이고, 이것이 변해 현재의 Algeciras가 된 것이다. 이베리아반도에서 이슬람인들이 세운 최초의 도시 중 하나이다.[145]

---

143 Lapesa, Rafael(1981:141) 참조. 본래는 '알안달루스의 서쪽', garb al-Andalus이라는 의미에서 나온 지명이다. Algarve가 '서쪽'이라는 의미인 데 반해, Levante는 '해가 뜨는 지역', 곧 '동쪽'을 뜻한다. Levante는 라틴어 levare '일어나다'에서 파생된 것이다. 본래는 '지중해의 동쪽 지역'을 가리키는 말인데, '(스페인에서는) 동부 지중해 지역, 즉 발렌시아와 무르시아 지방을 일컫는 말이 되었다. 이 동사에서 파생된 것이 llevar와 levantar이다. llevar는 어두 음이 변한 것이고, levantar는 능동분사 levans, -tis에서 파생된 것이다. De *levar* y *-nte*. https://dle.rae.es/levante?m=form 참조.

144 Lapesa, Rafael(1981:141) 참조

145 도시의 역사에 대한 자세한 사항은 http://www.algeciras.es/es/ciudad/historia/ 참조.

[Lanjarón]

시에라 네바다 자락에 '생수(生水)'로 유명한 Lanjarón이라는 마을이 있다. 깨끗하고 맛있는 물로 유명한 곳이다. 지명의 유래는 아랍어 Al-lancharon이며, lugar de manantiales '샘이 솟는 곳'이라는 의미라고 한다.[146] 시에라 네바다의 깨끗한 물이 지하에 고였다가 샘으로 솟아나는 곳이다. 이 풍요롭고 아름다운 '온천'도 잃고 '샘'도 잃고 안달루시아를 떠나야만 했던 모로인들은 이래저래 무척 속상했을 것이다.

[Tarifa]

현재 북아프리카로 건너가기 위해서는 Tarifa에서도 배를 탈 수 있는데, 이 항구의 기원은 모로족 장군의 이름인 Tarif에서 나온 것이다. 타릭의 본대가 상륙하기에 앞서, 710년 7월에 500명의 정찰대를 이끌고 이슬람군 최초로 이베리아반도에 상륙한 인물이다. 지명은 Al Yazirat Tarif '타리프의 섬'에서 나온 것으로, 히브랄타르 남서쪽에 위치해 있다.[147] 본래는 섬이었는데, 현재는 모래톱이 쌓여 육지와 연결되어 있다. 같은 형태의 보통명사인 tarifa도 있다. '요금, 요금표'라는 의미로 쓰이고 있다. 이 단어의 어원은 '결정, 규정'을 의미하는 아랍어 ta'rifa에서 나온 것이다. 두 어휘가 형태는 동일하지만 어원은 다르다.[148]

---

146 Nieto Ballester, Emilio(1997), 〈Lanjarón〉 참조.

147 Gozalbes Cravioto, Enrique(1998), <Tarif, el conquistador de Tarifa>, http://www.tarifaweb.com/aljaranda/num30/art1.htm.; Criado Atalaya, Francisco Javier & Vicente Lara, Juan Ignacio de(1995), <Tarifa la Guerrera (II)>, http://www.tarifaweb.com/aljaranda/num17/art4.htm 참조.

148 Del ár. hisp. *ta'rífa*, y este del ár. clás. *ta'rīfah*, de *ta'rīf* 'definición'. https://dle.rae.es/tarifa 참조.

5.3.3. 복합어 지명

[Alhama '온천' 기반의 지명들]

안달루시아에는 Alhama라는 이름을 가진 지명들이 많다. Alhama de Granada, Alhama de Almería, Alhama de Murcia 등이 그것이다. 여기서 Alhama는 아랍어 Al-hamma에서 나온 것이다. baño termal '온천탕' 또는 los baños '목욕탕'이라는 뜻이다. 이 말이 들어가는 다른 지명으로는 아라곤 지방에 Alhama de Aragón과 에브로강의 지류인 Río Alhama 등이 더 있다.[149]

[Ben- '–의 아들' 기반의 지명들]

Ben-은 hijo de '–의 아들'이라는 의미로 ibn과 유사한 의미이다. 이를 기초로 만들어진 지명으로는 Benicasim과 Benicarló 등이 있다. beni-는 ben-의 복수형이다. Benicasim은 tierra de los hijos de Qásim '카심의 아들들의 땅'이라는 뜻이다.[150] Benicarló는 Beni-Gazlum에서 나온 것이라고 한다. 재정복 이후에는 Benicastló로 불렸다가 변해서 Benicarló가 된 것이다.[151]

---

149 대표적으로 Alhama de Aragón의 역사에 대해서는 https://www.alhamadearagon.es/municipio/historia/ 참조.

150 Alatorre, Antonio(1989:73, 주)와 Lapesa, Rafael(1981:141) 참조.

151 도시에 대한 자세한 사항은 https://benicarlo.travel/es/ 참조. 인근에 있는 Benidorm은 형태는 유사하지만 아랍어에서 기원된 것이 아니라고 한다. Benidorm은 이베로어 Pinnatorm '곶(promontorio)'에서 유래한 것이라고 한다. Amillo Alegre, Francisco(2012) 참조.

[Gibr- '산' 기반의 지명들]

Gibr-는 아랍어 Yabal에서 나온 것으로 '산(monte), 바위(roca)'라는 뜻이다. Gibraltar는 이베리아반도로 건너온 최초의 이슬람군 장군인 Tárik의 이름을 따 '타릭의 산(monte de Tárik)'이라 지은 데서 비롯된 것이다.[152] 북아프리카 쪽에서 보면 거대한 바위산이다. 같은 이름의 도시는 이 산의 자락에 위치해 있다. 해협 이름도 여기에서 나온 것이다. 말라가에는 Gibralfaro라 불리는 산이 있다. 해발 약 130여 미터쯤 되는 산이다. 이름은 그라나다의 유수프 1세가 이 산 위에 faro '등대'를 세운 데서 비롯되었다고 한다. 항구를 내려다보는 입지 조건과 전망이 좋아 과거 페니키아 때부터 각종 시설이 많이 들어선 곳이다.[153]

[Guad- '강' 기반의 지명들]

Guad-는 아랍어 Wadi에서 나온 것으로 '강(río), 계곡(valle)'이라는 뜻이다.[154] 가장 대표적으로 코르도바와 세비야를 가로질러 흐르고 있는 Guadalquivir가 있다. -quivir는 al-kabir에서 나온 것으로 '크다'라는 뜻이다. 따라서 '큰 강(río grande)'이라는 뜻이다.[155]

바다호스를 지나 스페인과 포르투갈의 경계를 이루며 남쪽으로 흐르

152 Lapesa, Rafael(1981:141)와 Alatorre, Antonio(1989:73, 주) 참조.

153 이 지역에 대한 정보는 https://www.parador.es/es/paradores/parador-de-malaga-gibralfaro 참조.

154 Lapesa, Rafael(1981:141)과 Alatorre, Antonio(1989:73, 주) 참조.

155 형용사 quivir 앞에 관사 al-이 붙은 것은 스페인어 문법 기준으로 보면 매우 이상한 현상이지만, 아랍어에서는 자연스러운 것이다. 만약 관사가 없으면 '큰 강'이라는 수식 관계가 아닌 '강은 크다'라는 주술 관계가 되기 때문이다. 스페인 지명에 내재하여 있는 아랍어 구문 구조 연구에 대해서는 이강국(2020:9-28) 참조.

고 있는 Guadiana는 Wadi Ana에서 나온 것으로 'río de los patos'라는 뜻이다.[156] 라틴어에서 anas, -tis는 '오리, 기러기'라는 뜻이다. 여기서 나온 어휘가 ánade '오리(=pato), anadear '오리걸음으로 걷다' 등이다. pato는 아랍어 기원의 어휘이고, 유사한 의미의 ganso '기러기'는 게르만어, ánsar '기러기'는 라틴어 anser, -ĕris에서 기원한 어휘이다. '기러기'를 길들인 '거위'인 oca는 라틴 속어인 auca에서 나온 것이다.

과거 서고트군과 이슬람군이 전투를 벌였던 강인 Guadalete는 그리스 신화에 나오는 Lete강과 합쳐진 것으로 '망각의 강'이라는 뜻이다.[157]

Guadalajara는 'río de las piedras'라는 의미로써, 도시 명이기도 하다. '돌'을 의미하는 -jara는 아랍어 hagera에서 나온 것이다.[158]

Guadalupe는 'río del lobo'라는 뜻으로써, 엑스트레마두라의 도시 명이기도 하다. -lupe는 라틴어 lupus '늑대'에서 나온 것이다.[159]

마드리드 북쪽에 Guadarrama라는 높고 험한 산이 있으며 같은 이름의 강도 있다. 이 또한 Guad-에 rambla '모래(arena)'가 붙어 만들어진

---

156 Lapesa, Rafael(1981:141) 참조.

157 Lapesa, Rafael(1992:171) 또는 http://etimologias.dechile.net/?Guadalete 참조. -lete는 그리스 기원의 라틴어 Lethe '망각의 강'에서 나온 것이다. 여기서 파생된 스페인어가 letargo '혼수, 잠'이다. Del lat. *lethargus*, y este del gr. λήθαργος *lḗthargos*. https://dle.rae.es/letargo?m=form.

158 Lapesa, Rafael(1981:141) 참조. 마드리드에서 북동쪽으로 약 58km쯤 떨어져 있는 작은 도시이다. 도시의 역사에 관해서는 https://www.guadalajara.es/es/ciudad/historia/ 참조.

159 Lapesa, Rafael(1981:141) 참조. 카세레스 지방의 La Puebla de Guadalupe 또는 줄여서 Guadalupe라고도 불리는 마을에 매우 웅장하고 아름다운 Real Monasterio de Santa María de Guadalupe가 있다. 14세기에 건축된 이 수도원은 건물의 아름다움뿐만 아니라 검은 성모상을 모시고 있는 것으로 유명하다. 산티아고만큼이나 유명한 성지순례 장소이다. 이 수도원에 대해서는 http://monasterioguadalupe.com/ 참조.

단어로써, 'río de arena'라는 뜻이다.[160]

안달루시아에 있는 Guadix라는 도시는 Guadix는 Wadi Acci 'Acci강'에서 나온 것이다.[161] 이것이 Wadi Ash, Wadish를 거쳐 Guadix로 변한 것이다. Acci는 이베로족의 도시명이다. 따라서 현재에도 이 도시의 형용사형으로는 guadijeño(a) 이외에 accitano(a)도 쓰인다.[162]

[Zoco- '광장' 기반의 지명들]

톨레도의 주 광장인 Zocodover와 세고비아의 수도교가 우뚝 서 있는 광장인 Azoguejo도 아랍어 기원이다. Zocodover는 '광장, 시장'이라는 의미의 아랍어 suq (〉çoq〉zoco)에 de vair '가축'이 붙어 만들어진 이름이다. 즉 '가축 시장'이라는 의미이다.[163] Azoguejo는 suq (〉zoco)의 축소사에 아랍어 관사 a-가 붙어 만들어진 것으로서, 의미는 '시골 광장, 소광장'이다. 스페인어에서는 azogue '(시골 마을의) 시장'으로 쓰인다.[164]

이러한 아랍식 지명은 대부분 반도의 중부 이남에 집중되어 있다. 이

---

160 Menéndez Pidal, Ramón(2005:277) 참조. 그러나 라틴어 ramus 'rama'에서 나온 derramar에서 파생되었다고 보는 견해도 있다. Jeromor(2007), <El origen del topónimo Guadarrama>, http://www.celtiberia.net/articulo.asp?id=2803#ixzz3eERelwFJhttps://web.archive.org/web/20150627040257/http://www.celtiberia.net/articulo.asp?id=2803 참조.

161 Lapesa, Rafael(1981:141) 참조. 그라나다 지방에 위치해 있으며 유서 깊은 도시이다.

162 accitano는 Accitānus에서 나온 것인데, 이는 현 Guadix의 옛 이름인 Acci의 형용사이다. Del lat. *Accitānus*. https://dle.rae.es/accitano 참조.

163 Calvo López, Mariano(2010), <Zocodover, plaza de la literatura>, https://www.abc.es/espana/castilla-la-mancha/toledo/zocodover-plaza-literatura-201006250000_noticia.html 참조.

164 Del ár. hisp. *assúq*, este del ár. clás. *sūq*, este del arameo *sūqā*, y este del acadio *sūqu[m]* 'calle'. https://dle.rae.es/azogue?m=form 참조.

는 아랍인들이 장장 8세기 동안 반도에 머물렀었다고는 하지만, 이미 11세기 초부터는 남쪽 절반 정도에만 영향력을 미치고 있었기 때문이었다. 또한, 12세기 초에는 카스티야가 이미 안달루시아에서 멀지 않은 라만차 지방의 시우다드 레알까지 남하해 있었기 때문에, 중북부 지역보다는 아랍인들이 가장 깊이 뿌리내렸던 안달루시아에서 더 쉽게 찾아볼 수 있다. 앞의 예 이외에도 스페인에는 일일이 다 열거할 수 없을 정도로 많은 아랍 기원의 지명들이 남아 있다.

5.4. 알안달루스와 고려

5.4.1. 모사라베와 하르차

Mozárabe '모사라베'란 본래 '아랍화된 사람(arabizado)'이라는 의미의 아랍어에서 나온 말로써, 아랍 치하에 남아 있던 가톨릭교도들 또는 그들의 언어를 가리키는 말이다.[165] 모사라베들이 종교적 차이로 인해 많은 박해를 받았으리라는 것은 쉽게 짐작이 가고도 남는 일이다. 아랍 정복자들이 여전히 자신들의 언어를 쓰고 있었으므로, 이들은 종교적으로뿐만 아니라 언어적으로도 말 그대로 상당 부분 아랍화 되었을 것이다. 이들은, 8세기의 카롤링거 르네상스나 10-12세기 클뤼니 개혁 같

165 Del ár. hisp. *musta'rabí*, gentilicio del ár. clás. *musta'rab* 'arabizado', infl. por *árabe*. https://dle.rae.es/moz%C3%A1rabe 참조. 반면에 이슬람으로 개종한 가톨릭교도들은 muladí라고 부르며, 재정복된 지역에 남아 있던 이슬람교도들은 mudéjar라고 부른다.

은 외부의 변화에 직접 노출되어 있던 북부의 주민들과는 달리, 정치적 경계에 의해 차단되어 있었으므로 상대적으로 더 보수적인 면을 간직하고 있었다. 이들은 늘 정치적 약자였다. 아랍인들과의 관계에서도 그렇고, 북부의 가톨릭교도들이 재정복해 내려왔을 때도 그랬다. 따라서 이들의 말 또한 후에 북부에서 동족들이 내려왔을 때도 대체로 거기에 동화되었으며 영향을 끼친 것이 아주 미미했다.[166]

마치 로마 시대에 속어로 쓰인 문서나 작품들이 없었던 것처럼, 당시에도 마찬가지로 식자들이 글을 쓸 때 사용한 언어는 주로 고전 아랍어였다. 가톨릭교도들조차도 당시의 구어체로 글을 쓴 이는 없었다. 모사라베 식자들은 라틴어를, 유대인들은 자신들의 히브리어로 기록했기 때문이었다. 따라서 라틴 속어가 정확하게 어떤 모습을 하고 있었는지 알지 못하듯이, 이 모사라베 말 또한 정확히 어떠했는지를 아는 것은 불가능한 일이다. 그러나 분명한 것은 이미 9세기쯤에는 라틴어와는 상당히 다른 모습을 하고 있었다는 것이다.[167]

10-12세기 당시에 일상생활에서 사용되던 모사라베 구어가 단편적으로나마 기록된 것이 바로 jarcha '하르차'이다. jarcha란 아랍어 jarya '출구(salida), 끝(final)'이라는 의미로, 아랍 연작시인 moaxaja '무와샤하'의 후렴구를 일컫는 말이다.[168] moaxaja란 아랍어 muwashshaha 또는 muwassaha에서 나온 것으로 '버클, 벨트에 달린 장식'이라는 의미로,

---

166 물라디, 모사라베, 무데하르에 대한 자세한 사항은 Alatorre, Antonio(1989:76-79) 참조.

167 모사라베어의 특징에 대해서는 Alatorre, Antonio(1989:86-90) 참조.

168 아랍어 muwaššaḥ를 그대로 전사해 muwaxaha라고도 표기한다. 그러나 여기서는 스페인어의 표기에 따라 moaxaja라고 표기하지만, 한국어로는 원음에 가깝도록 '무와샤하'라고 쓴다. https://dle.rae.es/moaxaja?m=form 참조.

고전 아랍어로 쓰인 연작시의 본문 부분이다.[169] 이 연작시의 후렴구가 하르차이다. 무와샤하는 고전 아랍어로 쓰였는데 반해서 하르차는 알안달루스의 구어체로 쓰였다. 따라서, 당시의 아랍어와 이베리아반도의 구어가 함께 섞여 있는 시이다. 이러한 연작 형식의 시는 9세기 코르도바 지방의 카브라에서 태어난 무카단 이븐 무아파(847-912)라는 사람이 처음 만들었다고 한다. 카브라에서 태어났기 때문에 별칭으로 Al Cabrí '알 카브리'라고도 부른다.[170] 1948년 헝가리의 사무엘 스턴과 스페인의 에밀리오 가르시아 고메스가 발굴해 냄으로써 세상에 알려지게 되었다. 그동안은 아랍어 시 속에 부분적으로 들어 있어서 스페인 학자들의 눈에 띄지 않았던 것이었다. 이 시들은 놀랍게도 대부분 작가와 연대가 비교적 정확하게 알려져 있다.[171]

하르차에서 쓰인 언어는 이베리아반도의 구어, 즉 모사라베 구어이다. 간혹 아랍어나 히브리어 어휘들이 섞여 있지만, 대부분 어휘는 당시 일반 대중들이 쓰던 언어이다.[172]

---

169 Oulad Amar, Aziz(2013); 온라인 자료는 https://cornerstone.lib.mnsu.edu/cgi/viewcontent.cgi?article=1246&context=etds 참조.

170 카브라는 코르도바에서 남쪽으로 약 70km쯤 떨어져 있는 작은 도시이다. Castillo de Cabra 앞에 '알 카브리'의 흉상이 서 있다. 그의 시는 후에 세헬과 비얀시코 뿐만 아니라 중세 시에도 많은 영향을 끼쳤다. 도시에 관한 자세한 사항은 https://cabra.eu/ 참조.

171 Miklos Stern, Samuel(2010) 참조.

172 본 절에서 인용한 하르차에 대한 연구는 Solá-Solé, Josep Mª.(1990)과 Galmés de Fuentes, Álvaro(1994) 참조.

Poema de Yehudá Haleví (s.11말) [해석]

Garid boš, ay yermanellaš,	Decid vos, ay hermanitas,
kóm kontener-he mew mále?	cómo contendré mi mal.
Šin al-habib non bibréyo:	No viviré sin mi querido:
¿ad ob l'iréy demandáre?	¿a dónde iré a buscarlo?
[Ed. E. García Gómez]	

Poema de Yehudá Haleví (s.12)

Vaiše mio coraĉon de mib;	Vase mi corazón de mí;
¡ya Rabb! ¿ši še me tornarad?	¡Ay, Señor, si me volverá!
¡Tan mal me duéled li-l-habib!	¡Tanto me duele por el amigo!
Enfermo yed; ¿cuánd sanarad?	Enfermo está: ¿cuándo sanará?
[Ed. R. Menéndez Pidal]	

Poema de Todros Abulafia (1247-1306)

¿Ké faréyo 'o ké sérad de mibe?	Qué haré, o qué será de mí?
¡Habibi,	Querido mío,
non te tolgaš de mibe.	no te apartes de mí.
[Ed. E. García Gómez]	

이 시의 언어들을 분석해 보면 비시고도 시대의 라틴 속어에 가까운 면을 갖고 있다. 이는 뒤에서 다룰 북부의 다른 방언들, 특히 카스티야어와 비교해 보면 분명하게 드러난다.

eglesia 'iglesia'

nojte 'noche'

orella 'oreja'

llengua 'lengua'

그렇다고 해서, 이 모사라베가 라틴어 그대로인 것은 더더욱 아니다. 아래의 예로 보아 이미 라틴어에서 상당히 멀어져 있었다.

bibréyo 'viviré' (<LV vivire habeo)

faréyo 'haré' (<LV fare habeo)

garir 'decir' (<LV garrire)

mibe 'mi' (<LC mihi가 tibi에 따라 변화된 형태)

sérad 'será' (<LV sere habet)

또한, 아래의 형태들도 쓰인 것을 보면 이미 포르투갈어나 카스티야 고어에 더 가까운 면도 갖고 있었다.

fillolo 'hijito'

yermanellas 'hermanitas'

dolĉe 'dulce'

amare 'amar'

beĉare 'besar'

rayo de sole 'rayo del sol'

coraĉón 'corazón'

bono 'bueno'

adormes 'duermes'

ollos 'ojos'

nomne 'nombre'

faĉe 'faz, cara'

그도 그럴 것이, 언어의 발전 추이로 보아 이미 10-12세기 북부의 방언들은 더는 라틴어가 아닌 로망스어라는 전혀 다른 언어로 탈바꿈해 있는 상태였기 때문에, 이 모사라베 역시 아무리 교류가 뜸해 변화가 정체되었다 해도 이미 상당히 자가 발전해 있는 단계로 접어들고 있었기 때문이었다. 이 하르차들 중 기록 연대가 빠른 것은 『엘시드의 노래』보다 약 1세기 정도나 앞선 것도 있다. 따라서 이들은 이베리아반도의 초기 로망스어가 어떠했는가를 보여주는 귀중한 자료이다.

5.4.2. 하르차와 고려가요

하르차가 스페인어의 발달 과정에서 차지하고 있는 위상과는 별도로, 우리의 관심을 끄는 것은 시기, 형식, 주제 등에서 고려가요와 매우 유사한 점을 갖고 있다는 사실이다. 특히 그 먼 옛날 지구 반대편에 있는 두 국가에서 같은 형식의 시가가 비슷한 시기에 등장했다가 비슷한 시기에 사라졌다는 것은 분명 어떤 연관 관계가 있을 것 같은 궁금증과 신비감을 자아내기에 충분하다.[173]

먼저, 시대적인 면에서 하르차는 9세기 말에 만들어졌다가 13세기 말에 사라졌다. 고려가요는 10세기에 태어났다가 14세기에 사라졌다.

173 본 절에서 참고한 고려가요에 대한 자료는 주로 김쾌덕(2006)과 김선기(2013)에서 발췌한 것임을 밝힌다.

형식 면에서도 유사한 점이 많다. 가장 눈에 띄는 것은 연시이며 후렴구가 있다는 점이다. 이것은 두 세계에서 이전에는 없었던 형식이다. 『동동』의 경우를 보면 전편 1장과 정월부터 섣달까지 12장, 총 13장을 읊은 것인데, 모두 '아으 動動다리'라는 후렴이 반복된다. 총 8연으로 구성된 『청산별곡』의 경우에는 '얄리얄리 얄라셩 얄라리 얄라'가 후렴이다. 『가시리』의 경우에는 4연으로 구성되어 있으며 '위 증즐가 대평성대'가 후렴으로 반복된다.

주제 역시 남녀 간의 애달픈 사랑을 읊은 것이 주를 이룬다. 고려가요의 특징을 들 때 흔히 '남녀상열지사(男女相悅之詞)'라는 말을 많이 쓴다. 임을 잃고 홀로 지내는 쓸쓸함을 읊은 『동동』이 대표적이다.[174] 남녀 간의 사랑을 솔직하고 노골적으로 그린 것이 특징이라는 말인데, 이는 하르차에서도 그대로 나타난다. 이 주제 이외에도 두 시가에서 모두 군주에 대한 충성이나 친구 간의 우정을 그린 것도 있다. 이 또한 공통되는 점이다.

다음은 대표적인 고려가요의 예이다.

『청산별곡』

전 8연과 후렴으로 이루어져 있다. 주제는 학자에 따라 민중의 고단한 삶과 현실도피를 그렸다는 해석, 청산 속에서 인생을 유유자적 즐기

---

174 『동동』에 대해서는 박병채(1994:51-121) 참조. 같은 책(p.66)에 따르면, '아으'는 옛노래에서 일반적으로 사용된 감탄사이며, '動動'은 북소리를 묘사한 것이고, 아울러 남녀가 어울려 노는 모습을 상징적으로 표현한 것이라고 한다. 여기에 조율음인 '다리'를 첨가하여 북소리의 장단을 효과적으로 표현하고 있는 것이라고 한다. 『동동』의 원문과 해설은 김선기(2013:77-103)도 참조.

려는 지식인의 '풍류 취향'을 읊은 것이라는 해석, 화자를 여성으로 보고 '실연(失戀)의 아픔'을 노래한 것이라는 해석 등 여러 가지가 있다. 여기서는 전반부 세 연만 소개한다.[175]

살어리 살어리 랏다
산애 살어리 랏다
멀위랑 ᄃᆞ래랑 먹고
산애 살어리 랏다
얄리얄리 얄랑셩 얄라리 얄라[176]

살어리 살어리랏다
청산에 살어리랏다
머루랑 다래랑 먹고
청산에 살어리랏다

우러라 우러라 새여
자고 니러 우러라 새여
널라와 시름 한 나도
자고 니러 우리노라
얄리얄리 얄라셩 얄라리 얄라

우는구나 우는구나 새여
자고 나면 우는구나 새여
너보다 시름 많은 나도
자고 나면 우는구나

가던 새 가던 새 본다
믈 아래 가던 새 본다
잉 무든 장글란 가지고
믈 아래 가던 새 본다
얄리얄리 얄라셩 얄라리 얄라

가던 새 가던 새 보느냐
물 아래 가던 새 보느냐
이끼 묻은 쟁길랑 가지고
물 아래 가던 새 보느냐

---

175 원문은 박병채(1994:214)에서 발췌했으며 현대어 번역은 같은 책 p.242에서 발췌했음을 밝힌다. 『청산별곡』의 전반적인 해설에 대해서는 김선기(2013:35-76); 염은열, 류수열, 최홍원(2020:156-163); 성호경(2006:358-377) 참조.

176 박병채(1994:218)에 따르면, '얄리얄리 얄랑셩 얄라리 얄라'는 조율음, 즉 악기소리에 맞추기 위한 의성적 장단이라고 한다. 특이하게도 제1연의 후렴구만 '얄랑셩'이고 나머지 후렴구에서는 '얄라셩'으로 표기되어 있다. 같은 책 p.214 참조.

『가시리』

전 4연과 후렴으로 구성되어 있다. 사랑하는 임과의 이별을 안타까워하는 애절한 마음이 절절하게 녹아 있다. 마지막 연이 더욱 눈물겹게 한다.[177]

가시리 가시리잇고 나ᄂᆞᆫ[178]	가시렵니까? 가시렵니까
ᄇᆞ리고 가시리잇고 나ᄂᆞᆫ	나를 버리고 가시렵니까
위 증즐가 大平盛代[179]	
날러는 엇디 살라ᄒᆞ고	날러는 어찌 살라 하고
ᄇᆞ리고 가시리잇고 나ᄂᆞᆫ	나를 버리고 가시렵니까
위 증즐가 大平盛代	
잡ᄉᆞ와 두어리마ᄂᆞᄂᆞᆫ	잡아들 일이지마는
선ᄒᆞ면 아니 올셰라	까딱하면 아니 올까 두려워
위 증즐가 大平盛代	
셜온 님 보내ᄋᆞᆸ노니 나ᄂᆞᆫ	서러운 임 보내드리니
가시ᄂᆞᆫᄃᆞᆺ 도셔 오쇼셔 나ᄂᆞᆫ	가시는 것처럼 다시 돌아오소서
위 증즐가 大平盛代	

---

177 원문은 박병채(1994:315)에서 발췌했으며, 현대어 번역은 같은 책 p.321에서 발췌했음을 밝힌다. 『가시리』에 대한 전반적인 해설에 대해서는 염은열, 류수열, 최홍원(2020:189-197) 참조.

178 박병채(1994:317)에 따르면, '나ᄂᆞᆫ'은 악률에 맞추기 위한 무의미한 조흥구라고 한다.

179 박병채(1994:317)에 따르면, '위'는 감탄사이고, '증즐가'는 조율음으로써 현성(絃聲)의 의성적 장단이며, '大平盛代'는 노래의 의미와는 관계없이 악율에 맞추기 위한 첨입구라고 한다.

10-13세기라는 한정된 기간 내에서, 지구의 양극단에 위치해 있는 알안달루스와 고려라는 두 지역에서, 이처럼 형식과 주제가 유사한 시가가 태어났다가 거의 같은 시기에 사라졌다는 것은 우리의 흥미를 끌 만하다.

인간이 생각하고 행동하는 양식은 어느 시대 어느 지역에 살든지 간에 서로 비슷할 수 있다. 따라서 서로 교류가 없던 두 지역에서 유사한 것이 나타났다고 해서 반드시 영향 관계에 있었다고 단언할 수는 없는 일이다. 그러나 반대로, 직접적이든 간접적이든 아무런 교류 관계가 없었다고 딱히 단정할 근거도 없다. 현재 우리가 정확하게 알지 못하고 있을 뿐이다. 당시 알안달루스와 고려는 서로 어떤 관계에 있었을까? 서로의 존재를 알고 있었을까, 아니면 모르고 있었을까? 알고 있었다면 어느 정도 관계가 있었으며, 모르고 있었다면 어떻게 이렇게 유사한 두 시가가 약속이라도 한 듯이 같은 시기에 나타났다가 비슷한 시기에 사라졌을까?

우리는 일단 서로 간에 교류 관계가 있었으리라는 가정하에서 얘기를 풀어 나가보자. 근거는 이미 신라 시대부터 아랍 상인들이 한반도에 내왕했으므로 고려 역시 이들의 활동 범위에 포함되어 있었다는 점이다. 이미 신라 때 개운포(울산)에 아랍 상인들이 내왕했다고 하며 '코리아'라는 국명도 벽란도를 드나들던 아랍 상인들이 '고려'를 자기들 식으로 발음하던 데서 비롯된 것이라고 하니, 교류가 얼마나 활발했었는지 짐작하고도 남는 일이다. 서쪽의 알안달루스는 8세기 이후 당연히 이들의 활동 영역에 포함된다. 8세기 중엽 코르도바는 이미 세계적인 도시였으며, 하르차가 처음 등장하는 9세기 이후 알안달루스는 바그다드에 버금가는 아랍 세계의 또 다른 중심축이었다. 하르차는 아라비아가 아닌 알안달루스에서 만들어진 것이지만 아랍인들이 만든 것이다. 고려를 내왕하던 아랍 상인 중에 이 하르차라는 시가를 알고 있는 사람이 있었으리라고 추측하는 것이 결코 무리는 아닐 것이다. 시기적으로 하르차의 출현이 더 빠르기 때문에 그 반대의 경우는 상정하지 않는다. 또 하나의 교류 가능성은 실크로드이다. 이미 전한(BC206-AD25)의 무제 때부터 개척되기 시작해 기원전 60년경에는 서역과의 교역 루트가 트였다고 한다. 당(618-907)과 송(960-1279) 시대에는 교역이 더욱 번창했다. 보통 서역과 중국 간의 교역로로만 알려져 있으나 동쪽 끝에 있는 한반도 또한 중요한 시장이었다. 신라 때는 경주, 고려 때는 개성이 끝이었다고 할 정도였다. 고려의 상인들이 직접 실크로드 상에서 알안달루스의 상인들과 접촉했었는지는 확인하기 어려우나, 중국이나 중앙아시아의 중간 기착지를 통해 간접적으로 물품 교역 이외에 노래나 악기 등이 수입되었을 가능성을 배제할 수는 없다. 이런 과정에서 하르차의 형식과 주제를 갖는 시가가 유입되었을 가능성이 제기되는 것이다.[180]

그러나 이 모든 것은 추측의 범위를 벗어나지 못한다. 우연의 일치인지 아니면 구체적인 교류의 흔적인지에 대해서는 앞으로 더 깊이 연구할 필요가 있는 부분이다. 다만, 어느 시가(詩歌)든지 가요(歌謠)든지, 대부분은 이미 내적으로 그것이 배태되는 토양이 상당 부분 마련되어 있었다는 사실도 잊어서는 알 될 것이다. 하르차 이전의 알안달루스나 아랍의 시가 형식이나 향가와 같은 고려가요 이전의 시가 형식 등 자국의 역사적 전통도 간과해서는 안 된다는 뜻이다. 외적인 영향 못지않게, 아

180 정은주, 박미란, 백금희(2005), 특히 〈제6장 비단길과 우리나라〉, 신라와의 관계에 대해서는 pp.339-345, 고려와의 왕래에 대해서는 pp.351-356 참조.

니 오히려 그보다 더 중요하고 먼저 다루어져야 할 것이 내적 영향이기 때문이다. 어쨌든, 외적 영향이든 내적 영향이든 아니면 두 가지 요인이 동시에 작용한 것이든, 하르차와 고려가요가 시기, 형식, 주제 등 많은 면에서 우리의 흥미를 끌 만한 요소들을 많이 공유하고 있는 것은 사실이다.[181]

181 하르차와 고려가요 간의 연관성에 관한 자세한 연구는 고혜선 외(2008) 참조.

6

제6장

프랑크 왕국의 발전과 로망스어의 등장

6.1. 시대 상황

7세기 중반에 접어들자 지중해 일대의 상황이 급변했다. 북아프리카가 이슬람교도들에게 점령된 것이었다. 가톨릭 세계와는 완전히 이질적인 종교와 문화로 무장한 이슬람교도들에 의해 소아시아와 북아프리카가 점령되자 지중해는 이제 더는 Mare Nostrum '우리 바다'가 아니게 되었다. 과거 로마의 '내해' 역할을 했던 지중해는 이제 더는 신변의 위협을 받지 않고 아무 때나 항해가 가능한 고요한 바다가 아니었다. 바다를 통한 교역과 교류의 단절은 곧 문화의 단절을 의미했고, 언어 또한 고립되기 시작했음을 의미하는 일대 사건이었다.[1]

711년 이베리아반도가 이슬람화되었다. 최초로 지배자의 언어와 피지배자의 언어가 완전히 적대적인 상황이 벌어졌다. 게르만족은 언어는

1 이슬람 세력의 팽창과 당시 지중해 상황에 대해서는 Pirenne, Henri(2010), 제2부 1장 pp.171-216 참조. 비록 지중해 서부 지역에서는 항해가 자유롭지 못했으나, 비잔틴 제국의 영향력 아래에 있는 동부 지역은 예전만은 못해도 여전히 로마인들이 장악하고 있었다. 따라서 지중해 전역을 동일한 잣대로 판단해서는 안 된다. 이에 대해서는 같은 책 p.79 참조.

달랐어도 로마의 문화를 받아들였다. 받아들인 정도가 아니라 아예 자신들이 그 문화에 동화되기 위해 애쓰기까지 했다. 그런 게르만족과는 달리 아랍인들은 라틴어를 배우는 데 관심이 없었다. 로마 문화를 동경했던 게르만인들은 라틴어를 받아들이려고 애썼던 반면에, 자신들의 문화가 더 우월하다고 자부하는 아랍인들은 굳이 로마 문화에 동화되려고 하지 않았고 로망스어를 배우려고도 하지 않았다. 엎친 데 덮친 격으로 종교까지 달랐다. 종파가 달라 개종이 가능했던 서고트족과는 완전히 다른 상황이 벌어진 것이었다. 마치 물과 기름이 한 그릇 속에 들어 있듯이, 언어적으로도 종교적으로도 서로 겉돌았다.

이것이 오히려 가톨릭교도들에게는 편리한 점도 있었다. 종교적으로는 피지배자로서 핍박을 감수해야 했지만, 세금 잘 내고 반란만 일으키지 않으면 굳이 개종을 강요하지는 않았다. 언어적으로는 부담이 훨씬 덜했다. 행정 관료로 출세하려는 사람이 아니라면 억지로 아랍어를 배우지 않아도 되었기 때문이었다. 일상생활에서의 필요성 때문에 어쩔 수 없이 어느 정도는 익혀야 했겠지만, 강요에 의한 것은 아니었다. 이베리아반도의 로망스어가 그나마 보존된 이유이다.

8세기 초, 이슬람군이 이베리아반도를 정복하고 있던 시기에 서유럽에서는 프랑스 북부를 거점으로 하는 카롤링거 가문이 득세했다. 스페인의 중세사를 다룰 때 프랑크 왕국의 메로빙거 왕조와 카롤링거 왕조를 언급하지 않을 수 없는 이유는 이 두 왕조가 서로마 제국 멸망 후 이베리아반도에 들어온 서고트족 및 그 이후의 이슬람교도들과 국경을 맞대고 싸운 상대였기 때문이다. 특히 카롤링거 왕조는 피레네 남쪽의 이베리아반도까지 진출해 중세 왕국과 백작령 형성에 많은 영향을 끼쳤다. 또한 '카롤링거 르네상스'를 통해 언어와 문화적으로도 많은 영향을 끼쳤다. 라틴어에서 로망스어로 전이되는 중간 과정에서 일어난 이 문예 부흥 운동은 서유럽의 라틴어 체계 정립에 크게 기여했다.[2]

2 이슬람 세력 팽창 시기의 프랑크 왕국 상황에 대해서는 Pirenne, Henri(2010), 제2부 2장 pp.217-276 참조.

6.2. 메로빙거 왕조와 카롤링거 왕조

메로빙거 왕조는 라틴명 메로베우스라 불리는 인물이 448년에 세운 프랑크족의 왕국이다. 서로마 제국이 멸망하기 직전 프랑스 북부에 건설된 왕국이다. 클로비스 1세(481-511) 때 세력을 크게 확장했다. 동으로는 라인강 건너 독일까지, 남쪽으로는 서고트족을 밀어내고 피레네산맥 북쪽의 아키타니아까지 진출했다. 종파도 아리우스파에서 로마가톨릭으로 개종했다. 진정한 의미의 프랑크 왕국이라고 할 수 있다. 그러나 그의 사후 왕국은 자손들에 의해 분할되어 세력이 약화되었다. 구심점을 잃고 표류하던 왕국은 629년 다고베르트 1세 때 잠시 재통일되었으나 639년 그가 죽자 왕국은 다시 분열되었고, 왕실의 존재는 점차 유명무실해져 갔다. 왕권이 약화되자 궁재(宮宰), 즉 재상이 권력을 장악했다. 메로빙거 왕조 후기의 왕들은 이름뿐이었고 모든 실권은 궁재가 쥐

고 있었다.[3]

궁재들 중에서 가장 유명한 인물은 카롤링거 가문의 카알 마르텔과 그의 아들인 피핀이었다. 카알 마르텔(719-741)은 719년에 궁재가 되어 실질적인 통치자로 군림했다. 732년 푸와티에 전투에서 이슬람군을 상대로 큰 승리를 거둠으로써 명성을 떨쳤다. 그의 아들인 피핀(741-768)은 751년 결국 메로빙거 왕조의 마지막 왕인 힐데리크 3세를 폐위하고 스스로 왕이 되었다.[4] 가문 내에서는 피핀 3세가 되며, 키가 작았는지 '단신왕'이라고 불린다. 카롤링거 왕조를 새로 세운 인물이다.[5]

6.2.1. 베르타의 전설

피핀과 관련된 중세 신화가 바로 헝가리의 왕녀인 베르타와 관련된 전설이다.[6] 이 전설에 따르면, 피핀은 아름답고 마음씨 착한 헝가리의 공주인 베르타를 아내로 맞이하기로 했다. 그러나 혼례를 치르기 전에 공주를 모시던 하녀 마르기스트는 왕이 공주를 죽이려 한다고 거짓말을 꾸며댔고 순진한 베르타는 하녀의 말을 믿었다. 마르기스트는 자신

---

3 메로빙거 왕조에 대한 자세한 사항은 Jones, Colin(2001:56-71)과 Maurois, André(2016:47-51) 참조.

4 피핀은 자신의 정통성을 확보하기 위해 로마로 가 롬바르드족을 몰아내고 땅 일부를 교황에게 기증했다. 바티칸의 기원이다. 교황은 그 대가로 그가 새로운 왕조를 여는 것을 묵인했다고 한다. 윤선자(2006:68) 참조. Vaticano '바티칸'은 로마에 있던 산의 이름에서 나온 것이다. Del lat. *Vaticānus*. "1. adj. Perteneciente o relativo al monte Vaticano, en Italia." https://dle.rae.es/vaticano?m=form 참조. 땅을 기증받은 후에는 '교황령'이라는 고유명사가 되었다.

5 카롤링거 왕조에 대한 자세한 사항은 Jones, Colin(2001:71-78)과 Maurois, André(2016:52-62) 참조.

6 이에 관한 전설은 Goodrich, Norma Lorre(1998), 제4장에서 요약 발췌한 것임을 밝힌다.

의 딸인 알리스트를 신방에 대신 들여보냈다. 신부의 얼굴을 한 번도 제대로 못 본 터라 아무도 눈치채지 못했다. 마르기스트는 자객을 보내 베르타를 숲속으로 데려가 죽이도록 했다. 그러나 베르타를 죽이라고 보낸 자객은 차마 가여운 베르타를 죽이지 못하고 살려주었다. 도망친 베르타는 깊고 어두운 숲속에서 배고픔과 추위에 떨다가 다행히 시몬이라는 착한 시골 농부의 양녀가 되어 신분을 숨긴 채 살아갔다. 한편, 왕의 총애를 등에 업은 하녀 모녀는 꿈에 그리던 권력을 쥐게 되자 본심을 드러내 세금을 과하게 부과하고 재물을 거두어들이는 데 혈안이 되었다. 당연히 민심이 흉흉해졌고 왕비에 대한 나쁜 소문이 퍼져나갔다. 몇 년이 흘러, 헝가리의 왕과 왕비는 피핀에게 사람을 보내 베르타의 자식 중 한 명을 후계자로 삼으려 하니 보내 달라고 요청했다. 그러나 알리스트는 자신의 정체가 탄로 날까 봐 한마디로 거절했다. 평소 딸의 언행과는 매우 다른 반응이어서 의아해하던 왕비는 그날 밤 큰 곰이 자신을 물어뜯는 악몽을 꾸었다. 딸의 신변에 이상이 생겼음을 눈치챈 왕비는 딸을 만나기 위해 아헨의 궁전으로 갔다. 가는 도중에 자신의 딸에 대한 나쁜 평판을 듣게 되면서 분명히 어떤 좋지 않은 일이 벌어졌음을 확신했다. 궁전에 도착했으나 며칠이 지나도 딸은 병을 핑계로 만나주지 않았다. 화가 난 왕비는 딸의 방에 밀고 들어가 커튼을 확 열어젖혔다. 그런데, 침대에 누워 숨어있던 것은 바로 하녀의 딸인 알리스트였다. 이렇게 해서 사건의 경위가 드러났다. 마르기스트는 화형에 처해졌고, 알리스트는 그간의 정리를 생각해서 수녀원에 유폐되었다. 피핀은 부하들을 풀어 백방으로 베르타를 찾았으나 헛수고였다. 어느 날, 시름에 잠긴 피핀은 사냥하러 나갔다가 숲속에서 우연히 아름다운 처녀를 보고 한눈에 반해 버렸다. 그러나 그녀는 낯선 기사의 구애를 단호하게 거부하며 급한 김에 자신은 프랑스의 여왕이니 함부로 손대지 말라고 경고했다. 정조를 지키기 위해 어쩔 수 없이 한 말이었다. 이에 놀란 피핀은 양부모를 찾아가 그녀를 만나게 된 경위를 듣게 되었고, 다시 어머니인 블랑카 플로르 왕비를 모셔와 그녀가 바로 진짜 베르타임을 확인했다. 이리하여 두 사람은 천신만고 끝에 다시 만나 결혼했다. '백설공주'의 모티브가 되는 이야기이다.[7]

두 사람의 큰아들이 후에 대제로 평가받는 샤를마뉴이고 큰딸의 아들이 롤랑이다. 롤랑은 훗날 외삼촌인 샤를마뉴 대제를 도와 스페인 땅에서 장렬하게 싸우다 전사했으며, 그 이야기를 엮은 것이 바로 프랑스 최초의 무훈시 『롤랑의 노래』이다. 이 또한 스페인 땅에서 벌어진 일이다.

6.2.2. 8세기의 라틴 구어: 『Glosas de Reichenau』

8세기의 언어 상황을 이해할 수 있는 대표적인 자료로는 『Glosas de Reichenau』 '레이쉐노 주해'를 들 수 있다. 이 문서의 정식 명칭은 『Glosarium Biblicum Codicis Augiensis LVIII』인데, 흔히 『Glosas de

---

7 실제로 744년 피핀은 Berta라고도 불리는 Bertrada de Laon이라는 여인과 결혼해서 네 명의 자녀를 낳았고, 큰아들이 샤를마뉴이고 큰딸의 아들이 롤랑인 것은 사실이다. 그러나, Sugar, Peter F., *et. al.*(1994:7)에 따르면, 791-796년 사이에 샤를마뉴가 카프카스와 판노니아 일대에 있던 아바르인들을 정벌했다고 하며, 이상협(1996:27-36)에 따르면, 헝가리인들이 카르파티아 분지에 정착한 것은 훨씬 더 후인 896년경이라고 한다. 따라서 8세기 초-중반 당시에 헝가리는 아직 프랑스와 교류할만한 중앙집권적인 정치 세력이 뿌리를 내리지 못하고 있었다. 따라서, 아마도 후세에 역사적 사실을 토대로 이국적 정서를 강조하기 위해 이야기를 만들어 낸 것 같다.

Reichenau』라고 불린다.[8] 지금의 콘스탄츠 호수에 있는 레이쉐노섬의 베네딕트 수도원에서 발견되었기 때문에 이런 이름이 붙은 것이다. 이 수도원은 724년에 세워졌다고 한다. 이 문서의 작성 시기 역시 8세기 중반 메로빙거 왕조 말기의 피핀 시대로 추정된다. 당시의 두 언어, 즉 라틴 문어와 통속어의 상황을 잘 보여주고 있는 문서이다. Augiensis라는 이름은 라틴어 Augia Dives에서 나온 것으로 레이쉐노섬의 당시 이름이다. 현재 이 호수는 독일, 스위스, 오스트리아 간의 국경을 이루고 있으며, 섬은 독일 영토에 속해 있다.[9]

문서라고는 하지만, 실제로는 라틴어로 쓰인 불가타 성경의 여백에 달린 약 5천 개의 주석을 일컫는 말이다. 작성자 본인이 이해하지 못하는 본문의 고전 라틴어를 자신이 이해할 수 있는 속어로 적어 놓은 것이다. 그렇다고 해서 주석에 쓰인 언어가 곧 로망스어는 아니다. 언어가 아직은 로망스어 단계로 분화되지 못하고 라틴어와 로망스어의 중간 단계에 있었기 때문이다. 라틴 속어에 더 가까운 원 로망스어 초기 단계라고 보는 것이 옳을 것이다.[10] 이 주해서의 언어적 특징을 간략하게 살펴보면 다음과 같다. 괄호 안의 어휘는 고전 라틴어 형태이다.

---

8 이 문서에 대한 연구는 Quiros R., Manuel A.(1986), <Las Glosas de Reichenau, Fllología y Lingüística XII/1>, pp.43-50, file:///C:/Users/user/Downloads/16758-Texto%20del%20art%C3%ADculo-33714-1-10-20141028.pdf 또는 https://www.readcube.com/articles/10.15517%2Frfl.v12i1.16758 참조.

9 이 섬에 대한 자세한 사항은 https://www.reichenau.de/willkommen 참조.

10 '원 로망스어(proto-romance)'란 각 로망스어의 원형에 해당하는 언어 단계로 각 로망스어로 분화되기 이전의 라틴 구어 변이형이다. 이 원 로망스어와 라틴어의 관계에 대해서는 Hall, Robert A.(1976), 특히 제3장 <Proto-romance and Latin>, pp.177-183 참조.

[형태 변화]

(ager⟩) campus 'campo'

(canere⟩) cantare 'cantar'

(ensis⟩) gladius 'gladio'

(ferus⟩) durus 'duro'

(forum⟩) mercatum 'mercado'

(galea⟩) helme 'yelmo'

(gratis⟩) sine mercede 'gratis'

(iacĕre⟩) iactare 'echar'

(iecire⟩) ficato 'hígado'

(in ore⟩) in bucca 'en boca'

(ita⟩) sic 'así'

(liberos⟩) infantes 'infantes'

(nonnulli⟩) multi 'mucho'

(oppidis⟩) castellis 'castillo'

(pulchra⟩) bella 'bella'

[문법 변화]

(optimos⟩) meliores 'mejores'

(singulariter⟩) solamente 'solamente'

(saniore⟩) plus sano 'más sano'

일부의 예일 뿐이지만 로망스어에도 가까운 면을 갖고 있다. 후기 라틴어의 어휘들로서 구어(口語)에서의 변화를 반영하고 있기 때문이다.

스페인어 역시 상당 부분 라틴 속어에서 나온 것이므로 스페인어와 비교해도 많은 유사점이 발견된다. 이미 8세기 당시에 언어는 라틴 고전어에서 상당히 멀어져 있었다는 것을 보여주는 증거이다.[11]

11 https://www.orbilat.com/Languages/Latin_Vulgar/Vocabulary/Reichenau_Glosses.htm 참조.

6.3. 샤를마뉴, 서유럽의 새로운 황제

샤를마뉴는 피핀의 아들로 768년 부친의 뒤를 이어 프랑크 왕국의 왕이 되었으며, 800년 성탄절에는 교황 레오 3세로부터 서로마 제국 황제의 관을 하사받았다. 이로써 서유럽에서도 서로마 제국이 멸망한 이래 무려 324년 만에 새로운 황제가 탄생했다. 이는 정치적으로 동로마 제국과 대등한 관계에 놓이게 되었다는 것을 의미했다.

8세기 중반에 접어들자 동쪽과 서쪽 모두에서 가톨릭과 이슬람 세계 사이의 전쟁이 서서히 정체되기 시작했다. 동쪽에서는 668년 이슬람군이 콘스탄티노플을 포위하는 데는 성공했으나 격퇴당함으로써 전선이 정체되었다. 서쪽에서는 732년 이슬람군이 프와티에 전투에서 패하자 피레네 남부로 퇴각한 후 더는 북상하지 못했다. 그러나 프랑크 왕국에게 이슬람 세력은 늘 위협적인 존재였다. 이에 샤를마뉴는 이들의 북상을 막기 위해 8세기 말에서 9세기 초 사이에 팜플로나에서 바르셀로나까지 피레네 산간 지역에 띠 모양의 백작령들을 설치했다. 이를 Marca

Hispánica '스페인 변경령'라고 부른다.[12] 변경령 설치로 외적의 침입에 대한 대비가 어느 정도 마무리되자 이제는 내정을 다지기 위해 문예를 장려하고 그리스-라틴 고전 문화의 부흥에 힘쓰기 시작했다.

6.3.1. 카롤링거 르네상스

8세기 말 샤를마뉴의 문화 장려 정책에서 비롯된 프랑크 왕국의 고전 문화 부흥 운동을 일컫는 말이다. 서로마 제국 멸망 후 고전 문화의 전통은 일부 식자층과 성직자 계급에 의해서만 명맥을 유지하고 있었다. 그나마 이조차 세월이 흐르면서 점차 쇠퇴해 라틴어의 격조는 계속 떨어져 갔고 문화는 거의 불모상태였다. 이에 샤를마뉴는 문치에 힘을 기울여 스페인, 이탈리아, 영국 등 유럽 각지에서 저명한 학자들을 아헨으로 초빙해 궁정 학교를 세우고, 지방 곳곳에는 수도원학교를 설립하여 고전 문헌을 널리 수집하고 정리했다. 특히 영국에서 앨퀸을 초빙해 이른바 '카롤링거 르네상스'라 불리는 문예 부흥 운동을 진작시켰다.[13] 샤를마뉴가 문예를 장려한 가장 큰 이유는 그의 이상이 신의 말씀을 전파하고 올바르게 가르치기 위해 노력해야 하는 가톨릭 군주였기 때문이었다.[14]

---

12 본 고에서는 김원중 & 황보영조의 번역에 따라 Marca Hispánica를 '스페인 변경령'이라고 부른다. Carr, Raymond(2006:90) 참조.

13 Maurois, André(2016:61-62) 참조.

14 Jakobi-Mirwald, Christine(2017:268) 참조. Einhard(2008:100-101)에 따르면, 샤를마뉴는 신앙심이 매우 깊어 교회를 세운 것은 물론이고, 일반인들과 마찬가지로 규칙적으로 미사에 참석하고 정성스럽게 성가를 불렀다고 한다.

이미 수 세기 동안 라틴어는 속세든 교회든 지배 계급을 지탱해주는 권력의 상징이자 그들만의 내밀한 기호였다. 그러나 시간이 흐를수록 점차 통일성이 결여되고 분화되어 가자, 자신의 이상을 실현하기 위해 이 언어를 정리하고자 한 것이었다. 언어 통일과 문예 진작을 위해 아헨에 학교를 세우고 전국 곳곳에 세워진 베네딕트 수도원을 중심으로 라틴어 정비 및 보급에 나섰다. 이 과정에서 가장 두드러진 성과는 필사용 문자체가 통일되었으며 현재 서유럽에서 쓰고 있는 알파벳의 소문자가 개발되었다는 것이다. 라틴어에는 대문자밖에 없었다. 그러나 많은 서적을 필사하다 보니 문법뿐만이 아니라 서체까지도 새로 정립되고 통일성이 생기게 된 것이다.[15] 아헨과 당시 수도원에서 필사된 많은 고전 문헌은 서유럽 문화의 토대가 되었다. 또한, 문법, 수사(修辭), 논리, 산술, 기하, 음악, 천문 과목을 교양 기본으로 성직자뿐만 아니라 귀족과 일반인 자제들에게도 교육했다. 아헨의 궁정은 학예의 중심지로서 일종의 아카데미와 같은 모습을 지녔다. 이런 샤를마뉴의 노력으로 서로마 멸망 후 오랫동안 황폐해졌던 서유럽의 문화는 모처럼 부흥하여, '카롤링거 르네상스'라 불리는 문예 부흥의 시기를 맞았다. 이 르네상스는 샤를마뉴 사후 왕국의 분할로 단명하였고 내용상으로도 고전 문화의 형식적 모방에 그쳐 독창적인 창작에 이르지는 못했으나, 가톨릭과 고전

15 소문자의 개발이 특정인에 의해, 또는 특정 시점에 이루어진 것은 아니었다. Fischer, Steven Roger(2010:316-317)에 따르면, 600년 이후 콘스탄티노플에서 원형글자가 점차 타원형으로 납작해지기 시작했다고 한다. 서체도 점차 오른쪽으로 기울어지기 시작했고 발음과 강세에 필요한 각종 부호도 체계적으로 사용되기 시작했다고 한다. 그리스어 소문자는 9세기에 출현했으며, 점차 일반화되었다고 한다. 라틴어에서도 필기체나 소문자의 등장은 이처럼 오랜 기간 쌓여온 경험이 축적되어 나타난 결과라고 봐야 할 것이다.

문화를 융합시켜 중세 유럽문화 발전의 토대를 구축했다는 점에서는 높이 평가된다.[16]

6.3.2. 『롤랑의 노래』

777년 사라고사의 총독인 이븐 알 아라비가 코르도바의 칼리프 압데라만 1세에 대항해 반란을 일으킨 후 샤를마뉴에게 자신을 보호해 주면 도시를 바치겠다고 제안했다. 이듬해 샤를마뉴는 직접 군대를 이끌고 이베리아반도로 들어왔다. 그러나 이븐 알 아라비는 이런저런 핑계를 대며 성문을 열어주지 않았다. 그 사이 독일의 삭소니아에서 반란이 일어났다는 소식이 들려왔다. 샤를마뉴는 어쩔 수 없이 도시에는 들어가 보지도 못한 채 이븐 알 아라비로부터 형식적인 항복만 받고 퇴각했다. 이때 샤를마뉴가 이끄는 본대를 무사히 퇴각시키기 위해 후미대를 책임진 사람이 조카 롤랑이었다. 8월 15일, 본대와 떨어진 후미대는 피레네 산속의 론세스바예스 고갯길에서 추격해 온 적군의 공격을 받았다. 그는 본대를 지키기 위해 한 치도 물러서지 않고 용감히 싸웠으나 중과부적이었다. 본대에 원군을 청하자는 주변의 요청을 뿌리치고, 롤랑은 자신의 임무를 완수하기 위해 끝까지 홀로 싸우다 전사했다. 이 전투에서 롤랑이 행한 무훈을 노래한 것이 『La Chanson de Roland』 '롤랑의 노래'이다. 10음절 시구 4,002행으로 구성되어 있다. 작가와 연대

16 카롤링거 왕조에서 일어난 문자 개혁과 전례 통일에 대해서는 Wright, Roger(1989), 제3장, pp.163-221과 Jones, Colin(2001:74) 참조.

미상의 작품으로 프랑스 최초의 무훈시로 평가된다. 11세기 말경에 기록된 것으로 추정될 뿐, 정확한 기록 시기는 밝혀져 있지 않다.[17]

이 노래에 따르면, 샤를마뉴의 군대는 7년간 스페인에서 이슬람교도들과 싸우다 퇴각했다. 롤랑을 시기하던 가늘롱은 롤랑에게 후미대를 지휘하게 하고 적군에게 정보를 팔아넘겼다. 본진과 떨어진 후미대는 피레네 산속 론세스바예스에서 공격을 받았다. 그러나 롤랑은 조금도 굴하지 않고 용감히 싸웠다. 본진과 떨어져 고립된 채 샤를마뉴의 12용사와 2만 명의 병사는 수적으로 우세한 적들을 맞아 처절한 사투를 벌이다 하나씩 죽어갔다. 그 역시 심한 상처를 입어 죽음의 문턱에 이르자 조금이라도 조국 땅에 가까이 다가가고픈 마음에 가파른 피레네산맥을 맨손으로 기어오르기 시작했다. 그러나 그를 기다리고 있는 것은 깎아지른 바위 절벽과 그의 목을 노리는 적군 병사들뿐이었다. 이제 마지막 순간에 다다르자, 그는 조용히 기도를 드리고 애검 Durandarte '뒤랑달'만은 적에게 빼앗기지 않으려는 듯 가슴에 꼭 끌어안은 채 오르데사 계곡에서 숨을 거두었다. 구원을 요청하는 나팔소리를 듣고 뒤늦게 달려온 샤를마뉴는 롤랑의 시신을 부둥켜안고 통곡했다. 분노에 휩싸인 샤를마뉴는 이교도들을 모두 쳐부수고 배신자 가늘롱을 처단했다.[18]

전설에 따르면, 롤랑은 절벽에 가로막혀 더는 나아갈 수 없게 되자 애검만이라도 조국으로 돌아가라고 죽을힘을 다해 힘껏 던졌다고 한다.

---

17 『롤랑의 노래』에 대해서는 Salomon, Pierre(1987:9-10)과 이준섭(1993:8-10) 참조. 그렇다고 해서, 이 기록이 최초의 프랑스어 문학 작품은 아니다. 『스트라스부르 맹약서』가 문학 작품은 아니므로, 최초의 문학 작품이라고 할 수 있는 것은 9세기 말에 기록된 『Cantilène de Sainte Euralie』 '성녀 아우랄리아 찬가'라고 한다. 이준섭(1993:5) 참조.

18 내용은 Goodrich, Norma Lorre(1998), 제3장 참조.

이때 그의 애검이 떨어져 꽂힐 때 생겼다는 바위 균열이 지금도 남아 있으며, 또한 현재에도 이 오르데사 계곡에는 당시 그가 맨손으로 바위를 기어오를 때 생겼다는 긁힌 자국이 남아 있다고 한다. 처절함에 애잔함까지 더해진 전설이다.

역사적으로는, 778년 프랑크군이 스페인 땅에서 패한 '론세스바예스 전투'를 배경으로 하고 있다. 실제로 싸운 상대는 이슬람군이 아니라 바스크인들이었다고 한다. 후일 방랑 시인들의 입을 통해 이 후미대를 지휘했던 롤랑의 용맹과 순교적 죽음이 찬양되기 시작했으며, 롤랑이 '이교도인 이슬람군과 벌인 영웅적인 전투'로 각색되어 중세 기사도 문학의 걸작이 탄생한 것이다.

원문의 언어는 12세기 프랑스 고어이므로 스페인어의 발달과 직접적인 연관 관계가 있는 것은 아니다. 다만 이 무훈시는 스페인 땅에서 일어난 일이고 후에 『엘시드의 노래』에도 영향을 끼쳤으므로 내용 일부를 소개한다.[19]

[노래의 첫머리 부분]

우리의 위대하신 황제, 샤를께서
에스파냐에 머무신 지 장장 일곱 해,
그 오만한 땅을 정복하시며 바다에까지 이르셨도다.
감히 저항하는 성 더 이상 없으니,
깨뜨릴 성벽도 요새도 더 이상 없으되,

---

19 아래 번역은 이형식(2005)을 기초로 했으나, 원문을 참조하여 약간의 수정을 가했음을 밝힌다.

오직 사라고사만이 험한 산세에 의지해 버티고 있도다.
그곳에 웅거하는 자는 마르실 왕, 하느님을 혐오하는 자로다.
그자는 마호메트를 섬기고 아폴론에게 간구하니
장차 닥쳐올 액운을 무슨 수로 피하리오!

83

[후미대를 맡은 롤랑은 론세스바예스 고개에서 적의 공격을 받지만, 앞서간 본진에 구원 신호 보내는 것을 거부하고 홀로 싸운다.]

올리비에가 말하네: "이교도들의 군세가 몹시 사나운데,
우리 프랑스군은 수적으로 너무 열세인 것 같소!
그러니, 나의 벗 롤랑이여, 어서 뿔피리를 부시오.
샤를 전하께서 들으시면, 즉시 돌아와 구해주실 것이오."
롤랑이 대답하네: "그러면 나는 비겁자가 되오!
그러면 나는 고향 프랑스에서 명예를 잃게 될 것이오.
지금 당장 나의 검 뒤랑달로 저들을 세게 치겠소.
검의 날 끝에서 손잡이에 이르기까지 선혈이 넘쳐흐를 것이오.
저 간악한 이교도들이 스스로 액운을 찾아 이 고개로 달려온 것이오.
그대에게 장담하건대, 저들은 모두 죽은 목숨이오."

174

[이교도들과 처절한 사투를 벌인 후 죽음을 맞이하기 직전의 상황]

롤랑은 죽음이 전신을 휘감고 있음을,
죽음이 머리끝에서부터 심장까지 내려오고 있음을 직감하네.
뛰듯이 걸음을 재촉하여 어느 소나무 밑에 간신히 도착해,
바닥에 얼굴을 처박듯 풀밭에 쓰러지네.
보검과 뿔피리를 몸 아래 감추네.
머리는 이교도들이 있는 쪽을 향하게 두네.
그렇게 하는 이유는
샤를과 그의 모든 기사들이
'고귀한 백작이 싸움에서 이기고 죽었다'고 말해 주기를 바라기 때문이라네.
힘겹게 손을 들어 가슴을 두드리며 회개하네.
또한 장갑을 벗어 하느님께 바치며 용서를 비네.

10세기 이후 중세 유럽에서는 통속어로 쓰인 문학 작품들이 등장하기 시작했으며, 기사문학도 인기를 끌었다. 영국의 『베오울프』(1010년경), 프랑스의 『롤랑의 노래』(1098-1100년경), 스페인의 『엘시드의 노래』(1140년경), 독일의 『니벨룽겐의 노래』(12세기 후반-13세기 초) 등의 서사시가 대표적인 예이다. 라틴어가 아닌 대중어로 쓰인 문학 작품의 출현은 차츰 정치, 경제 체제가 안정되면서 도시가 발달하고 농업 생산량이 늘어나면서 부를 축적하게 된 중산층이 늘어난 것과도 깊은 관계가 있다. 이러한 작품들은 각 언어의 발전 과정에서 중요한 역할을 담당했다.

6.4. 라틴어의 분화와 로망스어의 등장

아인하르트에 따르면, 샤를마뉴는 라틴어를 유창하게 구사했으며 그리스어도 능히 이해할 수 있는 정도였다고 하며, 교양과목에도 관심이 높아 학자들을 우대하고 늘 배우는 데 힘썼다고 한다. 한 가지 특이한 점은 서체를 배우려고도 노력했지만, 너무 나이가 들어 시작했기 때문에 큰 진전을 이루지는 못했다고 적고 있다.[20] 아마도 어려서부터 전장을 내달리며 자란 터라 글쓰기 교육은 정상적으로 받지 못했기 때문이었을 것이다. 그래도, 그는 신의 영광을 지상에 구현하고 널리 퍼트리고자 하는 종교적 열정에 사로잡혀 있었으며, 학문을 진작하기 위해 애썼다는 사실은 이미 잘 알려진 일이다. 그러나, 샤를마뉴가 라틴어의 통일과 정비에 그토록 심혈을 기울였던 이유는 단지 그것 때문만이었을까?

800년 황제 대관 당시 서유럽 상황을 보면, 샤를마뉴가 이베리아와

---

20 Einhard(2008:99) 참조.

브리타니아를 제외한 과거 서로마 제국 영토의 대부분을 재통일했지만 각 지방 영주들의 힘은 여전했고 교회 역시 왕권을 능가할 정도로 막강했다. 이미 한 때 세계의 수도였던 로마는 정치, 경제, 문화의 방사 중심지로서의 기능을 상실한 지 오래되었고, 과거 로마 제국의 영토였던 서유럽 각 지역에는 게르만 부족들이 각기 자신들의 왕국을 뿌리내리고 있었다. 지방 영주들에게 법이란 자신들의 관습법을 말하는 것으로 부족 전래의 통치 방식을 답습했으며, 교회는 교회대로 자신들의 기득권을 유지하는데 골몰하고 있었다. 이러한 와중에서 황제에 등극한 샤를마뉴의 꿈, 또는 자신에게 부여된 과제라고 생각한 것은 제국을 다시 통합해 과거 로마 제국의 영광을 재현하는 것이었다. 즉, 정치적 혼돈을 마무리 짓고 찬란했던 로마 문화를 재현해 달라는 시대적 요망을 실현하는 것이었다. 이는 정치-영토적 통합뿐만 아니라 언어-문화적인 통일까지 포함하는 개념이었다.[21]

샤를마뉴에게는 영주 세력들을 통제할 수 있는 수단으로 군사적 압력 이외의 다른 방안도 절실했다. 무력에만 의존하는 데는 한계가 있었기 때문이었다. 또한, 황제가 되고 난 후부터는 그에 걸맞은 체계적인 통치와 위엄을 갖추기 위해서 문치(文治)의 필요성도 느끼게 되었다. 광대한 제국을 다스리기 위해서는 정비된 관료기구와 통일된 법령이 필수적이었다. 명령 계통을 단일화하고 법치를 이루기 위해서는 우선 언어와 문예를 부흥시키는 것이 필요했다. 그것이 곧 제국으로 가는 지름길이기도 했다. 즉, 가장 빠르고 효과적인 통합의 길은 과거 로마 제국 때

21 당시 샤를마뉴가 처해 있던 상황에 대해서는 Notker(2016) 참조.

처럼 통일된 언어, 즉 라틴어를 보급해 소통의 수단을 단일화하는 것이었다. 그러나 당시의 상황은 모든 면에서 체계화나 통일과는 거리가 멀었다. 아헨 궁정의 영향력이 미치지 못하는 지역이 너무 많았다. 따라서 영주들과의 정치적 관계를 재정립하기 위해서는 우선 언어 통일에 대한 필요성이 대두된 것이었다. 뒤늦게나마 '언어는 곧 힘'이라는 명제를 깨달은 것이었다.

또 하나의 정치적 필요성은 교회와의 관계였다. 당시의 라틴어는 교회의 언어였으며, 귀족이나 사제 등 일부 식자 계층의 전유물이었다. 라틴어는 성서에 쓰인 언어였고 미사에서 쓰이는 언어였다. 양피지에 필사한 책은 귀하고 비쌌기 때문에 부유한 귀족층만이 접할 수 있었다. 당시 교육과 문화의 중심지는 수도원이었다. 수도사들에게 라틴어로 쓰인 성서를 읽고 해석할 수 있는 능력은 곧 권력이었다. 그들에게 성서는 아무나 읽고 해석해서는 안 되는 신성불가침의 영역이자 자신들이 존재하는 이유이기도 했다. 일반 대중들은 라틴어를 알지 못했으며 배울 기회도 제공되지 않았다. 대중들에게 가톨릭 교리를 가르치는 도구는 글이 아니라 주로 말과 성당 벽에 걸린 그림이었다. 문제는 각 지역이 정치적으로 분할되고 말이 라틴어 문자로부터 유리(流離)되면서 교회 내의 전례(典禮)도 분화되어 가고 있다는 것이었다. 로마 교황청 입장에서는 통일된 교리, 성가, 미사 등 전례를 각 지방으로 전파하는 데 곤란을 겪게 된 것이었다.

교회는 '성서의 가르침' 또는 '하느님의 뜻'이라는 말 한마디로 민중들의 삶과 운명을 고스란히 통제할 수 있는 종교적 힘과 언어의 힘을 결코 놓치고 싶어 하지 않았다. 이는 세속 군주들과의 역학 관계에 있어서도 마찬가지였다. 종교의 권위는 세속 군주들을 굴복시키는 데 절대적인 힘을 발휘했기 때문이었다. 성서의 가르침이 곧 삶의 방식이자 가치였던 시절, 대중들이 직접 성서를 읽고 교리를 해석한다는 것은 '자아의 해방'이라는 의미에서 대단히 중요한 문제였다. 타인의 일방적인 지시와 통제에 의해서가 아니라, 스스로 자기 삶의 방식에 대해 능동적으로 사고하고 자신의 존재 가치에 의미를 부여할 수 있기 때문이었다. 이를 방치한다면 교회 권력은 뿌리째 흔들릴 위험이 있다고 생각하고 있었다. 구어가 이미 라틴어로부터 멀어져 가고 있는 시점에서 성경을 해석하는 데 쓰이는 언어의 선택은 곧 자아의 발견 및 실현과 직결된 문제였다. 이런 의미에서도 교회는 라틴어 정비를 매우 중요한 문제로 여기지 않을 수 없었던 것이었다.

따라서 언어가 통일되면 두 세력 모두에게 득이 되는 일이었다. 우선 샤를마뉴 입장에서는 각 지방으로 통일된 법령을 전달할 수 있으므로 지방 영주들을 통제하는 데 도움이 되었으며 문예 진흥을 통해 자신의 위엄을 돋보이게 하는 데도 도움이 되었다. 교회 입장에서도 미사의 통일을 기함으로써 교회 권력을 중앙집권화 할 수 있었다. 샤를마뉴는 이 교회의 힘을 빌려 정적들을 견제하고 왕권을 확실하게 보장받고 싶어 했다. 대가는 교황에게 충성을 서약하는 것이었지만, 교황은 신의 대리인이었으므로 하느님 앞에서 무릎을 꿇는 것이라고 생각하면 그다지 자존심 상할 것도 없는 일이었다. 또한, 자신이 정복한 지역의 교회 재산과 성직자 임면권(任免權)을 넘겨주어야 하지만, 이 또한 다른 세속적 방식으로 보충할 수 있는 여지가 있었으므로 아쉽긴 하지만 참을 수 없을 정도는 아니었다.

인구 대부분을 차지하고 있고 라틴어를 모르는 대중들은 이미 라틴어와는 사뭇 다른 자신들만의 구어체를 쓰고 있었다. 그들의 언어란 키

케로 시대의 라틴어보다 동사 변화나 명사와 형용사의 격 변화 등과 같은 문법 체계가 대폭 간소화된 것이었으며, 어휘와 표현 또한 고전 라틴어와는 판이한 그들만의 언어였다. 이를 '원시 로망스어'라고 부른다. 9세기 당시 지역마다 발달한 방언들은 서로 의사소통이 어려운 지경까지 이르러 있었다. 이미 지역별로 분화 단계에 들어서 있었던 것이었다. 이미 수 세기에 걸쳐 각 지역 간에 소통이 뜸하다 보니 발음과 문법이 제각각으로 변했기 때문이었다. 이는 누군가의 강요나 조작에 의해 이루어진 일이 아니었다. 언어 변화란 화자들 자신도 인식하지 못하는 사이에 자연스럽고도 지속해서 이루어지기 때문이었다. 교통과 통신이 불편하고 교류가 활발하지 못했던 중세 때는 그 분화의 속도와 정도가 매우 빠르고 강했다. 표기 체계인 글은 아직도 라틴어 그대로인데, 구어인 말은 이미 라틴어가 아니었다.[22]

반면에, 식자들에게 라틴어는 여전히 '로마 제국의 영광을 재현하려는 정신적 이상'을 표현하는 수단이었다. 그러나 말이 아닌 글로만 배우다 보니 점차 형식적이고 무미건조해지게 되었다. 표현도 점차 현실 세계와는 동떨어진 철학적이고 현학적인 것들로만 채워지게 되었다. 글이 살아 있는 말을 통해 새로운 어휘와 표현이 유입되면서 풍성해지는 것이 아니라 점차 자기만의 세계로 몰입되어 앙상한 뼈만 남는 화석화의 길을 걷고 있었다. 당시의 말이라는 것도 교양과 문화의 토대가 척박하다 보니 글에 자양분을 공급할 만한 역량을 갖추지 못하고 있었다. 언

---

22 Gimeno Menéndez, Francisco(1995:86) 참조. 중세 라틴어는 고전 라틴어(latín clásico)보다는 후기 라틴어(latín tardío)에 더 깊은 뿌리를 두고 있는 언어였다. 이미 3-6세기에 기록되고 학교에서 교육되던 라틴어였다. 9-10세기 중세 라틴어에는 이미 교회에서 자체적으로 정립된 교회 라틴어뿐만 아니라 구어와도 상당히 섞여 있었다.

어의 쇠퇴는 지적 활동의 침체를 가져왔고, 지적 활동의 침체는 다시 언어의 쇠퇴라는 악순환이 계속되었다. 당시 서유럽 사회의 우울한 현실이었다.

대중들이 이해할 수 있는 말이 라틴어와는 사뭇 달라지자 교회에서 아무리 훌륭한 지적 활동의 산물이 나와도 이를 전할 방법이 없었다. 교회가 꼭 필요로 하는 가르침조차 전파할 방법이 궁하게 된 것이었다. 신학뿐만 아니라 문학, 철학, 법률, 의학 등 모든 분야에서 기록되는 언어는 여전히 라틴어였기 때문이었다. 지역에 따라 대중들의 통속어가 더욱 분화되고 지역 간에 의사소통할 수 없어져 가도 서유럽 세계에서 국제 공용어는 여전히 라틴어였으며, 보수적인 교회와 식자층에게는 양보할 수 없는 마지막 자존심이었다. 통속어를 알고 있어도 라틴어는 자신의 우월한 지적 능력을 과시할 수 있는 훌륭한 수단이었다. 식자층은 여전히 자신들만의 내밀한 기호체계를 고수했다. 통속어는 아직 기록에 필요한 문법 체계가 정비되어 있지 않았으며, 아무도 이런 '하찮은 일'에는 신경조차 쓰지 않았다.

인구의 극소수만이 읽고 쓸 수 있으며 지적 저작물을 생산해 낼 수 있다는 것은 그만큼 사회가 폐쇄적이고 비역동적이라는 뜻이며, 자신의 의사를 자유롭게 표출하고자 하는 인간의 자연스러운 본성을 억압하고 있다는 뜻이기도 했다. 글을 모르는 대중들도 생각은 자유롭게 할 수 있었으며, 그들이라고 해서 늘 저속하고 무가치한 것만을 말하는 것은 아니었다. 그들에게도 역시 자신들의 생각을 글로 표현하고 남들과 공유하고자 하는 욕망은 지극히 자연스러운 것이었다. 사회가 안정돼 감에 따라 부를 축적하게 된 중산층이 늘어나면서 문화적 욕망과 지적 생산 욕구 또한 늘어만 갔다. 대중들은 미사에서도 성직자들이 자신들이 이해하지 못하는 라틴어로만 설교하고 교리를 강독하는 데 염증을 느끼고 자신들이 이해할 수 있는 언어로 해줄 것을 갈망하게 되었다. 성직자들 편에서도 같은 필요성을 느끼고 있었다. 아무리 훌륭한 말씀이라도 대중들이 알아듣지 못하면 공염불에 지나지 않기 때문이었다. 계속 라틴어만을 고집한다면 자신들의 종교적 권위와 특권은 유지할 수 있을지는 모르나, 결국 대중들이 교회로부터 멀어지는 결과를 초래하게 될 것이었다. 과거의 영광과 권위에 지나치게 집착하고 대중들의 무지를 조장하고 무시한다면 결국 대중들로부터 고립될 것이고, 이는 더 나아가 냉소적인 분열을 초래할 것이기 때문이었다. 이제 대중어의 사용은 어쩔 수 없는 시대의 대세가 되어가고 있었다. 미사에서 대중어를 쓰기 시작하는 것은 필연이었다. 이러한 현상은 갈리아, 프로방스, 이탈리아 등 각 지역에서 동시다발적으로 일어났다. 이에 기도문이나 찬송가도 대중어로 바뀌기 시작했다. 종교적 가르침과 전례 의식을 대중들 자신이 이해할 수 있는 말로 표출하고자 하는 오랜 열망이 결실을 보게 된 것이었다.

813년 샤를마뉴가 소집한 투르 주교회의에서 처음으로 교리서를 통속어로 번역하는 것이 허용되었으며, 설교도 라틴어 대신에 대중들이 이해할 수 있는 통속어로 할 수 있도록 허용되었다.[23] 이제 더는 라틴어가 대중들 사이에서 통용되지 않고 있다는 것을 확인해 주는 상징적인 사건이었다. 국왕과 교회의 인위적인 노력만으로는 지역 방언의 발달과 확산을 막지 못한 것이다. 이러한 언어의 전이 현상이 일부 지역에서만

23 Väänänen, Veikko(1988:44-45) 참조.

일어난 것은 아니었다. 언어의 분화는 이탈리아, 프로방스, 갈리아, 이베리아 등 각 지역에서 동시다발적으로 일어났다. 서로가 얼마나 다르게 변하고 있는지 깨닫지 못한 채, 라틴어의 자(子) 언어들은 차츰 그렇게 서로 분화되어 갔다.[24]

6.4.1. 프랑스 최초의 로망스어: 『Serments de Strasbourg』

옛 서로마 제국 영토 내에서 지역별로 언어가 분화되기 시작한 최초의 기록은 9세기 중반에 나타났다. 샤를마뉴 사후, 842년에 그의 손자들 사이에 체결된 『스트라스부르 맹약서』가 그 증거이다. 동프랑크와 서프랑크 간에 맺어진 국경조약문서로서 프랑스 지역 최초의 로망스어이다. 프랑스뿐만 아니라 모든 국가를 통틀어서도 최초의 로망스어 기록이다.[25] 아마도 그 이전 세대에는 독일과 프랑스 두 지역에서 한 언어로 원활한 소통이 가능했을 것이다. 그러나 이제 프랑스 지역의 말은 라틴어에서 유래되어 변형된 로망스어인 반면에, 독일 지역의 말은 게르만어의 영향을 받아 그와는 확연히 달라졌다. 두 지역의 언어가 서로 이해

---

24 이베리아반도에서 라틴어가 로망스어로 분화되는 전반적인 과정에 대해서는 Lleal, Coloma(1990), 제7장, pp.131-144 참조. 알안달루스의 초기 로망스어 양상에 대해서는 같은 책 제8장, pp.145-158, 아스투리아스-레온, 카스티야, 나바라와 아라곤, 카탈루냐의 초기 로망스어 양상에 대해서는 제9장, pp.159-188 참조.

25 Väänänen, Veikko(1988:45) 참조. 이 서약문은 샤를마뉴의 손자이자 역사가인 니타르도(790?-844)가 작성한 연대기에 수록된 것이 전해지는 것이라고 한다. 이준섭(1993:5) 참조. 이 맹약서의 라틴어 명은 『Sacramenta Argentariae』이고 스페인어로는 『Juramentos de Estrasburgo』라고 한다. 여기서는 프랑스어로 표기했다.

불가능할 정도로 분화된 것이었다.

대중들의 입에서는 이미 고전 라틴어와는 확연하게 다른 구어체가 통용되고 있었다. 말의 변화는 늘 글의 변화보다 한발 앞선다는 것을 감안하면 이미 이 문서작성 이전에 말이 분화되고 있었다는 것을 짐작할 수 있다. 고전 라틴어는 식자층의 책을 통해서만 전승되고 있을 뿐이었다. 이들 식자층이 일상생활에서 쓰는 언어 역시 대중들의 말보다는 좀 더 고상한 것이었겠지만, 고전 라틴어는 아니었다. 계층을 불문하고 글과 말 사이에 이미 상당한 괴리가 발생한 것이었다.

샤를마뉴의 뒤를 이은 인물은 '자비왕' 루이스(814-840)였다. 스페인어로는 Ludovico Pío로 표기되며, 801년 부친의 명으로 바르셀로나를 점령해 백작령을 설치한 인물이다. 그의 사후 제국은 세 아들에게 분할되었다. 장남인 로타리오는 이탈리아와 왕국의 중부(프랑스 동부와 독일 서부)를, 둘째인 카를로스는 서부(프랑스 서부)를, 셋째인 루이스는 동부(독일 동부)를 차지했다.

Strasbourg '스트라스부르'는 프랑스와 독일의 국경 지대에 위치한 도시로 '길들의 도시'라는 뜻이다. 독일어로는 '스트라스부르크'라고 불린다. 알사스 지방의 교통 요지로 경제와 문화의 중심지이다. 842년 2월 14일, 동프랑크의 루이스와 서프랑크의 카를로스는 이 도시에서 만나 상호 동맹을 맺고 협약 문서를 작성했다.[26] 주요 내용은 '큰형인 카롤링

26 842년 당시에는 아직 장남인 황제 로타리오의 기득권이 유지되고 있었고 국경 개념이 명확하지 않았으므로 알사스 지방의 소속이 분명하지 않았다. 굳이 따지자면 로타리오의 영토라고 할 수 있을 것이다. 이듬해인 843년 베르덩 조약으로 3국 간의 국경이 정해지면서 알사스 지방이 로타리오에 영토에 속하게 되었기 때문이다. 그러다가 870년 메르센 조약으로 이탈리아를 제외한 로타리오의 알프스 이북 영토를 재분할했을 때는 동프랑크 소유가 되었다. 그 후 프랑스와 독일의 국경 지대에

거 왕조의 황제 로타리오 1세의 횡포에 맞서기 위해 동맹을 맺으며, 서로 간에 우애를 다지고 상호방위협약을 준수하겠다'라는 것이다. 맹약서는 라틴어, 로망스어(프랑스 고어), 게르만어, 세 언어로 작성되었다. 라틴어로 쓰인 앞부분에서는 왜 이 협약이 필요한지를 설명하고 있다. 즉, 호시탐탐 자신들의 주권을 노리는 큰형 로타리오의 횡포를 규탄하고, 그의 공격으로부터 서로의 이익을 지키기 위해서 동맹을 맺는다는 내용이다. 중간 부분은 상대방을 더 잘 이해시키고 협약 내용의 준수를 더 극명하게 맹세하기 위해 각각 상대방의 언어인 로망스어와 게르만어로 작성되었다. 동프랑크의 루이스는 카를로스에게 로망스어로 맹세하고, 반대로 서프랑크의 카를로스는 루이스에게 게르만어로 맹세한 것이다. 여기서 로망스어로 작성된 부분이 바로 서유럽 최초의 로망스어 기록인 것이다. 라틴어와는 다소 다른 언어이기 때문이다. 여기서는 형인 루이스가 먼저 동생인 카를로스에게 로망스어로 맹세한 두 부분만 소개한다.[27]

첫 번째 맹세는 먼저 루이스가 카를로스에게 로망스어로 했다.

[Juramento de Luis el Germánico]

Pro deo amur et pro christian poblo et nostro commun salvament, d'ist di in avant, in quant deus savir et podir me dunat, si salvarai eo

위치한 관계로 소속이 여러 차례 바뀌었으며, 제2차 세계대전 이후 현재까지 프랑스령이다.

27 원문은 Holzbacher, Ana Mª & Bretos, Jesús(2001:15)와 Pedro Peira, Jesús Moreno(1979:13-14) 참조.

cist meon fradre Karlo et in aiudha et in cadhuna cosa, si cum om per dreit son fradra salvar dist, in o quid il mi altresi fazet, et ab Ludher nul plaid nunquam prindrai, qui meon vol cist meon fradre Karle in damno sit.

이를 고전 라틴어로 쓴다면, 다음과 같다.

Pro Dei amore et pro Christiano populo et nostro communi salvamento, de ista die in abante, in quantum Deus sapere et potire me donat, sic salvaro ego eccistum meum fratrem Karlum, et in adjutum ero in quaque una cosa sic quomodo homo per derectum suum fratrem salvare debet, in hoc quid ille me alterum sic faceret; et ab Lothario nullum placitum numquam prendero quod meo volle eccisti meo fratri Karlo in damno sit.

다음은 스페인어와 한국어 번역이다.

[스페인어]

Por el amor de Dios y por el pueblo cristiano, y por nuestro bien común, a partir de ahora, mientras Dios me dé sabiduría y poder, socorreré a este mi hermano Carlos con mi ayuda y cualquier otra cosa, como se debe socorrer a un hermano, según es justo, a condición de que él haga lo mismo por mí, y no tendré nunca acuerdo alguno con Lothario que, por mi voluntad, pueda ser perjudicial para mi hermano Carlos.

[한국어]

주님의 사랑과 가톨릭 세계 그리고 우리 공동의 안전을 위해, 나[루이스]는 지금부터 주님께서 내게 지혜와 힘을 주시는 한, 당연히 형제를 도와야 하듯이, 모든 방법을 동원해 카를로스를 도울 것이며, 그[카를로스] 또한 나에게 동일한 일을 하는 한, 로타리오와는 카를로스에게 해가 될 수 있는 어떠한 협정도 맺지 않을 것이다.

곧이어 카를로스는 동일한 내용을 루이스에게 게르만어로 맹세했다. 이때는 상대방의 이름이 '루이스'로 바뀌었다. 그러나 이 부분은 게르만어이므로 따로 소개하지는 않겠다.

두 번째 부분은 양측에서 동석한 기사들이 자신의 언어로 협약 준수를 보증한 내용이다. 루이스 측에서 먼저 카를로스 측에게 게르만어로 맹세하고, 곧이어 카를로스 측에서는 동일한 내용을 상대의 이름만 바꿔서 로망스어로 맹세하고 있다.

[Juramento del ejército francés]

Si Lodhuwigs sagrament que son fradre Karlo jurat, conservat, et Karlus meos sendra, de sua part, non lostanit, si io returnar non l'int pois, ne io, ne seuls cui eo returnar int pois, in nulla adjudha contra Lodhuwigs nun li iv er.

[스페인어]

Si Luis mantiene el juramento que su hermano Carlos juró, y Carlos mi señor, por su parte no lo mantiene, si yo no lo puedo disuadir, ni yo ni ningún otro al que yo pueda convencer, de ninguna ayuda contra Luis le seré.

[한국어]

만약 루이스는 카를로스와 한 맹세를 지키는데 나의 주군인 카를로스가 이를 어긴다면, 그리고 만약 내가, 나든 누구든, 그를 설득해 단념시키지 못한다면, 나는 [카를로스에게] 루이스에 반하는 어떠한 도움도 제공하지 않을 것이다.

7세기 중반에 작성된 앞의『Glosas de Reichenau』'레이쉐노 주해'와 비교해 보면, 이 맹약서의 언어는 라틴어와는 사뭇 다르며, 오히려 프랑스어에 훨씬 더 가깝다. 이는 결국 약 100여 년의 시간 차이일 뿐이지만, 그 사이에 프랑크 왕국의 로망스어는 모어인 라틴어와 확연히 달라졌고 자매어인 다른 지역의 로망스어들과도 상당히 달라졌다는 뜻이다. 이 맹약서는 카롤링거 왕조의 분열에서 비롯된 프랑스와 독일 두 국가의 탄생을 알리는 신호로도 해석된다.

6.4.2. 이탈리아 최초의 로망스어: 『Placito di Capua』

이탈리아에서 기록된 최초의 로망스어 문서는 960년 3월 카푸아에서 열린 재판 기록으로 알려져 있다. 로델그리모 디 아키노라는 사람과 베네딕트 수도원 사이에 벌어진 토지 소유권 분쟁 소송에서 가리페투스라는 증인이 행한 증언이 양피지에 기록되어 남아 있다. 라틴어 텍스트 속에 '라틴어와는 사뭇 다른 언어로 쓰인 문장'이 들어 있는데, 이것이 바로 이탈리아 최초의 로망스어인 것이다. 『Placito di Capua』 '카푸아 진술서'라고 불린다.[28]

카푸아는 861년 공국으로 독립했으며 900년 동쪽에 인접해 있는 베네벤토 공작령을 합병해 세력을 넓혔다. 이 문서가 작성된 960년 당시는 카푸아 공국 시기였다. 공국은 1156년 시칠리아 왕국에 통합될 때까지 존속했다.

카푸아 진술서의 내용은 다음과 같다.

Ille autem [Garipertus], tenens in manum memoratam abbreviaturam, et tetigit eam cum alia manu, et testificando dixit: 〈Sao ko kelle terre, per kelle fini que ki contene, trenta anni le possette parte s(an)c(t)i Benedicti.〉

---

28 Pedro Peira, Jesús Moreno(1979:404) 참조. 이후 963년에 작성된 『Plácito de Sessa Aurunca』(3월), 『Primer Plácito de Teano』(7월), 『Segundo Plácito de Teano』(10월) 등에 관해서는 같은 책 p.405 참조. 그렇다고 해서 이 문서의 언어가 곧 이탈리아어는 아니다. 후일 이탈리아어 탄생에 결정적인 기여를 한 인물은 단테이며, 이에 대해서는 Migliorini, B.(1988:167-180) 참조.

[이에 그 [가리페르투스]는 한 손에 문서를 들고 다른 손으로는 그것을 가리키며, 다음과 같이 증언했다: 〈Sao ko kelle terre, per kelle fini que ki contene, trenta anni le possette parte sancti Benedicti.〉]

여기서, 한글로 번역된 부분은 라틴어이고 〈 〉로 묶인 부분, 즉 속어로 기록된 〈Sao ko kelle terre, per kelle fini que ki contene, trenta anni le possette parte sancti Benedicti.〉가 이탈리아어 최초의 로망스어인 것이다.

이 부분을 라틴어로 번역하면 다음과 같다.

Sapio quod eccum illas terras, intro eccum illi fini quod eccum hic contenet, trenta anni illas habuit monesterium Santi Benedicti.

[한국어]

"나는, 거기 기재되어 있는 경계 안의, 그 땅들을 30년 동안 성 베네딕트 수도원이 소유하고 있었던 것으로 알고 있다."

위 속어를 현대 이탈리아어와 비교해 보면, 어떻게 달라졌는지 쉽게 알 수 있다.

So che quelle terre, entro quei confini che qui sono indicati, per trenta anni le ebbe in possesso il monastero di San Benedetto.

6.4.3. 포르투갈 최초의 로망스어: 『Cantiga da Ribeirinha』

포르투갈어는 갈리시아어에서 갈라져 나온 언어이다. 그러나, 포르투갈은 독립된 국가이므로 엄밀한 의미에서 정치-역사적으로 갈리시아어와 포르투갈어를 분리할 필요가 있다.

먼저, 포르투갈 독립 이전에 쓰인 최초의 갈리시아어 문서는 870년경에 작성된 Sozello 교회 기증 문서라고 한다. 현재는 리스본대학교 내에 있는 Archivo Nacional de la Torre de Tombo '국립 토레 데 톰보 문서보관소'에 보관되어 있다. 그러나 이 문서는 아직 라틴어의 흔적이 강하게 남아 있어서 순수한 의미의 갈리시아어라고 보기 어려우며, 순수한 갈리시아어로 쓰인 최초의 문서는 1228년에 레온의 알폰소 9세가 이 도시에 부여한 『Fuero de Castro Caldelas』 '카스트로 칼델라스 자치법'을 꼽는다.[29]

포르투갈어로 쓰인 최초의 문학 작품은 시기적으로 이보다 조금 늦게 등장한다. 12세기 중반에 가서야 포르투갈이라는 독립된 국가의 역사가 시작되기 때문이다. 포르투갈이 카스티야로부터 독립한 것은 1143년 알폰소 1세 때이다. 본래는 갈리시아 백작령 산하의 소규모 백작령에 불과했으나 재정복 전쟁 과정에서 스스로 세력을 확장해 왕국으로 발전한 것이었다. 언어 또한 갈리시아어에서 갈려져 나와 많은 요

29 Consello da Cultura Galega, <O Foro do bo burgo do Castro Caldelas, dado por Afonso IX en 1228: O documento máis antigo escrito en galego en Galicia>, http://consellodacultura.gal/mediateca/pubs.pdf/doc_en_galego.pdf 참조. 카스트로 칼델라스는 오렌세 지방에 위치해 있는 작은 도시이다. 이 도시의 역사에 관해서는 http://www.castrocaldelas.es/historia/ 참조.

소를 공유하고 있지만, 오랜 시간이 지나면서 일부 다른 면을 보이기도 한다. 독립된 언어로 분류하려는 경향도 있지만, 대체로는 'gallego-portugués'로 함께 묶는다.

'포르투갈어'가 국가의 언어로 공식 선포된 것은 1290년 디니스 국왕 때이다. 그 이후부터 라틴어를 대신해 공문서에서 쓰이기 시작했다. 따라서 포르투갈어로 쓰인 최초의 작품을 얘기할 때는 이 시기를 기점으로 삼는다.[30] 최초의 작품들은 12세기 방랑 시인들이 읊은 cantiga '노래'들이다. 주로 사랑, 우정, 훈계 등을 주제로 쓴 시에 곡을 붙여 부른 노래이다. 이 노래들은 『Cancioneiro da Ajuda』, 『Cancioneiro da Vaticana』, 『Cancioneiro da Biblioteca Nacional de Lisboa』에 수록되어 있다. 13-14세기에 이전 시대부터 불리던 음유시인들의 노래를 기록해 묶어놓은 노래집이다. 통상적으로 이 세 노래집에 들어있는 노래들을 포르투갈어로 쓰인 초기의 문학 작품으로 보며, 그중에서도 12세기 말에 쓰였을 것으로 추정되는 『Cantiga da Ribeirinha』 '리베이리냐 찬가'를 가장 오래된 작품으로 보고 있다.[31]

『Cantiga da Ribeirinha』는 1189년 파이오 소아레스 데 타베이로스가 지은 노래이다. 산초 1세(1185-1211)의 애첩인 마리아 파에스 리베이로, 일명 Ribeirinha '리베이리냐'에게 바치는 사랑의 노래이다. 『Cantiga da garvaia』라고도 부른다. garvaia는 귀족들이 두르던 화려한 가죽 망토를

30 중세 갈리시아-포르투갈어의 발전에 관한 자세한 사항은 Lleal, Coloma(1990), 제12장, pp.211-321 참조. 또는 김용재(1996:17) 참조.

31 José Barreiros, António(1996:48) 참조. Pedro Peira, Jesús Moreno(1979:325-327)에 따르면, 초기의 '갈리시아-포르투갈어' 문서로는 『Noticia de Torto』 (12C 말-13C 초), 『Ay! Eu Coitada』(1194-1199) 등도 있으나, 『Cantiga da Ribeirinha』보다는 시기적으로 약간 늦은 것으로 보고 있다.

가리키는 고어이다. 이 노래는『Cancioneiro da Ajuda』에 포함되어 있다. Ajuda는 이 노래집이 발견된 도시 이름으로, 리스본 근교에 위치해 있다. 노래집은 이 도시의 시립도서관에 보관되어 있었다.

Ribeirinha [원문 일부][32]

No mundo nom me sei parelha
mentre me for como me vai,
ca ja moiro por vós e ai!
mia senhor branca e vermelha,
queredes que vos retraia
quando vos eu vi em saia.
Mao dia me levantei
que vos entom nom vi fea!
E, mia senhor, des aquelha
me foi a mi mui mal di' ai!
E vós, filha de dom Paai
Moniz, e bem vos semelha
d' aver eu por vós guarvaia,
pois eu, mia senhor, d' alfaia
nunca de vós ouve nem ei
valia d'ua correa.

---

32 Arias Freixedo, Xosé Bieito(2003) 참조.

[포르투갈어][33]

No mundo ninguém se assemelha a mim
enquanto a vida continuar como vai,
porque morro por vós, e ai
minha senhora de pele alva e faces rosadas,
quereis que vos descreva
quando vos eu vi sem manto!
Maldito dia! me levantei
que não vos vi feia
E, mia senhora, desde aquele dia, ai!
tudo me foi muito mal
e vós, filha de don Pai
Moniz, e bem vos parece
de ter eu por vós guarvaia
pois eu, minha senhora, como mimo
de vós nunca recebi
algo, mesmo que sem valor.

[한국어]

이 세상 아무도 나와 같지 않으리,
내 삶이 계속되는 한,

33 http://linguaportuguesapb.blogspot.kr/2011/03/cantiga-da-ribeirinha.html 참조.

나 그댈 위해 죽으리니, 오
하얀 피부와 발그레한 얼굴을 가진 그대여,
그대는 내가 묘사하길 원했소,
그대가 망토를 걸치지 않고 있을 때를,
맙소사! 자리에서 깨어났을 때
당신은 눈부셨소.
그날 이후, 오 나의 여인이여,
나는 모든 것이 우울하다오.
돈 파이 모니스의 딸이여,
그대가 내게 준 것은
가죽 망토 한 벌이지만,
나의 여인이여, 나는 당신으로부터
그 한 벌의 가치만큼만
선물로 받은 게 아니라오.

12세기는 이미 각 로망스어가 라틴어의 그늘에서 벗어나 제자리를 잡아가던 시기이다. 따라서 이 노래에서 쓰인 언어는 라틴어보다는 현대 포르투갈어에 훨씬 더 가깝다.

6.4.4. 기타 로망스어 최초의 문서

프로방스어 최초의 문서는 11세기 중반에 쓰인 『Boecis』 '보에티우스에 관하여'라고 한다. 작가 미상의 작품으로 보에티우스의 생애와 죽음에 관한 내용이며, 오를레앙 도서관에 보관되어 있다.[34] 보에티우스(c.477–524)는 서로마 제국이 멸망한 이듬해 태어나 동고트 왕국 시절에 원로원 의원과 집정관을 지냈으며, 524년 테오도릭 왕 치하에서 반란 혐의로 처형된 인물이다. 철학자로도 이름이 높아, 문명이 쇠퇴했던 당시로써는 드물게 『철학의 위안』이라는 책을 써 중세에 많은 영향을 끼쳤으며, 음악에도 조예가 깊어 고대와 중세를 이어주는 가교역할을 한 인물로 평가되고 있다.

카탈루냐 지역에서 라틴어와 상이한 언어 형태가 출현하기 시작한 것은 7-8세기이며, '카탈루냐어'라고 말할 수 있는 초기 형태는 11세기경에 등장했다. 카탈루냐어 최초의 문서로 꼽히는 것은 12세기 중반에 라틴어로 쓰인 『Liber Iudiciorum』 또는 『Forum Iudicum』 '재판관서'의 번역본이다.[35] 카탈루냐어로 쓰인 최초의 문서로 인정된다. 이 문서 이외에도 12세기 후반에 쓰인 설교집 『Homilías de Organa』 '오르가냐 설교집'도 초창기의 문서로 꼽힌다.[36]

카탈루냐어는 13세기 이후 프랑스 남부의 오키타니아어와 분화되기 시작했으며, 피레네 산간의 로세욘, 암푸리아스, 베살루, 세르다냐, 우르

34 Pedro Peira, Jesús Moreno(1979:117) 참조.

35 Wright, Roger(1989:227) 참조. 이 문서는 현재 모니스트롤 데 몬세라트에 있는 몬세라트 수도원 도서관에 보관되어 있다. 이 수도원은 바르셀로나 시내에서 기차로 약 1시간 정도 거리에 있는 몬세라트산 중턱에 자리 잡은 베네딕트 수도원이다. 검은 성모를 모시고 있는 것으로 유명하며, 카탈루냐의 성지이다. monserrat는 말 그대로 라틴어 mons '산'과 serra '톱'이 합성된 어휘이다. 산의 모양이 '톱'처럼 뾰족뾰족해서 생긴 이름이다.

36 이 책은 1904년 고지 우르헬에 있는 Santa María de Organa 교회에서 발견되었으며, 현재는 카탈루냐 도서관에 보관되어 있다. Organa는 현지어로는 Organyà라고 하며 레리다 지방에 속해 있는 작은 마을이다. 『오르가냐 설교집』의 원문 일부와 내용에 대해서는 Pedro Peira, Jesús Moreno(1979:169-173) 참조.

헬, 파먀르스, 리바고르사 백작령에서부터 점차 남쪽의 바르셀로나, 발렌시아, 발레아레스 제도(諸島)로 확산되면서 독자적인 형태가 갖추어지기 시작했다.[37]

『Liber Iudiciorum』은 654년에 서고트 왕국의 레세스빈토가 공포한 법전이다. 동로마 제국의 『유스티니아누스 법전』을 토대로 제정한 것이다. 카스티야어로는 1241년 페르난도 3세에 의해 번역되어 『Fuero Juzgo』라고 불린다. fuero는 라틴어 forum에서 어말 자음 -m가 탈락하고 o가 ue로 이중모음화된 결과이며, juzgo는 라틴어 iudicum에서 어두 모음 i가 자음화되어 j-로 변했으며, -di-는 -z-로 구개음화 및 치간음화되었고, 두 모음 사이에 낀 -c-가 유성음화된 결과이다.

이 밖에도, 사르데냐어에서는 1080-1085년 사이에 기록된 『Privilegio Logudorés』가, 레토로망스어에서는 12세기 초에 기록된 『Sermón pseudoagustiniano』이, 달마시아어에서는 1325년에 기록된 『Carta de Todru de Fomat de Zara』가, 루마니아어에서는 1521년에 작성된 『Carta de Neacşu de Cîmpulung』이 최초의 기록으로 평가된다.[38]

37 중세 카탈루냐어의 역사에 대한 자세한 사항은 Nadal, J.M. & Prats, M.(1982)와 Lleal, Coloma(1990), 제14장, pp.253-270 참조.

38 Pedro Peira, Jesús Moreno(1979) 참조. 사르데니아어에 대해서는 p.395, 레토로망스어에 대해서는 p.391, 달마시아어에 대해서는 p.479, 루마니아어에 대해서는 p.481 참조. 루마니아어 최초의 문서인 『Carta de Neacşu de Cîmpulung』은 『Carta de Neacşu de Câmpulung』이라고도 불린다. 내용은 트란실바니아 브라쇼프에 있는 한스 벵크너 판사에게 오스만투르크군의 공격이 임박했음을 알리는 편지이다.

7

제7장

초기 가톨릭 왕국의 발전과 로망스어의 등장

7.1. 가톨릭 백작령과 왕국

7.1.1. 아스투리아스

711년 과달레테 전투에서 패해 서고트 왕국이 멸망하자 톨레도의 귀족들은 북부의 아스투리아스 산악지대로 피신했다. 주요 도시는 산탄데르, 오비에도, 야네스, 캉가스 데 오니스 등이다. 모두 대서양 연안이나 칸타브리아산맥 깊숙한 곳에 자리 잡은 도시들이다. 남쪽에서 이곳으로 가기 위해서는 험준한 산맥을 넘어야 한다. 특히 인근의 피코스 데 에우로파 산악지대는 지세가 깊고 험해 현재도 접근이 쉽지 않은 곳이다. 718년 서고트 왕국의 귀족들은 이곳에서 돈 펠라요를 중심으로 최초의 가톨릭 왕국인 '아스투리아스 왕국'을 세웠다.[1]

1 아스투리아스의 역사에 관해서는 〈Historia y cultura〉, https://www.asturias.es/caracteristica/-/

Asturias라는 지명의 기원은 로마 이전부터 이 지역에 거주하던 원주민 이름에서 나온 것이다. 기원전 29-19년 사이 칸타브리아 전쟁 당시 로마군은 이 지역 원주민을 asturi라고 불렀으며, 새로 설치한 행정 구역명은 Conventus Asturum이었다. Conventus란 속주 내에서 사법권 관할 구역을 다시 나눈 것이다. 아우구스투스 시대에는 타라고넨세에, 후에는 갈라에키아 속주에 속했다.

그런데, 원주민 명에서 기원한 다른 지명들, 즉 Galicia, Cantabria, Vasconia 등은 모두 단수 형태인 데 반해, Asturias는 복수 형태를 쓴다. 왜 이런 현상이 일어난 것일까? Asturias라는 어휘가 언제부터 쓰이기 시작한 것인지는 명확하지 않으나, 13세기 초 이 지역은 동쪽의 Asturias de Santillana와 서쪽의 Asturias de Oviedo 두 부분으로 나뉘어 있었다고 한다. 1388년 Asturias de Oviedo는 Asturias de Santillana에 속해 있던 Llanes 지역과 합쳐 현재의 Principado de Asturias를 형성했고, Asturias de Santillana의 나머지 지역은 Cantabria에 속하게 되었다. 이처럼 '아스투리아스'는 초기부터 복수형으로 쓰였다. 이에 대해, 엔리케 카브레라스는 '지류, 분류(brazo, pico, estela, estrella)'를 의미하는 이베로어 aster와 '바다, 물(mar, ríos, agua)'을 의미하는 rias가 합쳐진 결과라고 한다. 결국, 지명은 그 지역에서 흔히 발견되는 '바닷가의 움푹 팬 지형인 라이스식 해안'에서 나온 것이라는 주장이다.[2]

---

categories/574807?p_r_p_categoryId=574807 참조.

2 http://enriquecabrejas.blogspot.com/2016/07/asturias-significa-brazos-de-la-mar.html 참조. ría란 라틴어 기원인 río (<Del lat. *rivus* 'arroyo'.)에서 나온 어휘로 "1. f. Penetración que forma el mar en la costa, debida a la sumersión de la parte litoral de una cuenca fluvial de laderas más o menos abruptas."라는 뜻이다. 즉 '해안이 침식작용으로 인해 움푹움푹 팬 곳'이다. 갈리시아에서 흔히 관찰되

718년 돈 펠라요가 이 지역에 왕국을 세웠을 때 불린 이름은 Regnum Asturorum '아스투리아인들의 왕국'이었다. 아직 로망스어가 형성되기 이전이므로 라틴식으로 불렸던 것이다. Reino de Asturias는 현대식 명칭이다. 현 가톨릭 스페인의 발원지라는 역사적 의미로 인해 왕위 계승자에게 Príncipe 또는 Princesa de Asturias라는 칭호가 부여된다.

8세기 초 당시 아스투리아스 왕국은 당장 살아남는 것이 문제였기 때문에 실지 회복이라는 거창한 명분은 감히 엄두도 내지 못하고 있었다. 그러다가 돈 펠라요의 사위인 알폰소 1세(739-757) 때 아랍인들과 베레베르인들 사이의 알력을 틈타 칸타브리아산맥을 넘어 남하했고, 856년 오르도뇨 1세(850-866)는 칸타브리아산맥 남쪽에 있는 레온을 정복해 재입식을 단행했다. 더 나아가 '대왕' 알폰소 3세(866-910) 때에는 두에로강 일대까지 영토를 넓혔다. 이때 오포르토(868), 코임브라(878), 부르고스(884), 사모라(893), 레온(910) 등을 차례로 재정복했다.

10세기에 이미 아스투리아스 왕국은 아스투리아스, 레온 지역뿐만이 아니라, 서쪽으로는 두에로강 북부에 갈리시아 백작령을, 동으로는 부르고스 지역에 카스티야 백작령을 두어 다스리고 있었다. 이 아스투리아스 왕국의 기본 이념은 다시 톨레도로 돌아가 과거의 서고트 왕국을 재건하는 것이었으므로, 이들은 과거 톨레도의 법전인 『Liber Iudiciorum』 '재판관서'를 기본 통치 이념으로 삼고 있었다. 따라서 정

는 지형으로 '리아스식 해안'이라고 부른다. https://dle.rae.es/r%C3%ADa?m=form 참조. 이 밖에도 바스크어 aitz '바위'와 ura '물'이 합쳐진 Astŭra강(>현 Esla강)에서 유래했다는 설, 켈트어 어근 -stou '강'에서 유래했다는 설, 인도유럽어 어근 steu-r '넓은(강)'에서 유래했다는 설 등도 있다.

치, 사회적으로뿐만 아니라 언어적으로도 매우 보수적이었다.[3]

7.1.2. 레온

어원은 로마의 '군단'을 의미하는 Legio, 엄밀히 말하자면 그 대격인 Legionem이다.[4] 기원전 29년 칸타브리아 전쟁 때부터 '제6승리군단'의 주둔지였고, 기원전 19년 전쟁이 끝난 후에도 계속 같은 자리에 주둔했다. 서기 74년 이후에는 '제7쌍둥이군단'이 그 뒤를 이었다.

이 도시는 910년 아스투리아스의 알폰소 3세(866-910)에 의해 재정복되었다. 그의 사후 왕국은 세 자녀에게 분할되었다. 첫째인 가르시아 1세(910-914)는 레온, 알라바, 카스티야를, 둘째인 오르도뇨 2세는 갈리시아를, 셋째인 프루엘라 2세는 아스투리아스를 각각 물려받았다. 914년 가르시아 1세가 후사 없이 죽자 동생인 오르도뇨 2세가 뒤를 이어받았고 아스투리아스가 우월권을 인정함으로써 왕국은 다시 하나로 통합되었다. 나아가 같은 해 수도를 오비에도에서 레온으로 옮김으로써 이제 드넓은 중부 고원 지대로 뻗어 나갈 수 있는 발판을 마련했다. 이때부터 '아스투리아스-레온 왕국' 또는 간단하게 '레온 왕국'이라 불리게 된다.[5]

왕국은 이후 1230년 카스티야에 합병될 때까지 이베리아반도의 북서

3 Tuñón de Lara, Manuel, *et. al.*(1991:77-78) 참조.

4 http://etimologias.dechile.net/?Leo.n. 참조.

5 Tuñón de Lara, Manuel, *et. al.*(1991:79) 참조.

부 일대를 다스렸다.

왕국의 최대 통치 영역은, 왕국의 기원지인 아스투리아스와 칸타브리아는 물론이고, 동쪽으로는 부르고스, 서쪽으로는 갈리시아와 포르투갈 북부, 남쪽으로는 사모라와 살라망카, 카세레스 일대에까지 이르렀다. 1065년 카스티야 백작령이, 1139년에는 포르투갈 백작령이 독립했다. 1230년에 자신의 백작령이었던 카스티야 왕국에 합병되어 역사의 뒤안길로 사라졌다.[6]

1833년 왕령에 의해 현재의 레온, 사모라, 살라망카 세 지방을 아우르는 레온주로 분류되었다가, 1981년 이 세 지방과 Castilla la Vieja라 불리던 주의 여섯 지방, 즉, 부르고스, 소리아, 세고비아, 아빌라, 바야돌리드, 팔렌시아 지방을 합쳐 카스티야 이 레온주를 구성해 오늘날에 이르고 있다.[7]

7.1.3. 칸타브리아

칸타브리아는 산탄데르를 수도로 삼고 있는 광역자치단체이다. 칸타브리아라는 말은 로마인들이 이 지역에 살던 원주민들을 cantabri라고

---

6 1296년부터 1301년 사이에 잠시 독립하기도 했지만, 다시 카스티야에 합병되었다. Tuñón de Lara, Manuel, *et. al.*(1991:108-116) 참조. Tuñón de Lara, Manuel(coord.)(1994), 11-13세기 카스티야와 레온의 형성과 발전에 관해서는 제1장, pp.11-96 참조. 따라서 레온 왕국은, 1230년에 멸망한 것으로 본다면, 아스투리아스 왕국이 건설된 718년부터 계산하면 약 510년 동안, 레온을 재정복한 914년부터 계산하면 약 316년 동안 존속했다.

7 본래의 Castilla la Vieja에는 이 6개 지방 이외에도 산탄데르와 로그로뇨 지방이 포함되며, 칸타브리아와 라 리오하주도 포함되었다. 그러나 현재 칸타브리아와 라 리오하는 독립된 주로 개편되었으며, 산탄데르는 칸타브리아주에, 로그로뇨는 라 리오하주에 속해 있다.

부른 데서 비롯된 것이라고 한다. 이들이 주로 거주하던 칸타브리아산맥은 산세가 높고 험해 로마에 가장 늦게 정복된 지역이다. 지명은 이 종족이 사는 지역이라는 의미에서 Cantabria가 된 것이다.[8]

574년 서고트 왕국의 레오비힐도는 이 지역에 칸타브리아 공작령을 세웠다. 칸타브리아인들은 동쪽으로는 바스크인들과, 서쪽으로는 아스투리아스인들과 접하고 있어 늘 긴장과 대립 관계에 있었으나, 711년 이슬람교도들의 침략을 계기로 정치적으로 연합했다. 711년 이슬람군이 공작령의 수도인 아마야를 점령하자 칸타브리아인들은 산맥을 넘어 대서양 연안으로 피신했다.[9] 718년 펠라요가 이웃 아스투리아스에서 왕국을 세우고 722년 코바동가에서 이슬람 군대를 물리치자 칸타브리아 공작령은 자연스럽게 이에 종속되었다. 펠라요는 자신의 딸을 칸타브리아의 알폰소 1세(739-757)와 결혼시켜 두 지역 간의 유대를 강화했다. 737년 펠라요가 죽자 아들이 뒤를 이었으나 2년 후 사고로 사망했다. 결국, 실질적으로 펠라요의 뒤를 이은 것은 사위인 칸타브리아의 알폰소 1세였다. 칸타브리아 공작령은 768년 군소 백작령들로 분할되어 해체되었다.

이후 칸타브리아 지역은 재정복 과정에서 이렇다 할 역할을 하지 못했다. 남쪽의 부르고스에서 형성된 카스티야 백작령에 가로막혀 세력을 확장하지 못했기 때문이었다. 그러나 언어적으로는 매우 중요한 지역이

---

8 cant-는 켈트어로 '바위, 돌'이라는 뜻이고 -abr-는 '–에 사는 사람(종족)'이라는 뜻이라고 한다. 따라서 cántabro는 '바위산에 사는 종족', 즉 '험준한 산악지대에 사는 종족'이라는 뜻으로 추정된다.

9 아마야(Amaya)는 칸타브리아산맥 남쪽 자락에 위치해 있으며, 현재는 유적만 남아 있다. 현재 Provincia de Burgos에 속해 있다. Amaya는 límite '경계'를 의미하는 바스크어 amar, amai에서 나온 것이라고 한다. Lapesa, Rafael(1981:32) 참조.

다. 이베리아반도의 초기 로망스어가 형성된 곳이기 때문이다. 8세기경, 이미 대중들의 말은 더 이상 라틴어가 아니었다. 로망스어가 최초로 기록된 곳은 10세기 중반 부르고스 지역이지만, 이미 그 북쪽의 칸타브리아에서부터 싹이 움트기 시작한 것이었다. 특히 칸타브리아산맥의 남쪽 자락인 발데레디블레 지역과 아길라르 데 캄포오 일대는 이베리아반도의 원시 로망스어가 배태된 곳으로 카스티야어의 고향이라 할 수 있는 곳이다.[10]

7.1.4. 바스크

바스크는 빌바오를 수도로 하는 광역자치단체이며, 공식 명칭이 País Vasco '바스크 국가'일 만큼 광범위한 자치를 인정받고 있다.[11]

바스크를 말할 때는 먼저 Vasconia라는 지명에 대해 알아야 한다. 바스코니아는 바스크어를 쓰는 종족, 즉 바스크인들이 사는 지역을 일컫는 말이다. 따라서 현재의 바스크뿐만 아니라 나바라, 프랑스 남부의 가스코뉴를 포함하는 용어이다. 이 지명 또한 로마 이전의 원주민 종족인 vasconi에서 나온 것이다. 이들은 비 인도유럽계통으로 언어 또한 인도유럽어가 아닌 고립어로 알려져 있다. 601-602년경 메로빙거 왕조에서

---

10 Valderredible 지역은 칸타브리아의 가장 남쪽 지역이며, Aguilar de Campoo는 현재 팔렌시아 지방에 속한 지역이다. 이 지역과 동쪽의 Pesquera de Ebro, Medina de Pomar 등 부르고스 지방의 북부 지역이 모두 로망스어가 배태된 지역으로 꼽힌다.

11 『Ley Orgánica 3/1979, de 18 de diciembre, de Estatuto de Autonomía para el País Vasco』의 제1장 참조. 이 법령의 pdf 파일은 https://www.boe.es/eli/es/lo/1979/12/18/3/dof/spa/pdf 참조.

이 지역에 바스코니아 공작령을 설치했다. 현재 프랑스에서는 남부의 대서양 연안 지역, 즉 보르도를 지나는 가론강 이남의 가스코뉴 지방이 여기에 해당하고, 스페인에서는 바스크와 나바라 북부 일부가 해당한다. 바스코니아 공작령은 1063년 훨씬 더 크고 강력한 북쪽의 아키타니아 공작령에 합병되었다.

스페인 지역에서, 8세기 말 내륙 지역인 나바라의 팜플로나에는 카롤링거 왕조에 의해 백작령이 설치되었으며, 대서양 연안의 바스크 지역은 아스투리아스 왕국의 영향력 아래에 놓여 있었다. 따라서 재정복 전쟁 과정에서 이들의 발전은 주로 나바라 왕국과 운명을 함께 하게 된다.

7.1.5. 스페인 변경령: 카롤링거 계 백작령

722년 코바동가에서 패한 이슬람군은 서고트 왕국의 유민들을 아스투리아스에 그대로 놔둔 채 피레네산맥을 넘어 프랑크 왕국으로 진격했으나, 732년 프와티에 전투에서 카알 마르텔이 이끄는 프랑크군에게 패해 다시 피레네 이남으로 후퇴했다. 프와티에는 프랑스의 중서부, 현 스페인과의 국경에서 파리 가는 길에 거의 절반 이상 올라간 지역에 위치해 있다. 이슬람군이 프랑크 왕국 한복판까지 진격해 들어갔던 것이었다. 프랑크 왕국은 이들을 격퇴한 후에도 늘 이슬람군의 재북상 징후에 촉각을 곤두세우지 않을 수 없었다.

8세기 말 국내 정세를 안정시킨 샤를마뉴는 이베리아반도 문제에 개입하기 시작했다. 778년 사라고사 문제에 개입했다가 론세스바예스 전투에서 크게 패했으나 헤로나(785)와 바르셀로나(801)를 차례로 정복해 백작령을 설치했다. 809년 아라곤, 815년 우르헬을 정복했다. 이슬람군의 재북상을 막는 것이 무엇보다도 시급한 문제였기 때문이었다. 다시 서쪽으로 눈을 돌려 팜플로나까지 백작령들을 차례로 설치해 나갔다. 서쪽에서부터 보면 나바라 지역의 팜플로나, 상구에사; 아라곤 지역의 하카, 소브라르베, 리바고르사; 카탈루냐 지역의 파야르스, 우르헬, 세르다냐, 콘플렌트, 로세욘, 바예스피르, 베살루, 페랄라다, 오소나, 헤로나, 암푸르단, 바르셀로나 등이다. 모두 17개의 백작령이다. 8세기 말부터 9세기 초 사이에 피레네 산간에 세워진 이 백작령들의 띠를 Marca Hispánica '스페인 변경령'이라고 부른다.[12]

초기에는 백작이 프랑크 왕국에서 파견되었으나 점차 충성심 강한 현지 귀족이 임명되었다. 그러나 9세기 중반 이후 카롤링거 왕조의 힘이 약해지자 변경의 백작령들은 독립 국가처럼 행세하기 시작했다. 스스로 왕을 칭하기도 하고 주변의 약소 백작령들을 합병하기도 했다. 점차 팜플로나, 하카, 바르셀로나 세 백작령을 중심으로 주변의 군소 백작령들이 통합되었다. 824년 아니고 아리스타는 팜플로나 왕국을, 828년 아스나르 갈린데스는 아라곤 백작령을 세웠다. 바르셀로나에서는 보렐 2세(947-992)가 새로운 카페 왕조에 충성을 거부하고 작위를 아들에게 세습했다.

---

12 Tuñón de Lara, Manuel, *et. al.*(1991:87-91) 참조.

7.1.6. 나바라

나바라 왕국의 기원은 샤를마뉴가 세운 스페인 변경령의 백작령 중 하나인 팜플로나 백작령이다. 피레네 서부 지역에서 가장 주도적인 역할을 한 곳이었으며, 시간이 지남에 따라 차츰 주변의 군소 백작령들을 통합했다. 713년 이슬람교도들에 의해 정복된 이후 이 지역에서는 전통적으로 친이슬람계의 이니고 가문과 친 프랑크 계의 벨라스코 가문이 주도권을 놓고 대립하고 있었다. 이니고 가문은 투델라의 바누 카시 가문과 결혼으로 친족 관계를 맺어 이슬람교도들과 우호적이었고, 벨라스코 가문은 프랑크인들의 지원을 받고 있었다.[13]

바누 카시 가문은 투델라를 근거지로 삼고 있었으며, 당시 에브로강 북부에서 가장 세력이 큰 영주였다. 바누 카시는 본래는 서고트 왕국의 백작으로 카시우스라는 인물이었다. 이슬람으로 개종해 이름을 Banu Qasi '카시우스의 아들'로 바꾸면서까지 이 지역의 지배권을 계속 유지했다. 이른바 '이슬람으로 개종한 가톨릭교도'를 뜻하는 '물라디'가 된 것이었다.

816년 이슬람교도들의 도움을 받은 이니고 아리스타(824-851년)가 프랑크인들을 물리치고 최종적으로 지배권을 확보했다. 824년 이니고 아리스타는 바누 카시 가문과 팜플로나 주교의 도움을 받아 '팜플로나 왕국'을 열고 '팜플로나의 왕'이 되었다.[14]

13 Tuñón de Lara, Manuel(coord.)(1994), 11세기 이후 나바라의 형성과 발전에 관해서는 pp.377-432 참조.

14 Tuñón de Lara, Manuel, *et. al.*(1991:85-87) 참조.

Navarra라는 용어가 역사에 등장하는 것은 8세기 말 샤를마뉴(768-814)가 사라고사를 침공했을 때라고 한다. 이 용어는 로마 이전의 원주민어, 아마도 원시 바스크어인 Naba에서 나왔을 것이라고 한다. 의미는 '산으로 둘러싸인 평평한 땅', 즉, '분지'를 나타내는데, 이는 곧 피레네 산간에 위치해 있는 팜플로나와 그 인근 지역의 지형적 조건에서 기인한 것으로 풀이된다. 스페인어에서는 nava로 쓰이고 있다. '평지(tierra llana)'라는 의미가 있는 같은 기원의 어휘이다.[15]

905년에는 이니고 가문의 후손이 끊기고 산초 가르세스 1세(905-925)가 '팜플로나와 나바라의 왕'이라는 칭호로 다스리기 시작했다. 당시 부르고스 동쪽에 위치해 있는 라 리오하 지방은 아직 이슬람교도들의 수중에 있었다. 그러나 923년 팜플로나의 산초 가르세스 1세가 레온의 오르도뇨 2세의 도움을 받아 나헤라와 라 리오하의 중북부 일대를 재정복했다. 나헤라는 부르고스와 거의 같은 위도상에 있는 도시이므로 카스티야에 비해 팜플로나 왕국의 남하가 상대적으로 조금 더 늦었던 것이었다.

924년 압데라만 3세에 의해 팜플로나가 파괴되자 가르시아 산체스는 수도를 나헤라로 옮겼다. 이때부터 1076년까지 '나헤라-팜플로나 왕국'이라 칭한다. 나헤라는 현재는 소규모의 도시로 과거와 같은 중요성이나 화려함은 찾아볼 수 없지만, 스페인의 역사를 느낄 수 있는 분위기를 간직한 곳이다. '팜플로나의 왕'이라는 칭호는 1130년까지 사용되었

---

15 Menéndez Pidal, Ramón(2005:54) 참조. Las Navas de Tolosa(하엔), Navalcarnero(마드리드), Navajas(카스테욘), Navarrete(라 리오하) 등이 nava에서 파생된 지명들이다. Voz prerromana; *cf.* vasco *naba* 'tierra llana'. https://dle.rae.es/nava. 같은 발음의 naba는 '무(=nabo)'라는 의미이다. Del lat. *napa* 'nabo'. https://dle.rae.es/naba?m=form 참조.

으며, 1150년 산초 4세 때부터는 '나바라의 왕'이라는 칭호를 사용하기 시작했다. 이제 '나바라'라는 이름이 본격적으로 역사에 등장하기 시작한 것이다.

11세기 들어 나바라는 스페인 역사상 가장 위대한 왕 중 하나로 꼽히는 '대왕' 산초 3세 (1027-1035))가 등장해 북부 전역을 통합했다. 나바라 왕국의 전성기이다. 먼저 동쪽으로는 아라곤 백작령을 지배하에 두었고, 서쪽으로는 카스티야의 계승권을 가진 돈냐 마요르와 결혼해 1029년 카스티야를 합병했다. 후에 1034년 레온의 베르무도 3세(1028-1037) 마저 굴복시킴으로써 가톨릭 세계의 '대왕'으로 군림했다. 또한 클뤼니 수도사들을 대거 초빙해 교회와 문물을 개혁했다. 그러나 1035년 사망하자 왕국은 다시 그의 아들들에 의해 분할되었다. 첫째인 산초 가르시아 3세는 나바라를, 둘째인 페르난도 1세는 카스티야를, 동생인 라미로 1세는 아라곤을 각각 분할 계승했다.

그 뒤, 왕국은 침체의 길을 걸었다. 1076년 산초 가르시아 3세의 뒤를 이은 산초 4세(1054-1076)는 암살당하는 비운을 맞았으며, 아라곤에게는 팜플로나를 합병당하고, 카스티야에게는 라 리오하와 바스크 지역을 빼앗겼다. 이로써 이제 더는 바다로 나갈 수도 없고 이슬람 세력을 상대로 영토를 넓힐 기회도 차단되었다. 1137년 아라곤의 알폰소 1세가 사망하자 다시 독립을 되찾았으나, 이미 피레네 산간의 소국으로 전락해 카스티야와 아라곤 사이에 끼여 겨우 명맥만을 유지하는 신세로 전락한 뒤였다. 13세기 초 아라곤의 '정복왕' 하이메 1세(1208-1276)에게 다시 복속될 위기에 처하게 되자, 귀족들이 산초 대왕의 후손인 테오발도 데 샹파뉴를 새 국왕으로 옹립했다. 이로써 프랑크 왕국의 영향력이 다시 커졌다.

피레네 남쪽 스페인 쪽의 Alta Navarra '고지 나바라'는 1512년 아라곤의 페르난도에게 정복되어 스페인 제국에 편입되었다. 프랑스 쪽의 Baja Navarra '저지 나바라'는 1530년 카를로스 1세 때 통치가 어렵게 되자 포기했다. 이 영토는 프와 가문이 다스리다가 1620년 프랑스 왕가에 통합되었으며, 1789년 프랑스 혁명으로 왕국이 최종 폐지되었다.[16]

7.1.7. 아라곤

아라곤 백작령의 기원은 9세기 초에 프랑크 왕국의 샤를마뉴가 하카 지역을 정복해 세운 백작령으로 거슬러 올라간다. 8세기 초부터 이 지역의 지배권을 두고 이슬람 세력들끼리 다투는 틈을 타 프랑코 왕국은 아우레올루스라는 인물을 파견해 하카 지역에 대한 지배권을 확보했다. 이 인물에 대해서는 프랑코 왕국이 임명한 백작이었는지 아니면 단순한 군 지휘관이었는지는 확실하게 밝혀진 바가 거의 없다. 809년 아스나르 갈린데스라는 인물이 그 뒤를 이었다. 프랑크인들을 이끌고 들어온 인물로 아라곤의 백작에 임명되었으므로 최초의 아라곤 백작이라고 할 수 있는 인물이다. 820년 사위인 '악인' 가르시아의 배신으로 백작 지위를 박탈당했다. 이후 세르다냐와 우르헬의 백작으로 자리를 옮겼다

16 현재 스페인에 속해 있는 고지 나바라의 넓이는 약 10,391km²이며, 프랑스 영토인 저지 나바라(Tierra de Ultrapuertos 지역)의 넓이는 약 1,325km² 정도 된다. 저지 나바라의 주요 도시로는 산티아고 순례길의 프랑스 쪽 출발지로 잘 알려진 Saint-Jean-Pied-de-Port '생 장 피에 드 포르'를 들 수 있다.

가 839년 사망했다.[17]

'아라곤'이라는 이름은 하카 지역을 흐르는 강 이름, 즉 '아라곤강'에서 나온 것이라고 한다. 아라곤강은 피레네산맥 속에 있는 아스툰 계곡에서 발원하여 하카를 지나 남서쪽으로 흐른다. 중간에 예사 호수를 지나며, 나바라의 밀라그로 인근에서 에브로강에 합류한다. 총 길이는 약 195km 정도이다. 왕국의 이름은 이 강의 이름에서 유래한 것이라고 한다.[18] Aragón은 Arga에서 나온 말이다. 중대사 Argón이 되었다가, 모음이 삽입되어 Aragón이 된 것이다. Arga는 켈트어로 '물, 강'이라는 의미이고 Aragón은 '큰 물' 또는 '큰 강'이다. 현재도 아라곤강 서쪽에 Arga라는 이름의 작은 강이 있다. 이 강은 프랑스와의 국경 지대에서 발원해 팜플로나 서쪽으로 흐르다가 푸네스 인근에서 아라곤강과 합류한 후에 에브로강으로 흘러든다.

아라곤 백작령은 1035년까지 나바라 왕국의 영향력 아래에 있었다. 그러나 그해 산초 대왕이 죽자, 라미로 1세(1035-1076)가 물려받아 왕을 칭하기 시작했다. 이때부터 '아라곤 왕국'이 되었다. 1044년에는 동쪽으로 더 진출해 소브라르베와 리바고르사 백작령을 합병했다.

1076년에 산초 라미레스(1063-1094)는 나바라의 국왕인 산초 가르시아가 사망하자 팜플로나와 기푸스코아 일부를 합병했다. 페드로 1세(1094-1104) 때는 남쪽에 있는 엘 카스테야르, 후슬리볼, 우에스카 등을 점령해 국경을 넓혔다. 이때부터 아라곤도, 아랍 세계가 소왕국들로 분열된 틈을 타, 본격적으로 재정복 전쟁에 뛰어들었다. '전사' 알폰소 1세

---

17 Tuñón de Lara, Manuel, *et. al.*(1991:87) 참조.

18 http://etimologias.dechile.net/?Arago.n 참조.

(1104-1134)는 에브로강 중부 지역으로 진출해 칼라타유드, 투델라, 사라고사를 차례로 점령했다. 에브로강 남쪽 지역까지 영토를 확장한 것이었다. 특히 1118년 사라고사를 재정복한 것은 왕국의 발전에 큰 전기를 마련한 일대 사건이었다.

아라곤 왕국의 팽창에 가장 큰 전기는 1134년 알폰소 1세 사후에 찾아왔다. 후사가 없던 그는 자신의 후계자로 산티아고, 칼라트라바, 알칸타라 세 기사단을 지명했다. 그러나 귀족들이 이를 받아들이지 않자, 수사인 동생 라미로가 왕위를 물려받았다. 그는 점증하는 카스티야의 팽창에 맞서기 위해 1137년 갓 태어난 딸 페트로닐라(1136-1173)를 바르셀로나의 라몬 베렝게르 4세(1113-1162)와 정략 결혼시키고 그를 후계자로 삼았다. 이로써 아라곤-카탈루냐 연합왕국이 탄생했다. 실질적으로 두 왕국이 통합된 것은 1164년 두 사람의 아들인 알폰소 2세가 즉위하면서부터이다.[19] 두 왕국의 통합으로 카스티야의 팽창에 맞설 수 있게 되었고 경제력도 배가되었다. 그러나 양국의 기존 정치, 문화, 법률, 언어 체계 등은 그대로 유지된 연합체 성격의 통합이었다. 연합왕국은 1148년 토르토사, 1149년에는 레리다를 재정복했다.

13세기 들어 아라곤은 피레네 북쪽의 상황이 악화함으로써 심한 타격을 받았다. 당시 남프랑스에는 알비파로도 알려진 영지주의 계열의 카타리파가 기승을 부리고 있었다. 이를 빌미로 1213년 프랑스의 필립 2세는 교황청과 연합해 십자군을 조직했다. 군대를 파견한 것이 꼭 종교적 통합만을 위한 것이 아니었으므로, 아라곤의 페드로 2세는 자신

---

19 Tuñón de Lara, Manuel(coord.)(1994), 통합 이후부터 아라곤-카탈루냐 연합왕국의 발전과 위기에 관해서는 pp.229-374 참조.

의 영향력 아래에 있는 툴루즈, 프와, 코민제스 백작령, 카르카손느 자작령 등과 연합해 대응했다. 뮤레에서 맞붙은 전투에서 페드로 2세는 시몬 데 몽포르테가 이끄는 프랑스군에 참패해 사망했고, 아라곤-카탈루냐 연합왕국은 피레네 북쪽 일대, 즉 오키타니아 남부에 대한 영향력을 상실했다. 이때부터 오키타니아 남부 일대는 프랑스령이 되었다.

다행히도 남쪽에서의 전황은 양호했다. 하이메 1세는 1229년에는 마요르카, 1235년에는 이비사를 정복했으며, 1238년에는 발렌시아 왕국을 재정복했다. 그러나 1243년 그의 사위인 카스티야의 알폰소 10세가 더 남쪽에 있는 무르시아를 정복함으로써 더 이상의 남진이 차단되었다. 1244년 카스티야와 맺은 알미스라 조약에 의해 반도 내에서는 더 이상의 영토 확장 가능성이 사라지자 지중해로 눈을 돌릴 수밖에 없게 되었다.[20] 1287년에는 알폰소 3세가 메노르카를 정복함으로써 발레아레스 제도를 모두 손에 넣었다.

발레아레스 제도를 점령한 아라곤 왕국은 지중해로 눈을 돌려 코르시카, 사르데냐, 시칠리, 나폴리를 점령하며, 그리스 남부와 소아시아의 일부 도시들까지 영향력 아래에 두게 됨으로써 지중해의 패자가 되었다. 1469년에는 페르난도 2세가 카스티야의 이사벨과 결혼함으로써 스페인 통일의 길을 열었다.[21]

---

20 Tuñón de Lara, Manuel, *et. al.*(1991:129-132) 참조.

21 아라곤에게 늘 영광만 있었던 것은 아니었다. 1349년에는 프랑스 남부에 있는 몽펠리에를 잃는 아픔도 있었다. 몽펠리에는 페드로 3세가 1204년에 마리아 데 몽펠리에와 결혼함으로써 아라곤 왕국의 영토가 되었다. 후에 1276년에 하이메 1세가 죽은 후 차남이 마요르카를 물려받아 독립할 때 함께 물려받았다. 그러다가 1349년에 마요르카의 하이메 3세가 아라곤과의 전쟁 경비를 마련하기 위해 프랑스의 필립 6세에게 매각했다. 이때부터 몽펠리에 일대는 프랑스 영토가 되었다.

1707년 스페인 왕위계승 전쟁의 승리로 부임한 부르봉의 펠리페 5세는 아라곤, 카탈루냐, 발렌시아, 마요르카의 모든 자치 법령과 제도의 폐지를 주요 내용으로 하는 Decretos de Nueva Planta '신 국가조직법'을 공표했다. 이로써 왕국은 공식적으로 종말을 고했다.

7.1.8. 카탈루냐

카탈루냐 백작령 또한 8세기 말부터 9세기 초 사이에 프랑크 왕국에서 설치한 백작령에서 비롯되었다. 732년 푸와티에와 778년 론세스바예스에서 이슬람교도들에게 패배를 당한 프랑크 왕국에게는 이들의 팽창을 저지하는 것이 초미의 관심사였다. 서쪽의 나바라와 아라곤 지역에서 백작령을 건설하던 때와 거의 동시에 동쪽에 있는 카탈루냐 지역에서도 일찍부터 지배력을 강화하고 있었다. 샤를마뉴의 군대가 헤로나를 정복한 것은 785년이고 바르셀로나를 정복한 것은 801년이다. 8세기 말에서 9세기 초까지 지금의 카탈루냐 지역에 모두 12개의 백작령을 설치했다.[22] 특히 바르셀로나 지역에는 이슬람군의 북상을 저지하기 위해 아들인 루도비코 피오(814-840)를 파견해 백작령을 설치했다. 따라서 이 지역에서 가장 주도적인 역할을 한 곳은 단연 바르셀로나 백작령이었으며, 차츰 주변의 다른 백작령들을 합병하며 세력을 키워나갔다.

22 Alatorre, Antonio(1989:93) 참조. 카탈루냐 지역의 12개 백작령이란 Pallars, Urgel, Cerdaña, Conflent, Rosellón, Vallespir, Besalú, Peralada, Osona, Gerona, Ampurdán, Barcelona 등이다. 나머지 5개의 백작령은 나바라 지역의 Pamplona와 Sangüesa, 아라곤 지역의 Jaca와 Sobrarbe, Ribagorza 등이다.

바르셀로나 백작령은 9세기 중엽부터 카롤링거 왕조가 쇠퇴한 틈을 타 프랑크 왕국의 영향권에서 벗어나기 시작했다. 이런 경향은 877년 샤를마뉴의 손자인 '대머리' 카를로스가 사망한 후에 특히 두드러졌다. 초기에는 백작이 카롤링거 왕실로부터 임명되었으며 세습되지 않았다. 그러나 897년 프랑크 왕국으로부터 임명된 윌프레도 1세는 아들에게 작위를 세습했다. 중앙의 영향력이 현저하게 감소했다는 증거이다. 985년 알만소르의 침입 때는 도시가 심하게 파괴되었음에도 프랑크 왕국으로부터 아무런 지원을 받지 못하자 관계가 더욱 소원해졌다. 987년 카롤링거 왕조가 카페 왕조(987-1328)로 교체되자 중앙과의 관계는 최악으로 치달았다. 보렐 2세(947-992)는 노골적으로 프랑크 왕국의 간섭을 거부하고 독립 군주국으로 행세하기 시작했다. 보렐 2세 이후에는 세습이 본격적으로 이루어졌다. 독자적으로 생존 방안을 모색하기 위해 코르도바 조정뿐만 아니라 다른 가톨릭 왕국들, 심지어는 교황청과도 독자적인 외교 관계를 수립하기에 이르렀다. 이제는 더는 프랑크 왕국의 통치를 받는 일개 종속 백작령이 아니었다.[23]

Cataluña라는 말의 기원에 관해서는 여러 설이 있는데, 가장 일반적으로 받아들여지는 것은 그 지역에 살았던 종족명에서 나왔을 것이라는 것이다. 이는 라틴어로 지어진 많은 지명이 '–의 땅'이라는 의미로 종족과 관련이 있기 때문이다. 가장 유력하게 받아들여지는 것은 이 지역에 살았던 lacetani인들과 관련이 있을 것이라는 설이다. lacetani가 이중 자위전환을 겪어 catelani로 변했고(caletani>catelani), 다시 모음동화

23 Tuñón de Lara, Manuel(coord.)(1994), 10-12세기 카탈루냐의 발전에 관해서는 pp.205-227 참조.

가 일어나 catalani가 되었다고 한다. 지명은 이 종족의 땅이라는 의미에서 Catalonia가 되었다가 Cataluña로 변한 것이다.[24]

카탈루냐 발전의 전기는 1164년 아라곤과 통합되면서 찾아왔다. 그러나 경제적인 면에서는 지중해상의 무역로 확보로 괄목할 만한 성과를 거두었으나, 정치적인 번영으로까지 이어지지는 않았다.

13세기 초까지 카탈루냐의 지배권은 현재 프랑스 남부에 있는 오키타니아 지역에까지 미치고 있었다.[25] 그런데 당시 오키타니아에는 보고밀교와 마니교에서 유래한 catarismo '카타리파 사상'이 성행하고 있었다. 이교의 이름은 그리스어 katharós, 즉 '순수, 정화'에서 따온 것으로써, '정화교'라고도 부른다. 세상을 선(영혼)과 악(물질) 이분법적으로 구분하고, 물질을 타락과 악의 근원으로 여기고 은둔과 고행을 통해 영혼을 정화해야 구원에 이를 수 있다고 주장하고 있었다. 따라서 이들은 영지주의적 입장에 따라, 물질로 구성된 육체를 타락한 악의 영역에 속한 것으로 보았고, 더 나가서는 인간의 몸으로 탄생한 예수의 신성까지 부정했다. 11-13세기 동안 프랑스와 이탈리아에서 크게 번성했으며, 독자적인 교단을 구축해 13세기 초에는 11개의 교구를 두고 있었다.[26] 이에 프랑스 왕실은 교황청과 연합해 이 카타리파가 성행하고 있는 오키

---

24 Ronjat, Jules(1980) 참조.

25 프랑스 남부에서 스페인과 국경을 마주하고 있는 지역 크게, 동쪽의 오키타니아(Occitania)와 서쪽의 아키타니아(Aquitania)로 구분된다. 오키타니아의 남쪽 일부가 과거 아라곤과 카탈루냐의 영토였다. 아키타니아는 본래는 피레네 산간에서 보르도까지 대서양 연안을 지배하던 바스코니아 북부에 있던 공작령이었는데, 이 바스코니아를 합병함으로써 스페인과 국경을 맞대게 되었으며, 현재는 '신 아키타니아'라는 명칭으로 불린다.

26 Hancock, Graham & Bauval, Robert(2006:194-198) 참조.

타니아 정벌에 나섰다. 1213년 뮤레 전투에서 아라곤-카탈루냐 연합왕국이 프랑스에 패함으로써 오키타니아는 프랑스의 소유가 되었다. 이제 카탈루냐도반도 내에서 더 이상의 영토 확장 가능성을 상실한 것은 물론이고 피레네 북부의 영토까지 잃어버림으로써, 아라곤과 더불어 지중해로 눈을 돌릴 수밖에 없게 되었다.[27]

7.1.9. 안도라

카탈루냐를 언급할 때 빼놓을 수 없는 곳이 바로 Andorra이다. 현재 피레네산맥 속 스페인과 프랑스 사이에 위치해 있는 면적 약 468km^{2}의 작은 국가이다. 평균 해발 고도가 2,500m에 이르는 높은 산으로 둘러싸여 있으며, 계곡을 따라 십여 개의 마을이 흩어져 있다. 수도와 전기 등의 기간 시설은 대부분 스페인과 프랑스에 의존하고 있으며 관광과 면세점 운영으로 유지하고 있다.

지명의 기원은 아랍어 al-Darra '숲'에서 나왔다는 설도 있고 나바라어 andurrial '관목으로 뒤덮인 땅'에서 나왔다는 설도 있으나, 정확하게 밝혀진 바는 없다.

9세기 초 샤를마뉴가 아랍인들로부터 이 지역을 정복하면서 프랑크 왕국의 지배하에 놓이게 되었다. 843년 '대머리' 카를로스는 안도라를

27 뮤레(Muret)는 툴루즈 남쪽 약 20km 지점에 위치해 있는 도시로 과거 알비파의 본거지 중 하나였다. 아라곤-카탈루냐 연합왕국과 그 영향력 아래에 있던 툴루즈 백작령, 코민제스 백작령, 프와 백작령, 카르카손느 자작령 등이 연합해 프랑스에 대항해 싸웠으나 패했다. 이로써 과거 랑그독이라 불리던 피레네 북쪽의 영토는 결국 프랑스령이 되었다.

우르헬의 백작인 수니프레도 1세에게 양도했다. 이때부터 안도라는 우르헬 백작령 소속이 되었다.[28] 1113년 이 지역을 우르헬 주교구에 기증함으로써 이때부터는 주교구 소유가 되었다. 당시 안도라에 대한 정치, 군사적 영향력은 카보에 가문이 행사하고 있었는데, 1208년 프랑스계의 프와 백작이 이 가문과 혼인 관계를 맺은 것을 계기로 안도라에 대한 정치적 영향력을 확대해 나갔다.[29] 1278년 프와 백작과 우르헬 주교 간에 안도라에 대한 지배 및 경제적 이익 분배에 관한 협정을 맺고 이 지역에 Principado '왕자령'을 설치했다. 형식적으로나마 아라곤-카탈루냐 연합왕국으로부터 독립한 것이었다. 1288년에는 제2차 협정을 통해 양측이 공동으로 주권을 행사하기로 합의했다. 이런 이유로 현재까지도 안도라의 국가원수는 두 명이다. 1610년 루이 13세 때 안도라를 지배하고 있던 프와 백작령이 프랑스에 귀속되자 안도라도 함께 프랑스령이 되었으며, 프랑스 국왕이 안도라의 수장을 겸하게 되었다. 현재는 프랑스 대통령이 국가원수 직을 맡고 있다. 다른 한 명의 국가원수는 스페인 카탈루냐의 라 세오 데 우르헬의 주교이다. 바티칸과 더불어, 주교가 국가원수를 겸하는 흔치 않은 경우이다.[30]

---

28 우르헬 백작령은 안도라 남쪽, 아라곤과 카탈루냐 사이에 위치해 있었다. 따라서 초기에는 아라곤의 영향도 받았으나, 점차 카탈루냐의 세력권에 편입되었다. 백작령은 1413년 아라곤-카탈루냐 연합왕국에 합병되면서 폐지되었다.

29 프랑스어로는 Foix이다. 프랑스어로는 [fwa], 카탈루냐어로는 [foʃ]로 발음되는데, 여기서는 원어 발음에 준해 '프와'로 표기한다. 프와 백작령은 안도라 북쪽에 위치해 있던 프랑스계 백작령이었으며, 넓이는 현 오키타니주 아리에즈 군내의 프와 면(2,078km²)과 유사하다. 과거에는 지리적 위치로 인해 안도라를 사이에 두고 우르헬과 대립과 협력을 반복하는 사이였다.

30 명목상의 국가원수는 두 명이지만, 국제적으로 안도라는 엄연한 주권국가로 인정받고 있다. 모나코, 바티칸, 산마리노, 리히텐슈타인 등과 같은 micro-Estado '극소국가'로 분류되며 자체 의회를 두고 있다.

7.1.10. 카스티야

기원은 9세기 후반에 아스투리아스 왕국이 부르고스 지역을 재정복하고 설치한 백작령으로 거슬러 올라간다. 나바라, 아라곤, 카탈루냐 등은 프랑크 왕국에서 설치한 백작령에서 비롯되었는데 반해, 카스티야는 서고트 왕국의 유민들이 세운 아스투리아스 왕국에서 비롯되었다. 지리적으로도 피레네 산간이 아니라, 대서양 연안에 위치해 있는 칸타브리아의 남쪽에서 시작되었다는 차이가 있다. 따라서 카스티야는 처음부터 프랑크 왕국과 국경을 접하지 않았으므로 정치-군사적 갈등은 없었다. 따라서 오직 남쪽으로 재정복을 진행하고 재입식을 단행해야 한다는 당면 목표에만 충실할 수 있었다.

8세기 중반 아스투리아스 왕국은 이슬람 군대가 척박한 북부를 포기하고 두에로강 일대로 남하한 틈을 타 서서히 세력을 확장하기 시작했다. 알폰소 1세(739-757) 때 칸타브리아산맥을 넘어 남쪽으로 내려왔다. 9세기 들어 서부 지역에서는 레온(856), 오포르토(868), 코임브라(878), 사모라(893) 등을 차례로 재정복해 나갔다. 나바라와 국경을 맞대고 있던 동부 지역에서는 9세기 중반 칸타브리아산맥 이남의 아마야 일대를 재정복하고 카스티야 백작령을 설치했다.

카스티야 최초의 백작은 로드리고(h.860-873)라는 인물로 알려져 있다. 860년경 백작령의 경계는 북으로는 칸타브리아산맥에서부터 남으로는 아마야 일대까지, 동쪽으로는 에브로강 상류의 푸엔테라라까지 진출했으며, 서쪽으로는 아길라르 데 캄포오에 이르렀다. 현 카스티야 이 레온의 최북단 일대에 해당한다. 특히 옛 칸타브리아 공국의 수도였던 아마야에 재입식을 단행함으로써 남쪽으로 더 진출할 수 있는 교두

보를 확보하는 데 성공했다.[31]

카스티야 백작령이 본격적으로 발전하기 시작한 것은 884년 부르고스 일대에 진출한 이후이다. 디에고 로드리게스 포르셀로스 백작(873-h.885) 때이다. 점증하는 이슬람교도들의 공세를 막기 위해 레온의 알폰소 3세의 명에 의해 884년 아를란손강 연안에 성벽을 두른 도시를 세웠다. 당시 이 지역에는 작은 burgos '마을들'이 강변에 흩어져 있었다. 이 마을들을 모아 도시, 즉 Burgos '부르고스'를 세운 것이었다.[32]

부르고스가 역사에 본격적으로 등장하는 것은 932년 페르난 곤살레스 백작(910-970) 때부터이다. 그는 주변의 라라, 란타론, 세레소, 알라바 등 군소 백작령들을 통합했으며, 939년 시망카스를, 940년에는 세풀베다를 재정복하면서 세력이 강성해져 점차 레온 왕국으로부터 독립해 나갔다. 이러한 독립 성향은 나바라 왕의 여동생인 산차 산체스

---

31 아마야(Amaya)는 산탄데르에서 부르고스로 넘어오는 칸타브리아산맥의 남쪽 자락에 자리 잡고 있는 전략적 요충지이다. 아길라르 데 캄포오 남쪽에 위치해 있으며, 부르고스 지방에 속해 있다. 한때 칸타브리아 공국의 수도로도 기능했으나, 현재는 유적만 남아 있다.

32 Burgos라는 도시명의 기원은 게르만어로 거슬러 올라간다. 지금도 유럽의 여러 도시에 남아 있는 burg '마을(aldea), 성(castillo)'이 그것이다. 독일의 Augsburg, Hamburg 등이 그 예이다. 이 어휘는 4세기 후반에 라틴어로 들어와 '작은 성채'를 가리키는 용어로 사용되었다. 이베리아반도에서는 아랍인들이 이 용어를 받아들여 '초가집(casa pajiza)'이라는 의미로 사용했다. 결국, Burgos라는 이름은 여러 개의 burgo '마을들'이 모여 도시를 이룬 데서 유래한 것이다. 예를 들어 소리아 지방에 있는 El Burgo de Osma는 단수를 쓴다. 여기서 Osma는 셀티베로어 절대 최상급 uxăma 'muy alta'에서 나온 것이다(Lapesa, Rafael(1992:184) 참조). 중세에는 Pamplona를 Burgos de Pamplona라고도 불렀다. 이유는 프랑코 인들이 대거 유입되면서 Navarrería, San Nicolás, San Cernín이라는 세 개의 burgo로 구성되었기 때문이었다. 현재 앞의 두 구역은 앞에 각각 Ciudad과 Población을 붙여 부르는 데 반해 San Cernín은 아직도 Burgo de San Cernín이라고 부른다. 따라서 Burgos는 작은 마을(burgo)들이 여럿 모인 도시인 것이다. 9세기까지는 아를란손강 주변에 흩어져 있는 촌락 군에 불과했다. 도시로 발전한 것은 9세기 말에 레온 왕국에서 이 지역을 재정복하고 도시를 건설한 이후이다. 931년 페르난 곤살레스가 부르고스 백작이 되면서 강성해지기 시작했다. 1038년 카스티야가 왕국으로 승격되자 수도가 되었으며, 본격적으로 스페인 역사에 이름을 올리기 시작했다.

와 결혼하면서 더욱 강해졌다. 내부적으로는 레온 왕국과, 외부적으로는 이슬람교도들과 끊임없이 투쟁해 가며 영토를 칸타브리아에서 두에로강까지 확장해 왕국의 기틀을 다졌다.[33] 페르난 곤살레스 백작이 죽은 후 작위는 아들인 가르시아에게 세습되었다. 레온 왕국으로부터 정치적으로 독립했다는 의미이다. 페르난 곤살레스 백작의 생애와 업적은 1250-1271년 사이에 쓰인 『Poema de Fernán González』 '페르난 곤살레스의 시'에 잘 나와 있다.[34]

아랍인들은 카스티야 백작령을 Al Qila '성들'이라고 불렀다. 칸타브리아산맥 남쪽 기슭으로 현재의 칸타브리아와 카스티야 이 레온 경계 부분에 해당하는 지역이다. 8-9세기 당시 이슬람교도들과 빈번하게 전투를 벌이던 곳으로 '성'과 '요새'가 많이 건설되었기 때문이었다. Castilla라는 지명의 기원이다. 현재에도 이 지역에는 산꼭대기나 마을 한복판 등 요충지마다 세워진 고성(固城)들이 즐비하다.

Castilla라는 말은 고전 라틴어인 castellum의 복수형 castella에서 유래한 것이다. castellum은 castrum의 축소사이다. 따라서 어원적으로 따져보면 현대적 의미의 '대규모 성'이 아니라 '소규모 군 주둔지'라는 의미가 더 강했다. 당시의 상황으로 보아도, 늘 전쟁의 위험에 노출되어 있던 지역에서 요즘과 같은 튼튼하고 아름다운 성을 쌓는다는 것 자체가 불가능했고, 또 필요도 없는 일이었을 것이다. 필요한 것은 적의 기습을

33 부르고스에서 남쪽의 두에로강 변에 있는 아란다 데 두에로까지는 직선거리로 약 85km 정도 된다. 바야돌리드, 소리아, 사라고사 등과 거의 같은 위도상에 위치해 있으므로, 두에로강까지 진출했다는 것은 이미 재정복이 상당히 진척되었다는 뜻이다.

34 『Poema de Fernán González』에 대해서는 Anónimo(1978) 참조.

막을 수 있고 이동이 편리한 간이 주둔지 정도의 시설이었다. 현재 우리가 보는 것과 같은 튼튼하고 아름다운 성은 어느 정도 재정복이 진행되고 사회가 안정된 후에 지어진 것이다. 축소사인 castillo는 현재 의미가 전이되어 본래의 어원과는 달리 번듯한 성(城)을 의미하고 있다.

10세기 들어 부르고스에 터전을 마련한 카스티야는 지리적 이점과 고유한 기질을 십분 활용해 급격하게 팽창하기 시작했다. 지리적 이점이란 반도 중앙부에 자리 잡고 있으므로 남쪽으로 재정복할 수 있는 땅이 드넓게 펼쳐져 있었다는 뜻이다. 동으로는 아라곤 백작령, 서로는 레온 왕국, 남으로는 알안달루스와 국경을 맞대고 있었기 때문에 각지의 개혁적이고 진취적인 세력들이 쉽게 모여들 수 있는 여건도 갖추고 있었다. 고유한 기질이란 개혁적이며 독립적인 칸타브리아의 전통을 가리키는 것이다. 여기에 주변에서 몰려든 인물들의 진취적인 성향이 더해지면서 레온, 나바라, 카탈루냐 등이 채택하고 있던 서고트의 통치 이념이 담긴 보수적인 『Liber judiciorum』 '재판관서'에만 전적으로 의존하지는 않았다. 칸타브리아 지역은 과거 로마에 최후까지 항거했던 지역이었다. 앞에서도 말했듯이, 저항이 얼마나 집요하고 치열했든지 아우구스투스가 직접 원정길에 나섰고, 이곳을 군사적으로 다스리기 위해 지금의 레온에 계속 군단을 주둔시켰을 정도였다. 조상들의 이러한 반항적인 기질을 그대로 물려받은 그 후예들은 이제 이슬람교도들에게는 물론이고, 주변의 다른 가톨릭 왕국들에게까지 실력을 유감없이 발휘하기 시작했다.

11세기 이베리아반도 가톨릭 세계의 맹주는 나바라의 산초 대왕(1004-1035)이었다. 팜플로나의 왕으로, 카스티야 백작령, 레온 왕국, 아라곤 백작령 등을 모두 다스렸다. 그의 뒤를 이은 것은 아라곤의 라미로 1세였지만, 가장 큰 세력을 형성한 아들은 카스티야를 물려받은 둘째 페르난도 1세(1035-1065)였다. 그는 백작령에 불과하던 카스티야를 왕국으로 승격시켜 왕으로 칭하기 시작했다. 1037년에는 타마라 전투에서 처남인 레온의 베르무도 3세(1028-1037)를 물리치고 레온의 왕까지 겸함으로써, 최초로 카스티야–레온 통합 왕국의 군주가 되었다. 1054년에는 나바라가 차지하고 있던 라 리오하 지역을 합병함으로써, 이제는 카스티야가 가톨릭 왕국들의 맹주가 되었다. 이러한 여세를 몰아 페르난도 1세는 분열된 이슬람 세력을 상대로 본격적인 '재정복 전쟁'을 추진해 나갔다.

카스티야의 가장 결정적인 재정복 성과는 알폰소 6세(1072-1109)에 의해 이루어졌다. 1085년 반도 중앙부에서 있는 타호강 변의 전략 요충지인 톨레도를 점령한 것이었다. 이로써, 카스티야는 재정복 전쟁의 주도권을 쥐게 되었다. 그러나 그의 사후에 왕국이 다시 분할되어 국력을 결집하지 못함으로써 알안달루스 재정복의 기회는 다시 뒤로 미뤄졌다.

1230년 페르난도 3세(1217-1250)는 산초 대왕 이후 통합과 분열을 거듭하던 카스티야와 레온 두 왕국을 최종적으로 통합했다. 그 여세를 몰아 코르도바(1236), 하엔(1246), 세비야 (1248)를 차례로 재정복했다. 이어 1264년에는 그라나다와 조공 협정을 체결함으로써 재정복 전쟁을 일단락 지었다. 이 페르난도 3세의 업적 중 하나는 1241년 법전인 『Fuero juzgo』를 재편찬한 것이다. 지금까지 사용해 오던 서고트 왕국의 법전인 『Liber judiciorum』 '재판관서'를 로망스어로 번역 정리한 것이다. 그때까지도 아직 주요 공문서는 여전히 라틴어로 쓰이고 있었으나 페르난도 3세는 로망스어로 쓸 것을 지시했다. 이는, 실현 여부를 떠나, 이제는 고전 라틴어나 아랍어가 아닌 속어의 실체와 중요성을 인정하지 않을 수 없는 상황이 되었다는 뜻이다. 당시 북부의 다른 가톨릭 왕국으로는 이미 소국으로 전락한 아라곤과 나바라, 서쪽의 포르투갈 정도뿐이었고, 이슬람 왕국이라고는 그라나다 한 곳뿐인 상태였다. 이미 카스티야가 반도의 절반 이상을 차지하고 있어 경쟁 상대가 없는 상태였다. 이처럼 카스티야가 정치적으로 영향력을 확대해 감에 따라 이제 그 언어인 castellano도 반도 내에서는 더는 경쟁할 만한 상대가 없어졌으며, 1492년 그라나다를 함락시키고 이베리아반도를 재통일함으로써 그 언어인 castellano는 곧 español '스페인어'가 되었다.[35]

7.1.11. 라 리오하

에브로강 상류 지역에 위치해 있으며 사방으로 바스크, 나바라, 아라곤, 카스티야에 둘러싸여 있는 작은 자치주이다. 양질의 포도주 산지로 유명한 지역이며, 주도는 로그로뇨이다. 10세기 초 팜플로나 왕국에 의해 재정복되었다. 923년 팜플로나의 산초 가르세스 1세가 레온의 오르도뇨 2세의 도움을 받아 나헤라를 재정복했다. 924년 압데라만 3세에 의해 팜플로나가 점령되자 가르시아 산체스(925-970)는 궁정을 나헤라로 옮겼다. 이때부터 '나헤라-팜플로나 왕국'으로도 불린다. 서쪽에서 세력을 확장해 나가고 있던 카스티야와 국경을 맞대면서 영토분쟁이 야기되었다. 산초 대왕(1027-1035) 때까지는 나바라의 세력하에 놓여 있었으나,

---

35 카스티야 왕국의 초기 발전에 관해서는 Tuñón de Lara, Manuel, *et. al.*(1991:82-85)와 같은 책 제8장, pp.108-124; Tuñón de Lara, Manuel(coord.)(1994), 제2장, pp.97-201 참조.

1076년 산초 4세(1054-1076) 사후에 카스티야에 합병되었다. 이후에는 카스티야와 아라곤 사이에 끼어 입지가 급격하게 축소되었다. 12세기 초반에는 아라곤의 지배를 받았으나, 1134년 아라곤의 '전사' 알폰소 1세가 죽은 후에는 다시 카스티야의 세력하에 놓였다.

카스티야어가 잉태된 지역 중 하나로, 스페인어사에서는 매우 중요한 지역이다. 이베리아반도 최초의 로망스어가 기록된 산 미얀 데 라 코고야가 바로 이곳에 속해 있기 때문이다. 비록 산 미얀에서 기록된 언어가 곧 카스티야어는 아니지만, 카스티야어의 모태가 되는 이베리아반도의 원시 로망스어라는 점에서 매우 뜻깊은 곳이다. 산 미얀은 작은 시골 마을에 불과하고, 이베리아반도 최초의 로망스어가 쓰인 수도원은 산 중턱의 작은 벽돌집, 그것도 내부는 텅 빈 폐허에 불과하지만, 언어사에는 거대한 발자취를 남긴 의미 있는 곳이다.

La Rioja라는 지명의 유래에 관해서는 여러 가지 설이 제기되고 있다. 크게 보면 Rioja가 합성어라는 설과 한 단어라는 설로 나뉜다.

합성어라는 주장 중에서 가장 대표적인 것은 라틴어 rivus '강'과 바스크어 ogga '숲'이 합쳐졌다는 설이다. rivus는 río로 변했고 ogga는 oia를 거쳐 oja가 되었다는 것이다. 이 주장은 실제로 이 지역에 Oja라는 이름의 강이 있다는 데 기인한다. 지명은 이 강의 이름에서 나왔다는 것이다.[36] 합성어라는 또 다른 주장으로는 Rioja가 바스크어 herri '땅'과 oguia '빵'이 합쳐진 것이라는 설도 있다. '빵이 나는 땅'이라는 뜻이다. 이것이 erriogia를 거쳐 Rioja가 되었다는 것이다.[37]

---

36 Abad León, Felipe(1980:9-15) 참조.

37 Anguiano, Mateo de(2011:170-171) 참조.

다른 한편으로, Rioja가 한 단어에서 나온 것이라는 견해도 있다. 대표적인 것은 라틴어 rivalia에서 나왔다는 것이다. 이 단어는 라틴어 rivus의 축소사로 집합적인 의미가 있다. 즉, '개울들, 여울들'이라는 의미이다. 이것이 rialia, riolia를 거쳐 rioja가 되었다는 주장이다. 여기에 스페인어 관사가 첨가되었다는 것이다. 다른 주장으로는 바스크어 Larreolha에서 나왔다는 것도 있다. 이것이 Larreoha를 거쳐 Larrioja로 변한 것이라는 주장이다. 의미는 '들판(larre)에 있는 작업장'이라고 한다. 이 경우는, La조차도 본래 관사가 아니었는데 후에 사람들이 관사로 인식해 분리되었다는 것이다. 그러나 어느 것도 근거가 부족하므로 보편적으로 받아들여지는 설은 없는 실정이다.[38]

7.1.12. 갈리시아

지명은 이 지역에 살던 켈트족의 일파에서 나온 것이다. 로마인들은 이들을 galaici라고 불렀다고 한다. 이들이 사는 땅이라는 의미에서 Gallaecia가 된 것이다.[39]

기원은 아스투리아스 왕국에서 설치한 백작령에서 비롯되었다. 740년경 이 지역을 점령하고 있던 베레베르인들이 처우에 불만을 품고 두

---

38 기타 어원에 관한 설은 Merino Urrutia, Juan Bautista(1981), <Etimología del nombre de La Rioja>; http://www.errioxa.com/3_personajes/4_1_varios/merino_urrutia.htm#nombre 참조.

39 갈리시아의 초기 역사에 관해서는 Tuñón de Lara, Manuel, *et. al.*(1991:78) 참조. Menéndez Pidal, Ramón(2005:76)에 따르면, Gallaecia는 이베로어 Cale에서 나온 것이며 5세기경부터 쓰였다고 한다. 지명형용사 Callaecus가 Callaecia로, 후에 Gallaecia, Galicia로 변한 것이라고 한다.

에로강 일대로 철수하자 갈리시아 지역이 비게 되었다. 이 틈을 타 알폰소 1세(739-757)는 루고까지 진출했다. 그러나 원주민들의 저항에 부딪혀 수십 년간 실질적인 지배권을 행사하는 데 어려움을 겪었다. 알폰소 2세(791-842) 때인 813년 리브레돈 숲속에서 사도 야고보의 무덤이 발견되어 순례지로 널리 알려지는 계기가 되었다.

이 지역에 대한 실질적인 지배권을 공고히 한 것은 859년 오르도뇨 1세(821-866)가 이 지역을 침공한 노르망디족을 물리치고 백작령을 설치한 이후이다. 오르도뇨 1세는 그 여세를 몰아 현재 갈리시아와 포르투갈의 경계인 미뇨강 연안의 투이까지 남하해 재입식을 단행했다.

알폰소 3세 때인 868년에는 두에로강 하구에 위치해 있는 오포르토를 점령해 포르투갈 백작령을 설치했다. 이 백작령은 후에 포르투갈 왕국으로 발전한다. 878년에는 코임브라를 재정복했다. 포르투갈이 갈리시아 백작령에서 유래한 것이었으므로 언어 또한 동일하다. 따라서 현재에도 두 언어를 gallego-portugués로 함께 분류하기도 한다.

7.1.13. 포르투갈

Portugal이라는 이름은 Portucalensis에서 유래된 것이다. 로마 시대부터 두에로강 하구의 Oporto 일대를 Portus Cale '칼레항'이라고 불렀다. Calensis는 Cale의 형용사형이다. 백작령의 기원은 아스투리아스 왕국의 알폰소 3세 때로 거슬러 올라간다. 868년 두에로강 하구에 위치해 있는 '칼레항'을 점령해 백작령을 설치하고 Condado Portucalense라

불렀다. 라틴식 이름인 Portucalensis에서 나온 말이다.[40]

백작령의 시초는 9세기 중반에 아스투리아스 왕국의 지역 영주였던 비마라 페레스라는 인물이 건설한 것으로 알려져 있다. 백작령의 발전에 결정적인 전기가 마련된 것은 카스티야의 알폰소 6세(1072-1109) 때이다. 1086년 톨레도를 정복한 알폰소 6세는 1093년 타호강 중류 지역까지 진출했다. 당시 카스티야-레온의 통합 군주였던 알폰소 6세는 서유럽 가톨릭 세계에서 막강한 권력과 권위를 지닌 대왕으로서 큰 영향력을 행사하고 있었다. 그 이면에는 부인이 부르고뉴 공작의 딸이자 당시 전성기를 구가하고 있던 클뤼니 수도원의 원장인 성 우고(1024-1109)의 조카인 돈냐 콘스탄차였기 때문이었다. 또한, 이슬람교도들과 최전선에서 싸우고 있는 교회의 수호자로서뿐만 아니라 교회 건립에 필요한 막대한 자금을 지원하는 재정가로도 활약해 서유럽 가톨릭 세계에서는 '대왕'으로 대접받고 있었다.

당시 카스티야와 아라곤은 북아프리카에서 올라온 알모라비데족의 공격을 받고 있었다. 이들의 북상을 저지하기 위해 알폰소 6세의 요청에 따라 교황 우르바누스 2세는 서유럽 여러 나라에서 십자군을 조직해 파견했다. 이를, 셀주크투르크의 동로마 제국 침공에 대항해 조직된 동(東) 십자군과 구분해, 서(西) 십자군이라 부른다. 서 십자군 중에서 가장 뛰어난 무훈을 세운 이가 부르고뉴 공작의 아들인 라이문도와 그의 사촌 엔리케였다. 알폰소 6세는 이에 대한 보답으로 라이문도를 자신의 딸인 우라카와 결혼시켜 갈리시아 백작령을 통치하게 하고, 엔리

40 Castro, Ivo(2013) 참조.

케는 서녀인 테레사와 결혼시켜 갈리시아 백작령 산하의 포르투갈 백작령을 다스리게 했다. 후에 갈리시아의 우라카는 1107년 라이문도가 죽자 아라곤의 알폰소와 재혼함으로써 포르투갈 백작령에 대한 지배권을 상실했다. 이 틈을 타 포르투갈의 엔리케와 테레사는 미뇨강에서부터 남쪽의 두에로강까지 영토를 넓히고 세력을 확장했다.[41]

포르투갈 백작령을 왕국으로 발전시킨 인물은 이 두 사람의 아들인 알폰소 엔리케(1128-1185)였다.[42] 그는 1139년 포르투갈 역사상 가장 빛나는 승리로 기억되는 오우리케 전투에서 모로족을 대파한 인물이다. 이 전투의 승리를 계기로 왕국으로 발전했으며, 포르투갈 최초의 왕이 되었다. 오늘날에도 포르투갈 국기 중앙에 푸른 색깔의 방패 5개가 그려져 있는데, 이는 그때 물리친 5명의 모로 왕을 나타내는 것이라고 한다. 1143년 사모라 회의에서 대외적으로 군주로서의 칭호를 인정받았다. 1147년 리스본을 재정복했으며, 1179년에 교황 알렉산더 2세로부터 독립을 승인받았다.

알폰소 3세(1248-1279) 때인 1249년에 남부의 알가르베 지역을 점령했다. 동시에, 반도 중부 지역에서 남하하고 있던 카스티야와 국경 문제가 야기되었다. 카스티야가 알가르베의 소유권을 주장하고 나선 것이었다. 이에 1267년 바다호스 협정을 통해 양국 간의 국경이 과디아나강으로 확정되었다. 이제 포르투갈도 더는 반도 내에서는 영토를 확장할 가

41 미뇨강은 비고 남부를 흐르는 강으로 현재 스페인 갈리시아와 포르투갈의 국경을 이루고 있으며, 두에로강은 오포르토로 흘러드는 강이다. 두 강 사이의 거리는 약 130km 정도 된다. 포르투갈 백작령은 그 넓은 영토를 점령함으로써 왕국의 기틀을 마련했다.

42 포르투갈어로는 '아폰수 엔히께스'라고 읽는다. 여기서는 스페인어 발음에 따라 표기한다.

능성이 차단되었다. 이로써, 아라곤–카탈루냐 연합왕국이 지중해로 눈을 돌릴 수밖에 없게 되었듯이, 포르투갈도 대서양으로 눈을 돌려 북아프리카로 나아갈 수밖에 없게 되었다. 바야흐로 대항해 시대의 도래를 눈앞에 두게 된 것이었다.[43]

43 포르투갈 형성 시기의 역사에 대한 자세한 사항은 Disney, A.R.(2009); 포르투갈에 대한 지리 정보와 간략사에 대해서는 Queiroz, Sandy Guedes de(2017) 참조.

7.2. 이베리아반도 최초의 로망스어

7.2.1. 『Nodicia de Kesos』

7.2.1.1. 작성 시기와 구성

10세기 후반 레온 지방의 로수엘라에 있던 Monasterio de San Justo y San Pastor에서 기록된 문서로 『Documento de Kesos』라고도 한다.[44] 메넨데스 피달에 따르면, 작성 시기는 980년경이라고 한다.[45] 그러나 페르난데스 카톤 등은 이보다는 조금 더 빠른 974-975년이라고 보고 있다. 근거는 이 문서에 라미로 3세가 수도원을 방문했다는 기록이 있으

44 이 문서에 관한 내용은 Wright, Roger(1989:261-264) 참조.

45 Menéndez Pidal, Ramón(1972:27-28) 참조.

므로 작성 시기도 그 당시로 보는 것이다.[46]

문서의 작성자는 수도원에서 식료품을 관리하던 수도사이며, 문서의 내용은 말 그대로 수도원에서 사용하던 '치즈 목록'을 기록한 것이다. 이 문서가 중요한 이유는 매우 초기의 로망스어 흔적을 담고 있기 때문이다. 식료품을 관리하는 수도사가 자신의 '구어체로 자유롭게' 치즈 사용 목록을 기록한 것이므로 '로망스어'라고도 할 수 있다. 그러나, 이에 대한 반론도 제기되고 있다. 모랄라에 따르면, 이 문서에 쓰인 언어는 아직 원시 로망스어, 즉 asturleonés '아스투리아스-레온어'가 아니며, 엄밀하게 구분하자면, 후기 라틴어와 로망스의 전이 단계로써 아직은 라틴어에 더 가까운 언어 형태이므로 '초기 로망스어'라고 단정하기는 어렵다고 한다.[47] 현재 원본은 레온 대성당 문서보관소에 소장되어 있다 (〈Manuscrito 852v.〉).

문서 일부를 소개한다.[48]

(1ª columna)

(Christus) Nodicia de / kesos que / 3 espisit frater / Semeno: In

---

46 Fernández Catón, J.M., *et. al.*(2003) 참조.

47 Morala, José Ramón(2008), <La 'Nodicia' no está en leonés ni en castellano, es algo previo a ambos>, *Diario de León* (20 de agosto; de 2008).; https://www.diariodeleon.es/articulo/cultura/la-nodicia-leones-ni-castellano-es-algo-previo-ambos/200808200000000981115.html 참조.

48 본 절에서 인용한 부분은 Menéndez Pidal, Ramón(1972), 『Orígenes del español』, pp.26-27에서 발췌했음을 밝힌다. 이 책에서는 『Nodicia de Kesos』 이외에도 많은 초기 레온의 문서를 볼 수 있다. 따라서 이 문서만이 유일한 레온 문서가 아니라는 뜻이다. 단지 본서에서 로망스어의 전이 단계를 보여주는 대표적 예로 든 것뿐이다. 레온과 카스티야의 초기 문서들에 대한 더 자세한 사항은 Menéndez Pidal, Ramón(1972:27-28) 참조.

Labore / de fratres In ilo ba- / 6 celare / de cirka Sancte Ius- / te, kesos U; In ilo / 9 alio de apate, / II kesos; en que[e] / puseron ogano, / 12 kesos IIII; In ilo / de Kastrelo, I; / In Ila uinia maIore, / 15 II;

(2ª columna)

/ que lebaron en fosado, / II, ad ila tore; / 18 que baron a Cegia, / II, quando la talia- / ron Ila mesa; II que / 21 lebaron LeIone; II / ...s...en / u...re... / 24...que.... / ...c... / ...e...u... / 27 ...alio (?) ... / ... / ... / g...Uane Ece; alio ke le- / 30 ba de sopbrino de Gomi / de do...a...; IIII que espi- / seron quando llo rege / 33 uenit ad Rocola; / I qua Salbatore Ibi / uenit.

[스페인어 해석]

Relación de los quesos que gastó el hermano Jimeno: En el trabajo de los frailes, en el viñedo de cerca de San Justo, cinco quesos. En el otro del abad, dos quesos. En el que pusieron este año, cuatro quesos. En el de Castrillo, uno. En la viña mayor, dos [...] que llevaron en fonsado a la torre, dos. Que llevaron a Cea cuando cortaron la mesa, dos. Dos que llevaron a León [...] otro que llevó el sobrino de Gomi [...] cuatro que gastaron cuando el rey vino a Rozuela. Uno cuando Salvador vino aquí.

7.2.1.2. 로수엘라 수도원

Rozuela는 레온 남서부 인근에 위치해 있던 작은 마을이며, 『Nodicia

de Kesos』는 이 마을에 있던 Monasterio de San Justo y San Pastor에서 기록된 문서이다. 그런데, 중세 때 이 마을은 폐허가 되어 지금은 존재하지 않는다. 인근에 다시 자리를 잡은 마을이 초사스 데 아바호이다. 로수엘라 자리는 현재는 들판이며, 수도원도 존재하지 않는다. 현재 이 지역의 학자들은 이 수도원에서 기록된 문서가 이베리아반도 최초의 로망스어라고 주장하고 있으나, 일반적으로 인정받지는 못하고 있는 실정이다.[49]

지리적으로나 시기적으로 봐서는, 가장 먼저 로망스어가 출현했을 가능성이 매우 큰 지역임은 틀림없다. 레온은 이미 부르고스나 더 동쪽의 로그로뇨에 앞서 재정복되어 재입식이 단행되었고, 더 나가서는 왕국의 수도로 기능했었기 때문이었다. 따라서 언어도 아직 이슬람 치하에 있던 다른 지역들에 비해 더 활발하게 변화되었을 가능성이 큰 곳임은 틀림없다. 그러나 구어(口語)의 변화는 정치 상황과는 무관하게 변하기도 하므로 단언하기는 어렵다. 여러 가지를 종합해 볼 때, 최초의 기록들 가운데 하나로 인정되기는 하지만, 이베리아반도 최초의 로망스어라고 단언하기는 어렵고 또 카스티야어와도 직접 연관 관계는 없는 문서로 간주된다.

---

49 Rozuela의 역사에 관한 자세한 사항은 https://www.chozasdeabajo.com/rozuela/; Chozas de Abajo에 관해서는 https://www.chozasdeabajo.com/chozas-de-abajo/ 참조.

7.2.2.『Glosas Emilianenses』

7.2.2.1. 작성 시기와 구성

이베리아반도에서 로망스어로 쓰인 최초의 문서로는 로그로뇨 남쪽에 있는 산 미얀 데 라 코고야에서 10세기 중반에 기록된 주해서를 꼽는다. 이는 말 그대로 라틴어 원문의 여백에 Glosas '주'를 달아 놓은 것이다. 따라서 이를『Glosas Emilianenses』라고 한다. Emilianense란 Millán의 라틴식 형용사형이고 Millán은 Aemilianus에서 나온 지명이다. 현재 이 문서는 마드리드에 있는 왕립역사아카데미에 보관되어 있다. 흔히 〈산 미얀의 제60번 사본〉으로도 불린다.[50]

주석의 본문 내용은 크게 다섯 부분으로 나뉘어 있다.

-1o, folios 1-28r: Vita Patrum '사제의 삶'에서 발췌된 것으로 보이며, 금욕적 삶에 관한 내용을 담고 있다. 주 1-10번이 실려있다.

-2o. fol. 28v: Officium de Letanías '탄원 기도의 역할'을 담고 있다.

-3o. fols. 29v-54v: 성인 코스메와 다미안의 고행과 미사, 기도 등을 담고 있다.

-4o. fols. 55r-67r: Incipit Liber Sententiarum '기도서 시작' 부분이다. 주 11-29번이 실려있다.

---

50 『Glosas Emilianenses』에 대한 연구는 Jürgen Wolf, Heinz(1996) 참조. 본 절에서 인용한 원문은 같은 책 p.125 이하에서 발췌했음을 밝힌다. 이 밖에도 Nieto, Juan Ángel(2007); Väänänen, Veikko(1988:334-336); Menéndez Pidal, Ramón(1982:2-4) 등 참조.

-5o. fols. 67v-96v: 산 아우구스티누스의 Sermón '설교'를 담고 있으며[51], 주 30-146번이 실려있다.

주된 내용은 이처럼 5세기에 산 아우구스티누스가 쓴 기도서이다. 메넨데스 피달에 따르면, 본문은 9-10세기 사이에 필사된 것이고 주석은 10세기 중반에 쓰인 것이다. 즉, 고전 라틴어로 쓰여 있는 본문의 여백에 당시의 대중들이 이해하고 있는 어휘들을 누군가가 따로 적어 놓은 것이다. 마치 스페인어 문장을 읽다가 모르는 단어를 만났을 때 사전에서 찾아 우리말 뜻을 써 놓는 것처럼 기록자 본인이 모르거나 낯선 라틴어 단어 밑에 자신이 아는 단어를 적어 놓은 것이다. 이 어휘들이 바로 10세기 중반 당시의 구어, 즉 최초의 로망스어 자료인 것이다. 여기서는 산 아우구스티누스의 기도서 첫 부분(67v)을 소개하기로 하겠다.

67V Incipiunt sermones cotidiani beati Agustini.

nos   nos cui ke
a   +   /+ c   b
1. Gaudeamus fratres karissimi. et deo gra

51 제1권에서도 밝힌 바와 같이, 초기 교회의 교부로 유명한 이 인물의 이름 앞에 붙는 San은 고유명사화된 것으로 간주해 '성(聖)'으로 번역해 표기하지 않는다. 북아프리카 히포에서 태어나 Augustinus Hipponensis '히포의 아우구스티누스'(354-430)라고도 불린다. 스페인어로는 San Agustín으로 표기된다.

nos ke de ke

a + d e

2. tias agimus, quia uos, secundum

f b#(30) sanos et salbos c

3. desideria nostra, jncolomes jnueni

o

a/#(31) jzio qui dugu b a /c

4. ri meruimur. Et uere fratres juste

qui et

d #(32) mondamientre f e +

5. et merito pater gaudet quotiens

ke de ke de cui

d c e b g

6. filios suos et corpore sanos et deo

#(33) promissiones a

7. deuotos jnuenerit.

여기서 볼 수 있듯이, 본래 라틴어 원문에 여러 가지 표시를 해 놓은 것이 눈에 띈다. 먼저, 문장 위에 십자 표시를 해 놓았다. 이는 문장의 시작을 나타내는 것으로서, 라틴어 구문을 쉽게 분석하기 위해 표시해 놓은 것이다. 또한, 본문 위에 의문사들을 적어 놓았는데, 이는 본문의 내용을 더 정확하게 파악하려는 의도로 보아 사제가 적어 놓은 것이 아니라, 교리를 배우고 있는 신학생이 원문의 내용을 좀 더 정확하게 이해하기 위해 적어 놓은 것이다. 여기에다가 다시 본문 여백에 친숙하지 않은 라틴어 단어와 표현을 당시에 일반적으로 사용하고 있는 언어로 해석해 놓았는데, 이것이 바로 최초의 로망스어 기록인 것이다.[52]

Glosas '주들' 중에서 가장 두드러진 것은, 대부분이 몇 개의 어휘들뿐인데 유독 한 부분만이 긴 문장으로 이루어져 있다는 것이다. 이는 주해자가 임의로 덧붙여 놓은 것으로, 당시의 문장을 엿볼 수 있는 좋은 자료이다.

[72r]

domino

12. Adjubante domino nostro jhesu christo cui est

qui cui domino est cum ke

13. honor et jmperium cum patre et spiritu

jn ke corum

14. sancto jn secula seculorum. Amen.

52 Menéndez Pidal, Ramón(1972:1-9) 참조.

이 부분은 원문의 (70r) Item alius sermo '다른 설교' 부분의 마지막 구절로, 원문은 단 세 줄로 되어 있다. 그러나 주석을 단 사람이 보기에 원문의 내용이 너무 짧고 딱딱해 보였는지, 여백에다 자기 생각을 담아 확대하여 해석한 문장 12줄을 첨가해 놓았다. 이것이야말로 이베리아 반도 최초의 로망스어로 쓰인 문장인 것이다.

(89)

Cono ajutorio de nuestro
dueno. dueno christo. dueno
salbatore. qual dueno
get ena honore. e qual
duenno tienet. ela
mandatjone. cono
patre cono spiritu sancto
enos sieculos. delo[s] siecu
los. facanos deus omnipotes
tal serbitjo fere. ke
denante ela sua face
gaudioso[s] segamus. Amen.
[Heinz Jürgen Wolf(1996) 판]

[스페인어 해석]

Con la ayuda de Nuestro Señor don Cristo, don Salvador, señor que está en el honor y señor que tiene el mando con el Padre, con el

Espíritu Santo, en los siglos de los siglos, háganos Dios omnipotente hacer tal servicio que delante de su faz gozosos seamos. Amén.

[한국어 해석]

구세주이시며 영광 속에 있고 성부와 성령으로 이 세상을 주관하시는 우리 주 예수 그리스도의 도움으로, 전능하신 주여 우리를 당신께 봉사하게 하시어 당신 면전에서 우리가 기뻐할 수 있게 해주시옵소서. 아멘.

이 주에 쓰인 언어가 이베리아반도 최초의 로망스어라고는 하지만, 이것이 곧 castellano '카스티야어'는 아니다. 10세기 중반에 산 미얀은 아직 나바라 땅이었으므로, 여기서 쓰인 언어는 모사라베와 매우 유사한 나바라-아라곤 고어이다. 아직 카스티야어는 일반화되지도 못했을뿐더러, 그렇게 힘 있는 언어도 아니었다. 카스티야어는 아직 완전한 형태를 갖추지 못하고 있었으며, 11세기 후반에 가서야 기록으로 나타나기 시작한다.[53]

문서에 de fueras, muertos, fuerte 등의 이중모음 ue가 나타나긴 하지만, 이것이 반드시 카스티야어만의 특징은 아니다. 왜냐하면 나바라-아라곤어에서도 uo, ua와 함께 사용됐었기 때문이다. 『Glosas』에는 uemne

53 Jürgen Wolf, Heinz(1996), Prólogo 참조. 그러나 모든 학자가 다 이 주장에 동의하는 것은 아니다. 예를 들어, Wright, Roger(1989:309)는 이 문서에 쓰인 언어를 <navarro-aragonés>가 아니라, 한두 명의 식자가 임의로(ad hoc) 만들어낸 것이라고 보고 있으며, 시기도 10세기가 아닌 11세기로 보고 있다. 그러나 본 고에서는 Ramnón Menéndez Pidal과 대부분 학자가 주장하는 바를 따른다.

와 더불어 uamne 'hombre'도 사용되고 있다. 이 uamne/uemne 이외에 도 clamar, aflar, aplecar 'allegar', laixar, cambas, fruito, muito, sieglo, feito, spillo, conceillo 등이 쓰였는데, 이들은 아라곤어의 특징이다.

이 문서에 쓰인 언어를 감히 최초의 로망스어 기록이라고 하는 이유는, 앞에서 살펴본 『Nodicia de Kesos』는 후기 라틴어와 로망스어가 뒤섞여 있어서 구분하기가 매우 까다로운 데 반해, 산 미얀의 문서에서는 라틴어와 로망스어가 확연하게 구분되어 기록되어 있기 때문이다. 따라서 누가 봐도 이 언어는 라틴어가 아닌 별도의 언어, 즉 '로망스어'인 것이다.[54]

7.2.2.2. 산 미얀 데 라 코고야 수도원

마을 이름은 수도자인 Aemilianus(473-574)에서 나온 것이다. Cogolla의 어원은 라틴어 cuculla에서 나온 것으로, Cocullа를 거쳐 Cogolla가 되었다. cuculla란 capucha '모자'라는 뜻이다. 즉, 수도사들이 입고 다니는 긴 수도복에 달린 '모자'를 가리키는 것이다. 또는 그 모양에서 따와 '산꼭대기'를 가리키기도 한다. 마을이 해발 700여 미터쯤 되는 산의 자락에 자리 잡고 있는데, 주변 풍경이 capucha 같이 보여 이런 이름이 붙은 것이라고 한다. 남쪽으로는 데만다산맥이 병풍처럼 솟아 있고 북쪽으로는 에브로강이 흐르고 있다. 산자락과 에브로강 주변의 평원이 만나는 중간 지점에 위치해 있다.[55]

---

54 이강국(2001:67-88) 참조.

55 San Millán de la Cogolla의 역사에 관해서는 http://www.sanmillandelacogolla.es/san-millan-en-la-historia 참조. 과달하라 지방에 Cogolludo라는 마을이 있다. 이 지명도 '두건 달린 외투(capuchón)'라는 의미의 라틴어 cucullus에서 나온 것이라고 한다. https://www.cogolludo.es/paginas/

수도원은 Monasterio de San Millán de Suso와 Monasterio de San Millán de Yuso 두 채로 나뉘어 있다. suso는 라틴어 sursum에서 나온 것으로 sussu(m)을 거쳐 형성된 어휘이다. arriba '위, 위로'라는 뜻이다. yuso는 라틴어 deorsum에서 나온 것으로 abajo '아래, 아래로'라는 뜻이다. 지금은 잘 쓰이지 않는 고어들이다.

Suso 수도원은 서고트 시대인 6세기 말에 지어졌다고 한다. 데만다 산 중턱에 위치해 있다. 은둔 수도자들이 기거했던 작고 평범한 이 층 벽돌집이다. 가파른 경사면을 깎고 지은 가옥이라 뒷면은 창문조차 없다. 산 아랫마을에 위치해 있는 Yuso 수도원에서 셔틀버스를 타고 올라간다.[56]

Yuso 수도원은 Suso에 비해 훨씬 더 크고 웅장하다. 수도원이 세워진 것은 11세기 중반이다. 1053년 나바라의 왕인 가르시아 산체스가 Suso 수도원에 묻혀있던 산 미얀의 유해를 나헤라로 옮기려 했다고 한다. 그러나, 전설이 전하는 바에 따르면, 유해를 실은 마차를 끌던 소들이 산에서 내려와서는 더는 움직이지 않았다고 한다. 이를 기적이라고 여긴 왕은 바로 그 자리에 수도원을 세우고 산 미얀의 유해를 모셨다고 한다. 그 수도원이 바로 Yuso 수도원이다.[57]

두 수도원 모두 역사적인 곳이지만, Suso 수도원은 특히 거기서 기록된 『Glosas』 덕분에 〈Cuna del romance〉 '로망스어의 요람'이라고 불린다. 지금은 아무도 거주하지 않는 산속의 작은 벽돌집에 불과하지만 경이로움이 가득한 곳이다. 카스티야어의 모태가 되는 이베리아반도 원시

---

cogolludo/historia.htm 참조.

56 이 수도원에 관한 자세한 사항은 Ibáñez Rodríguez, Miguel(2000) 참조.

57 이 수도원에 관한 자세한 사항은 Olarte, Juan B.(2005) 참조.

로망스어가 태어난 고향이기 때문이다. 카스티야어가 성립된 시기는 대체로 이보다 1세기쯤 뒤이고 지리적으로는 더 남쪽의 바야돌리드와 아란다 데 두에로 지역을 재정복하고 난 이후의 일로 본다.

스페인어를 공부하는 사람이라면 한 번쯤 순례하듯 가볼만한 곳이다. 주변의 아름다운 풍경에도 넋을 빼앗기겠지만, 무엇보다도 타임머신을 타고 로망스어가 처음 탄생하는 순간에 온 듯한 착각에 빠질 것이다. 마치 만나는 사람들과도 중세풍의 고어로 얘기해야 통할 것 같은 느낌이 드는 곳이다. 지성이면 감천이라고, 가서 간곡히 빌면 스페인어 말문이 저절로 터질지도 모를 일이다. 1997년 세계문화유산으로 등록되었다. 이 작은 Suso 수도원은 중세 때 종교와 학문에서 이베리아반도 가톨릭 세계의 중심지였다. 스페인 중세 문학에서 유명한 곤살로 데 베르세오도 이곳에서 공부했다고 한다. 그가 태어난 마을인 Berceo '베르세오'가 바로 지척이다. 이곳에서 기록된 수십 개의 귀중한 필사본들은 현재 대부분 왕립역사아카데미에 보관되어 있다.

7.2.3. 『Glosas Silenses』

7.2.3.1. 작성 시기와 구성

『Glosas Emilianenses』 보다 연대기 상 조금 늦게 기록된 것이 『Glosas Silenses』이다. 작성 연대는, 11세기 초반으로 보는 견해도 있으나, 메넨데스 피달에 따르면 『Glosas Emilianenses』보다 조금 늦은 10세기 후반에 작성된 것이라고 한다. 산 미얀보다 더 남서쪽, 즉 부르고스 남쪽에 있는, 당시로써는 갓 재정복된 지역인 산토 도밍고 데 실로스의 수도원에서 작성되었다. Silenses는 Silos의 라틴식 형용사형이다. 이 또한 라틴어 원문에 주를 달아 놓은 것인데, 『Glosas Emilianenses』와는 달리 본문과 주를 작성한 사람이 동일인이라고 한다.[58]

원문의 내용은 크게 세 부분으로 나뉘어 있다.

-1o. fols. 1-308: 설교집, 기도문, 서간문을 담고 있다.

-2o. fol. 309r: 〈Pater; Filius .I.; Nepos .II.; Pronepos .III.〉 등의 가계도를 그리고 있다.

-3o. fols. 309r-324: 속죄 목록을 담고 있다.

이 또한 기록 내용과 형식으로 보아 기록자는 사제가 아니고 라틴어를 배우던 젊은 신학생이었을 것으로 추정된다. 현재 런던의 대영 박물관에 소장되어 있다.

여기에 쓰인 언어는 앞의 『Glosas Emilianenses』와 동일하다. 당시 문화의 중심은 산 미얀이었고, 산토 도밍고는 갓 재정복된 지역으로 산 미얀의 영향력 아래에 있었으므로, 언어가 서로 크게 다르지 않았다.

여기서는 속죄 목록의 첫 부분을 소개하기로 한다.[59]

---

58 Menéndez Pidal, Ramón(1982:4-9) 참조.

59 이 부분은 Menéndez Pidal, Ramón(1972:11-24)에서 발췌했음을 밝힌다.

(Fol. 310r) I. De ebrietate uel euomitum.

Si quis episcopus aut aliquis ordinatus ebrietatis uitium habuerit aut desinat aut deponatur 1[aut desse poncat]. Sacerdos aut quilibet clerus se inebrieberit .XX. diebus peniteat. Si per ebrietatem euomitauerit, .XL. ds. peniteat; si cum eucaristia, .LX. ds. peniteat. [...] Si in die quando communicauerit ante solis (fol. 310v) occasum 2[intrata] aliquis sacrificium euomerit, .X. diebus peniteat.

[한국어 해석]

(Fol. 310r) I. 술 취함과 구토에 대하여

어떤 사제나 성직자가 되려는 수품자가 술에 취하는 죄를 범한다면, 그만 마시고 자리를 뜨게 하라. 사제든 성직자든 술에 취하는 자는 누구든지 20일 동안 회개하게 하라. 만약 음주로 인해 토하거든, 15일 동안 회개하게 하라. 이것이 만약 성찬으로 인한 것이라면, 60일 동안 회개하게 하라. [...] 만약 성찬을 함께 나눈 날 누군가 해가 지기 전에 토하거든, 10일 동안 회개하게 하라.

여기서 속어는 1[aut desse poncat]과 2[intrata]이다. 번호는 편집자인 메넨데스 피달이 임의로 붙여 놓은 것이다. 1번 주의 원문인 deponatur는 '–을 바닥에 내려놓다, 치우다, 포기하다'의 의미 가진 라틴어 동사 depono의 3인칭 단수 수동명령형이다. 고전 라틴어에서는 수동형이 어미 변화로 표시되는 통합형이었으나 로망스어에서는 대체로 'ser+과거분사'로 대체되었다. 여기서도 이미 통합형이 사라지고 desse poncat으로 분할되었다. desse는 de+esse의 줄임말이고 poncat는 ponga이다.

deesse는 descuidar, desaprovechar, faltar 등의 의미이다. '비(非), 분리, 제거'의 의미가 있는 접두사 de와 ser가 결합한 것으로 '없다'라는 의미이며 현재는 해당 형태가 쓰이지 않는다. 즉, 글자 그대로 번역하면, '자리에 없게 치워라'라는 의미이다. 수동형을 'ser+과거분사'형으로 대체한 것이 아니라 의미에 따라 해체한 것이다.

2번 주의 원문 occasum은 ocaso '낙조'로 변했다. 즉 ante solis occasum은 '해가 지기 전에'라는 뜻이다. 속어에서는 ocassum 대신에 intrata를 썼다는 뜻이다. 이것이 변한 것이 entrada이다. 따라서 ante solis intrata는 '해가 들어가기 전에'라는 뜻이다. 당시 대중들에게 잊혔던 occasum은 후에 라틴어에서 다시 차용되어 교양어 ocaso가 되었다.

7.2.3.2. 산토 도밍고 데 실로스 수도원

부르고스 남쪽에 위치해 있는 작은 마을이다. 마을과 같은 이름을 가진 이 베네딕트파 수도원이 있어서 유명한 곳이다. 수도원이 세워진 것은 7세기 서고트 시대라고 한다. 이슬람 침략기에 심하게 파괴되었으나 1041년 산 미얀에서 산토 도밍고 데 실로스 신부가 원장으로 부임해 중흥기를 맞았다. 1073년까지 수도원장을 역임했다. 피폐해진 수도원 건물을 복구하고 기도와 학예를 장려해 수도원을 다시 지역 정신문화의 요람으로 만들었다. 이를 기려 수도원의 이름이 그에게 봉헌되었다.[60]

이 수도원은 특히 도서관으로 유명하다. 필경사들이 손으로 직접 쓴 글씨도 경탄스럽지만, 책에 금박과 은박, 또는 갖가지 색으로 온갖 문양

60 수도원의 역사에 관해서는 https://www.abadiadesilos.es/historia/ 참조.

을 그려 넣은 것은 그 자체로 하나의 예술작품이다. 기계로 대량 찍어내는 요즘의 책에서는 느낄 수 없는 고귀한 품격이 느껴진다. 약 16만 권이 보관되어 있다고 한다. 스페인어 역사에서 가장 가치 있는 자료는 단연 『Glosas Silenses』이다. 이 판본은 수도사들이 정성을 다해 필사한 작품은 아니다. 『Glosas Emilianenses』처럼 신학을 공부하는 학생이 라틴어 원문에 '자기 마음대로' 당시의 구어 어휘들을 적어 놓은 것이다. 그래서 더 가치 있는 자료이다. 내용이나 예술적 아름다움보다는 당시에 쓰이고 있던 언어 형태를 '날 것' 그대로 보여주고 있다는 점에서 무엇보다도 귀중한 사료이다.

현대에 와서 이 수도원이 새삼스럽게 주목을 받는 것은 그레고리안 성가를 보존하고 있기 때문이다. 그레고리안 성가는 교황 그레고리우스 1세(재위 590-604)가 동방 교회의 비잔틴 성가, 4세기경 밀라노의 주교 암브로시우스가 만든 암브로시안 성가, 프랑코 왕국 초기에 만들어진 갈리아 성가, 서고트 시대에 만들어진 스페인의 모사라베 성가 등 당시 지역에 따라 달리 쓰이던 성가 양식을 집대성한 것이다. 단선률의 무화음(無和音), 무박(無拍), 무조(無調)의 노래지만 천상의 소리를 지상에 구현한 듯 경건함의 극치를 이룬다. 요즘에는 각국에서 자국의 언어로 성가를 부르고 있으므로 듣기가 쉽지 않은데, 이 수도원에서는 잘 보존되어 있다.

수도원 건물은 로마네스크 양식으로 차분하고 장중한 느낌을 준다. 내부 정원의 회랑이 특히 유명하다. 회랑의 면마다 14-16개의 아치 기둥들이 세워져 있으며 복층으로 이루어져 있다. 11-12세기 동안에 건설되었다고 한다. 아치를 떠받치고 있는 기둥들은 모두 쌍으로 구성되어 있는데, 중간에 이 두 기둥을 꼬아 놓은 곳이 있어 매우 이채롭다. 그레고리안 성가와 더불어 가장 방문객들의 눈길을 끄는 대상이다. 고즈넉한 주말 오후에 조용히 삶을 반추하며 침잠하기에 좋은 곳이다. 맑고 은은하게 울려 퍼지는 성가는 저 골치 아픈 『Glosas』를 보고 생긴 두통을 말끔히 씻어줄 것이다. 병 주고 약 주는 곳이다.

7.2.4. 『Cartularios de Valpuesta』

7.2.4.1. 작성 시기와 구성

1990년대 후반 부르고스 지방의 발푸에스타에 위치해 있는 산타 마리아 성당의 문서보관소에서 804-1200년 사이에 쓰인 것으로 추정되는 문서철이 발견되었다. 원문 대부분은 후기 라틴어인데, 일부 로망스어가 섞인 텍스트도 포함되어 있다. 발푸에스타 측에서는 기록 연대가 가장 오래된 것은 804년까지 거슬러 올라간다고 주장하고 있다.[61] 이 말이 사실이라면, 이베리아반도에서 가장 오래된 로망스어 기록이 될 것이다. 그러나 매우 오래된 것임은 틀림없으나 정확한 연대를 특정할 만한 근거가 부족한 상태이므로, 이베리아반도 최초의 로망스어 기록이라고 인정받지는 못하고 있다. RAE(2010년)에서도 이 문서에 쓰인 로망스어를 "una lengua latina asaltada por una lengua viva"로써 초기 로망스어의 흔적을 보유하고 있는 것은 인정하지만, '가장 오래된 것'인지의

61 https://www.valpuesta.com/cuna-del-castellano-2/와 http://www.valdegovia.com/es/ver_valpuesta.asp 참조.

여부에 대해서는 판정을 보류하고 있다.[62]

실제로 로망스어가 언제, 어디에서 탄생했는지는 특정하기 매우 어려운 문제이다. 아마도 칸타브리아에서 시작되어 차츰 재정복이 진행됨에 따라 더 남쪽의 바야돌리드와 남동쪽의 부르고스 지역으로 확산하면서 기록이 나타나기 시작했을 것이다. 따라서 RAE에서도 로망스어의 탄생지를 '칸타브리아의 시골 마을과 들판'이라고 폭넓게 규정하고 있다. 이곳은, 조금 더 구체적으로 보면, 칸타브리아 남부의 발데레디블레 지역과 카스티야 이 레온 북부의 아길라르 데 캄포오 주변 지역에 해당한다. 즉, 칸타브리아산맥 남쪽 자락으로 에브로강 상류와 피수에르가강 상류 사이의 지역이다. 대체적인 시각은, 이곳에서 배태된 로망스어 구어가 차츰 재정복이 진행됨에 따라 제 모습을 잡아가다가 드디어 산 미얀에서 최초로 기록된 것으로 보고 있다. 따라서, 앞에서 언급한 지역보다 약간 더 동쪽에 있지만 거의 같은 위도 상에 있는 발푸에스타에서도 같은 시기에 라틴어에서 변화된 구어체가 사용되었을 것이라는 점은 쉽게 짐작할 수 있는 일이다. 그러나, 시기적으로나 지리적으로나, 산 미얀보다 훨씬 북쪽에 있는 발푸에스타 인근에서 먼저 로망스어가 배태되었을 가능성은 농후하지만, 이 문서가 최초의 기록으로 인정받기 위해서는 더 많은 연구가 진행되어야 하는 상황이다.

---

62 RAE(2010), Presentación en la RAE de los «Becerros gótico y galicano de Valpuesta», 23 de noviembre de 2010; https://www.rae.es/noticia/presentacion-en-la-rae-de-los-becerros-gotico-y-galicano-de-valpuesta. 참조.

7.2.4.2. 발푸에스타 성당

『Cartularios de Valpuesta』가 발견된 성당으로써, 스페인어사에서는 새롭게 매우 중요한 지역으로 떠오른 곳이지만, 종교적으로는 이미 오래전부터 많은 순례객과 관광객들이 찾던 곳이다. Colegiata '성당'은 804년 알폰소 2세 때 처음 지어지기 시작했다고 한다.[63] 일부 학자들은 이를 근거로 가장 오래된 문서가 804년까지 거슬러 올라간다고 주장하는 것이다. 산 미얀보다 훨씬 더 북쪽에 위치해 있기 때문에, 재정복 전쟁 기간 동안 산 미얀 이전에 이베리아반도 북부에서 문화와 학문의 중심지 역할을 했다. 마을은 부르고스 지방의 북동쪽 끝자락에 위치해 있는데, 바스크를 향해 쑥 들어간 발데고비아 계곡 속에 위치해 있다. 따라서 지리적으로 마치 바스크에 속하는 것으로 오인될 정도이다. 마을의 삼면을 둘러싸고 있는 뒷 산 능선이 부르고스 지방과 바스크의 알라바 지방의 경계이기 때문이다. 초기의 로망스어가 잉태되었을 가능성이 매우 높은 지역이므로 로수엘라와 산 미얀, 산토 도밍고 만큼이나 의미 있는 곳이다.[64]

---

63 colegiata는 라틴어 collegiāta 'perteneciente a un colegio'에서 나온 말로 교구 소속은 아니지만 이 또한 '성당'이라고 번역된다. https://dle.rae.es/colegiata?m=form 참조. RAE에 따르면 다른 말로 iglesia colegial이라고도 하는데, 이는 "iglesia que, no siendo sede propia del arzobispo u obispo, se compone de abad y canónigos seculares, y en ella se celebran los oficios divinos como en las catedrales."로 정의된다. https://dle.rae.es/iglesia#KTiCDb9 참조.

64 발푸에스타 성당에 대한 자세한 사항은 https://www.valpuesta.com/la-colegiata-el-tesoro-de-valpuesta/ 참조.

8

제8장

<톨레도 번역자 학교>와 중세 스페인어

8.1. 클뤼니 개혁과 프랑스어의 영향

9세기 초에 갈리시아에서 사도 야고보의 무덤이 발견됨으로써 산티아고 데 콤포스텔라가 새로운 성지로 떠올랐다.[1] 일설에 따르면, 813년 펠라요라는 은둔 수도사가 리브레돈 숲에서 기도하던 중에 환한 별빛이 어느 한 곳을 유난히 밝게 비추는 광경을 목격했다고 한다. 주교에게 이 사실을 알리고 함께 찾아가 본 결과, 별빛이 비춘 곳은 바로 사도 야고보의 무덤이었다는 것이다.[2]

사도는 실제로 이베리아반도에서 포교한 후에 예루살렘으로 돌아

1 성경에는 Jacobo라는 인물이 여러 명 등장한다. 먼저 구약성서에서 아브라함의 손자이자 이삭의 아들 이름이 '야곱'이다. 이 인물과 구분하기 위해 예수의 제자들은 각각 '제베데오의 야고보'와 '알패오의 야고보'라고 부른다. 여기서 등장하는 사도는 '제베데오의 야고보'로서 '대 야고보'라고도 불린다.

2 <La tradición relata como su cuerpo es trasladado por mar hasta tierras gallegas, siendo enterrado en un bosque, donde hoy se levanta la Catedral>, http://catedraldesantiago.es/catedral/#apostol 참조.

가 44년경에 순교했으며[3], 제자들이 그의 유해를 이베리아반도로 다시 옮겨 왔다고 한다. 오랜 시간 무덤의 위치가 잊혔다가 9세기 초에 별빛의 계시로 발견된 것이었다. 이를 계기로 마을의 이름은 '별이 비춘 들판'이라는 의미에서 Campus Stellae가 되었다. Campostella가 모음조화(a-o>o-o)와 ll의 단음화(ll>l)를 거쳐 Compostela가 된 것이다. Santiago는 Santus Iacus가 합쳐진 것이다. '성 야고보'라는 뜻이다. 따라서 Santiago de Compostela는 '별이 비춘 들판의 성 야고보'라는 뜻이다. 후에 무덤 자리에 성당을 세웠다. 지금도 성당 지하에 사도의 관이 안치되어 있다.

사도 야고보가 결정적으로 추앙받게 된 것은 844년 레온의 라미로 1세가 이슬람 군대와 격돌한 클라비호 전투 때부터라고 한다. 전설에 따르면, 라미로 1세는 로그로뇨 남쪽 약 17km 지점에 있는 클라비호의 란투르세라는 산에서 이슬람 군대에 의해 포위되었다고 한다. 전멸할 위기에 처해 있었는데, 그날 밤 꿈속에 사도가 나타나 용기를 북돋아 주었으며 다음 날에는 전투에 직접 나타나 가톨릭 군대가 대승을 거둘 수 있도록 도와주었다고 한다. 이때부터 이베리아반도 가톨릭 세계에서는 사도 야고보를 국가적 차원에서 '수호성인'으로 추앙하기 시작했다고 한다.[4]

사도 야고보의 무덤이 발견되었다는 소문은 삽시간에 유럽 여러 나라로 퍼져나가 순례객들이 모여들기 시작했다. 당시 최대의 성지였던 예루

---

3 정확한 사망 연도는 자료마다 약간씩 차이가 있다. 대개 41-44년 사이라고 한다.

4 https://web.archive.org/web/20090721115554/http://mundohistoria.portalmundos.com/la-batalla-de-clavijo-23-de-mayo-844-dc-santiago-apostol-se-transforma-en-matamoros-y-peregrino/ 참조.

살렘은 너무 멀고 또 아직 이교도들 수중에 있었으므로 너무 위험했다. 그를 대신할 만한 성지로 산티아고 데 콤포스텔라가 주목을 받게 된 것이었다. 여기에는 이교도들과 성전을 벌이고 있는 반도인들에 대한 심정적인 응원도 크게 한몫했다. 서유럽 가톨릭교도들, 특히 프랑스인들이 대거 피레네산맥을 넘어 멀고도 험한 북부 해안 길을 따라 San Sebastián→Guernica→Bilbao→Laredo→Santander→Oviedo를 거쳐 갈리시아까지 도보로 여행했다. 이 길은 프랑스인들이 주로 걸었다고 해서 camino francés '프랑스 길'이라고 이름 붙여졌다. 후에 나바라의 산초 대왕에 의해 좀 더 남쪽에 Pamplona→Logroño→Burgos→León→Astorga→Santiago로 이어지는 새로운 길이 개척되었다. 그동안 이슬람교도들과 맞서 싸우느라 소홀했던 서유럽 가톨릭 세계와의 교류가 이 순례길을 통해 다시 활짝 열렸다.

이 교류에 앞장선 사람은 나바라의 산초 대왕이었다. 당시 유럽에서 가장 앞선 제도와 조직을 갖춘 곳은 910년 부르고뉴의 클뤼니에 설립된 '클뤼니 수도원'이었다. 이들은 교황 직속으로, 특히 그레고리우스 7세(1073-1080)의 개혁 정책을 앞장서서 수행했다. 이미 1022년에 팜플로나 근처의 레이레에 수도원을 설립했으며, 산초 대왕은 이들을 적극적으로 받아들여 모든 교회 의식과 미사를 로마식으로 통일하고 교단 정비를 맡겼다. 그 뒤를 이어 카스티야-레온의 페르난도 1세와 카스티야의 알폰소 6세도 이들의 활동을 적극적으로 지원해 톨레도 대주교를 비롯한 주요 성직에 프랑스 또는 프로방스 출신의 성직자들을 대거 등용했다. 1095년 엘시드가 발렌시아를 정복한 후 임명한 제롬 드 페리고르드 주교도 프랑스 인이었다.

당시에는 종교뿐만 아니라 모든 문화와 지식의 중심이 수도원이었으므로, 이들 프랑스 사제들이 스페인 사회에 끼친 영향은 지대했다. 게다가 지배 계층은 이들과의 교류를 서유럽 교계와의 연결 고리로 삼고 있었으며 우수한 선진 문물을 받아들이는 통로로 인식하고 있었기 때문에, 문화적 의존도는 점점 더 커갈 수밖에 없었다. 이러한 관계는 11세기 말부터 13세기 말까지, 약 2세기 동안 절정에 달했다.

8.2.『엘시드의 노래』

1065년 페르난도 1세가 사망한 후, 카스티야-레온 왕국은 다시 두 아들에 의해 분할되었다. 첫째인 산초 2세(1065-1072)는 카스티야를, 둘째인 알폰소 6세(1072-1109)는 레온을 물려받았다. 그러나 둘은 더 넓은 영토를 차지하기 위해 서로 싸웠다.

이 과정에서 등장하는 인물이 중세 기사의 전형으로 평가받고 있는 El Cid '엘시드'이다. 본명은 로드리고 디아스 데 비바르이다. Cid란 아랍어로 señor '주군'이라는 의미로써, 모로인들이 그의 무용과 덕을 흠모해 붙여준 별명이다. 또 다른 별칭으로 Campeador라고도 하는데, 이는 라틴어 campus의 속격인 campi+doctor, 즉 '야전에서 싸움을 잘하는 사람'이라는 뜻이다. 흔히 이 둘을 합쳐 El Cid Campeador라고도 부른다.[5]

5 Alatorre, Antonio(1989:96) 참조.

아래의 내용은 2009년에 번역된 『엘시드의 노래』의 서문에 수록된 내용으로 이 노래에 대한 전반적인 해설을 담고 있다.[6]

8.2.1. 시대 상황

주인공인 로드리고 디아스 데 비바르는 1040년경 카스티야의 수도인 부르고스 인근에 위치해 있는 비바르라는 작은 마을에서 태어났다. 당시 이베리아반도는 가톨릭교도들이 이슬람교도들을 상대로 한창 재정복 전쟁을 벌이고 있는 상황이었다. 711년 이베리아반도 전역을 점령했던 이슬람교도들은 점차 가톨릭교도들에게 밀려 남쪽으로 후퇴를 거듭하다가 당시에는 메디나셀리 인근 지역을 경계로 대치하고 있었다. 북부의 가톨릭 세계는 카스티야-레온 왕국을 중심으로 나바라 왕국와 아라곤 백작령, 프랑스인들이 세운 카탈루냐 백작령 등이 직-간접적으로 재정복 전쟁에 참여하고 있었던 반면에, 남부의 이슬람 세계는 수십 개의 소왕국으로 분열되어 있었다. 이에 북아프리카의 이슬람 제국은 가톨릭 세력과의 완충지대 역할을 하고 있던 반도의 자파 세력이 점차 남쪽으로 밀리자 위기감을 느끼고 있었다. 발렌시아에서 엘시드가 상대했던 이슬람 세력이 바로 북아프리카에서 재차 이베리아반도로 진격해온 알모라비데족이었다.

당시 시골 귀족 가문 출신인 로드리고는 카스티야-레온의 군주인 페

6 본 절에서 인용한『엘시드의 노래』의 판본은 Menéndez Pidal, Ramón(1991)과 Smith, Colin(1976)을 주로 참고했으며, 번역본은 이강국 역(2009)을 참조했음을 밝힌다. 원본『엘시드의 노래』에 대한 자세한 비평은 Lapesa, Rafael(1985), 제1장, pp.11-42 참조.

르난도 1세의 궁정에서 교육받고 궁정 기사로 성장해 있었다. 1065년 페르난도 1세가 죽자 왕국은 두 아들에게 분할되었다. 큰아들인 산초 2세는 카스티야 왕국을, 작은 아들인 알폰소 6세는 레온 왕국을 물려받았다. 그러나 형제들 사이에 영토 다툼이 벌어졌고, 1072년 산초 2세가 우라카 공주의 영지인 사모라를 공격하던 중에 암살을 당했다. 알폰소 6세와 우라카 간의 친밀한 관계를 잘 알고 있던 카스티야인들은 암살 배후로 알폰소 6세를 의심했으나, 구체적인 증거가 없었고 그가 산초 2세의 뒤를 이어 카스티야의 왕위계승권을 갖고 있어 어찌할 도리가 없었다. 그러나 엘시드는 귀족 대표로 나서서 알폰소 6세에게 카스티야의 왕위에 오르기 전에 산초 왕의 죽음과 아무런 관련이 없음을 맹세해 결백을 밝히라고 요구했다. 알폰소 6세는 분노와 굴욕감을 느끼면서도 어쩔 수 없이 많은 사람 앞에서 이를 맹세했고, 엘시드를 위시한 모든 카스티야의 귀족들은 알폰소 6세를 새로운 군주로 받아들였다. 이를 계기로 엘시드는 알폰소 국왕의 미움을 사 점차 권력 주변부로 밀려나기 시작했고, 가르시아 오르도녜스 백작을 중심으로 하는 정적들로부터 공격을 받게 되었다. 결정적인 계기는 세비야의 모로 왕으로부터 공물을 거두어오는 과정에서 개인적으로 선물을 받은 것이었다. 정적들은 이를 공물 착복이라고 고발한 것이었다. 간신히 해명하고 국왕으로부터 용서는 받았지만 모든 의혹의 눈길이 사라진 것은 아니었다. 다시 얼마 지나지 않아 국왕의 허락 없이 단독으로 톨레도를 공격하는 사건이 발생했으며, 이번에는 용서받지 못했다. 결국, 국왕의 개인적인 원한에 그동안 그에게 씌워졌던 혐의들이 한꺼번에 작용하면서 추방령에 처하기에 이르렀다. 이에 엘시드는 가산을 정리하고 왕국을 떠날 채비를 했다. 노래는 여기서부터 시작된다.

8.2.2. 작품의 구성

작품은 총 3,730행으로 이루어져 있는데, 첫 부분 한 장과 2,337행 뒤의 한 장, 그리고 2,507행 뒤의 한 장, 총 세 장이 소실되었다. 모두 합치면 약 150행 정도 되는데, 메넨데스 피달이 『20왕 연대기』를 참고로 채워 넣었다.

노래는 총 3부로 나뉘어 있다.

제1부는 〈추방의 노래〉로써, 처음부터 1,084행까지에 해당한다. 엘시드는 국왕의 명령에 따라 정든 집을 뒤로하고 쓸쓸히 부르고스를 떠난다. 충성스러운 부하 몇 명만이 추방 길에 따라나섰다. 주민들 모두 그를 가엾게 여겼지만, 칙령에 따라 물 한 모금조차 도움을 줄 수가 없었다. 부르고스 교외에서 궁핍하게 노숙을 하고 있을 때 마르틴 안톨리네스라는 기사가 먹을 것을 갖고 찾아와 대열에 합류했다. 그의 기지로 모래를 가득 채운 궤짝을 금궤라고 속이고, 이를 담보로 유대인 라켈과 비다스에게 거액을 빌려 비용을 충당했다. 엘시드는 부인과 두 딸을 산 페드로 데 카르데냐 수도원에 맡겨두고 눈물의 작별을 고했다. 냉혹한 전사답지 않게 '손에서 손톱이 빠지는 듯한' 고통을 느끼며, 어린 두 딸을 두고 떠나는 슬픔을 속으로 삭여야만 했다. 시간이 지날수록 국왕의 보복을 무릅쓰고 엘시드 곁으로 달려오는 병사들의 수가 늘어나 국경을 벗어나기 전에 이미 300명에 이르렀다. 이에 사촌 동생인 '미나야' 알바르 파녜스의 충고에 따라 모로인들의 도시인 카스테혼과 알코세르를 점령해 부하들에게 처음으로 따뜻한 잠자리를 마련해주고 전리품을 골고루 나누어 주었다. 이에 격분한 발렌시아의 왕 타민이 3천 명의 군사를 몰아 공격해 왔지만, 엘시드와 그의 부하들은 적은 수에도 불구하

고 용감히 싸워 크게 이겼다. 엘시드는 미나야를 통해 30필의 말과 많은 전리품을 알폰소 국왕에게 보내 사죄의 뜻을 전하고, 부인과 두 딸을 데려오도록 했다. 알코세르 성이 병사들의 수에 비해 비좁고 수비하기가 어렵게 되자 엘시드는 성을 팔고 떠났다. 이에 모로인 주민들은 모두 아쉬워하며 눈물을 흘렸다. 정복자였음에도 주민들을 함부로 죽이거나 재산을 빼앗지 않았기 때문이었다. 부르고스에 갔던 미나야는 엘시드의 사면을 윤허 받지는 못했으나, 원하는 자는 누구든 따라가도 좋다는 국왕의 허락에 따라 200명의 기사를 데리고 돌아왔다. 엘시드는 바르셀로나 백작의 영토를 침범해 다시 전쟁이 벌어졌다. 엘시드는 이 충돌을 피해 보려 했지만 어쩔 수 없이 엘 피나르 데 테바르에서 전투가 벌어졌다. 그 결과 엘시드를 얕봤던 백작은 포로로 잡히고 희대의 보검인 콜라다를 빼앗겼다. 백작은 수치심에 곡기를 끊고 죽으려 했으나 음식을 먹으면 풀어주겠다는 엘시드의 제안을 받아들였다. 엘시드는 약속대로 백작을 풀어주고 대신 많은 전리품을 갖고 다시 길을 떠난다.

제2부는 〈결혼의 노래〉로써, 1,085행부터 2,277행까지에 해당한다. 다시 길을 떠난 엘시드는 모로인들의 땅으로 더 깊숙이 들어가 발렌시아 지방에 이르러 헤리까, 온다, 알메나라, 부리아나, 무르비에드로 등을 점령했다. 이에 각 지역의 모로인들이 두려움에 떨며 그에게 공물을 바쳐 왔다. 늘 그랬듯이, 엘시드는 전리품과 공물을 부하들에게 골고루 나누어 주었다. 발렌시아의 모로인들도 두려움에 떨었다. 이미 발렌시아 왕국의 거의 모든 마을과 도시들이 그의 수중에 떨어졌기 때문이었다. 아홉 달 동안의 포위 끝에 발렌시아도 결국 성문을 열고 항복했다. 기나긴 고생 끝에 드디어 엘시드와 부하들은 그들만의 안정된 거처를 얻은 것이었다. 엘시드는 부하들에게 전리품을 골고루 나누어 주며 노

고를 치하했다. 이때 헤로니모라는 학식 있고 용감한 사제 한 명이 엘시드를 찾아왔다. 엘시드는 기꺼이 그를 주교로 맞아 새로운 교구를 세웠다. 엘시드는 미나야를 다시 부르고스로 보내 알폰소 왕에게 공물을 바쳤고, 왕은 엘시드의 부인과 두 딸을 데려가도록 허락했다. 발렌시아 함락 소식을 전해 들은 세비야의 왕은 3만 명의 병사를 이끌고 엘시드를 공격해 왔지만, 참패했다. 이때 엘시드는 명마 바비에카를 얻었다. 한편 엘시드의 명성이 날로 높아가자 그의 재산에 욕심이 생긴 카리온의 공자들이 국왕에게 중매를 부탁했다.[7] 이때 모로코의 술탄 유수프는 5만의 군대를 이끌고 다시 발렌시아에 상륙해 성을 포위했다. 이에 헤로니모 주교가 선봉에 서 용감히 싸운 덕에 크게 물리쳤다. 5만 명 중에서 겨우 104명만이 살아 도망칠 수 있었을 정도의 대승이었다. 엘시드는 다시 가족을 무사히 돌려보내 준 답례와 충성의 표시로 말 200필을 알폰소 왕에게 바쳤다. 알폰소 왕은 톨레도에서 엘시드의 알현을 허락하고 그간의 일을 용서했다. 또한 왕은 엘시드의 두 딸의 후견인이 되기로 하고 카리온의 공자들과의 혼사를 제안했다. 엘시드는 썩 내키지 않았지만 국왕의 요청이라 어쩔 수 없이 이를 받아들였다. 엘시드는 카리온의 공자들을 데리고 발렌시아로 돌아와 성대한 결혼식을 올린다.

제3부는 〈코르페스 숲속에서의 모욕〉으로, 2,278행부터 3,730행까지에 해당한다. 발렌시아에서 살게 된 카리온의 두 공자는 비겁함과

---

7 작품에서는 infantes de Carrión이라고 나온다. 보통 infante는 '왕위계승권이 없는 왕의 아들'을 가리키는데, 작품에서는 카리온 백작의 두 아들로 나온다. 따라서 왕자가 아닌 '공자'라고 번역했다. 여기서 Carrión은 팔렌시아 지방에 있는 Carrión de los Condes를 가리키는 것으로 팔렌시아에서 북쪽으로 약 40km, 부르고스에서는 서쪽으로 약 87km 떨어져 있는 고색창연한 도시이다. 이 도시의 역사에 관해서는 http://www.carriondeloscondes.org/conoce-carrion/historia-de-carrion/ 참조.

돈 욕심을 여지없이 드러내기 시작했다. 어느 날 엘시드가 낮잠을 자고 있는 사이에 애완동물인 사자가 우리에서 뛰쳐나오는 사건이 발생했다. 부하들이 엘시드를 깨우지 않고 다시 잡아넣으려 소동을 벌이고 있는 사이에 두 공자는 겁에 질려 책상 밑에 숨어 버렸다. 이로써 엘시드의 부하들에게 겁쟁이로 조롱을 당하게 되었다. 이때 다시 모로코의 술탄 부카르가 대군을 이끌고 발렌시아를 공격해 왔다. 이 전투에서도 역시 공자들은 무서워 꽁무니를 뺐고, 엘시드의 부하들이 대신 공을 세워 주었다. 이로써 체면이 더욱 깎인 왕자들은 부끄러워하기는커녕 앙심을 품었다. 이 전투에서 엘시드는 부카르를 죽이고 명검 티쏘나를 얻었다. 발렌시아에서 크게 체면이 깎인 공자들은 돈이나 챙기려는 욕심에 엘시드에게 두 딸을 데리고 고향으로 돌아가겠노라고 말했다. 이에 엘시드는 지참금을 듬뿍 실어 보냈다. 못내 아쉽고 불안한 마음이 든 엘시드는 조카인 펠릭스 무뇨스를 카리온까지 배웅하도록 딸려 보냈다. 두 왕자는 인적이 끊긴 깊은 코르페스 숲에 이르자 무뇨스를 포함한 일행을 먼저 보내고 자기들만 남아 엘시드의 두 딸을 매질하기 시작했다.[8] 마치 내기라도 하듯이 옷을 모두 벗기고 서로 번갈아 가며 채찍으로 초주검이 될 때까지 때렸다. 그리고는 피투성이가 된 엘시드의 두 딸을 짐승 밥이 되도록 내버려 두고는 희희낙락하며 떠나갔다. 먼저 떠났던 무뇨스는 두 공자가 늦어지자 뭔가 낌새가 이상함을 눈치채고 일행으로부터 슬쩍 빠져나왔다. 몰래 길을 되짚어가다가 결국 피투성이가 된 채 실

8 코르페스(Corpes) 숲은 발렌시아와 카리온 데 로스 콘데스 중간쯤, 시구엔사 서쪽에 있는 숲은 가리키는 것이다. 현재에도 그곳에는 로블레도 데 코르페스(Robledo de Corpes)라는 마을이 있다. 그 일대 산악지대를 가리키는 것이다.

신해 쓰러져 있는 누이들을 발견했다. 이 소식이 발렌시아로 전해지자 격노한 엘시드는 명예를 회복하기 위해 두 딸의 후견인인 국왕을 통해 카리온의 공자들 측에 결투를 신청했다. 국왕의 명령에 의해 카리온의 평원에서 결투가 벌어졌다. 엘시드 측의 대표로 나선 세 기사 페드로 베르무데스와 마르틴 안톨리네스, 무뇨 구스티오스 모두 승리해 통쾌하게 복수를 했다. 카리온 공자들의 명예는 공개적으로 땅에 떨어졌다. 이때 나바라와 아라곤의 왕자들이 청혼을 해 오자 알폰소 국왕이 허락했다. 다시 두 번째 결혼식이 성대하게 거행되었고 엘시드의 두 딸은 모두 왕비가 되어 행복하게 살았다. 세월이 흘러 발렌시아의 영주인 전사 엘시드가 죽으며 노래가 끝난다.

8.2.3. 작가 및 연대

이 노래는 중세 때 실존 인물이었던 로드리고 디아스 데 비바르, 일명 '엘시드'라는 인물의 무용담을 읊은 무훈시로써, 중세 스페인에서 이 마을 저 마을 떠돌아다니며 사람들에게 노래와 춤, 재미있거나 슬픈 이야기 등을 들려주고 그 대가로 음식과 돈을 벌던 juglar '후글라르'라 불리던 방랑 시인들이 가장 애송하던 것이었다.[9] 주인공인 엘시드가 죽은 것은 1099년이다. 이때부터 누군가에 의해서 그의 무훈을 기리는 노래가 불리기 시작했고, 시간이 지나고 입에서 입으로 전해지면서 차츰 지

9 juglar는 지금은 잘 쓰이지 않는 joglar에서 나온 것이다. Del lat. *iocularis* 'gracioso, chistoso'. https://dle.rae.es/joglar?m=form. 라틴어 iocularis는 iocus에서 파생된 것이며, iocus는 스페인어에서 juego로 변했다. Del lat. *iocus*. https://dle.rae.es/juego?m=form 참조.

금의 형태가 갖추어졌다. 처음 기록된 것이 주인공이 죽은 지 40년 정도밖에 되지 않은 1140년이니까 실제로 당시에는 엘시드를 기억하는 사람들이 꽤 많았을 것이다. 아마 젊은 시절 추방 길에서 함께 노숙을 했거나 그의 휘하에서 참전했던 부하들도 살아 있었을 것이다. 노래 솜씨와 재담, 우스꽝스러운 몸짓이나 엄숙한 표정 등 연기에도 능숙했던 당시의 방랑 시인들이 대중들에게 가장 인기 있는 이 기사의 생생한 무용담을 그냥 놔둘 리가 없었다. 이들은 누군가로부터, 아마도 자신이 모시던 선배 방랑 시인이나 다른 동료 시인, 또는 엘시드의 옛 부하들로부터, 이 노래를 귀동냥해 듣고는 암기했다가 자신의 밥벌이 수단으로 활용했을 것이다. 이 과정에서 청중들의 흥미를 배가시키고 시간을 늘리기 위해 노래의 내용을 제멋대로 각색하기도 했을 것이다. 상상력이 풍부하고 입담이 좋은 방랑 시인일수록 주인공인 엘시드를 더 궁지로 몰아넣어 청중들을 안타깝게 하기도 하고 두 딸을 더 불쌍하게 만들어 청중들의 눈물샘을 한껏 자극하기도 했을 것이다. 또한 수많은 적을 단기필마로 통쾌하게 물리치고 자신을 버린 국왕에게 전리품을 보내 충성을 다하는 장면을 연출함으로써 박수갈채를 받기도 했을 것이다. 그래야만 본인들이 원하는 빵과 포도주가 더 풍성하게 차려지기 때문이었다. 여기에다, 진짜든 아니든, 엘시드와 함께 싸웠었다는 누군가의 무용담이라도 더해진다면 금상첨화였을 것이다. 물론 이 또한 과장된 것이었겠지만, 아무도 문제 삼지 않았을 것이다. 따라서 당시에는 방랑 시인들마다 읊는 내용도 길이도 제각각이었을 것이다. 이 노래는 이처럼 엘시드 사후 약 40여 년 동안 제멋대로 진화해 가며 불리던 것을 메디나셀리에 살던 어느 방랑 시인이 최초로 기록한 것이다. 여기에는 물론 자기의 목소리가 가장 크게 작용했을 것이다. 그러나 이전 판본의 내용 또한 무시할 수 없는 수준으로 남아 있을 것이다.

최초 기록자의 단독 작품이라고만 볼 수 없는 이유는 구성의 치밀함이나 묘사의 정확성, 표현의 절제성 등 전체적인 작품의 완성도로 보아 그 이전에도 다른 판본들이 존재했을 가능성이 제기되고 있기 때문이다. 이 작품 연구의 최고 권위자인 메넨데스 피달은 이 노래의 작가를 두 명으로 보고 있다.[10] 한 명은 산 에스테반 데 고르마스를 중심으로 활동하던 방랑 시인으로 구전으로만 떠돌던 노래를 1120년경에 기록했으며, 다른 한 명은 메디나셀리를 중심으로 활동하던 방랑 시인으로 이보다 조금 후인 1140년경 이전의 판본에 문학적 요소를 더 가미해 개작한 것으로 보고 있다. 이 성명 미상의 방랑 시인들이 이 지역에 살았을 것이라고 추측하는 근거는 그 주변 지역에 대한 묘사의 정확성과 작품에서 사용된 언어가 당시 이슬람 세계와의 접경 지역이었던 메디나셀리 일대의 방언을 많이 포함하고 있다는 사실에 주로 기인한다. 산 에스테반 데 고르마스와 메디나셀리, 두 지역 간의 거리는 약 80km로써 재정복된 시기와도 일치한다. 그러나 콜린 스미스의 경우에는, 이와는 달리 부르고스에 살던 학식 있는 작가가 단독으로 썼을 것이라고 주장하고 있다.[11] 어쨌든 오늘날 전해지는 최고(最古)의 판본은 1140년에 기록된 것을 1307년 페르 아밧이라는 사람이 다시 필사한 것이다. 이것을 1779년 토마스 안토니오 산체스가 처음 출판함으로써 세상의 빛을 보게 되었고, 이후 많은 학자들에 의해 연구되고 있다.

---

10 Menéndez Pidal, Ramón(1991) 참조.

11 Smith, Colin(1976) 참조. 콜린 스미스는 저자를 한 명으로 보고 있을 뿐만 아니라, 작품 연대도 1140년경으로 보고 있는 메넨데스 피달과는 달리 1207년 이전으로 보고 있다.

8.2.4. 산 에스테반 데 고르마스와 메디나셀리

산 에스테반 데 고르마스는 아란다 데 두에로에서는 동쪽으로 약 45km, 소리아에서는 서쪽으로 약 70km 떨어진 지점에 위치해 있다. 두 도시를 잇는 N-122의 중간쯤에서 아란다 데 두에로에 더 가깝게 위치해 있으나, 행정구역상으로는 소리아 지방에 속한다. 부르고스에서 추방당한 엘시드가 들렀던 곳이다. 두에로강을 끼고 북쪽에 도시가 형성되어 있으며, 뒷산에 다 허물어진 옛 Castillo de San Esteban '성 에스테반 성(城)'의 터가 남아 있다. 도시는 크거나 화려하지는 않으나, 매우 고풍스럽고 조용하다. 883년에 알폰소 3세가 재정복했으며, 두에로강을 끼고 있는 관계로 이슬람군과 전쟁이 잦았던 곳이었다. 현재는 소규모 도시이지만 과거에는 방랑 시인들이 자주 들렀던 마을이었을 만큼 전략적으로 중요한 곳이었다.[12] 주변에서 성다운 성을 보려면 부르고 데 오스마에서 남동쪽으로 약 13km쯤 떨어져 있는 Fortaleza califal de Gormaz '고르마스 칼리프 요새'로 가야 한다. 10세기 중반에 아랍인들이 쌓은 성으로 두에로강 북쪽, 해발 약 100m 산 위에 위치해 있어 사방을 경계하기에 좋은 위치이다.[13] 산 에스테반에서는 제법 떨어져 있으나 엘시드의 발자취를 따라 한 번쯤 가볼 만한 곳이다.

메디나셀리는 산 에스테반에서 남동쪽으로, 소리아에서는 정남쪽으로 약 80km쯤 떨어진 지점에 위치해 있다. 이 일대는 오랫동안 가톨릭

12 도시에 관한 자세한 사항은 https://www.sanestebandegormaz.org/# 참조.

13 성채에 관한 자세한 사항은 https://www.sanestebandegormaz.org/tierra-de-frontera-s-viii-xi.html 참조.

과 이슬람 양 진영의 국경 지대였다. 1002년 칼라타냐소르 전투 후 알만소르가 사망한 곳이며, 1129년경에 아라곤의 알폰소 1세가 재정복한 도시이다. 지명의 어원에 대해서는 여러 가지 설이 있다. 하나는, 셀티베로어로 '언덕'을 뜻하는 Occilis에서 유래했다는 설이다.[14] 이 도시가 주변을 굽어볼 수 있는 높은 구릉 위에 위치해 있기 때문에 붙은 이름일 것이다. 이 도시의 출신형용사는 medinense이지만, ocelitano(a)도 쓰이고 있다. 과거 셀티베로인들의 도시 이름에서 나온 것이다. 후에 아랍인들이 들어와 medinat '도심'을 붙여(medinat Occilis) medinaceli가 되었다고 한다. 또 다른 설로는 medinat Salim (또는 Selim)에서 유래했다는 것이다. 라파엘 라페사를 비롯한 많은 학자들이 주장하는 바이다.[15] Salim은 '안전한(seguro)'이라는 의미의 형용사이기도 하고 남자 이름으로 쓰이기도 한다. Salim 가문은 베레베르족의 일파로 8-9세기에 이 지역에 정착했다고 한다.[16]

로마 시대 이전부터 주민들이 거주했으며 구릉 위 도심은 고풍스러운 옛 모습을 잘 간직하고 있다. 로마 시대에는 사라고사와 메리다를 잇는 교통의 요지로 중시되었다. 지금도 마드리드와 사라고사를 잇는 A2 고속도로와 북쪽의 소리아에서 내려오는 A15 고속도로가 만나는 지점이다. 두 고속도로가 합류하는 지점이 바로 발밑으로 내려다보일 만큼 전략적 요충지이기도 하다. 주변엔 고만고만한 높이의 구릉이 연이어 펼

---

14 https://medinaceli.es/conocenos/ 참조.

15 Lapesa, Rafael(1981:141) 참조.

16 http://etimologias.dechile.net/?Medinaceli 참조. salim은 아랍어 인사말 as-salāmu 'alaykum '그대에게 평화를!'에서 쓰인 salam 'paz'과 동일한 어근(slm)에서 파생된 어휘이다. 참고로, 대답은 wa-'alaykumu s-salām '그대에게도 평화가!'이다.

쳐져 있는데, 그중에서 메디나셀리 언덕이 가장 높고 넓은 자리이다. 빙 둘러보면 왜 그렇게 오랫동안 가톨릭교도들과 이슬람교도들이 이 지역을 사이에 두고 대치하고 있었는지 절로 이해가 갈 것이다. 스페인어의 역사에서는 어느 이름 모를 방랑 시인이 『엘시드의 노래』를 최초로 카스티야어로 기록한 곳이므로 더 특별한 의미를 갖는 곳이기도 하다. 마을은 작지만 조용한 중세풍의 분위기를 잘 간직하고 있어 하루밤 묵어볼 만한 곳이다. 운 좋으면 꿈속에서 카스티야어가 처음 기록되는 순간을 보게 될지도 모를 일이다.[17]

8.2.5. 문학적-언어학적 가치

이 작품은 이처럼 실제 있었던 역사적 사실에 소설적 허구를 가미한 연의(演義)이다. 역사적 사실이란 먼저 로드리고 디아스 데 비바르라는 인물이며, 이 노래에 나오는 사건들 또한 대부분 사실이다. 즉, 세비야에 파견되어 공물을 받아온 일, 국왕의 명을 어기고 단독으로 톨레도 공략전을 벌였던 일, 왕국으로부터 추방당한 일, 발렌시아를 점령한 일, 두 딸을 왕족과 결혼시킨 일 등은 모두 역사적 사실이다. 이와 더불어 알폰소 국왕에 대해서는, 비록 자신을 추방해 사지(死地)로 내몬 인물이었지만 자신이 충성을 맹세했던 주군이었기에 끝까지 배반하지 않았던 것도 사실이다. 또 하나의 사실은 노래에 등장하는 도시와 마을들이다. 과거 엘시드가 걸었고 전투를 벌였던 길과 들판, 마을과 도시들

17 도시에 관한 자세한 사항은 https://medinaceli.es/ 참조.

은 대부분 지금도 그 자리에 그대로 있다. 일부는 시간이 지나면서 과거의 명칭이 바뀐 것들도 있고 폐허가 돼 구릉으로 변한 마을들도 있지만, 대부분은 노래에 등장하는 지명 그대로 현존한다. 이것이야말로 현대를 사는 우리가 타임머신 없이도 중세로 시간여행을 떠나 지척에서 엘시드의 숨결을 느끼며 방랑 시인이 되어 노래를 읊어볼 수 있는 산 체험의 현장인 것이다.

이러한 역사적 사실에 가미한 소설적 허구로는 우선 엘시드에 대한 지나친 미화를 들 수 있다. 추방된 이후 알폰소 왕의 용서를 구하기 위해 노력했던 것은 사실이었지만, 노래에서처럼 일관된 행보를 취했던 것만은 아니었다. 호구지책으로 때로는 사라고사의 모로 왕을 도와 토르토사의 다른 모로 왕이나 가톨릭교도인 아라곤 왕, 바르셀로나 백작 등과 맞서 싸웠다고 한다. 또 때로는 반대로 바르셀로나 백작을 위해 싸우기도 했다고 한다. 이른바 용병 역할을 한 것이었다. 국왕과 대놓고 맞짱 뜰 정도의 배짱이라면 그의 성격이 어떠했을지 짐작이 가는 대목이다. 엘시드의 부하들 역시 상당히 미화되어 그려지고 있다. 그들은 모로인들과의 전투에서 단 한 번도 패한 적이 없으며 영화에서나 볼 수 있을 법한 기막힌 솜씨로 적들을 물리치곤 했다. 이는 카리온 공자 측과의 결투에서 특히 두드러진다. 콜라다와 티쏜이라는 보검의 위력에 힘입은 바도 크지만 엘시드 측 세 기사의 창 다루는 솜씨는 타의 추종을 불허한다. 이는 주인공이 아끼는 측근의 패배나 죽음으로 인해 청중들을 비탄에 잠기게 하기보다는 적들을 통쾌하게 쳐부수어 환호케 하는 것이 돈벌이에 더 효과적이었기 때문이었을 것이다. 방랑 시인은 청중들의 탄식과 눈물샘을 자극하는 것은 어린 두 딸과의 이별 장면이나 코르페스 숲에서 가해지는 모욕 장면 등으로 충분하다고 판단한 모양이다.

어쨌든 엘시드와 부하들의 솜씨는 지나치게 미화되어 있으며, 특히 엘시드에 대한 칭송은 때로 지나쳐 사실성을 훼손하기도 한다. 그러나 이것이 많은 중세 유럽의 다른 서사시에서는 찾아보기 힘든 주인공의 인간적인 살 내음까지 가리지는 못하고 있다. 다른 소설적 허구는 두 딸의 이름과 결혼 상대자이다. 노래에서는 엘비라와 솔로 나오지만, 실제로는 각각 크리스티나와 마리아이다. 이들의 첫 결혼 상대인 카리온의 공자들이나 두 번째 결혼 상대인 아라곤과 나바라의 왕자들 역시 가공의 인물들이다. 메넨데스 피달에 따르면, 당시에는 딸들의 나이가 너무 어려 실제로 결혼이 이루어졌으리라고 보기는 어렵다고 한다. 또한 실제 결혼 상대자도 마리아는 바르셀로나의 백작인 라몬 베렝게르 3세였다고 한다. 유대인인 라켈과 비다스에게 모래 궤짝을 금궤라고 속여 돈을 우려내는 장면이나 발렌시아에서 엘시드가 애완용으로 키우던 사자가 우리에서 뛰쳐나와 소동을 일으키는 장면 등은 모두 허구로써 노래의 통쾌함과 장쾌함을 더해주며 문학적 완성도를 높여주고 있다.

이처럼 방랑 시인들은 사실과 허구를 넘나들며 능수능란하게 청중들을 울리고 웃기며 스페인 최고의 서사 문학을 꽃피웠고, 스페인인들이 추구해온 신앙심과 충성심, 가족애, 포용력 등을 두루 갖춘 영웅상을 창출해 내기에 이르렀다. 가족들과 헤어질 때 냉혹한 전사답지 않게 눈물까지 흘리는 인간적인 감수성, 발렌시아를 점령한 후 스스로 독립해 왕국을 건설할 수 있었음에도 불구하고 끝까지 알폰소 왕의 신하를 자처하는 변치 않는 충성심, 전리품을 부하들에게 골고루 나누어 주는 후덕함과 적인 모로인들까지도 용서하고 친구로 감싸 안는 관대함 등은 중세를 두루 거치면서 스페인 사람들이 추구한 영웅의 전형으로 기려지고 있다. 이러한 그의 용맹과 숭고한 덕으로 인해 모로인들이 그에게 붙여준 경칭이 바로 아랍어로 '주군'이라는 뜻의 El Cid '엘시드'였던 것이다. 따라서 이 노래는 『베오울프』나 『롤랑의 노래』, 『지크프리트』, 『탄호이저』 등 다른 많은 중세 서사시에서 나타나는 것과 같은 주인공의 전지전능함이나 장렬한 죽음으로 인한 비장함, 비극적 서사감 등은 다소 부족하지만, 등장인물들이 지나치게 신격화되어 있지 않고 인간적이면서도 고결해 그 심리적 존재감만으로도 청중들로 하여금 이민족에 당당하게 맞설 수 있는 자신감과 국가 정신을 고취시키기에 충분했던 작품이다. 작품의 문학적 완성도와 더불어 주인공의 이러한 고결한 영웅 정신은 현대에 이르러서도 변치 않는 가치를 인정받고 있으며 많은 스페인인들로부터 찬사를 받고 있다.[18]

스페인어 발달사에서 이 작품이 차지하는 위치는 아무리 강조해도 지나치지 않을 정도이다. 구전으로만 전해 내려오던 그의 무용담이 1140년경 메디나셀리의 한 방랑 시인에 의해 최초로 '카스티야어'로 기록되었기 때문이다. 로망스어 기록으로는 이미 그 이전에도 10세기 중반에 산 미얀에서 기록된 '주석'이 있고 모사라베들이 불렀던 '하르차'가 있다. 그러나 이들은 모두 단편적인 로망스어 자료만을 제공하고 있을 뿐 전체가 로망스어로 쓰인 것이 아니며 카스티야어는 더욱 아니다. 따라서 이 『엘시드의 노래』야 말로 최초의 카스티야어 기록인 것이다.

---

18 본서에서는『엘시드의 노래』에 대한 문학적 분석은 권미선 외(2008); García López, José(2009); Cacho Blecua, Juan Manuel & Lacarra Ducay, María Jesús(2012); 김종욱(2015) 등을 주로 참고했음을 밝힌다.

8.2.6. 작품 해설

앞에서도 언급했듯이, 이 작품에는 첫 부분 한 장과 2,337행 뒤의 한 장, 그리고 2,507행 뒤의 한 장, 총 세 장이 소실되었다. 총 약 150행 정도 되는데, 메넨데스 피달이 『20왕 연대기』와 주인공의 실제 생애를 되짚어 이 부분의 내용을 보충해 넣었다. 유실된 앞부분의 내용과 배경은 대략 다음과 같다.

카스티야의 국왕 알폰소는 코르도바와 그라나다의 왕들이 매년 바치는 공물을 받아오도록 우리의 주인공 로드리고 디아스 데 비바르를 파견했다. 당시(1079년 말) 세비야의 왕인 알무타미스와 그라나다의 왕인 알무다파르는 서로 원수지간으로 다투고 있었다. 그라나다의 왕 곁에는 알폰소의 신하인 유력한 가톨릭교도 기사 몇 명이 그를 돕고 있었는데, 가장 대표적인 인물이 나헤라의 가르시아 오르도녜스 백작이었다. 이들은 그라나다 왕을 도와 세비야의 알무타미스 왕을 공격했다. 이때 엘시드는 공물을 받기 위해 세비야에 머물고 있었다. 엘시드는 이 기사들이 자신의 주군인 알폰소 왕에게 충성을 맹세한 세비야 왕을 치러 온다는 사실을 알게 되자 곤혹스러웠다. 그리하여 그들에게 편지를 보내 알무타미스 왕 역시 알폰소 왕의 신하이니 공격하지 말라고 일렀다. 그러나 그라나다의 왕과 가톨릭교도 기사들은 엘시드의 경고를 무시하고 공격을 감행해 카브라를 점령했다. 이에 엘시드는 주변의 가톨릭교도들과 세비야 왕 휘하의 모로인들을 규합해 그라나다 왕에게 대항했다. 그라나다 왕은 엘시드를 흠모해 싸움에 나서지 말아 달라고 간청했다. 그러나 엘시드로서는 어쩔 수 없이 나가 싸울 수밖에 없었다. 전투는 치열하게 전개되었다. 그라나다 왕은 엘시드에게 패해 달아났고, 일부는 포로로 붙잡혔다. 그중에는 가르시아 오르도녜스 백작도 끼어 있었다. 엘시드는 막대한 전리품을 거두고 세비야로 돌아와 왕에게 바쳤다. 이때부터 이슬람교도건 가톨릭교도건 모두 로드리고 디아스 데 비바르를 '전사'라는 의미의 '엘시드'라 부르며 존경하게 되었다.

이로써 세비야의 모로인들과 가톨릭교도들 사이엔 다시 평화가 찾아왔고, 엘시드는 카스티야로 돌아왔다. 알폰소 왕은 그의 무훈을 칭송하며 성대히 맞이했다. 그러나 이 일로 일부 가톨릭교도들, 특히 오르도녜스 백작 편의 사람들이 그를 시기하고 헐뜯기 시작했다.

그로부터 얼마 후, 알폰소 왕은 남쪽 국경에서 다시 모로인들과 전투를 하게 되었다. 이때 엘시드는 수행 대열에서 제외되었지만 홀로 톨레도로 달려가 싸웠고, 많은 포로들과 전리품을 노획해 카스티야로 돌아왔다. 이에 왕이 격분하자, 간신배들이 끼어들어 왕의 분노를 더욱 부채질했다. 결국 왕은 엘시드를 왕국에서 추방한다는 칙령을 내렸다. 엘시드는 왕의 명령을 받자 비통하고 화가 났지만 어쩔 수 없이, 9일 이내에 왕국을 떠나라는 명에 따라 떠날 채비를 했다. 친지들과 부하들에게 왕의 명을 알리고 추방 길에 동행할 동지들을 규합했다. 그중에 엘시드의 사촌 동생으로 '미나야'라는 별명으로 더 잘 알려진 알바르 파녜스가 앞장서 그의 곁에 섰으며, 많은 부하들이 자청해 따라나섰다. 원본은 여기서부터 시작된다.

첫 번째 노래

[추방의 노래]

[1]

[친지들과 부하들에게 왕이 자신을 왕국에서 추방했으며 9일밖에 시간 여유를 주지 않았음을 알리고, 누가 함께 떠날 것이며 누가 남을 것인지를 알고 싶다고 말한다.][19]

-나와 함께 떠나는 사람들은 주님으로부터 보상받을 것이고,
여기 남는 사람들도 친구로서 그리되길 바라노라.
그러자 알바르 파녜스, 그의 사촌 동생이 말하길,
-시드시여, 우린 황야건 도시건 어디든 그대와 함께 갈 겁니다.
살아 있는 한 우린 결코 그댈 저버리지 않을 겁니다.
우린 그댈 위해 노새도 말도 버릴 겁니다.
재산도 좋은 옷도 모두 버릴 겁니다.
우린 늘 충성스러운 신하로 그댈 섬길 것입니다.
그러자 모두 입을 모아 알바르의 말에 찬동하네.
시드는 깊이 감사하네, 그들이 한 말에.
시드는 비바르를 떠나 부르고스로 향하네.
자신의 저택을 저토록 황량한 폐허로 남겨 두고.

[여기까지가 「20왕 연대기」를 바탕으로 한 「노래」의 개작 부분이고, 페

19 한국어 번역본은 이강국 역(2009)에서 발췌했음을 밝힌다.

르 아뱃의 판본은 여기서부터 시작된다].

[노래 시작]

두 눈에선　비탄에 젖은 눈물을 흘리며,
고개를 돌려　자신의 집을 망연히 바라보네.
대문은 덩그러니 열려있고　자물쇠조차 보이지 않네.
갑옷 걸이도 텅 비어 있네.　모피 외투도 망토도 보이지 않고,
털갈이를 끝낸 사냥매도,　황조롱이도 보이지 않네.
시드는 한숨을 내쉬며　수심에 가득 찬 채 떠나가네.
늘 그렇듯 이렇게 기도하네,　아주 진실되고 겸손하게.
-하늘에 계신 아버지시여,　감사드리옵나이다.
이는 저들　간악한 적들이 꾸민 짓이옵나이다.

여기서는 엘시드가 왕명에 의해 홀로 부르고스를 떠나는 장면과 사랑하는 부인과 두 딸과 눈물로 작별하는 장면, 발렌시아를 점령한 후 자신을 내쫓은 국왕에게 공물을 보내 두 딸과 부인을 청하는 장면 등을 소개하기로 한다.[20]

Conbidar le ien de grado　mas ninguno non osava;
el rey don Alfonsso　tanto avie la grand saña,
antes de la noche　en Burgos del entro su carta

20 원본은 Smith, Colin(1976)에서 발췌했음을 밝힌다.

con grand recabdo e fuerte mientre sellada,
que a mio Çid Ruy Diaz que nadi nol diesse(n) posada,
e aquel que gela diesse sopiesse -vera palabra-
que perderie los averes e mas los ojos de la cara
e aun demas los cuerpos e las armas.

Enclino las manos [el de] la barba velida,
a las sus fijas en braço' las prendia,
legolas al coraçon ca mucho las quẹria.
Lora de los ojos, tan fuerte mientre sospira:
'!Ya doña Ximena la mi mugier tan complida,
commo a la mi alma yo tanto vos queria!
Ya lo vedes que partir nos emos en vida,
yo ire e vos fincaredes remanida.

Alegras le el coraçon e tornos a sonrrisar:
¡Grado a Dios, Minaya, e a Santa Maria madre!
Con mas pocos ixiemos de la casa de Bivar;
agora avemos riqueza, mas avremos adelant.
Si a vos ploguiere, Minaya, e non vos caya en pesar,
enbiar vos quiero a Castiella do avemos heredades.
Al rey don Alfonsso mio señor natural;
destas mis ganançias que avemos fechas aca
dar le quiero .c. cavallos e vos id gelos levar.

Desi por mi besalde la mano   e firme gelo rogad
por mi mugier e mis fijas   quenlas dexe sacar.

[스페인어 해석][21]

Aunque de grado lo harían   a convidarlo no osaba;
El Rey don Alfonso, saben,   le tenía una gran saña,
Ayer en Burgos, de noche,   había entrado una carta,
con grandes sellos del Rey   y las órdenes bien claras,
mandaba en ella que al Cid   nadie le diese posada,
y aquel que a tal se atreviese   supuiese, por su palabra
que perdería lo suyo   y aun los ojos de la cara
y además de cuanto digo,   con la muerte amenazaba.

Alargó entonces las manos   el de la barba florida,
y a las niñas sus dos hijas   en los brazos las cogía,
al corazón acercólas   porque mucho las quería.
Con lágrimas en los ojos   muy fuertemente suspira:
-¡Oídme, doña Jimena,   ten entera mujer mía,
como yo a mi alma   os quiero en igual medida!
Ya lo veis que sin remedio   nos separan en la vida,
yo he de irme, y vos quedáis   de este modo en compañía.

21 스페인어본은 López Estrada, Francisco(1961)에서 발췌했음을 밝힌다.

Se le alegra el corazón   y otra vez sonríe ya:
-¡Gracias a Dios y a su Madre,   buen Minaya, hemos de dar!
Con mucho menos salimos   de la casa de Vivar;
Ahora ya somos ricos,   y aún hemos de tener más.
Si a vos os place, Minaya,   y esto no os ha de pesar,
os quiero enviar a Castilla   donde está nuestra heredad.
Al Rey Alfonso, que él es   de mí señor natural;
de estas ganancias habidas   en nuestros hechos de acá,
quiero darle cien caballos   e ídselos vos a levar.
Por mí besadle la mano   y no dejéis de rogar
para que a doña Jimena   y a mis hijas, que allá están,
las deje venir conmigo,   si tal es su voluntad.

8.3. '현왕' 알폰소 10세와 스페인어 체계 정립

우리가 흔히 '현왕'이라고 부르는 알폰소 10세(재위 1252-1284)는 1252년 부왕인 페르난도 3세의 뒤를 이어 왕위에 올라 헤레스(1253)와 카디스(1262)를 탈환하는 등 재정복 전쟁에서 큰 공을 세웠다. 법률 체계의 정비에도 심혈을 기울여 1256-1265년 사이에는 『Siete Partidas』 '7부 법전'을 편찬했다. 이 작업은, 법전에 담긴 구속력 때문에 도시와 귀족들이 반란을 일으키는 빌미가 되기도 했으나, 각 지역의 자치법을 하나로 묶어 왕국의 법령을 통일하기 위한 조치였다. 그의 업적 중 가장 빛나는 것은 '톨레도 번역자 학교'를 후원해 문예를 크게 진작시킨 것이었다. 저명한 가톨릭, 이슬람, 유대 학자들을 모두 초빙해 문학, 철학, 역사, 법률 등 다방면에 걸쳐 많은 저작물과 번역물을 쏟아냈으며, 일부는 왕이 직접 집필에 관여하기도 했다. 이러한 과정을 통해 스페인어의 어휘가 풍부해지고 교양화되었으며, 통속어의 문법이 체계를 잡아가기 시작했다.

그러나 말년은 우울한 사건의 연속이었다. 1275년 왕위 계승자인 장남 페르난도가 사망했다. 손자는 왕위를 물려받기에는 아직 너무 어린 상태였다. 이런 경우 카스티야법에서는 차남에게 계승권이 돌아가도록 되어 있으나, 로마법에 기초한 『7부 법전』에서는 장남의 아들에게 계승권이 주어지도록 되어 있었다. 알폰소도 처음에는 차남인 산초에게 우호적이었으나, 왕비와 손자의 외삼촌인 프랑스 왕 필립 3세의 강력한 요청에 따라 결국 어린 손자의 계승권을 인정할 수밖에 없었다. 그러자 산초와 그를 지지하는 귀족들은 1282년 알폰소의 처사에 불복해 반란을 일으켰다. 알폰소의 편을 든 것은 세비야, 무르시아, 바다호스 등 일부 도시들뿐이었다. 알폰소는 과거의 적이었던 베니메린족을 불러들여 반란군을 진압하던 중 1284년 4월 세비야에서 사망했다. 그 뒤를 이어, 알폰소의 유언장을 무시하고 차남인 산초가 카스티야의 왕위에 올랐다(재위 1284-1295). 그 후 산초는 페르난도의 아들을 옹립하려는 측과 오랫동안 피비린내 나는 골육상쟁의 내전을 벌여야 했다.[22]

8.3.1. 세비야와 'No madeja Do'

라파엘 라페사에 따르면, Sevilla라는 도시명은 타르데소스족의 언어인 Spal에서 나온 것이며, tierra baja '저지대'라는 뜻이라고 한다.[23] 로마인들은 이를 Hispalis라고 불렀고, 후에 들어온 아랍인들은 Isbiliya라고 불렀다. 아랍어에는 음소 p가 없어 대신 b로 대체했고, 이베리아반도 아

22 알폰소 10세의 생애에 대해서는 Torrente Ballester, Gonzalo(1945) 참조.

23 Lapesa, Rafael(1981:140) 참조.

랍어의 특징적인 요소인 강세 a를 i로 대체한 것이다. 이것이 변해 오늘날의 형태인 Sevilla가 된 것이다.

세비야의 상징은 'NO와 DO 사이에 8자 표시를 넣은 것'이다. 즉, 〈NO8DO〉 모양이며, 8자는 '밧줄이나 실 꾸러미를 8자로 꼬아 묶은 모양'인 madeja를 의미한다. 따라서 이를 풀이하면 NO MADEJA DO가 된다.

세비야의 상징[24]

이 문양이 세비야의 상징이 된 것은 알폰소의 차남인 산초가 부왕을 상대로 반란을 일으켰을 때이다. 이때 끝까지 알폰소의 편을 든 도시가 세비야였다. 이 충성심을 가상하게 여겨 No me ha dejado (Sevilla), 즉, '(세비야는) 나를 저버리지 않았다'라는 문구를 내린 것이라고 한다. 13세기에 어말 모음이 탈락되는 현상이 유행하자, 이에 따라 me의 -e가 탈락되었고, 연음이 일어나 No ma dejado가 된 것인데, 후에 중간에 낀 madeja가 '8자 모양으로 꼰 실타래'를 가리키므로 8자를 대신 쓰게 된 것이다. 지금도 세비야 곳곳에서 이 표시를 볼 수 있다. 역사-문화적인

24 사진 출처: *File:Flag of Sevilla, Spain.png* by Azad Khanalizadem, CC BY-SA 4.0, https://commons.wikimedia.org/wiki/File:Flag_of_Sevilla,_Spain.png

의미뿐만 아니라 언어학적 의미도 담겨 있는 유산이다.

8.3.2. 톨레도 번역자 학교

이베리아반도에서 번역자 학교는 이슬람 치하에서 먼저 시작되었다. 압데라만 3세(891-961)가 코르도바에 그리스어와 라틴어로 쓰인 각종 고전을 아랍어로 번역하기 위한 번역자 학교를 세운 것이었다. 이슬람 학자들뿐만 아니라 그리스와 라틴 고전에 정통한 가톨릭과 유대 학자들까지 초빙해 학문과 문예 진흥에 힘썼다. 이 밖에도 약 40만 권의 장서를 자랑하는 도서관과 의학교 등을 세워 알안달루스에서 학문과 문화의 꽃을 피웠다. 종교적 관용주의로 인해 이슬람 치하였지만 가톨릭과 유대교가 평화롭게 공존하던 시기였다. 이 또한 철학적 사고 및 문예 부흥에 크게 이바지했다. 그러나 1147년 알모아데족이 들어와 엄격한 이슬람 교리와 개종을 강요하면서 이러한 기운도 침체기로 접어들었다.

가톨릭 세계에서는 12세기에 설립된 톨레도 번역자 학교가 유명하다. 1085년 톨레도를 재정복한 후 라이문도 추기경(?-1152)이 세웠다. 이슬람과 유대 학자들을 동원해 철학, 과학, 문학 서적들을 라틴어로 번역해 이베리아반도뿐만 아니라 서유럽 각지에 지적 자양분을 공급했다. 아랍어나 히브리어로 쓰인 그리스-라틴 시대의 고전들을 라틴어나 통속 로망스어로 번역하는 작업을 수행했다. 현재는 카스티야-라 만차 대학교의 한 연구소로 기능하고 있으며 톨레도의 산타 이사벨 광장에 위

치해 있다.[25]

12세기에는 주로 아랍어로 쓰인 철학과 과학 저서들을 라틴어나 통속어로 번역했다. 대표적으로, 도밍고 군디살보는 아랍어로 쓰인 아리스토텔레스의 고전들을 라틴어로 번역했고 개종한 유대인 후안 이스파노는 이를 다시 카스티야어로 번역했다. 중요한 저작물을 살펴보면, 법률에서는 『Fuero Real de Castilla』 '카스티야 자치법', 『Espéculo』 '법경(法經)', 『Las Siete Partidas』 '7부 법전' 등이, 천문학에서는 『Tablas Alfonsíes』 '천문도감'과 『De la Ochava Espera』 '제8천구에 대하여'가, 역사에서는 『Estoria de España』 '스페인사'와 『General Estoria』 '세계사'가, 문학에서는 갈리시아-포르투갈어로 쓰인 『Cantigas de Santa María』 '성모 마리아 찬가'가 두드러진다. 이 밖에도, 광물에 관한 책으로는 『Lapidario』 '돌의 특성'이 번역되었고, 심지어는 당시 귀족들의 인기 스포츠였던 장기와 주사위 놀이 등에 관한 오락 서적도 쓰였다. 12-13세기 스페인 번역가들의 노력은 후일 토마스 아퀴나스(1225-1274)와 같은 뛰어난 철학자들이 나오게 되는 밑받침이 되었다.[26]

카스티야의 알폰소 6세에 의해 재정복된 톨레도는 이슬람과 유대, 가톨릭교가 공존하는 문화-문명복합체였다. 이질적인 요소들이 때론 갈등하고 때론 협력하며 좁은 지역에서 교묘하게 어우러져 살아가고 있

25 http://www.larramendi.es/traductores_toledo/i18n/micrositios/inicio.cmd와 https://blog.uclm.es/escueladetraductores/ 참조.

26 앞에서 인용된 책들의 내용 일부는 Menéndez Pidal, Ramón(1982)의 『Crestomatía del español medieval』에서 찾아볼 수 있다. 『Lapidario』(p.202), 『Las Siete Partidas』(p.216), 『Estoria de España』(p.227), 『General Estoria』(p.240), 『Libro de Ochava Espera』(p.248), 『Cantigas de Santa María』(p.254) 등 참조.

었다. 당시 유럽에서 학문과 과학에 관한 지적 자산이 가장 풍부한 곳이었다. 지적-문화적 다양성과 혼합성은 갈등의 요인이 될 수도 있지만, 어떻게 활용하느냐에 따라 상승작용을 일으켜 새로운 사상적 기운을 불러일으킬 수 있는 원동력을 제공할 수도 있었다. 라이문도 추기경은 이들이 계속 평화롭게 공존할 수 있는 접점을 찾고자 노력했다. 아랍과 유대 학자들이 보유하고 있는 지적 재능을 어떻게 활용할까 하는 것도 하나의 숙제였다. 매우 높은 수준의 학문을 보유하고 있던 이들을 그대로 방치하거나 추방할 수는 없는 일이었다. 고급 지식과 학문에 목말라 하던 전 유럽 가톨릭 국가들의 갈증을 해소해 줄 수 있는 좋은 기회였다. 이러한 기조는 알폰소 10세의 전폭적인 지원을 받아 만개했다. 이미, 오늘날과는 체제가 약간 달랐지만, 1218년에 살라망카에 대학교가 설립되어 인재를 양성하고 있었으며, 군주와 귀족들도 앞다투어 학문 연구를 지원하고 있었다. 내적, 외적으로 학문적 르네상스의 분위기가 무르익어 가고 있었던 것이었다.

왕실에서 학자들을 우대하고 자유로운 학문 연구와 집필, 번역 활동이 보장되자 유럽 각국에서 저명한 학자들이 모여들기 시작했다. 코르도바의 뒤를 이어 톨레도가 다시 유럽에서 학문의 중심지가 되었다. 이들은 그리스어와 라틴어에서부터 아랍어, 유대어, 중세 로망스어, 모사라베어 등 각 언어에 능통했으며, 학문 분야도 신학과 철학, 문학, 의학 등 고전적인 분야에서부터 천문, 역법, 농법 등 실용적인 분야까지 다양하게 다루었다. 심지어는 장기나 주사위 놀이 등을 다룬 오락용 책도 출간했다. 다양한 국적의 다양한 분야를 공부한 학자들이 모여 토론과 번역을 하는 과정에서 자연스럽게 풍부한 어휘와 표현들이 스페인어로 유입되었다. 특히 고전어에 기반을 둔 교양화된 전문 용어들이 대거 유입되었다. 일관되고 표준화된 번역물을 생산해 내기 위해서는 무엇보다도 우선해야 할 일은 단일화된 어휘와 문법 체계를 수립하는 것이었다. 그렇지 않으면 번역물이 모두 제각각이 되어 일관성이 결여되고 수준이 떨어지기 때문이었다. 따라서 자연스럽게 이 번역 사업을 계기로 로망스어의 문법 체계가 정리되기 시작하였고, 이는 '표준 카스티야어'라는 개념 정립으로 이어졌으며, 더 나가서는 후일 안토니오 데 네브리하 문법서의 기초가 되었다.[27]

8.3.3. castellano drecho, '표준 카스티야어'[28]

알폰소 10세(1252-1284)는 분열과 통합을 거듭하던 카스티야와 레온 왕국을 최종적으로 통합한 페르난도 3세의 아들이다. 그의 이름이 스페인 역사에서 특히 빛나는 것은 선왕의 유업을 이어받아 문화와 언어 발전에 기여한 공이 매우 크기 때문이다. 당시 문화의 중심지는 궁정이 있던 톨레도로써, 모로인들, 유대인들, 모사라베들이 독자적인 문화를 일구며 서로 공존하고 있었다. 여전히 가장 발달된 문화는 아랍 문화였으며, 아직도 이 선진 문물을 배우기 위해 유럽 각지에서 유학생들이 몰려들고 있을 정도였다.

---

27 알폰소 10세 시절의 언어 규정과 저술들에 관해서는 Lapesa, Rafael(1985)의 『Estudios de historia lingüística española』, 제11장과 제12장 pp.209-239 참조.

28 drecho는 derecho의 síncopa '중략' 형태로, 중세 스페인어의 특징 중 하나인 '어중 비강세 모음 탈락 현상'이 적용된 결과이다. castellano drecho는 '표준 그리스어'를 나타내는 koiné를 본떠 castellano koiné라고도 하므로 '표준 카스티야어'라고도 번역이 가능하며, derecho를 글자 그대로 번역해 '올바른 카스티야어'라고도 할 수 있다. Lodares Marrodán, Juan Ramón(1993-1994:313-334) 참조.

여기에 결정적으로 기여한 것이 톨레도 대주교인 라이문도(1125-1152)가 세운 '번역자 학교'였다. 카스티야는 이 학교를 통해 아랍어나 히브리어로 쓰여 있던 고급 서적들을 로망스어나 라틴어로 번역해, 고급 지식에 목말라 하던 서유럽 지성계에 자양분을 공급하고 있었다.

이런 분위기 속에서 왕위에 오른 알폰소 10세도 각국에서 유학 온 많은 학자들을 곁에 두고 번역과 집필을 장려하고 감독하는 등, 문화 장려 정책을 시행했다. 그는 여기서 한 걸음 더 나아가 당시까지 주요 서적들이 대부분 라틴어로 쓰이던 것을, 이제는 로망스어로 쓰도록 했다. 로망스어로 글을 쓴다는 것은 가능한 한 발음 나는 대로, 즉 구어로 글을 쓴다는 것이었다. 당시에는 발음과 철자가 일치하지 않는 경우가 많았다. 예를 들면, (LC autoricare〉) otorigar, (LC semitarium〉) semedero, (LC septimana〉) setmana로 표기했으나, 실제 발음은 [otorgar], [sendero], [semana]였다. 이는 국왕 자신이 직접 "puesto que decimos 'otorgar, vengar', no hay razón para escribir 'otorigar, vendegar'"라고 한데서도 잘 알 수 있다. 그의 노력 덕분에 발음과 철자상의 불일치가 상당 부분 해소되었다. 또한 로망스어의 장려로 비로소 속어가 문어로 정착되기에 이르렀다. 그는 이러한 언어와 문화 장려 정책 덕에 el Sabio '현왕'이라는 별칭을 얻었다. 그러나, 다양한 출신, 다양한 수준의 많은 저자들이 참여하다 보니 언어 경향도 통일되지 못하고 제각각인 경우가 많았다. 따라서 언어 체계를 통일시켜야 할 필요성이 대두되었다. 여기서 나온 것이 castellano drecho, 즉 '표준 카스티야어'라는 개념이다.

이 말은 1276년에 국왕 자신이 직접 감수한 천문학 서적인 『De la Ochava Espera』에서 "tolló las razones que entendió eran sobejanas e dobladas e que non eran en castellano drecho, e puso las otras que entendio que complían e quanto en el lenguaje, endereçólo él por sise"라고 한 데서 비롯된 것이다. 해석하자면, "[enderezó por sí mismo (por sise) la redacción del libro;] quitó (tolló) las palabras o frases inadecuadas, por no derechas o por redundantes y duplicadas (sobejanas e dobladas), y puso las que venían al caso (las que complían); lo dejó todo derecho (castellano drecho)". 한국어로 번역하자면, 다음과 같다: "[그는] 스스로 책의 집필을 수정하였다. 적절하지 못한 단어와 문장들을 삭제하였다. 올바른 스페인어가 아니고 부연되거나 중복되었기 때문이었다. 적절하게 쓰인 것들은 그대로 두었다. 즉, 모든 올바르게 쓰인 것들은 그대로 두었다."[29]

그렇다면 castellano drecho '표준 카스티야어'란 어떤 것인가? 먼저 알폰소 국왕이 인식한 바로는 '전통에 따라 전래되었고, 올바르게 발전된' 형태를 일컫는 말이었다. 따라서, 라틴 기원어에 기초하되 무조건 교양어만을 선호한 것이 아니라, 가능한 한 많은 사람들이 이해하고 있는 어휘를 사용하는 것이었다. 고전 문화와 대중문화 간의 단절을 의미하는 것이 아니라, 일반 대중들에게 수준 높은 문화를 접할 수 있도록 기회를 제공하는 것이었다. 따라서, 한 발은 고전 문화에, 다른 한 발은 대중어에 두고, 되도록 대중어를 사용하되 저급한 속어나 지나친 외래어, 사투리 등은 배제한 '정선된 구어'를 확립하려는 것이었다. 그 중

29 엄밀하게 말하자면, 이 책은 단행본이 아니다. 두 부분으로 나뉘어 있는 『Libros del saber de astrología』의 제1편으로, 『De la ochava espera』로 명명되어 있다. 2009년에 마드리드의 Universidad Complutense de Madrid에서 출판되었으며, 온라인 자료로는 http://webs.ucm.es/BUCM/fis/Del_saber_de_las_estrellas.pdf 참조.

거가 바로 『De la Ochava Espera』 '제8천구에 대하여'라는 책의 이름에서 나타난다. 여기서 espera는 고전 라틴어인 spaera에서 유래된 교양어인 데 반해, ochava는 대중어이다. espera는 후에 esfera '구(球)'로 변했고, '여덟 번째'라는 의미의 ochava는 후에 교양어 octava로 대체되었다. 이처럼 교양어와 대중어 두 층위가 적절하게 균형 잡힌 것이 바로 castellano drecho '표준 카스티야어'인 것이다. 한마디로 요약하면, castellano drecho란 '교양어이되 라틴화 되지 않은 어휘, 대중어이되 속되지 않은 어휘'라고 할 수 있다.[30]

지역적으로는 기본적으로 기존 언어의 방사 중심이던 부르고스 체계를 기초로, 현 궁정이 있는 톨레도의 말투를 가미한 것이었다. 1087년 알폰소 6세가 궁정을 톨레도로 옮긴 후에도 여전히 언어적으로 우위에 있었던 것은 부르고스 체계였다. 그러나 알폰소 10세가 톨레도 궁정 어투에 더 무게를 두자 사정이 변해 갔다. 이제 톨레도 말투가 표준이 된 것이었다.

14세기까지도 부르고스인들은 톨레도 말투를 경멸적인 의미로 nuevo castellano '신식 카스티야어'라고 놀렸으나, '표준 카스티야어'의 정립으로 이러한 지역성은 사라져갔다. 그러다가, 1492년 네브리하에 와서는 통일된 문법서로 통합의 결실을 보게 되는 것이다.

30 <castellano derecho>에 대한 자세한 사항은 Menéndez Pidal, Ramón(2005:531) 참조.

8.4. 중세 스페인어의 특징

8.4.1. 형태 및 발음

8.4.1.1. 어말 모음 탈락 현상

12-3세기 스페인어에서 가장 두드러진 음운현상은 어말 모음이 탈락한 것이었다. 이러한 현상을 apócope '어말 모음 탈락'이라 하는데, 여러 모음 중에서도 특히 -e의 탈락 현상이 두드러졌다.

어말 모음의 탈락은 크게 두 부류로 나누어 살펴볼 수 있다.

하나는 단자음 뒤에서 탈락한 예이다. 주로 -d, -l, -n, -r, -s, -z 등의 단자음 뒤에서 어말 모음이 탈락했으며, 이미 이베리아반도의 초기 로망스어에서부터 관찰된다. 어말 모음이 다시 복원되지 않고 스페인어의 고유한 특질로 고착되었으므로 특별한 언어학적 문제를 야기하지는 않는다.

mare>mar
pane>pan
sole>sol
venire>venir

다른 하나는 복자음 뒤에서 탈락한 예이다. 이 현상은 12세기 말에 나타나기 시작했다가 13세기 후반에 사라졌다. 단자음 뒤에서 일어난 현상과는 달리 고착되지 못하고, 어말 모음이 다시 복원되었다.

nocte>noche>noch
novo>nuevo>nuef
parte>parte>part
valle>val
monte>mont
grande>grand

이러한 탈락 현상은 동사와 대명사에까지도 영향을 미쳤다.

bebe>bef
come>com
dixe>dix
dice>diz

<non ris, ca miedo of> ‘no reí, porque tuve miedo (ove>of ‘hube’)’
<nom dixo> ‘no me dijo’
<ques pone> ‘que se pone’
<nim’la dan> ‘ni me la dan’ > <nimbla dan>으로까지 변화
<yot’lo do> ‘yo te lo doy’ > <yollo do>로까지 변화

이 어말 모음 탈락 현상에서, ‘단자음 뒤에서 일어난 탈락 현상’에 대해서는 특별한 이론이 없으나, 두 번째 ‘복자음 뒤에서 일어난 탈락 현

상'의 원인에 대해서는 크게 두 가지 이론이 대립하고 있다.[31]

하나는 라파엘 라페사의 주장으로, 이 현상의 원인이 외부, 구체적으로는 남프랑스의 영향이라는 설이다. 당시 이 지역으로부터 많은 상인, 순례객, 특히 성직자들이 대거 이베리아반도로 들어옴으로써 이 현상이 조장되었다는 것이다. 13세기 말부터 사라지기 시작한 이유는 1212년 라스 나바르 데 톨로사 전투에서 카스티야 연합군이 이슬람군을 물리침으로써 프랑스의 정치적 영향력에서 벗어났기 때문이라고 보고 있다.[32]

반면에, 디에고 카탈란에 따르면, 복자음 뒤에서 일어난 어말 모음의 탈락도, 단자음 뒤에서 탈락 현상과 마찬가지로, 스페인어에 내재되어 있던 음운현상의 발현이라는 것이다. 즉, 스페인어는 '열린음절 경향', 즉 음절이 모음으로 끝나는 경향이 강했다는 것이다. 그러나 어말 모음이 탈락하면 오히려 닫힌음절이 생성되므로 모순이 생긴다는 반론이 제기된다. 그러나, 이에 대해 디에고 카탈란은 12-13세기 탈락 현상이 정점에 달해 카스티야어에서는 낯선 part, infant, adelant 등이 생겨나자, 이 역시 '열린음절 경향'에 따라 다시 어말 모음이 복원된 것이라고 주장한다.[33]

---

31 Echenique Elizondo, Mª. Teresa & Martínez Alcalde, Mª. José(2003:138-139) 참조.

32 Lapesa, Rafael(1985:167-197) 참조. 이 논문 "La apócope de la vocal en castellano antiguo. Intento de explicación histórica"는 1951년에 발표된 것인데, 본서에서는 후에 재발표된 논문을 인용한 것이다.

33 Catalán, Diego(1989:77-104) 참조. 이 논문 "En torno a la estructura silábica del español de ayer y del español de mañana"는 1971년에 Rafael Lapesa의 1951년 논문을 반박하기 위해 발표한 것인데, 본서에서는 후에 재발표된 논문을 인용한 것이다. 이에 대한 Rafael Lapesa의 재반박은 1975년에 발표된 "De nuevo sobre la apócope vocálica en castellano medieval", en Lapesa, Rafael(1985:198-208)

이 중에서, 본서에서는 일반적으로 받아들여지고 있는 라파엘 라페사의 이론에 따라 내용을 전개하고자 한다.

13세기 말에 들어서자 점차로 복자음 뒤에서 일어나던 극단적인 탈락 형상은 사라지기 시작했다. 이에 가장 크게 기여한 것이 1212년 라스 나바스 데 톨로사 전투에서의 승리와 알폰소 10세의 노력 덕분이었다. 독자적으로 치른 이 전쟁에서의 승리로 자신감을 얻은 카스티야는 이제 프랑스의 정치, 문화적 입김에서 벗어나고자 했으며, 국왕은 개인적으로도 프랑스풍을 매우 싫어했다고 한다. 따라서 그의 말년에 쓰인 작품에서는 어말 모음 -e가 대체로 복원되는 경향을 보이고 있다. 물론 아직도 어말 모음 탈락 경향은 다소 남아 있지만, 완연하게 퇴조해 가는 경향을 보이기 시작한 것이었다. 14세기 말에 가서는 과거처럼 완전히 복원되었다. 따라서 14세기 이후에는 카스티야어에서 어말 자음으로 허용 가능한 일부 경우만을 제외하고는 다시 현재처럼 복원되었다.

스페인어에서 단자음으로 어말에 출현 가능한 것은 d, l, n, r, s, y, z 이다.[34] 이 자음들 뒤에서는 탈락된 모음이 복원되지 않았다.

ciudade>ciudad	pane>pan
sole>sol	amore>amor

참조.

34 한국어에서도 어말에 허용 가능한 자음은 7개이다. 이를 '7종성 법칙'이라고 한다. 즉, 받침에는 ㄱ, ㄴ, ㄷ, ㄹ, ㅁ, ㅂ, ㅇ만이 올 수 있다. 나머지 음들, 예를 들어서 ㅋ과 ㄲ은 ㄱ으로, ㅅ, ㅆ, ㅈ, ㅊ, ㅌ, ㅎ은 ㄷ으로, ㅍ은 ㅂ으로 대표된다. ㄴ, ㄹ, ㅁ, ㅇ은 그대로 쓰인다. 스페인어와 동일한 규칙이 적용되는 것은 아니지만, 두 언어에서 공통적으로 7개의 음만이 어말에 올 수 있다는 점이 흥미롭다. 국립국어원 https://www.korean.go.kr/front/onlineQna/onlineQnaView.do?&mn_id=&qna_seq=11744&pageIndex=13253 참조.

mese>mes　　rege>rey

luce>luz

그러나 -f, -ch, -nt, -nd, -rt 등과 같은 복자음 뒤에서는 어말 모음이 모두 복원되었다.

nueve>nuef>nueve　　monte>mont>monte

noche>noch>noche　　grande>grand>grande

infante>infant>infante　　parte>part>parte

8.4.1.2. 모음 체계

13세기에는 이미 i, e, a, o, u 5개의 기본 모음 체계로 확립되었다.

설측음 ll 앞에서 이중모음 [je]가 종종 [i]로 축소되었다. 13세기 문어에서는 castiello, siella 등으로 쓰였으나, 14세기 이후부터는 문어에서도 castillo, silla로 단모음화 되어 쓰이기 시작했다. 이는 부르고스에서부터 생긴 현상으로, 톨레도에서는 황금 세기에 가서야 일반화된다.

반면, 비강세 모음 u가 어말에 오는 북부의 현상은 배제되었다. 프랑스풍의 영향으로 어말에서 -a만이 남아 있었으나, 탈락되었던 -e와 -o가 복원됨으로써 비강세 어말에서는 다시 a, e, o 3개의 모음이 쓰이게 된 것이다. 이는 현재까지 지속되고 있다.[35]

---

35 중세 스페인어의 모음 체계에 대한 자세한 사항은 Cano Aguilar, Rafael(1988:67-79)와 Lloyd, Paul M.(1993:294-344) 참조.

8.4.1.3. 자음 체계

자음 체계의 변화는 다음과 같이 나누어 살펴볼 수 있다.[36]

양순음 계열부터 살펴보면, 톨레도 체계에서는 라틴 b-와 -p-에서 유래된 유성 폐쇄음 /b/와 라틴 v-와 -b-에서 유래된 유성 마찰음 /β/를 음소 상으로 구분하고 있었다. 그러나 부르고스 체계에서는 본래부터 이를 구분하지 않았다. 이 부르고스 경향이 우세해지면서 톨레도에서도 이 두 음을 구분하지 않게 되었으며, 15세기 이후에는 문어 규범으로 정착되었다. 따라서 음소 상으로는 유성 폐쇄음 /b/만이 남았고, 유성 마찰음 [β]는 두 모음 사이와 같은 문맥에 따라서만 이 음소의 변이음으로 실현되었다. 무성 폐쇄음 p [p]는 그대로 남았다. 따라서 양순음에서는 /b/:/p/ 두 음소만이 남아 유/무성 대립을 보이게 되었다.

순치음 계열에서 가장 두드러진 변화는, 라틴 어두 f-의 소멸이다. 부르고스에서는 이미 9세기경부터 (Fagetu⟩) Haeto, (farina⟩) harina 등과 같이 이를 기식음화시켜 [h]로 발음하고 있었다. 그러나 톨레도에서는 여전히 어두 f-를 그대로 사용하고 있었다. 13세기 들어, 이 부르고스 체계가 일반화되자, 톨레도에서는 어두 f-를, 지역과 계층에 따라, [f]와 [h] 두 변이음으로 발음했다. 14세기 들어 기식음화가 널리 퍼졌을 때까지도 철자는 문어 규범에 따라 f-를 사용했다. 그러나 14세기 말에는 새로운 자음 음소 h로 표기하려는 경향이 나타나, 15세기 동안 지속되었다. 톨레도에서 이 h가 완전히 묵음화되는 것은 16세기 말에 가서야 이

36 본 절에서 중세 스페인어의 자음 체계에 관해 참고한 내용은 주로 Lapesa, Rafael(1981:204-207); Alatorre, Antonio(1989:98-100); Cano Aguilar, Rafael(1988:87-105); Lloyd, Paul M.(1993:344-439)를 바탕으로 정리한 것임을 밝힌다.

루어진다.

무성 순치 마찰음 /f/의 유성 상관음인 /v/가 만들어졌다. 이 음은 라틴어의 자음성 /u/가 변화된 것이다. 이로써 순치음 계열에서 '유/무성' 대립 쌍이 만들어졌다. 서고트 시대의 vandalus '반달족'은 라틴식 발음으로는 [완달루스]이다. 후에 v가 유성 순치음화되어 [반달루스]가 되었다. 이것이 12-13세기 중세식 발음이다. 스페인어에서 유성 양순음 [반달루스]으로 b와 발음이 동일해지는 것은 15세기 이후의 일이다.[37]

치음 계열에서는, 라틴어에서 모든 위치에서 유/무성 대립을 유지하고 있던 폐쇄음 d/t가 로망스어 들어서도 대립을 유지하고 있었다. 그러나 13세기부터 d와 두 모음 사이에 낀 -t-가 중화되는 경향을 보이다가, 곧 유성음 /d/로 통합되었다(amatis>amades). 따라서 중세에도 역시 폐쇄음에서는 음소 상으로는 /d/:/t/ 유/무성 대립이 유지되었으나, 유성음 /d/는 문맥에 따라 [d]나 [ð]로 실현되었다.

무성 마찰 치음 /ŝ/ (=/ts/)와 유성 상관음 /ẑ/ (=/dz/)가 대립하게 되었다. 이들은 12세기 중반에 음소화되었다. 알폰소 10세 시대에는 유/무성에 따라 철자 상 z [ẑ]와 ç [ŝ]로 구분되었다: hazer [haẑer]:força [forŝa]. -z-의 라틴 어원은 -ke-였고(facĕre), -ç-의 라틴 어원은 -ti-였다(fortĭa). yod의 영향에 의해 구개음화된 두 음이 중세 스페인어에서는 음소 상으로 대립하게 된 것이었다. 그러나 어말에서는 무성음으로 중화되었다.

치경음 계열에서는, 무성 마찰음 /s/와 유성 상관음 /z/가 대립하고

37 중세 /b/와 /v/간의 구분과 통합에 대해서는 Alonso, Amado(1976:23-61) 참조.

있었다. 철자 상으로, 무성음은 s-나 -ss-를 나타내는 발음이었고(siglo, osso), 유성음은 -s-를 나타내는 발음이었다(casa, rosa). 어말에서는 무성음으로 중화되었다.

경구개음 계열에서, 무성 파열음 /ĉ/는 유성 상관음 없이 단독으로 존재했다. /ĉ/는 라틴 /tk/와 /ult/에서 유래된 것으로써, 라틴 속어 [yt]를 거쳐 카스티야어에서는 [ĉ]로 구개음화되었다: noctem [noktem]>[nojte]>[noĉe] noche, factum>hecho, lactem>leche; cultellu [kultellu]>*[kujtellu]>*[kujĉeλo]>[kuĉiλo]. 이 발음은 12세기부터 프로방스 기원의 철자 ch로 표기되었다. 초기에는 해당 유성음인 /ĵ/도 있었으나, 이는 곧 마찰음화되어 /ʒ/와 통합되었다. 따라서 파열음 계열에서는 유/무성의 대립을 구분하지 않았다.

무성 마찰음 /š/ (=/ʃ/)와 유성 상관음 /ž/(=/ʒ/)가 서로 대립하고 있었다. 이 중에서 알폰소 체계에서 유성 파열음 [ǰ]는 어두의 'j+u,o,a' ([ǰwégo])를, 유성 마찰음 [ʒ]는 어중 두 모음 사이에 있는 -j- (나 -i-), 어두 g- (나 y-)를 나타내는 발음이었다(trabaio. bermejo; gente, yente 등). 반면에, (라틴어 /ks/로부터 나온) 무성 마찰음 [š]는 철자 상 x로 표기되었다 (Ximena [šiména], dixo [díšo]).

연구개음 계열에서는, 무성 폐쇄음 /k/와 해당 유성음 /g/가 대립하고 있었다. 철자 상 a, o, u 앞에서는 c/g로, i, e 앞에서는 qu/gu로 표기되었다. 이는 오늘날까지도 지속되고 있다.

기타, 비음 계열에서는 /m,n,ɲ/가 있었고 (ñ /ɲ/는 이미 라틴 속어에서 만들어진 것이다), 유음 계열에선 단순 진동음 /r/와 복합 진동음 /rr/가, 설측음 계열에선 치경음 /l/와 경구개음 ll /ʎ/가 있었다.

위와 같은 변화를 겪은 결과, 13세기에는 다음과 같은 자음 체계가 확립되었다. 이를 도표로 나타내면 다음과 같다.

	양순	순치	치음	치경	경구개	연구개
폐쇄음	p/b		t/d			k/g
파열음			*ŝ/ẑ*		**ĉ/(ĵ)**	
마찰음		f/v		s/z	**š/ž**	
비음	m			n	*ɲ*	
유음				r, l	**ʎ**	

이탤릭체로 표시된 음들(ŝ/ẑ, ɲ, ʎ)은 라틴 속어에서 만들어진 음들로 중세까지 지속된 것들이며, 진하게 표시된 음들(v, z, ĉ/(ĵ), š/ž)은 중세 때 새로 만들어진 음들이다. 이 새로 만들어진 음들을 표기하기 위한 철자들의 기원은 다음과 같다.

유성 마찰 순치음 [v]를 표기하기 위한 철자 V는 라틴어 모음 v[u]가 자음성으로 실현된 것을 나타낸 것이다. 따라서 중세 스페인어에서 새로 만들어진 것은 '유성 순치 마찰음'이라는 발음이지 철자는 아니다.

유성 치경 마찰음 [z]를 표기하기 위한 철자 Z는 라틴어에서부터 그리스 기원의 [z]음을 표기하기 위한 것이었는데, 많이 쓰이지 않았다. 즉, 라틴어에서부터 유/무성 대립이 뚜렷하지 않았었는데, 중세 스페인어에서는 이 대립이 뚜렷해졌다는 뜻이다. 따라서 이는 발음과 철자 모두 새롭게 만들어진 것은 아니다.

무성 경구개 파열음 [ĉ]를 표기하기 위한 철자 Ch는 이미 라틴어에서부터 그리스 기원어를 표기하기 위한 기호로 쓰였다 (chaos, chimera 등). 그러나 이 음 또한 라틴어에서 잘 쓰이지 않던 음이라 표기도 많이 쓰이지 않았다. 그러던 차에 중세 스페인어에서 라틴어에 없던 새로운 [ĉ]음이 만들어지자 새로운 표기 체계가 필요해졌고, 프로방스어에서 한동안 잊혔던 ch를 도입해 쓰게 된 것이다. 이로써 그리스 기원의 [ㅋ]음을 표기하는 기호와 새로 만들어진 [ㅊ]음을 표기하기 위한 기호가 동일해진 결과가 초래되었다. 이후 이 문제는 한동안 지속되다가 황금 세기에 가서야 [ㅋ]를 C-나 Qu-로 표기함으로써 해결한다 (caos, quimera 등).

무성 경구개 마찰음 [š]를 표기하기 위한 철자 X는 이미 라틴어에서부터 존재했던 기호이며, 발음만 중세 스페인어에서 새로 만들어진 것이다. 유성 상관음인 [ž]도 발음만 새로 만들어진 것일 뿐, 그것을 표기하기 위한 철자, 즉 어중 두 모음 사이에 있는 -j- (나 -i-), 어두 g- (나 y-)는 이미 존재하던 것들이었다.

8.4.2. 문법

앞에서 말한 바와 같이, 부르고스 체계의 가장 큰 특징을 꼽으라면, 어두 f-의 기식음화와 -iello〉-illo의 단모음화이다. 이미 북부의 부르고스에서는 castillo, silla로 단모음화되었고, herir, hazer, hablar로 변해 있었던 데 반해, 톨레도에서는 아직도 어두 f-가 쓰이고 있었으며(ferir, fazer, fablar), 접미사 -iello (castiello, siella)도 여전히 쓰이고 있었다. -illo 형태는 한 세기 후, 즉 14세기 초 아르시프레스테 데 이타 시대에서 정착되며, herir, hablar는 네브리하 시대 들어서 체계화된다.

동사에서는 아직도 여러 형태가 혼용되고 있었다.

먼저, 과거분사에서는 perdido/perdudo, vencido/vençudo가 혼용되고 있었으며, 완료에서는 과거분사가 해당 명사와 성, 수에서 일치되기도 했다. 즉, 아직도 cogido han la tienda와 cogida han la tienda가 혼용되고 있었다. ser와 estar의 구분 또한 아직 확립되지 못해 ser en peligro와 estar en peligro로 혼용되고 있었다.

단순과거에서는 아직도 강형태가 많이 쓰였다:[38] nasco 'nació', cinxo 'ciñó', miso 'metió', priso 'prendió/cogió', escriso 'escribió', fuxo 'huyó' 등. 또한 미래에서는 nos hallarán과 hallar nos han이 혼용되고 있었으며, 축약형도 많이 쓰였다: ferrá 'herirá', morrá 'morirá', verna (〈ven'ra) 'vendrá', terna (〈ten'ra) 'tendrá', combra (〈com'ra) 'comerá' 등. 2인칭 복수 형태는 아직도 cantades, cantabades, cantaredes 등이었다. cantades가 cantaes를 거쳐 cantáis로 변하는 것은 15세기 이후의 일이다.

여성 정관사가 자음으로 시작되는 어휘 앞에서는 ((il)la〉) la가 되었고 (la puerta, la ciudad), 모음으로 시작되는 모든 단어 앞에서는 (il(la)〉) ell로 쓰였다 (ell alegría, ell espada). 후에 황금 세기 때부터 이것이 더 발전해 강세 [a]로 시작되는 단어 앞에서만 el로 쓰이게 된 것이다: el agua, el águila, el hambre. 이 정관사의 어원은 라틴어의 지시사 ille, illa이다. 여성의 경우, 중세 스페인어에서는 모음으로 시작되는 모든 단어와의 연음을 피하기 위해 illa의 앞 음절만 남아 ell로 쓰였던 것이다. 이것이 17세기 이후 á-로 시작되는 어휘 앞에서만 el이 된 것이다(la alegría, la espada: el agua, el aula). 따라서, 어원적으로 이 정관사 el은

---

38 '강형태'란 스페인어 forma rizotónica를 가리키는 것으로 강세가 어간에 놓이는 형태를 가리킨다. 반대로, 강세가 어미에 놓이는 형태를 '약형태(forma arrizotónica)'라고 부른다. rizo-는 그리스어 기원 어로써 raíz '뿌리, 어근'이라는 뜻이며, a-는 '반대'를 나타내는 접두사이다. 위의 예에서, nasco 등은 '강형태'인데, 점차 단순과거 강세 체계의 일반적인 유형(amó, sintió 등)에 따라 '약형태'인 nació 등으로 변화된 것이다.

남성형이 아니다.

간접목적격 3인칭(le, les)과 직접목적격(la, lo; las, los)이 동시에 출현할 때는 (ĭllī ĭllum>) le lo, (ĭllī illām>) le la가 되어야 정상이었다. 그러나 중세 스페인어에서는 ge lo, ge la로 여격이 구개음화되었다.[39] 현재와 같이 se lo, se la로 변한 것은 14세기 이후의 일이다.[40]

고전 라틴어에서 부사는 bene (>bien), male (>mal), iam (>ya), sic (>así, sí), semper (>siempre), unde (>donde) 등과 같이 독립된 어휘로 격 변화 없이 쓰였으나, 속어에서 제3변화 여성명사인 mens '마음'의 탈격 mente가 형용사 뒤에 붙어 부사의 역할을 하기 시작했다. mente가 여성형이므로 형용사도 당연히 여성형이 되어야 했다 (bona mente, devota mente, intrepida mente 등). 『엘시드의 노래』에 보면 변이형으로 mientre가 관찰되기도 한다 (fuerte mientre 등). mente는 차츰 형용사와 합쳐져 하나의 어휘로 기능하게 되었다.[41]

8.4.3. 어휘

프랑스 출신 수도사들의 영향으로 새로운 어휘들이 대거 유입되었다. 대표적으로 다음과 같은 어휘들을 들 수 있다.

---

39 Lathrop, T.(1989:156); Lloyd, Paul M.(1993:444-445); Cano Aguilar, Rafael(1988:136) 참조.

40 Alvar, Manuel & Pottier, Bernardo(1987:121) 참조.

41 Lathrop, T.A.(1989:78) 참조.

교회 관련 용어들: hereje '이교도', monje '수도사', preste '사제, arcipreste '수석 사제' 등.

기사도나 봉건 제도 관련 용어들: coraje '용기', homenaje '맹세, 경의', linaje '가문', lisonja '아부', mensaje '전갈', tacha '흠' 등.

일상생활 관련 용어들: hostal '호스텔', jornada '여정', mesón '식당, 여관', viaje '여행'; jamón '하몬', vinagre '식초'; doncella '아가씨', jardín '정원', jaula '새장', ruiseñor '나이팅게일', salvaje '야생의, 야만인' 등.

형용사로는 '가벼운'이라는 의미의 ligero(a), 동사로는 '시를 짓다(hacer versos)'라는 의미의 trovar 등이 눈에 띈다.

이 당시 유입된 어휘 중에서 가장 특기할 만한 것은 español이라는 말이다.[42] 이는 프로방스어에서 유입된 어휘이다. 이베리아반도를 지칭하는 용어로는 전통적으로 Hispania라는 말이 쓰였지만, 이의 형용사형은 사용되지 않았다. 현재 사용되고 있는 español은 아마 이 Hispania의 형용사형이었을 *hispaniolus가 *españuelo를 거쳐 변화된 것으로 추정된다. 이는 본래부터 이베리아반도에서 쓰이던 어휘가 아니라, 프랑스 남부에서 성(姓)으로 쓰이다가 후에 순례객들을 통해 반도 내로 유입된 것이다. 초기에는 외국인들이 '이베리아반도의 주민'을 가리키는 말로 쓰였으나, 이베리아반도로 전래된 후에는 이슬람 치하의 알안달루스 사람들을 가리키는 용어로 사용되었다. 즉, 초기 북부의 가톨릭교도들에게 남쪽의 España는 다른 나라, 즉 이슬람 세계를 가리키는 말이었다.

42 어원에 대해서는 Del occit. *espaignol*, y este del lat. mediev. *Hispaniolus* 'de Hispania', España. https://dle.rae.es/espa%C3%B1ol 참조. 기원과 발전 과정에 대해서는 Lapesa, Rafael(1985), 제6장, pp.132-137와 Lapesa, Rafael(1992), 제10장, pp.79-86 참조.

알라토레에 따르면, 아스투리아스 왕국의 초기 연대기에 레온 재입식에 관해 다음과 같은 구절이 나온다고 한다: 〈en parte con sus gentes y en parte con gentes traídas de España〉.[43] 여기서 '자신의 국민'이란 아스투리아스나 이웃의 갈리시아 주민들을 가리키는 것이고, 'España로부터 데려온 주민들'이란 갓 재정복한 지역의 모사라베들을 가리키는 말이다. 따라서 이들에게 España란 모로족이 지배하고 있는 알안달루스를 가리키는 말이었던 것이었다. 그러나, 차츰 재정복이 진행되면서 이 용어를 통일된 의미에서 이베리아반도 주민 전체를 지칭하는 것으로 받아들이게 된 것이다.

프랑스어의 영향으로 능동 분사가 '–하는 사람'이라는 의미로 쓰이기 시작했다.

todos sus conocientes 'todos los que lo conocían'
merezientes erades de seer enforcados 'mereciáis ser ahorcados'

여기서 나온 것이 amante, cantante, estudiante, oyente, practicante 등이다. 이들 모두 동사에서 파생된 능동 분사들이었다.

본래 라틴어에서 동사에서 파생된 participio '분사'로는 능동 분사인 현재분사(amans, -tis)와 미래분사(amaturus)가 있었으며, 수동 분사인 과거분사(amatus, -a, -um)가 있었다. 이 중에서 현재분사가 '–하는 (사람)'이라는 명사적 의미로 쓰이자, 그 빈 자리를 gerundio '동명사'가 차지하게 되었다. 본래 라틴어에서 동명사는 '–하는 것'이라는 의미의 명

43 Alatorre, Antonio(1989:92)에서 재인용.

사로 쓰였으며, 격 변화를 하였다([주격은 동사원형], amandi, amando, amandum, amando).

[주격] Errare humanum est. 헤매는 것은 인간적인 것이다.
[속격] modus vivendi '생활 방식, [외] 잠정 협정' (=modo de vivir)
[여격] Operam dat vivendo bene. 그는 잘사는 것에 관심을 기울이고 있다.
[대격] ad vivendum '삶을 위하여' (=para vivir)
[탈격] Puer discit legendo. 소년은 읽으면서 배운다. [읽는 것을 통해]
Prohibenda maxime est ira in puniendo. 벌을 주는 데 있어서, 분노는 최대한 금지되어야 한다.

그러나, 이제 능동 분사 자리가 비자 격 변화가 사라진 동명사의 대격 형태가 그 자리를 메우게 되었다. 이를 계기로 스페인어에서의 분사는 능동의 의미인 현재분사 amando와 수동의 의미인 과거분사 amado만 쓰이게 된 것이다. 라틴어의 gerundio '동명사'는 현재분사로 이동했으므로 사라졌고, 주격 역할을 하던 동사원형만 남아 아직도 기능하고 있다.[44] 라틴어의 미래분사는 '–하게 될, –하기 위하여'라는 의미로 쓰였으나, 이 역시 스페인어에서는 가정미래나 전치사 para로 대체되어 사라졌다.

Dixit se statim venturum. 그는 자신이 즉시 올 것이라고 말했다. [venturum은 남성

---

44 라틴어에서는 amandus 형태를 갖는 gerundivo '동형용사'도 있었다. 의미는 수동이며 '의무'를 나타내는데 주로 쓰였다: vir amandus '사랑받을, 사랑받아야 할 사람', Colenda est virtus. '덕은 고양되어야 한다'. 형태는 동명사와 유사하지만 의미와 쓰임이 다르다. 이 동형용사 역시 현재 스페인어에서는 쓰이지 않는다.

대격 단수인 se와 성, 수, 격 일치]

Marobodus misit legatos ad Tiberium oraturos auxilia. 마로보두스는 티베리우스에게 원군을 요청하기 위해 사절을 보냈다. [oraturos는 남성 대격 복수인 legatos와 성, 수, 격 일치]

중세 스페인어에서 프랑스어의 영향으로 어휘가 분화된 경우도 있다. 즉 본래는 한 어휘였는데 '어말 모음 탈락 현상'으로 인해 어말 모음이 탈락된 형태와 탈락되지 않은 두 형태가 대립하다가 결국 둘로 나뉜 것이다.[45] 가장 대표적인 예가 muy와 mucho이다. 두 어휘의 어원은 공통적으로 라틴어 multum이다. 13세기 다른 어휘 앞에서는 어말 모음 -o가 탈락한 형태인 muit로 쓰이다가 muy가 되었고, 비 수식 환경에서는 muito가 쓰이다가 mucho가 되었다. tan과 tanto도 마찬가지이다. 이 두 어휘의 어원은 공통적으로 라틴어 tantum이다. 그런데 13세기에 다른 단어 앞에서는 어말 모음이 탈락된 tant〉tan 형태가 쓰였고 다른 환경에서는 tanto가 쓰이다 보니 결국 분화된 것이다. 현재는 다른 형용사나 부사 앞에서는 tan이, 동사 뒤에서는 tanto가 쓰인다. cuánto와 cuán 역시 마찬가지 경우이다. 현재 두 어휘는 분화되어, cuánto는 단독으로 쓰이거나 명사 앞에 출현하고 cuán은 형용사나 부사 앞에 출현한다. grande와 gran 역시 동일한 변화 과정을 겪은 어휘이다. 그러나 이 어휘 쌍은 tanto/tan의 경우처럼 완전히 분화된 단계에는 이르지 못했다. 단지 단수 명사 앞에서만 끝음절 -de가 탈락하는데, 이마저도 완전한 것이 아니다. 왜냐하면 앞에 más나 menos가 오면 다시 grande가 되기 때

45 이강국(2000:169-189) 참조.

문이다.

Cervantes es un gran escritor.
Cervantes es el más grande escritor del mundo.

이러한 변화들은 중세에 시작된 것들로, 분화가 완료된 것도 있고 현재까지 진행 중인 것도 있다. 이처럼 언어의 변화는 오랜 시간을 두고 진행된다.

8.4.4. 어휘에 얽힌 역사 문화적 요소

[Cathari파와 catarsis]

12-13세기에 남유럽에서는 카타리파라는 이름의 가톨릭의 한 종파가 위세를 떨치고 있었다. Cathari란 '순수, 청정무구(淸淨無垢)'를 의미는 그리스어 katharos '카타르시스(catarsis)'에서 유래된 말이다.[46] 교리는 10세기 중반 발칸에서 성행한 Bogomil '보고밀파'에서 비롯되었다. 남유럽의 본래 본거지는 남프랑스 툴루즈였는데, 알비라고 잘못 알려져 '알비

46 Del lat. mod. *catharsis*, y este del gr. κάθαρσις *kátharsis* 'purga', 'purificación'. https://dle.rae.es/catarsis 참조. 형용사형은 catártico(a)이며, 남성 명사형으로 써서 '세척제, 하제(下劑, purgante)'의 의미로도 쓰인다. 참고로, catabolismo '이화작용', catacumbas '(로마 시대의) 지하묘지', catástrofe '재난, 재앙' 등의 어휘에 쓰인 cata-는 '밑으로'라는 의미의 그리스 기원어이다. 어원이 다른 것이니 구분해야 한다.

파'라고도 부른다.[47]

보고밀파의 영향을 받아 선신과 악신 두 창조자의 존재를 인정하는 이원론에 바탕을 두고 있다. 선신은 정신적이고 비물질적인 것을 창조했으며 인간의 영혼도 여기서 속한다. 악신이 창조한 것은 물질세계로 지구와 인간의 육신도 여기에 속한다. 이처럼 우주는 선의 영역인 정신과 악의 영역인 물질로 이분화 되어 있다고 보고, '물질로부터 영혼을 해방시키는 것'을 최고의 이상으로 삼았다. 따라서 결혼, 사유재산, 육식 등 육체나 물질과 관련된 모든 것을 부정하고 죄악시하였으며, 철저한 수도와 엄격한 금욕 생활을 영위해 gnosis '영적 직관'에 도달함으로써만 육체로부터 영혼을 해방시킨 cathari '완덕자'가 될 수 있다고 주장하였다.[48]

카타리파의 교리는 11세기 후반 남유럽으로 전해졌으며, 12세기에 세력을 크게 확장했다. 특히 프랑스 남부, 스페인 북부와 이탈리아 북부 등 남유럽에 널리 퍼져 가난한 농부들과 직공들, 심지어 귀족들에게도 커다란 공감을 불러일으켰다. 이들은 순회 설교, 즉 탁발(托鉢)을 하고 다녔다. 당시로서는 획기적인 일로 고명한 수도사들을 접하기가 쉽지 않았던 일반 대중들에게는 신선한 충격이었다. 대중들이 가장 크게 공감한 것은 카타리 수도자들의 청빈한 삶과 금욕주의, 치열한 수도 자세

---

47 알비는 툴루즈 북동쪽에 위치해 있는 작은 도시로 기차로 한 시간 정도 걸리는 거리에 있다. 알비파, 또는 카타리파에 대해서는 Hancock, Graham & Bauval, Robert(2006:194-198) 참조.

48 gnosis란 그리스어로 '영적 지식, 앎'이라는 뜻이다. 즉, '신에 대해 직접 아는 것'을 추구하는 종파이다. 이로 인해 가톨릭 영지주의에서는 예수조차도 구세주가 아니라 신과 중간다리 역할을 해주는 선지식 정도로 취급된다. 이 종파를 '영지주의' 또는 '그노티시즘'이라고 부른다. 영지주의에 대해서는 Jonas, Hans(1991); Hoeller, Stephan A.(2006); Pagels, Elaine H.(2006) 참조. 영지주의에 대한 반박은 송혜경(2014) 참조.

였다. 12세기 말에는 교구 수가 11개에 달했다고 한다. 그러나 이들의 극단적인 이원론적 교리와 사회사상은 로마가톨릭 교회와 심각한 갈등을 야기했다. 이들은 선신은 영적인 것만을 창조했고 악신은 이것을 육체라는 물질 속에 가두었으므로, 인간은 물질적인 것으로부터 해방되어야 구원을 받을 수 있다고 가르쳤다. 이러한 지나친 이원론적 분류는 자연히 인간의 육체를 빌려 태어난 예수의 신성 문제를 건드렸다. 인간의 육체가 악의 영역에 속하는 것이라면 예수의 탄생 사실을 어떻게 받아들일 것인가, 탄생했다면 그것은 무엇을 의미하는 것인가? 카타리파는 당연히 예수를 '인간의 육신을 빌어 태어난 신의 아들'이라는 물질적 현신을 거부하고 '선신(善神)'의 방사인 투사체 혹은 환영으로 받아들임으로써 '성령'으로 숭배하는 것을 거부했다. 더 나가서는, 예수라는 존재는 물리적으로 존재하지 않았다고까지 주장하기에 이르렀다. 따라서 인간의 죄를 대신 짊어지고 십자가에 못 박혔다는 교리도 부정했으며, 십자가도 로마 시대의 처형 도구일 뿐 성스러운 영적 상징성은 없다고 주장했다. 예수의 신성을 하나님과 동일시하는 로마가톨릭 입장에서는 도저히 묵과할 수 없는 교리였다. 이들은 또한 대중 앞에서 성서를 낭독하는 것과 consolamentum '위안례'라는 의식을 중시했다. 일반 신자는 이 의식을 통해 완전한 자, 즉 '카타리'가 된다고 설파했다. 일반 신자들을 대상으로 행하는 이 신앙 고백 의례 역시 로마 교회의 눈에는 곱게 보이지 않았다. 또한 이들은 '완덕자'가 되는 데 남녀 간에 차별을 두지 않았다. 당시의 완고한 남성 중심 사회에서 한 번 더 '이단'이 된 것이었다. 교리에서뿐만 아니라 여러 가지 사회사상에서도 보수적인 로마 교회와 사사건건 충돌을 빚었다.

이에 로마 교회는 이 영지주의자들을 이단으로 단정하고 1181-1229

년 사이에 세 차례에 걸쳐 대규모 군대를 파견하여 토벌했다. 여기에 13세기 초 도미니크회와 프란체스코회 등 탁발 수도회가 등장해 교회 개혁을 주도하자 급격하게 세력이 약화되었다. 당시 젊은 도미니코가 남프랑스에서 카타리 완덕자들이 보여준 금욕과 겸손, 청빈한 삶의 모습과 이를 숭앙하는 많은 대중들에게서 충격을 받았다는 사실은 교리 해석 문제를 떠나 이들이 보여준 수도자로서의 삶이 당시 사회와 종교계에 던진 화두가 무엇이었는지 많은 것을 시사해 준다. 이후의 탁발 수도회들이 한결같이 '청빈'을 제일의 모토로 내세우는 것도 이와는 무관하지 않을 것이다.

카타리파에 앞서 발칸에서 크게 성행했던 보고밀파는 14세기까지 존속하다가 이슬람교에 밀려나거나 민간신앙에 흡수되어 사라졌고, 남유럽의 카타리파는 15세기에 소멸되었다. Bogomil '보고밀'이란 슬라브어 bog '애인 또는 친구'와 mil '신'의 합성어이다. 교 창시자의 이름일 수도 있고 '신의 대리인'이라는 의미로 붙인 별칭일 수도 있다고 한다. 그리스어로는 Theophilos에 해당한다. 그리스어 theo와 philos는 스페인어에서 각각 teo- '신'과 filo- '-을 좋아하는(사람)'이라는 의미로 쓰인다.

teocracia 신정(神政), teocrático(a) 신정 체제의
teogonía 신계보학, 신통기(神統記)
teología 신학(神學)/ teólogo(a) 신학자, teológico(a) 신학의, 신학적인

ateo 무신론자(=ateísta)
monoteísta 일신론자
panteísta 범신론자

anglófilo(a) 영국을 좋아하는 (사람) ↔ anglófobo 영국을 혐오하는 (사람)
bibliófilo(a) (특히 초판본이나 희소분의) 서적 애호가
colombófilo(a) (전서용) 비둘기 사육사, 그 애호가

filófago(a) 잎을 먹는, -m. 식엽충(食葉蟲)
filología 문헌학 (본래는 '이성(logos)에 대한 사랑')
filosofía 철학 (본래는 '지혜(sophos 'sofía')에 대한 사랑')

[jamón과 chorizo]

jamón은 이베리아반도에서 로마 시대부터 먹었다고 한다. 재료는 돼지 뒷다리이다. 앞다리로 만드는 것은 paleta 또는 paletilla라고 한다. 이베리아반도에 돼지를 처음 들여온 것은 페니키아인들이라고 한다. 여기서 토종 멧돼지와 교배가 이루어져 검은색의 이베리아 종이 생겨났다. 이 돼지의 뒷다리가 jamón ibérico의 재료이다. 반면에 흰 돼지의 뒷다리로 만든 것은 jamón serrano라고 한다. 육질, 맛, 향 등을 기반으로 등급이 나뉘는데, 보통 도토리를 먹여 키운 것을 최고로 친다.

어원은 프랑스어 jambon에서 나온 것이라고 한다.[49] 이는 라틴 속어 gamba '다리'가 변형된 jambe에서 유래된 것이다. 13세기 프랑스 수도사들이 대거 이베리아반도로 유입될 때 이 단어도 함께 들어왔다. 프랑스에서 하몬을 주로 생산하는 곳은 아키타니아의 바욘 지역이다. 피레네 북쪽 대서양 연안으로 역사적으로 바스크 문화권에 속한다. 이 지역에서도 오래전부터 jambon이라 불리는 돼지 뒷다리 가공식품을 생산했

49 Del fr. *jambon*. https://dle.rae.es/jam%C3%B3n 참조.

다. 이 명칭이 스페인어로 전해진 것이다.

그렇다고 해서 이 식품 자체가 이때 전해진 것은 아니다. 이베리아반도에서도 이미 로마 시대부터 같은 식품을 만들어 먹었기 때문이다. 단지 프랑스어가 유행하다 보니 이 식품의 명칭이 바뀐 것뿐이다.[50]

지역에 따라 자신들만이 간직해온 오랜 제조 비법이 있어 맛과 질이 다양하고 뛰어나다. 스페인의 기후가 여름에도 건조한 탓에 썩지 않고 맛과 신선도가 오래 유지된다. 가격은 등급에 따라 천차만별이다. 재료와 제조 과정에 따라 크게 두 가지로 나뉜다.[51]

jamón ibérico는 다른 말로 pata negra '검은 다리'라고도 한다.[52] 검은 이베리아 돼지의 뒷다리를 원료로 하기 때문이다.

제조 방법은, 먼저 2주 정도 굵은 소금에 절인다. 소금을 바닥에 두툼하게 깔고 돼지 뒷다리를 올려놓은 다음 그 위에 다시 소금을 얹고, 무거운 돌 등으로 눌러 놓는다. 이 과정에서 피가 빠지면서 불순물이

---

50 하몬은 로마 시대부터 먹었다고 하지만, jambon 이전에는 어떻게 불렸는지 정확하게 알려지지 않았다. 아마도 anca '궁둥이', pernil '넓적다리', pierna trasera '뒷다리' 정도로 불렸을 것 같은데, 이는 돼지뿐만 아니라 모든 동물에 적용되는 어휘였으므로 유독 돼지의 뒷다리로 만든 음식에만 붙이기에는 적절치 못한 면이 있었을 것이다. 그러던 차에 프랑스에서 jambon이라는 단어가 들어오자—이것 역시 '넓적다리'라는 말이었지만—이것을 돼지 넓적다리로 만든 이 '하몬'에 적용한 것으로 추측된다. 라틴어에서 jamón에 대응하는 어휘로는 주로 perna (>pierna)가 쓰였다. 의미 획득 과정에 대해서는 Gil, Juan *et. al.*(2015:186) 참조.

51 하몬의 생산과 품질에 대한 규정은 https://web.archive.org/web/20081127031304/http://www.mapa.es/es/alimentacion/pags/iberico/iberico.htm#와 https://web.archive.org/web/20080522085421/http://www.mapa.es/es/alimentacion/pags/iberico/informacioniberico.htm 참조.

52 DRAE에 따르면, pata '발'의 어원은 출처 불명이다, 그러나 http://etimologias.dechile.net/?pata에 따르면, 프랑스어 patte에서 기원한 것으로 판단된다. 이 어휘는 프로방스 고어 paute에서 나온 것이며, 원 어원은 선켈트어 기원으로 보고 있다. 동물의 발굽이 땅에 닿을 때 나는 소리에서 만들어진 의성어일 가능성이 크다고 한다.

제거되고 짭짤하게 간이 밴다. 후에 깨끗한 물로 씻은 후 4-6주 정도 그늘에 널어 물기와 기름을 뺀다. 꾸둑꾸둑해지면 다시 건조장으로 옮겨 최소 12개월에서 최장 48개월간 본격적으로 숙성시킨다.

등급은 먹이 종류와 숙성 기간에 따라 결정된다.

제1등급은 Jamón ibérico de Bellota이다. 자유롭게 숲에 풀어 놓고 도토리와 자연산 풀이나 나무뿌리, 버섯 등만을 먹여 키운 돼지로 만든다. jamón ibérico de Montanera라고도 한다. 36개월 이상 말린 것이다.

제2등급은 Jamón ibérico de Recebo이다. 곡물 사료를 먹여 키우다가 도축하기 몇 개월 전부터 도토리를 먹여 키운 것이다. 36개월 이상 말린 것이다.

제3등급은 Jamón ibérico de cebo이다. 그냥 jamón ibérico라고도 부른다. 곡물 사료를 먹여 키운 돼지로 만들며, 24개월 정도 말린 것이다.

최고의 생산지로는 우엘바 지방의 하부고와 살라망카 지방의 기후엘로가 유명하다. 이 밖에도 코르도바의 로스 페드로체와 카세레스의 데에사 데 엑스트레마두라도 유명하다.

jamón serrano는 곡물 사료를 먹여 키운 흰 돼지의 뒷다리로 만든 것이다. 가공 방법은 jamón ibérico와 비슷하지만, 말리는 기간과 장소가 다르다. 서늘하고 건조한 곳에서 6-18개월 정도 말린다. 그라나다 지방의 트레벨레스산(産)이 유명하며, 1,200m 이상의 고지대에서 말린다. 아라곤의 테루엘산(産)은 800미터 이상의 고지대에서 말린다. 이런 이유로 serrano '산의, 산지의'라는 이름이 붙은 것이다.

chorizo '초리소' 역시 스페인 고유의 음식이다. 잘게 간 돼지고기에 여러 가지 양념과 빨간 고추를 넣고 버무린 후 돼지 내장에 넣어 숙성시킨 것이다. 유사한 종류인 salchicha '살치차'와는 달리 고추가 들어가 색깔이 붉으며, 들어가는 양념에 따라 맛이 다양하다.

DRAE에 따르면 chorizo의 어원은 '불명'이라고 한다. 그러나 여타 어원사전을 보면 대체로 어원을 salsicĭum이라고 한다.[53] 먼저 어말의 -m가 탈락하고 -ci-가 -z-로 변했다. 어중의 -ls-는 l가 모음화되어 -us-로 변했다. 그 결과 야기된 *sausizo에서 자음이화와 단모음화로 인해 *sorizo가 나왔고, 후에 어두의 s-는 ch-로 변한 것이다. 이러한 과정을 거쳐 chorizo가 된 것으로 보는 것이다. 콜론의 1차 항해(1492-1493) 이후에 스페인에 ají '고추'가 도입되어 재배되고 요리에 도입되기 시작했다. 이로써 초리소의 색깔이 현재와 같이 빨갛게 되었다고 한다. 초리소 또한 하몬과 마찬가지로 오랜 제조 비법을 바탕으로 품질이 뛰어난 제품들이 많이 생산된다. 라 리오하와 팜플로나의 것이 유명하며, 살라망카와 세고비아산(産)도 맛이 뛰어나다.

salchicha '살치차'은 이탈리아어 salciccia '염장된 [고기]'에서 유래된 것이다.[54] 이는 이탈리아어 salato(a)와 ciccia가 합성된 것이다. salato(a)는 라틴어 salsus, -a에서 유래된 것으로 '염장된'이라는 뜻이고 ciccia는 '비계, 기름'을 가리키는 말이다. 따라서 chorizo는 이베리아반도에서 발달한 어휘인 데 반해, salchicha는 16세기 이탈리아어에서 유입된 것이다.

53 De or. inc. https://dle.rae.es/chorizo?m=form 참조. 다른 한편으로는, Del latín vulgar *sauriciu, quizás del clásico salsicium. http://thesaurus.altervista.org/dict/es/chorizo 또는 http://etimologias.dechile.net/?chorizo# 참조.

54 Del it. *salciccia*, var. de *salsiccia*, y este del lat. tardío *[farta] salsicia* '[embutidos] salados'. https://dle.rae.es/salchicha?m=form 참조.

[misa]

사전적 의미를 빌면, '미사'는 가톨릭교회에서 가장 중심이 되는 의식으로 예수의 최후의 만찬을 기리기 위해 행하는 제사 의식이다. '말씀의 전례'와 '성찬의 전례' 두 부분으로 이루어진다. 따라서 교회의 전례에서 미사는 바로 신앙의 원천이자 정점이라고 할 수 있다.[55]

초기 사도 시대에는 '빵 나눔' 또는 '주님의 만찬'이라는 상징적인 용어가 쓰였고, 2-3세기에는 그리스어 Eucharistia '감사'와 Eulogia '찬미'라는 좀 더 추상적인 용어가 쓰였다고 한다. 4세기 이후에는 제사적 의미를 강조하는 '제사, 봉헌, 제물' 등의 용어가 사용되었다고 한다.

misa '미사'라는 명칭이 등장한 것은 5세기경이라고 한다. DRAE에 따르면 본래 후기라틴어로 missa는 '환송(despedida)'이란 뜻이었다.[56] 황제 알현이나 원로원 회의, 군대 사열 등 공식 행사의 '마감'을 선언할 때 쓰이던 용어로 Ite, missa est였는데, 여기서 missa만 남은 것이다. 직역하자면 '끝났으니 돌아가시오'이다.

교회에서는 이 용어를 받아들여 예비신자 파견, 교회에서 거행된 모든 예식의 폐회식이나 폐회선언, 성무일도의 마침기도와 저녁기도의 끝부분, 강복으로 끝나는 모든 예식, 성찬 등에서 사용하기 시작했다고 한다. 현재와 같이 교회에서 행하는 성사 자체를 가리키는 용어로 고착된 것은 5세기경이라고 한다.

---

55 https://stdict.korean.go.kr/search/searchView.do?word_no=127695&searchKeywordTo=3 참조.

56 Del b. lat. *missa* 'despedida', 'misa'. https://dle.rae.es/misa 참조.

[papel과 libro]

책을 만드는 재료인 papel '종이'는 라틴어 papyrus에서 유래된 것이다.[57] 파피루스는 이집트의 나일강과 지중해 연안 습지에서 자라는 다년생 수생식물의 이름이다. 이집트인들은 이 식물 줄기의 섬유질을 가늘게 찢어 가로, 세로로 포개 말린 후 부드럽게 가공해서 기록용으로 사용했다. 과거 파피루스는 왕실에서 관리한 전매 품목이었으므로, 그 꽃은 flor del rey '왕의 꽃'이라고 불렸다고 한다. 재료를 구하기 쉽고 생산이 용이하다는 장점이 있는 반면에, 재질이 약해 장기간 보관하는 것이 어렵다는 단점도 있었다.

스페인어 libro '책'의 어원은 라틴어 liber, 정확하게는 대격인 librum이다. 본래는 나무의 '속껍질'을 가리키는 말이었다. 이것을 가공해 종이를 만들고 기록했기 때문에 '책'이라는 의미가 된 것이다.[58] 그리스어에서는 '책'을 biblion이라고 했는데, 이는 현 베이루트 북쪽에 위치해 있는 도시 이름인 Biblos에서 나온 것이다. 이유는 당시의 '책'인 파피루스가 이 도시에서 주로 거래됐기 때문에 papyrus가 곧 biblion이 된 것이었다. '성서'인 Biblia의 어원도 이 도시명에서 나온 것이다. biblia는 'libritos'라는 뜻으로 biblion의 복수형이다.[59]

---

57 Del cat. *paper*, este del lat. *papȳrus* 'papiro', y este del gr. πάπυρος *pápyros*. https://dle.rae.es/papel?m=form 참조. 현대적 의미의 '종이'는 105년경에 후한(後漢) 때 왕실 재정을 담당하던 환관 채륜의 주도로 처음 제작했다고 전해지며, 751년에 당나라와 압바스 왕조 간에 벌어진 탈라스 전투에서 제지 기술자들이 포로로 잡힘으로써 아라비아로 전해졌다고 알려져 있다. 793년에 바그다드에 제지공장이 세워졌으며 900년대에는 이집트로 전해졌다고 한다. 유럽에서는 1282년 아라곤에서 종이를 생산한 것이 최초로 알려져 있다. Glick, Thomas F. *et. al.*(2014) 참조.

58 Del lat. *liber, libri*. https://dle.rae.es/libro?m=form 참조.

59 Del lat. tardío *biblĭa*, y este del gr. [τὰ] βιβλία *[tà] biblía;* literalmente '[los] libros'. https://dle.rae.es/

이 libro '책'을 보관해 두는 '도서관'은, 영어에서는 library이지만, 스페인어에서는 librería가 아니라 biblioteca이다. 스페인어에서 librería는 '서점'을 가리킨다. biblioteca '도서관'은 그리스어에서 유래된 어휘이다. 고대에는 두루마리를 주로 벽장 선반 위에 쌓아 두거나 항아리나 나무 상자 등에 세워 보관하였다. 이를 bibliotheke라고 불렀으며, 현재의 '도서관'의 어원이다. '책'을 뜻하는 biblion과 '벽장, 상자'를 뜻하는 theke가 합쳐져 합성된 말이다.[60]

같은 이유로 bibliografía, bibliomanía, bibliotecario(a) 등 '책'과 관련된 많은 어휘에 접두어로 biblio-가 붙은 것이다. 현대적 의미의 (그리스어 theke〉) -teca는 colección '수집, 모음'이라는 의미이다: discoteca, filmoteca 등.

[rollo와 codex]

초창기 책의 형태는 파피루스의 rollo '두루마리'였다. 많은 정보를 기록하기 위해 파피루스 여러 장을 이어붙이고 둘둘 말아 보관하는 형태이다. 긴 것은 수 미터에 달하는 것도 있다. 부피가 많이 나가 취급이 불편하고 앞과 뒤의 내용을 함께 살피기 어려운 단점이 있었다. 두루마리 형태는 라틴어로 rotŭlus (〉rollo)였으며,[61] 두루마리 각 권을 나타내는 말은 volumen이었다. 이 용어는 아직도 책의 권수를 나타낼 때 쓰인

---

biblia?m=form 참조.

60 Del lat. *bibliothēca*, y este del gr. βιβλιοθήκη *bibliothḗkē*. https://dle.rae.es/biblioteca?m=form 참조.

61 Del lat. tardío *rotŭlus* 'ruedecita'. https://dle.rae.es/rollo?m=form 참조.

다.[62]

로마 시대에 밀랍을 바른 나무판을 여러 개 묶어 아코디언처럼 접었다 폈다 할 수 있는 '패널접이식'이 등장했다. 이것이 더 발전해 한 면만 묶는 방식이 등장했는데, 이러한 형태를 codex '코덱스' 양식이라고 부른다. 따라서 엄밀한 의미에서는 현대의 책들도 모두 코덱스 양식으로 제본된 것이다. codex는 '나무의 줄기(몸통)'을 뜻하는 caudex에서 유래된 것으로, 본래 '기록용 밀랍 판'을 가리키는 용어였다.[63]

2-4세기 가톨릭의 전파와 더불어 코덱스 양식이 급속히 확산되었으며, 차츰 두꺼운 밀랍 판 대신에 가볍고 질긴 양피지가 쓰이기 시작했다. 양피지를 오늘날의 책처럼 제본하는 것이 일반화된 것은 5세기경이라고 한다. 양피지 낱장을 수십 장씩 묶어서 한 권의 책으로 만드는 이 방식은 무엇보다도 운반과 보관이 간편해 주목을 받았다. 특히 양면을 사용함으로써 무게를 줄이고 기록의 양을 획기적으로 늘릴 수 있었다. 그러나 대량 생산에 한계가 있어서 대중화가 어려웠고 가격이 비싼 것이 흠이었다. 부피가 작아진 코덱스 양식의 책이 유행하자, 각 권은 이제 volumen이 아니라 tomo라고 부르게 되었다.[64]

'기록용 밀랍 판'을 가리키던 codex가 스페인어에서 códice로 변했고,

---

62 Del lat. *volūmen* 'rollo de un manuscrito', 'tomo, libro', 'objeto enrollado'. https://dle.rae.es/volumen?m=form 참조.

63 Del lat. *codex*. https://dle.rae.es/c%C3%B3dex. 스페인어에서는 códex로 표기한다. 이 형태의 책을 rollo '두루마리'라고 부를 수는 없었으므로, volumen '부피, 권'이라는 말이 쓰이게 된 것이다. 중세 코덱스의 구조와 제작에 대해서는 Jakobi-Mirwald, Christine(2017:121-137) 참조.

64 Del lat. *tomus*, y este del gr. τόμος *tómos* 'sección'. https://dle.rae.es/tomo 참조. 그러나 현재 tomo와 volumen은 거의 구분 없이 동의어로 쓰이고 있다.

의미도 '고사본, 고문서'를 가리키게 되었다. '고문서, 필사본'을 나타내는 다른 용어로 manuscrito가 있는데, 이는 인쇄술이 도입되기 이전에 양피지에 '손(manu)으로 글을 쓴(scriptus)' 데서 유래한 것이다.[65]

codex에서 파생된 다른 어휘로 código가 있다. '법전, 부호' 등으로 쓰인다. 파생 경로는 먼저 codex에서 축소사인 codicillus (>codicilo '유언부속서')가 파생되었고, 여기서 *codicus가 재파생된 것이다.[66] 공통점은 '(뭔가가) 기록된 판'이라는 것이다. 동사 codificar는 codex 'código'+facĕre 'hacer'가 합성된 것이다. 따라서 어원적 의미대로 '법규화하다, 규정화하다'가 된 것이다.[67]

[pergamino]

파피루스와 밀랍 판은 가격은 저렴했으나 장기 보존이 어렵다는 단점이 있었다. 이를 극복하기 위해 등장한 것이 '양피지'이다. 양이나 소, 염소 등의 가죽을 무두질해서 만든다. 13세기에 현대적 의미의 종이가 등장하기 전까지 약 천 년간 가장 애용된 것이 바로 이 양피지였다. 로마 시대에 이집트의 알렉산드리아와 학문 연구에서 경쟁 관계에 있던 페르가몬에서 양피지의 수요가 급증했다. 페르가몬 도서관에서 많은 책을 필사하는 데 필요했기 때문이었다. 페르가몬의 군주들은 기원전 2세기부터 양피지 산업을 적극적으로 육성해 양질의 양피지를 생산했다. 이

---

65 Del lat. *manu scriptus* 'escrito a mano' y lat. mediev. *manuscriptum* 'texto escrito a mano'. https://dle.rae.es/manuscrito?m=form 참조.

66 Del lat. **codĭcus*, der. regres. de *codicŭlus* 'codicilo'. https://dle.rae.es/c%C3%B3digo; Del lat. *codicillus*, dim. de *codex, -ĭcis* 'código'. https://dle.rae.es/codicilo?m=form 참조.

67 Del lat. *codex, -ĭcis* 'código' y *-ficar*. https://dle.rae.es/codificar?m=form 참조.

때부터 pergamino '페르가몬산'은 양피지의 대명사가 된 것이다. 지금도 '양피지'를 pergamino라고 하는 이유이다.[68]

페르가몬은 소아시아, 현재 터키의 서부 에게해 연안 북서부에 위치해 있던 작은 왕국이다. 도시는 트로이 남쪽에 위치해 있었다. 페르시아에 속해 있다가 알렉산드로스에 의해 정복되었다. 대왕 사후 독립 왕국으로 발전했다. 특히 이집트의 알렉산드리아와 견줄만한 도서관이 유명했다. 기원전 133년 로마의 속주가 되었으며, 그 후에도 학문이 발전하여 소아시아의 수도가 되기도 했다.

---

68 Del lat. tardío *pergamīnum*, y este del gr. bizant. περγαμηνή *pergamēnḗ*; literalmente 'de Pérgamo', porque en esta ciudad se preparaban las pieles para escribir. https://dle.rae.es/pergamino?m=form 참조.

9

제9장

중세 스페인의 발전

9.1. 대학교의 발전

고등 교육 기관의 역사는 중국 주나라 때의 국학기관이나 고대 그리스의 플라톤이 설립한 아카데미아 등으로 거슬러 올라간다고 하지만, 이는 현대적 의미의 대학교와는 성격이 다른 교육 기관들이다. 우리나라의 경우에도 고구려 소수림왕 2년(372년)에 태학을 세워 귀족 자제들을 가르치기 시작했으며, 고려 시대에는 국자감이, 조선 시대에는 성균관이 그 역할을 대신했다. 976년 송나라 때 장사에 설립된 호남악록서원(湖南嶽麓書院)은 후에 후난대학교로 이어져 지금까지 내려오고 있다고 한다.[1] 인도, 페르시아 등 종교가 발달한 곳에서는 이미 오래전부터 교리를 연구하고 가르치는 교육 기관이 발달했다. 인도에서는 5세기경 날란다에 불교 교리를 가르치는 학교가 설립되었으며, 5세기 초반 네스토리우스(c.386-c.451)는 431년에 동로마 제국에서 추방된 후 페르시아

1 후난대학교의 역사에 대해서는 http://www-en.hnu.edu.cn/info/1072/2004.htm 참조.

의 곤디샤푸르에서 의학교를 세웠다고 한다. 고등 교육 기관의 역사는 아시아, 중동, 유럽에서 각기 상이하게 발전했으며, 현대적 의미의 대학교는 중세 말경에 유럽에서 시작되었다.

9.1.1. 유럽 최초의 대학교

'대학교'를 뜻하는 universidad의 어원은 라틴어 universitas의 대격인 universitate이다. 즉 '전체'라는 뜻으로 본래는 gremio '동업조합'을 의미하는 용어였다. 라틴어 unus 'uno'와 verto 'convertir'가 합쳐져 파생된 말로 '상이한 성격들이 하나로 화한다'는 뜻이다. 중세 때 universitas는 '동일한 목적을 가진 사람들의 모임', 즉 '동업조합'이었던 것이다.[2] 따라서 중세 때의 초기 대학교는 Universitas magistrorum et scholarium, 곧 Asociación de maestros y alumnos '교수와 학생들의 조합'이었다. 볼로냐의 경우 학생들, 특히 그중에서도 외국에서 유학 온 학생들은 무리를 지어 다니며 특권 계층으로 치외법권적인 대접을 요구해 시 당국과 자주 갈등을 빚었고 교수들과도 권한과 책임 소재를 놓고 자주 문제를 야기했다. 이 과정에서 '동업조합' 즉 universitas를 결성한 것이었다. 실제로 당시 학생들은 대부분 각국의 왕실이나 귀족 가문의 자제들이었다. 1158년 신성로마 제국의 황제 프리드리히 1세(1152-1190)는 이 지역의 학생집단을 자치단체로 공인하는 특권을 부여했다. 이에 학생들은

---

2 Del lat. *universĭtas, -ātis* 'universalidad, totalidad', 'colectividad', 'gremio, corporación', en lat. mediev. 'institución de enseñanza superior'. https://dle.rae.es/universidad?m=form 참조.

도시로부터 독립된 독자적인 공동체를 구성하게 되었고, 이것이 볼로냐 대학의 핵심이 되었다. 이에 교수들도 외부의 압력으로부터 교권을 지키고 학생들로 하여금 의무를 이행토록 하기 위해 universitas를 결성했다. 이 둘이 합쳐진 것이 현대 Universidad '대학교'의 시초인 것이다. 개인 교수에서 출발한 것이 집단화되면서 교수들과 학생들 간에 주도권 다툼이 일어났고, 두 집단 간의 권한과 책임이 체계화, 규정화되면서 대학교로 발전한 것이었다.

일반적으로 유럽 최초의 대학교로는 이탈리아의 볼로냐대학교를 꼽는다. 1088년에 개교해 그야말로 유럽 최초의 대학교로 Alma mater studiorum '학문의 고향'이라고 불리는 곳이다. 교회법과 로마법 등 법학 분야에서 시작해 13세기 들어 차츰 철학, 신학, 의학 등으로 교육의 범위를 넓혀 나갔다. 중세 유럽 최고의 대학교로 이름을 날렸다. 교회의 반대를 무릅쓰고 최초로 해부학 실험을 한 곳으로도 유명하다.[3]

1222년 볼로냐에서 일단의 교수들이 학문의 자유를 찾아 파두아로 이주해 대학교를 설립했다. 파두아대학교의 기원이다. 처음에는 법학만으로 시작했으나 차츰 천문, 논리, 수사, 문법, 철학, 의학 등으로 분야를 넓혀 나갔다. 15-18세기 동안 베네치아 공화국의 보호하에 교황청의 간섭에서 벗어나 학문의 자유를 만끽하며 크게 번성했다. 특히 의학, 천문학, 철학, 법학 등에서 뛰어났다. 1678년 여성에게 최초로 학위(철학사)를 수여한 학교로 유명하다.[4]

---

3 김종범 & 임동현(2018:92-94); https://www.unibo.it/it/ateneo/chi-siamo/la-nostra-storia/la-nostra-storia 참조.

4 https://www.ottocentenariouniversitadipadova.it/timeline/il-duecento/ 참조.

유럽에서 볼로냐에 앞서 현대의 대학교처럼 대규모로 학생들을 모아 고등 교육을 시킨 곳이 있었다. 불가리아의 Escuela Literaria de Preslav '프레슬라브문예학교'와 Escuela Literaria de Ohrid '오흐리드문예학교' 이다.

프레슬라브문예학교는 885-886년 당시 수도였던 플리스카에서 설립되었으며, 893년 플레슬라브로 이전했다. 초기에는 메토디우스(815-885)와 키릴(827-869) 형제의 제자인 나움 데 프레슬라브의 주도로 각종 서적을 슬라브어로 번역했다. 거의 같은 시기인 886년 오흐리드에도 문예학교가 설립되었다. 역시 메토디우스와 키릴 형제의 제자인 클레멘테 데 오흐리드(840-916)가 이 도시에 와서 학생들을 모아 동방정교를 보급하며 고등 교육을 실시한 것이었다. 893년에는 나움과 함께 성 판탈레이몬 수도원을 짓고 슬라브어 문자 개발과 문화, 예술 등 문예 진흥, 동방정교 보급에 크게 힘썼다. 이후 오흐리드는 동방정교 교리 연구와 문화의 중심지가 되었다.

이들이 개발한 문자를 키릴문자라고 한다. 현재 슬라브어를 표기하는 문자이다. 스승인 메토디우스와 키릴이 성경을 슬라브어로 번역하기 위해 그리스 문자를 바탕으로 콥트와 히브리어 문자 등을 참고해 개발하기 시작했는데, 10세기에 그 제자들이 완성한 것이었다.[5] 이 문자를 토대로 수많은 필사본을 제작해 슬라브어 체계를 확립했을 뿐만 아니라 지식 보급에도 크게 기여했다. 그러나 이 학교들은 972년 비잔틴 제국의 침공을 계기로 힘을 잃었다. 이후 학교는 폐쇄되어 역사 속으로 사라

---

5 키릴의 생애와 키릴문자에 대해서는 신우태(2001) 참조.

졌다.[6] 따라서 현재까지 지속되지 못했으므로 최초의 대학교로는 인정되지 않는다.

이탈리아에서도 볼로냐대학교 이전에 의학만을 전문으로 가르치는 '살레르노의학교'가 있었다. 이 도시는 이미 9세기부터 의학이 발달한 곳으로 유명한 곳이었다. 지리적 위치를 활용해 그리스와 로마의 전통뿐만 아니라 유대와 아랍의 의사들까지 받아들여 유럽에서 가장 뛰어난 의술을 발전시켰다. 11-13세기 동안에 체계적이고 조직적인 교육과 시술로 전성기를 누렸다. 그러나, 볼로냐(1088), 파두아(1222), 나폴리(1224)에 대학교가 생기면서 점차 빛을 잃었으며, 1811년 문을 닫았다. 현재의 살레르노대학교 의과대학은 이와는 상관없이 2005년에 새롭게 문을 연 곳이다. 원 살레르노의학교도 과거에 이미 폐교되어 현대적 개념의 대학교로는 발전하지 못했기 때문에 최초의 대학교로는 인정되지 않는다.

13세기 초에 이탈리아 밖에서 세워진 초기의 대학교들로는 (고)파리, 살라망카, 옥스퍼드, 케임브리지 등이 있다.

(고)파리대학교는 초기에는 교회부속학교로 신학생들을 가르치던 곳이었으나, 1215년 교황청의 설립 인가를 받았다. 신학부가 특히 유명했으나 후신은 남아 있지 않다. 다음으로 오래된 학교는 1257년 로베르 드 소르본느 신부가 설립한 Colegio de Sorbona '소르본느학사'이다.[7] 이

---

6 오늘날에도 Ohrid라는 이름을 쓰고 있는 대학교들이 있으나—마케도니아의 St. Clement of Ohrid University of Bitola (1979년 개교; 1994년부터 University of Bitola라고만 씀)와 불가리아의 St. Clement of Ohrid University of Sofia (1888년 개교, 소피아대학교)—중세 대학교의 후신은 아니다.

7 https://www.sorbonne.fr/la-sorbonne/histoire-de-la-sorbonne/ 참조.

이름은 나중에 파리대학교의 대명사가 된다. 1893년과 1896년 법 개정을 통해 파리에 산재해 있는 여러 개의 독립된 대학들을 묶어 '파리대학교'로 개편했다. 따라서 파리대학교 전체가 13세기 초에 설립된 것은 아니다. 현재는 13개의 독립된 칼리지 연합체이다. La Sorbonne '소르본느'라는 말은 현재는 파리 제1대학교만을 일컫는다. París '파리'라는 지명은 그 지역에 살던 켈트계의 갈리아 부족인 Parisii '파리시족'에서 나온 것이다. 카이사르가 정복할 당시에는 Lutetia라고 불렸다. 지금처럼 '파리'라는 이름으로 굳어진 것은 4세기 중반이라고 한다. 1220년에는 몽펠리에, 1229년에는 툴루즈에도 대학교가 설립되었다. 몽펠리에대학교는 특히 의학으로 이름이 높았으며, 툴루즈대학교는 당시 남프랑스에서 유행하던 알비파의 교리에 대항하기 위해 도미니코 수도회에서 설립한 것이다.

옥스퍼드대학교는 1096년부터 고등 교육을 실시했다고 주장한다.[8] 그러나 1218년에 설립된 살라망카와는 달리 근거 자료가 빈약한 편이며, 살라망카대학교와 설립연도를 두고 누가 먼저인지 다투는 사이가 되었다. 교황청의 인가를 받은 것은 1231년이고, 국왕 헨리 3세로부터 인가를 받은 것은 1248년이다. 케임브리지대학교는 1209년 일단의 옥스퍼드 학자들이 시 당국과 마찰을 빚은 후 이주해서 세운 대학교로 국왕 헨리 3세로부터 인가를 받은 것은 1231년, 교황청의 인가를 받은 것은 1318년이다.[9] 이로 미루어 보아 옥스퍼드대학교가 13세기 이전부터

8 https://www.ox.ac.uk/about/organisation/history 참조. 이에 따르면, 옥스퍼드는 볼로냐에 이어 유럽에서 두 번째로 오래된 대학교가 된다.

9 https://www.cam.ac.uk/about-the-university/history 참조. 국왕 인가 연도만을 놓고 보면 오히려 케

고등 교육을 시행한 것은 사실인 듯 보이지만, 국왕이나 교황청의 인가를 기준으로 보았을 때는 살라망카대학교보다 약간 뒤처진다. Oxford는 Oxenaforda의 줄임말로, 말 그대로 Ford of the Oxen '황소들의 여울'이라 말에서 나온 것이라고 한다. 8세기경 색슨족이 세운 도시이다. 한자로 '소의 진액'이라는 의미의 우진대학(牛津大學)이라고 표기하는 것이 재미있다.[10] Cambridge는 Cam '캠강'과 bridge '다리'가 합쳐져서 만들어진 합성어이다.[11]

이 밖에도, 초창기에 설립된 대학교로는 체코의 프라하(1348년), 오스트리아의 빈(1365), 독일 하이델베르크(1386), 라이프치히(1409), 튜빙겐(1477) 등이 있다. 베를린대학교는 1810년에 가서야 설립되었다.

9.1.2. 이베리아반도 최초의 대학교

스페인의 경우에는 대학교의 설립 과정이 이탈리아와는 조금 다르다. 처음에는 수도원 또는 성당 부속학교로 시작하여 신학을 위주로 가르쳤으며, 점차 가르치는 학문의 영역이 넓어지고 문호도 수도사와 신학생들뿐만 아니라 일반인들에게까지 개방되면서 Studium Generale '보편 교육' 기관의 성격을 갖추게 되었다. 보통 이 단계를 대학교의 기원이

임브리지대학교가 앞서지만, 실제로는 옥스퍼드가 더 앞서 있다.

10 https://www.ox.ac.uk/cn 참조. 津 '진'은 "풀이나 나무의 껍질 따위에서 분비되는 끈끈한 물질"을 뜻하며, 흔히 '진이 빠진다'고 할 때 쓰이는 글자이다.

11 Cam강의 라틴식 이름은 Granta였는데, 후에 앵글로색슨족에 의해 바뀐 것이다. 로마 시대에 이 '여울'을 통제하기 위해 다리와 성채를 세운 것이 도시의 기원이라고 한다.

라고 본다. 초기에는 성당 부속 숙소에서 기거했으나 점차 학생 수가 많아지면서 colegio '기숙사' 체제로 발전했다.

colegio의 어원은 라틴어 collegium이다. 이는 동사 colligĕre 'reunir'에서 파생된 것이다. 즉, col 'con' + lego 'reunir, recoger'의 합성어로 '동일 규정의 지배를 받으며 함께 기숙하는 집단'이다.[12] 대학에서는 숙소 역할 뿐만 아니라 교육, 종교, 체육 등 각종 과외활동이 이루어지는 공간이다. 그중에서도 특히 학사와 박사 과정생들을 위한 곳을 Colegio Mayor라고 부른다.[13] 살라망카에서 가장 오래된 곳 중의 하나가 Colegio Mayor de Santiago el Zebedeo이다. 1519년에 산티아고 데 콤포스텔라의 알론소 데 폰세카 대주교가 갈리시아 출신 학생들을 위해 만든 '기숙사'이다.[14] 기숙사들은 설립 목적과 운영 기관이 서로 상이했으므로 교육 이념과 내용도 다를 수밖에 없었다. 이 기숙사들을 하나의 큰 범주로 묶으면서 현대적 의미의 Universidad '대학교'가 시작된 것이었다.

대개 한 Universidad에 속한 Colegio들은 교육과 과외활동에서 자치권을 갖고 전체적인 재정과 인사 등은 본부에서 맡는다. 서로 상이한 성격의 Colegio들을 하나로 묶어 '단일성'을 부여한 것이다. 그러나 대학

---

12 Del lat. *collegium* 'colegio de magistrados o de sacerdotes', 'corporación de personas de una misma profesión', y este de *collēga* 'colega' e *-ium* '-io'. https://dle.rae.es/colegio 참조.

13 과거에는 licenciatura가 '학-석사과정'이었고, 그 위가 doctorado '박사과정'이었다. 이들을 위한 기숙사를 colegio mayor라고 불렀고, bachillerato '중-고등학교과정'생들을 위한 기숙사는 colegio menor라고 했다.

14 Colegio del Arzobispo Fonseca라고도 부르며 현재도 운영 중인 고색창연한 기숙사이다. 살라망카의 C/Fonseca에 위치해 있다.

의 발생 과정이 나라마다 다르듯이 Colegio들의 성격 또한 모두 동일한 것은 아니다. 스페인 대학교에서 Colegio는 Colegio Mayor '기숙사'를 지칭할 때 쓰이고 '단과대학'은 Facultad이라고 한다. 스페인어서는 학교를 가리킬 때 Colegio라고만 쓰면 보통 초, 중-고등학교를 가리킨다. 대학교의 경우, 수업은 Facultad에서 하고 숙식과 과외활동은 Colegio Mayor에서 하는 것이 보통이다. 영국에서는 College에서 수업을 받고 부속 Dormitory에서 과외활동과 생활지도를 받는다. 각 단과대학은 독립된 교육 및 운영 체계를 갖는다. 대표적으로 옥스퍼드대학교에는 Balliol College(1263), University College(1264), Merton College(1264) 등이 초창기에 세워진 칼리지들이다. Facultad의 어원은 라틴어 facultas이다. 본래의 의미는 '자격, 권한'이라는 뜻이다.[15] 대학교 내에서 교수들의 단체로 '가르칠 수 있는 자격'을 갖춘 집단을 가리키는 말이다.

이베리아반도에서 최초로 대학교가 설립된 것은 10세기 중반 코르도바이다. 이슬람 세계에서는 이미 9세기 중반에 모로코와 바그다드에 대학교를 세워 학생들을 가르쳤다. 대학 도시로는 모로코의 Fez '페스'가 가장 유명했다. 859년 알 피흐리야 가문의 파티마와 마리아 두 자매는 물려받은 전 재산을 기부해 알 카라위인 사원을 짓고 부속 신학교를 세웠다. 주로 이슬람 신학과 철학, 의학을 강의했으며, 전 이슬람권의 고명한 학자들이 모여 코란과 율법에 대해 토론했다. 알안달루스를 포함한 중세 이슬람 세계에서 가장 권위 있는 학문의 중심지였다. madraza '이슬람신학교'로 시작한 이 '카라위인대학교'는 현재까지 학생들을 가르

15 Del lat. *facultas, -ātis*. https://dle.rae.es/facultad?m=form 참조.

치고 있는 대학교 중에서 세계에서 가장 오래된 대학교이다.[16] 865년 바그다드에 세워진 바이트 알 히크마 '지혜의 전당' 대학교는 과거 네스토리우스가 세웠던 곤디샤푸르 의학교를 옮겨온 것이다. 이곳에서는 주로 아리스토텔레스, 히포크라테스, 갈레누스 등의 철학과 의학 서적들을 아랍어로 번역하고 연구했으나, 925년에 문을 닫았다.

알안달루스에서 대학교가 설립된 것은 이보다 조금 늦은 10세기 중반이다. 압데라만 3세(929-961) 때 코르도바에 대규모 도서관과 대학교가 설립되었다. 당시 북아프리카를 지배하던 파티마 왕조의 새로운 수도가 된 카이로에 알아즈하르 사원과 학교가 들어선 것은 970-975년 사이이다. 수니파 교리를 가르치는 이슬람 학문과 교육의 중심지였다.[17] 이보다 앞서 코르도바에 대학교가 설립된 것이었다. 당시 코르도바의 학문과 문화 수준을 가늠해볼 수 있는 척도이기도 하다. 학문과 예술, 부와 권력 등 모든 면에서 서유럽 최고였으며, 당시 이에 비견될 수 있는 도시는 바그다드와 콘스탄티노플뿐이었다는 말이 과장된 것이 아님을 보여주는 증거이다. 그러나 코르도바의 대학교는 칼리프 제국의 몰락과 운명을 같이 했다. 현재의 코르도바대학교는 1972년에 개교한 것으로, 칼리프 제국 시기의 대학교와는 관련이 없다.[18]

---

16 https://www.guinnessworldrecords.com/world-records/oldest-university 참조. 스페인어로는 Universidad de Qarawiyyin으로 표기하며, 영어로는 University of Karueein, 프랑스어로는 Université Quaraouiyine으로 표기한다. 이 대학교에 대한 자세한 정보는 http://www.enssup.gov.ma/etablissements/univquarFes.htm 참조.

17 카이로의 알아즈하르대학교는 아직도 건재하다. 현재 이슬람 세계의 또 다른 대표적인 대학교인 카이로대학교는 1908년에 개교한 학교이다.

18 코르도바대학교의 역사에 대해서는 http://www.uco.es/historia-y-video-promocional.html 참조.

이베리아반도 북부의 가톨릭 세계에서 대학교가 처음 등장한 것은 12세기 카스티야 왕국의 팔렌시아이다. Palencia의 어원은 켈트어 Pallantia이며, 의미는 '평평한 구릉, 고원' 등으로 풀이된다.[19] 주변의 지형적 특색으로부터 나온 것이다. 대학교는 처음에는 성당 부속학교로 출발했다. 재정복을 진행하면서 고도로 발달한 이슬람 교리에 논리적으로 맞설 수 있는 가톨릭 신학자를 양성하고 장차 나라를 이끌 인재를 육성할 필요성이 생겨났기 때문이다. 1208년 카스티야의 알폰소 8세가 이 성당 부속학교를 Studium Generale '보편 교육'을 실시할 수 있는 고등 교육 기관으로 발전시켰다. 주로 신학, 법학, 예술이 주를 이루었으며 외국에서 유명 학자들을 초빙하는 등 재정 지원을 아끼지 않았다. 그러나 1214년 강력한 후원자였던 알폰소 8세가 사망하자 위기를 맞았다. 이후 학교를 살리려는 노력이 있었으나 결실을 보지 못하고 몇 년 후에 결국 폐교되었다.

이 대학교의 명맥을 이은 것은 1218년에 개교한 '살라망카대학교'이다. 살라망카는 카르타고 이전부터 Helmantica라는 이름으로 존재했었다고 한다. 로마 시대에는 Salmantica라고 불렸다.[20] 토르메스강 변의 언덕 위에 자리 잡고 있어 교통이 편리하고 방어에 용이했다. 로마가 들어오면서 Vía de la Plata '은길'의 종착지이자 교역의 중심지로 발전했다. 당시에 세운 다리와 유적들이 아직도 남아 있다. 그러나 로마가 멸망한 이후에는 이렇다 할 발전을 이루지 못했다. 특히 이슬람 치하에서는 거듭되는 전투로 주변 지역이 황폐화되었다. 본격적으로 재입식이 단행된

19 팔렌시아에 관한 자세한 정보는 https://www.aytopalencia.es/ 참조.

20 Del lat. *Salmantĭca* 'Salamanca'. https://dle.rae.es/salmantino 참조.

것은 1085년 톨레도를 재정복한 이후이다. 1102년 알폰소 6세의 사위인 라이문도 데 보르고냐가 카스티야, 프랑크, 유대, 모사라베, 포르투갈, 갈리시아 등 다양한 출신의 이주민들을 이끌고 이 지역에 재입식을 단행했다. 라이문도는 프랑스 보르고냐 공작의 아들로 십자군의 일원으로 이베리아반도에 들어와 큰 전공을 세운 인물이다. 이에 대한 보답으로 알폰소 6세는 자신의 딸과 결혼시켜 갈리시아 백작령을 맡긴 것이었다.

살라망카대학교의 기원은 1130년경에 문을 연 성당 부속학교로 거슬러 올라간다. 시간이 지나면서 교육의 범위가 신학과 법학 중심에서 점차 의학, 논리학, 문학, 문법, 예술 등으로 확대되었다. 체제도 발전해 특정 계층에게만 입학이 허용되는 것이 아니라 일반인들에게도 문호가 개방되었다. 이에 1218년 알폰소 9세는 이 학교에 '보편 교육' 자격을 부여했다. 이에 따라 오늘날에도 대학교의 개교 일자를 1218년 1월 1일로 잡고 있다. 1253년에는 '현왕' 알폰소 10세의 왕령에 의해 Universidad '대학교'라는 명칭이 수여되었으며, 1255년에는 교황청의 인가를 받았다. 유럽에서 Universidad '대학교'라는 명칭을 쓴 최초의 학교이며, 중세와 황금 세기 '지성의 상징'으로 불렸다.[21]

살라망카에는 많은 유적이 있다. 그중에서 성당과 마요르 광장, 대학 건물이 특히 유명하다.[22] 성당은 구 성당과 신 성당이 있는데, 두 성당은 서로 연결되어 있다. 구 성당은 12세기 초반(1120년경) 재정복한 직후

---

21 살라망카대학교의 역사에 관해서는 https://www.usal.es/historia 참조.

22 살라망카의 많은 건축물 중에서 특히 성당과 마요르 광장의 건축적 가치에 대해서는 김희곤(2014:262-274) 참조.

에 토르메스강이 내려다보이는 언덕 위에 짓기 시작해 14세기 말에 완공했다. 살라망카대학교의 모태이다. 로마네스크 양식과 고딕 양식이 혼합되어 있다. 신 성당은 1513-1733년 사이에 지어진 것으로 후기 고딕과 바로크 양식으로 지어졌다. 1729-1756년 사이에 바로크 양식으로 지어진 마요르 광장은 살라망카 사람들의 생활 중심지로서 아름답고 균형 잡힌 미관으로 유명하다. 신 성당을 완공한 알베르토 추리게라가 설계해 추리게라 양식으로도 알려져 있다. 대학교 건물들은 성당과 마요르 광장 사이에 들어서 있다. 별도의 캠퍼스가 따로 조성되어 있는 것이 아니라 대학 도시답게 도시 곳곳에 건물들이 자리 잡고 있다. 초기에는 성당과 부속건물들에서 강의가 이루어졌으나 15세기 들면서부터 독립 건물과 기숙사들을 짓기 시작했다. 가장 상징적인 건물은 Escuelas Mayores '대학본부'로서 전면의 fachada '정면 벽'이 특히 유명하다. 플라테레스코 양식의 대표작이다. 1411년 루나 교황에 의해 건설되기 시작했으며 1533년 완공되었다.[23]

오래된 대학 건물들의 벽에는 거의 어김없이 붉은색으로 Victor 표시가 쓰여 있다. 이는 학위를 받으면 친구나 친지들이 이를 기념해서 '승리'를 뜻하는 라틴어 victor를 상징화해서 써 놓은 것이다. 문양 밑에 이름과 날짜를 써넣는다. 모양은 제각각이지만 의미는 하나이다. 살라망카대학교의 오랜 전통 중 하나이다.[24]

---

23 살라망카의 역사에 관한 자세한 사항은 http://www.aytosalamanca.es/es/tuciudad/historia/ 또는 https://www.salamanca.es/en/essential-salamanca/history 참조.

24 사진 출처: *File:Victor Uni Salamanca.svg* by Fernando Estel, basada en el trabajo de es:Usuario:Joselarrucea, CC BY-SA 3.0
https://commons.wikimedia.org/wiki/File:Victor_Uni_Salamanca.svg

재정복이 진행됨에 따라 주요 도시에 대학교들이 계속 세워졌다. 살라망카대학교 뒤로는 바야돌리드(1241)와 카탈루냐 최초의 대학교인 레리다(1300)가 뒤를 이었다. 그 후에는 바르셀로나(1450), 알칼라 데 에나레스(1499) 등에도 대학교가 설립되었다.

바야돌리드대학교는 카스티야의 알폰소 8세가 팔렌시아에 있던 학교를 대신해 세운 것이다. 교황청으로부터 교서를 받은 것은 1346년이다. 알칼라 데 에나레스에는 1499년 시스네로스 추기경의 주도로 대학교가 설립되었다. 이름은 Universidad Complutense, Universidad Cisneriana, Universidad de Alcalá 등으로 불렸다. 그러다가 1836년 마드리드로 이전했다. 학교 명칭은 Universidad de Madrid, Universidad Literaria de Madrid, Universidad Central de Madrid 등으로 불리다가, 1970년 현재와 같이 Universidad Complutense de Madrid가 되었다. 같은 해 몽클로아 캠퍼스에는 인문학, 법학, 자연과학, 의학대학 등만 두고 사회과학대학은 교외의 소모스 아구아스 캠퍼스로 이전했다. 공과대학은 Universidad Politécnica de Madrid라는 이름으로 본부는 몽클로아에 그대로 두되 행정상으로는 콤플루텐세로부터 분리시켰다. 1977년 알칼라 데 에나레스에 새로운 알칼라대학교가 설립되었다. 따라서 현재의 학교는 1499년에 세워진 학교의 후신이라고 보기는 어렵다. 더 후에는 발렌시아(1499년), 바르셀로나(1450년), 그라나다(1531년) 등에 대학교가 설립되었다.

중세 때 이베리아반도에서 살라망카와 이름을 나란히 한 학교로는 포르투갈의 코임브라대학교를 들 수 있다.[25] 1290년 리스본에서 '보편 교육' 자격을 취득하고 개교했으며 1308년 코임브라로 이전했다. 초기에는 교황청으로부터 신학 강의에 대해서는 허가를 받지 못해 예술, 법학, 의학 등만을 가르쳤다. 정부와 교회 간의 갈등, 주민들과 학생들 간의 갈등으로 몇 차례 리스본과 코임브라를 왔다 갔다 했다. 1380년에 가서야 신학 강의 허가를 받았으며, 1537년 주앙 3세 때 최종적으로 코임브라에 정착했다. 중세 때 이베리아반도에서 살라망카와 더불어 가장 권위 있는 최고의 교육 기관이었다. 학문의 도시로 Lusa Atenas '루시타니아의 아테네'로 불렸다. 코임브라는 포르투갈 북부의 오포로토에서 약 120km쯤 남쪽에 위치해 있으며, 1064년 레온의 페르난도 1세에 의해 재정복되었다. 도시는 몬데구강이 휘감아 도는 언덕 위에 자리 잡고 있어 고대로부터 중북부 일대에서 교통과 상업의 요지로 발전했다. 1096년 카스티야의 알폰소 6세로부터 Condado Portucalense '포르투갈 백작령' 통치를 위임받은 딸 테레사와 사위 엔리케가 수도로 삼았다. 1255년 수도를 리스본으로 옮길 때까지 가장 중요한 도시였다.

Coímbra라는 지명은 켈트족이 들어오기 전에 그 지역에서 살았던 원시 부족인 conii '코니족'과 켈트어로 '성채'를 뜻하는 -briga가 합쳐져서 생성된 것이다. 이 두 어휘가 합쳐져서 Conimbrĭga가 되었고, 이것이 변

25 코임브라대학교의 역사에 관해서는 https://www.uc.pt/sobrenos/historia 또는 https://www.cm-coimbra.pt/en/areas/viver/a-cidade/historia/lenda-da-fundacao-da-cidade-no-livro-bellezas-de-coimbra 참조.

해 Coímbra가 된 것이다.[26]

9.1.3. 아메리카 최초의 대학교

남아메리카에서는 1551년 페루 리마에 세워진 산마르코스대학교가 최초이다. 1548년 도미니코 수도회에서 교육을 시작했으며, 1551년 정식으로 국왕의 인가를 받았다. 인가 당시의 국왕이 카를로스 5세였으므로 이 대학교의 문장에도 Plus Vltra 'Más allá'라고 쓴 두 개의 헤라클레스 기둥이 들어 있다.[27]

북아메리카에서는 1636년에 설립된 하버드를 시초로 예일(1701), 펜실베이니아(1740), 프린스턴(1746) 등이 차례로 설립되었다. 상대적으로 짧은 역사에도 불구하고 학문적 자유를 중시해 세계적으로 뛰어난 업적을 남겼다. 그 뒤를 이어 콜럼비아(1754), 브라운(1764), 다트머스(1769), MIT(1861), 코넬(1865) 등이 설립되었다.

---

26 Lapesa, Rafael(1981:19) 참조.

27 정식명칭은 Universidad Nacional Mayor de San Marcos이다. https://www.unmsm.edu.pe/la-universidad/historia 참조.

9.2. 아베로이즘과 서양 중세 철학

중세 유럽에서 대학교의 발달은 여러 분야의 학문 발전을 가져왔다. 12세기 또는 그 이전부터 성당 부속학교로 시작된 학교들은 13세기 들어서면서 본격적으로 체제를 정비해 가면서, 각자 특정 분야에서 명성을 쌓아갔다. 기본 교양 교육은 어느 대학교에서나 유사하게 시행되었지만, 의학은 살레르노, 파두아, 몽펠리에가, 법학은 볼로냐와 파도바, 신학은 파리, 살라망카, 옥스퍼드가 특히 유명했다. 대학의 발전은 도시의 발전과 궤를 같이하는 것으로, 중세 초기에 수도원을 중심으로 이루어지던 학문 연구가 이제는 사람들이 많이 모이는 도시로 나와 대학교로 이전되었다. 중세 학문의 꽃은 단연 신학이었으며, 이는 아무나 아무 데서나 가르칠 수 있는 것이 아니었다. 이런 이유로 중세 대학교들은 특히 신학을 가르치기 위해 교황청의 승인이 필요했다. 1290년에 개교한 코임브라대학교가 90년 동안 신학 강의를 개설하지 못한 이유도 교황청의 허가를 받지 못했기 때문이었다. 13세기 들어 대학이 번성하면서 신학 연구가 꽃을 피우기 시작했다. '스콜라 철학'이 시작된 것이었다. 논쟁의 중심 주제는 과거 아베로에스가 제기했던 '신앙과 이성의 조화' 문제와 '논리적 사고를 통한 신의 존재 증명' 문제 등이었다.[28]

파리대학교를 중심으로 일단의 신학자들이 아리스토텔레스와 아베로에스의 새로운 사상을 받아들였다. 이는 그때까지 가톨릭 세계에서 주를 이루고 있던 성 아우구스티누스의 신플라톤주의적 사고, 즉 이데아적인 순수한 관념적 영역 속에서만 신의 존재를 알 수 있다는 사상과는 배치되는 것이었다. 이들은 '감각과 이성을 통해서도 이를 증명할 수 있다'는 주석가 아베로에스의 관점을 통해 아리스토텔레스를 읽었다. 따라서 이들을 흔히 '아베로에스 학파'라고 불린다. 아베로에스 학파는 이성의 논리적인 탐구는 궁극까지 추구되어야 하며, 그 결론이 신학에서 가르치는 바와 다르다고 할지라도 그대로 받아들여야 한다고 주장했다. 당시의 신학자들이 깊이 우려했던 점들이 바로 이러한 관점, 즉 철학은 신학의 제한을 받지 말아야 하며 이성과 신앙 사이에는 괴리가 발생할 수도 있다는 주장이었다. 아리스토텔레스와 아베로에스의 사고를 받아들인 학자들에게는, 이성에 의하면 물질은 영원한 것이어야 하는데 이는 우주가 무(無)에서 창조되었다는 전통 가톨릭의 창조 이론에 배치되는 것이었다. 이들은 모든 영혼들을 궁극적으로 하나라고 보았는데 이 또한 개인의 영혼이 죽음을 초월하여 영생한다는 가톨릭 교리에 어긋나는 것이었다.[29]

---

28 본 절에서 언급한 중세 철학의 주제에 대해서는 Lamprecht, Sterling P.(1999) 참조, 특히 스콜로 철학과 토마스 아퀴나스의 철학에 대해서는 pp.238-273 참조. Hirschberger, Johanes(2017), 스콜라 철학에 대해서는 p.505 이하 참조.

29 중세 아베로에스 학파에 대해서는 Hirschberger, Johanes(2017:676-681) 참조.

그러나 이러한 모순도 차츰 새로운 해법을 찾아갔다. 이는 '자연은 인간 정신의 가장 완벽한 구현'이라는 아리스토텔레스의 명제를 토대로 실험이나 경험을 통해서도 신의 존재를 증명할 수 있다고 주장하는 도미니코 수도회의 알베르토를 거쳐, 토마스 아퀴나스의 『신학대전』(1266-1273)에 이르러 절정에 달했다. 그는 이성적, 논리적으로 신의 존재를 증명할 수 있는 5가지 법칙을 제시했다.[30]

첫째, 어떤 물체가 움직인다면 이를 움직이게 하는 무엇인가가 있다는 뜻이다. 자신은 움직이지 않으면서 다른 것들을 움직이게 하는 제1동자(動子), 그것이 바로 신이다.

둘째, 가시적으로 나타난 현상은 바로 결과인 동시에 원인이며, 그 현상의 원인이 무한정 계속될 수는 없다. 즉, 이를 관장하는 제1원인이 존재한다는 뜻인데, 그것이 바로 신이다.

셋째, 감각적으로 체험 가능한 모든 사물은 가변적이므로 그 자체에 존재 원인이 내재되어 있는 것이 아니다. 따라서 어떤 물체가 존재하기 위해서는 그 물체의 존재를 야기하는 제1원인이 존재해야 하는데, 그것이 바로 신이다.

넷째, 사물들은 완전성 면에서 각자 차이가 난다. 이는 곧 인간보다도 더 완벽한 절대적인 완전체가 존재한다는 것을 뜻한다. 그것이 바로 신이다.

마지막으로, 자연에서는 단순한 우연의 결과라고 볼 수만은 없는 일들이 종종 벌어진다. 예를 들어 씨앗에서 싹이 터 자라고 꽃이 피고 열

---

30 토마스 아퀴나스가 제시한 신의 존재 증명 문제에 대해서는 Lamprecht, Sterling P.(1999:258-262)와 Hirschberger, Jahannes(2017:638-645) 참조.

매를 맺는 것과 같이 늘 정해진 순서에 따라 변함없이 일어나는 필연적인 사건들이 존재하는데, 이는 우주의 질서를 지배하는 최고 지성이 존재함을 가리키는 것이다. 그것이 바로 신이다.

그러나 스콜라 철학은 크게 두 세력으로부터 공박을 당했다.

먼저 프란시스코 수도회 소속의 둔스 스코투스는 신과 인간과의 신앙적 관계는 이론이나 지성 밖의 영역이기 때문에 이것을 논리적으로 증명하려고 하거나 증명할 수 있다고 믿는 태도는 불합리한 것이라고 주장했다. 그의 입장은 아우구스티누스적 기조 위에서 아퀴나스가 교회와 세상을 하나의 틀 안에서 조화시키고자 하는 입장을 반박하는 것이었다. 그는 아퀴나스가 신의 존재를 증명하기 위한 수단으로 사용한 철학은 신학과는 관계가 없는 것으로 분리해 냈다. 신앙과 이성은 서로 다른 영역에 속하는 것으로 관심 분야가 다르므로 조화될 수 없다고 주장한 것이었다.[31]

둔스 스코투스의 주장을 받아들여 더욱 발전된 이론으로 확장시킨 사람은 윌리암 옥캄이다. 옥캄은 신앙적 진리는 그 자체로 완전한 것이지 그것이 논증된다거나 주어진 사물들을 통하여 유추해 낼 수는 없다고 보았다. 이성을 통해서 신에게 이르는 길은 없다고 본 것이었다.

옥캄은 보편 논쟁에서도 같은 종(種) 또는 류(類)들에 공통적으로 존재하는 보편자 개념을 인정치 않음으로써 철저한 유명론자로 불린다. 그는 옥스퍼드에서 일어난 과학적 연구 풍토를 신학과 철학에 응용하여 새로운 경험과학의 길을 열었다. 그에 의하면 참된 명제는 직접 명료

31 둔스 스코투스의 철학에 대해서는 Lamprecht, Sterling P.(1999:276-279)와 Hirschberger, Jahannes(2017:683-691) 참조.

하게 증명되지 않으면 안 된다. 그에 반하여 추상적 인식은 그 대상의 존재 여부를 확인하지 못한다. 확인되는 것은 개체에 대한 인식뿐이다. 따라서 보편은 개념 또는 소리에 지나지 않고 실재하는 것은 개체뿐이다. 이것은 로저 베이컨의 과학적, 경험적 원리가 철학적으로 전개된 결과라고도 할 수 있다.[32]

옥캄의 신학적 배경인 프란시스코 수도원의 청빈사상에는 이미 하나님과 인간 개체 사이에는 어떤 제도나 공식이 아니라 '직접적인 말씀'이 존재하고 이 명령에 따르는 삶이 전제되어 있다. 이런 이유 때문에 옥캄의 주장을 근거로 하면 교회나 교황이나 어떤 다른 권위도 개인의 신앙이 옳은지 그른지를 판단할 수 없으므로 권위를 잃게 된다. 그리고 개인의 신앙이 스스로 확신하는 바에 따라 교황의 잘못을 제기할 수도 있고, 교회의 가르침에 대해 반박할 수도 있는 여지를 열어 놓았다. 그리고 아무리 공의회나 교황청에서 참된 교리로 정해 놓은 것이라 할지라도 또는 진리라고 주장하는 것이라 할지라도, 이 결정이 오류이거나 잘못 판단된 것일 수 있다는 가능성을 열어 놓은 것이었다. 이러한 옥캄의 주장은 훗날 교황과 가톨릭교회에 반대하는 여러 운동에 큰 영향을 미쳤다. 더 나아가 가톨릭 역사상 가장 큰 사건 중 하나인 종교개혁의 이론적 배경이 되었다.

다른 하나는 독일인 마이스터 에크하르트와 그의 제자 타울러로 대표되는 신비주의 신학의 등장이다. 이들은 신이 인간을 창조할 때 자신의 속성 일부분을 남겨 두었으리라는 가정에서 출발했다. 이것은 인간

32 윌리엄 옥캄의 철학에 대해서는 Lamprecht, Sterling P.(1999:279-283)와 Hirschberger, Jahannes(2017:712-723) 참조.

속에 있는 신 자신이며 피조되지 않은 부분이며, 영원한 것이다. 에크하르트는 이를 '영혼의 불'이라 불렀다. 그런데 인간이 타락하면서 이 영혼의 불을 상실했고, 이 불을 되찾는 길은 신이 가르친 사랑을 통해서만 가능하다는 것이었다. 인간이 신에게 전적으로 귀의하면 인간과 신은 합일되므로 인간이 영적으로 충만하게 되고, 영혼의 불이 다시 타오르게 된다는 것이다. 이는 공식화되고 정형화된 이론적 틀을 통해서가 아니라 '신과의 직접적인 소통'을 통해서만 이루어진다고 주장했다.[33]

이처럼 아베로에스의 주석을 통한 아리스토텔레스의 사상은, 찬성이든 반대든, 중세 유럽에서 16세기까지 큰 반향을 불러일으켰으며, 코르도바가 낳은 대학자의 족적은 서양 철학사 전반에 깊고도 넓게 남아 있다.

33 마이스터 에크하르트의 철학에 대해서는 Hirschberger, Jahannes(2017:691-711) 참조.

9.3. 기사단의 창설

중세 이베리아반도에서 언어의 확산에 기여한 또 하나의 집단이 기사단이다. 중세 초기 학문의 중심지는 단연 수도원이었다. 그러나 시간이 지남에 따라 점차 대학교가 생기면서 특정 계층만이 아니라 일반 대중들도 제한적이나마 고등 교육을 받을 수 있는 기회를 가질 수 있게 되었다. 이에 발맞추어, 재정복이 진행됨에 따라 스페인어의 외연도 확대되어 나갔다. 재정복과 재입식을 최일선에서 주도해 나간 집단이 바로 기사단이었다. 따라서 이들의 노력과 희생이 없었다면 외연 확장은 물론이고, 이베리아반도의 통일 또한 불가능했거나 훨씬 더 오랜 시일이 걸렸을 것이다.

성지 탈환이라는 명분하에 수행된 십자군 전쟁을 계기로 기사단이 조직되기 시작했다. 수도자들이 스스로 무장한 경우도 있고 기사들이 종교적 서원을 하고 이교도들과의 성전에 투신한 경우도 있었다. 기사단의 활약이 가장 두드러진 곳은 이베리아반도였다. 예루살렘에서도 이슬람교도들을 상대로 치열한 전투가 벌어졌지만, 더 장시간 지속적으로 전투가 벌어졌던 곳이 바로 이베리아반도였기 때문이었다. 이에 이베리아반도의 기사들도 아예 평생을 가톨릭 수호와 순례객 보호를 위해 헌신하겠노라고 맹세하고 기사단을 조직했다. 조직의 체계와 규율을 세우기 위해 수도회에 의탁하고, 좁은 수도원에만 머물지 않고 훨씬 더 넓고 자유로운 공간에서 마음껏 본인들의 의지를 실현해 나갔다. 이 과정에서 기사단은 새로운 영토를 재정복하고 갓 재정복한 영토에 주민들을 재입식하는데 첨병 역할을 수행했다. 기사단이 있었기에 주민들은 안전하게 갓 재정복한 땅에 이주해 정착할 수 있었고, 점차 도시가 발달할 수 있었다. 결국 기사단은 대학교의 발전과 보조를 맞추어 스페인어의 외연을 확장시키는 데 큰 역할을 수행한 집단이었다. 이제 수도원을 대신해 대학교와 기사단은, 하나는 정적으로 다른 하나는 동적으로, 학문의 발전과 언어의 확산에 기여하게 된 것이었다. 이베리아반도 기사단의 활동이 정점에 달했던 때는 1492년 그라나다 공성전이었다. 그라나다 함락을 계기로 결과적으로 카스티야어가 곧 '스페인어'가 되었으니, 기사단이 스페인어의 외연 확장에 끼친 공은 결코 작다고 할 수 없을 것이다.

9.3.1. 유럽의 기사단

기사단의 기원은 대체로 1096년에 시작된 제1차 십자군 전쟁 때로 거슬러 올라간다. 그전까지는 기사들이 필요에 따라 개별적으로 영주나 왕을 위해 참전했으나, 십자군 전쟁을 계기로 기사이면서 동시에 수도자로서의 소명을 다하고자 수도회 규약을 기반으로 삼고 조직을 구성하기 시작했다. 주요 설립 목적은 성지 예루살렘과 순례객을 보호하는 것이었다. 이들은 '반(半)사제 반(半)군인' 성격으로 기사(騎士)로서 신에 봉사할 것을 서원하고 엄격한 종교적 규율을 따랐다. 이탈리아, 프랑스, 독일, 영국 등의 주요 기사단으로는 다음과 같은 것들을 들 수 있다.[34]

이탈리아의 구호(救護) 기사단은 1084년 아말피 상인들에 의해 예루살렘에서 순례객들의 구호 활동을 목적으로 설립되었으며, 군사 활동도 병행했다. 붉은 바탕에 흰 십자가 표시가 이들의 상징이다. 병원을 주로 운영했기 때문에, 이 기사단 소속의 기사들을 Hospitaller라고도 부른다. 이 기사단은 예루살렘을 떠난 후 1310-1522년까지 로도스섬에 정착했으며 '성 요한 기사단'이라고 불렸다. 1530년 오스만투르크의 슐레이만 대제에 의해 로도스에서 쫓겨나 근거지를 잃자, 스페인의 카를로스 1세가 이들에게 몰타섬을 기증했다. 주 활동 무대에 따라 기사단 앞에 '예루살렘, 로도스, 몰타' 등의 지명이 붙는다. 최종 정착지가 몰타였으므로 주로 '몰타 기사단'이라고 불린다. 이후 몰타가 1789년 나폴레옹에 의해, 1800년에는 영국에 의해 점령당하자 기사단은 이탈리아로 돌아와 1834년 로마에 본부를 설치했다. 현재까지 본래의 설립 목적인 병원과 구호 사업에 종사하고 있다.[35]

프랑스의 성묘(聖廟) 기사단은 제1차 십자군 전쟁을 주도한 고도프레

---

34 본 절에서 소개하는 중세 기사단에 대한 자세한 사항은 Demurger, Alain(2005) 참조.

35 성 요한 기사단의 역사에 대한 자세한 사항은 시오노 나나미(2004a)와 Crowley, Roger(2010) 참조. 이 책에서는 1521년부터 1580년까지 가톨릭과 이슬람 간에 로도스, 몰타, 레판토에서 벌어진 세 차례의 전투를 일목요연하게 정리할 수 있으며, 특히 앞의 두 전투에 참가한 구호 기사단의 운명을 자세하게 살펴볼 수 있다.

도 드 부이용 공작의 지원하에 1098년 예루살렘에서 결성되었다. 이교도들로부터 예수의 무덤인 성묘(聖廟)를 보호하는 것을 목적으로 하고 있다. 1187년 예루살렘을 빼앗긴 후에는 근거지를 유럽으로 옮겨 주로 가톨릭 포로들을 구출하는 데에 종사했다. 폴란드, 프랑스, 독일, 네덜란드 등지로 활동 무대를 넓혔으며, 스페인에도 진출해 여러 재정복 전쟁에 참전했다. 현재도 성지에서 가톨릭 교리 수호를 위해 일하고 있으며, 많은 나라에서 자선사업을 펼치고 있다.

프랑스의 템플 기사단은 1118년 상파뉴의 기사 위그 드 파양스(재임 1118-1136)가 예루살렘에서 성지를 수호하고 순례객을 보호할 목적으로 창설했다. '솔로몬의 성전'을 수호한다는 의미에서 붙은 이름으로, 이 기사단 소속의 기사를 Templar라고 부른다. 1128년 수도회로 교황청의 승인을 받았으며, 영국, 스페인, 포르투갈, 헝가리 등 여러 나라로 퍼져 나갔다. '흰 망토 위에 수 놓인 붉은 십자가'가 이들의 상징이다. 예루살렘 탈환 이후에는 팔레스타인 각 요지에 성을 쌓고 이슬람교도들과의 전투에서 큰 전공을 세웠다. 1291년 성지를 다시 빼앗기고 프랑스로 돌아온 후에는 세력이 급속도로 약화되었다. 1307년 필립 4세는 수백 명의 기사들을 체포해 이단 자백을 강요하며 고문하고 화형에 처했다. 프랑스 각지에 있던 많은 수도원이 폐쇄되고 재산은 몰수되었다. 1312년 비엔나공의회에서 공식적으로 해체가 결의되었다.[36]

독일의 튜튼 기사단은 1190년 예루살렘에서 십자군에게 의료 서비스를 제공하는 구호 기사단으로 설립되었다가 1198년 전투 기사단으

36 이 기사단에 대해서는 Wasserman, James(2006), 특히 성전 기사단의 창설과 활동에 대해서는 제3부, pp.222-359 참조.

로 방향을 전환했다. 검은색 십자가 문양이 이들의 상징이다. 영어명 Teutonic Order에서 Teutonic은 고대 게르만의 한 부족인 '테우토네스족'에서 유래한 것이다. 독일의 대표적인 기사단이다.

예루살렘에서 귀국한 후에는 헝가리 트란실바니아로 무대를 옮겨 이교도들을 상대로 싸웠으며, 1230년 당시 폴란드 영토였던 프로이센 지역에 정착하여 '독일 기사단국'을 건설했다. 14세기 전성기에는 폴란드 북부 일대는 물론이고, 독일 북동부와 발트 3국에까지 세력을 떨쳤다. 그러나 15세기 들어 폴란드와의 연이은 전쟁에서 패배해 쇠퇴했다. 여러 차례 폴란드로부터 독립을 시도했으나, 교황청과 신성로마 제국의 비협조로 뜻을 이루지 못하자, 1525년 가톨릭에서 개신교인 루터교로 개종함으로써 가톨릭 기사단으로서의 정체성을 상실하고 세속화되었다. 국명도 독일 기사단국에서 '프로이센 공국'으로 바꾸었다. 이 프로이센 공국은 1660년 폴란드로부터 독립했으며, 1701년 프로이센 왕국, 1871년 독일 제국, 1919년 바이마르 공화국으로 발전해 현대 독일의 기반이 되었다.

영국의 가터 기사단은 잉글랜드의 에드워드 3세가 백년전쟁(1337-1453) 기간 중인 1348년에 결성한 기사단이다. 기사단의 이름이 왜 Garter인지에 대해서는 정확하게 알려진 바가 없다.[37] 이 기사단은 유럽의 타 주요 기사단들과는 달리 이교도와는 전쟁을 벌이지 않았다. 섬나라라는 지리적 특성상 이교도 군대와 직접 전투를 벌일 기회가 없었기

---

37 가터(garter)를 기사단의 상징으로 삼을 정도라면 이것이 중세 기사들에게는 명예로운 상징물이었을 것이다. 현대에 '스타킹을 고정시키기 위해 매는 허리끈'과는 사뭇 다른 의미를 갖고 있었을 것이다.

때문이기도 했고, 이 기사단이 창설될 당시에는 이미 십자군 전쟁이, 종교적으로든 경제적으로든, 동력을 상실하고 종결 상태에 접어든 후였기 때문이기도 했다.[38] 특히 기사단은 백년전쟁에 깊이 개입하고 있었기 때문에 국내 정치문제에 더 골몰해야 했다. 이 전쟁은 프랑스 왕위계승권을 놓고 잉글랜드와 프랑스 사이에 벌어진 것이었으므로, 싸운 상대가 이교도 군대는 결코 아니었다.

잉글랜드는 백년전쟁에서 패했다. 프랑스 왕위계승권은 물론 프랑스 내에 있던 영지도 잃었으며, 양국 국민 사이에 쌓인 증오심으로 인해 '국민감정'이라는 것이 싹 트는 계기가 되었다. 더 나아가 프랑스에서 귀국한 귀족 가문들 사이에 왕위 쟁탈전이 벌어졌다. 이것이 30년간에 걸쳐 랭카스터 가문과 요크 가문, 더 나아가서는 양 진영에 가담한 귀족 가문들 간에 벌어진 장미전쟁(1455-1485)이다. 그 결과, 많은 귀족 가문과 기사 계급이 몰락하고 왕권이 강화되었으며 부르주아 계급이 부상했다. 이 기사단 또한 이런 와중에 쇠퇴했으며, 현재는 명예직으로 유지되고 있다.

---

38 흔히 십자군이라고 하면 예루살렘을 탈환하기 위해 출전했던 군대를 말하는 것으로, 실질적으로는 1271년 제9차 출정을 끝으로 종결된 것으로 간주한다. 따라서 가터 기사단은 시기적으로 이 십자군 전쟁에는 참여할 수 없었다. 넓은 의미에서는 발트해 지역에서 15세기 초까지 지속된 이른바 '북방(北方) 십자군' 또한 십자군이라고 부르지만, 영국의 가터 기사단은 이 전투에도 참전하지 않았다.

9.3.2. 스페인의 기사단

유럽의 많은 나라 가운데서 기사단의 활동이 가장 두드러진 곳은 단연 스페인이었다. 이슬람교도들과 직접적으로 국경을 맞대고 있었으며, 실질적으로 재정복 전쟁을 수행 중이었기 때문이었다. 이런 이유로 이베리아반도의 기사들은 예루살렘으로 가는 십자군에는 참전할 여력이 없었다.[39]

이베리아반도에서도 12세기 중반부터 기사단이 창설되기 시작했다. 이는 재정복 전쟁의 진행 과정과 깊은 관련이 있다. 아스투리아스 왕국과 팜플로나 왕국을 중심으로 진행된 재정복 초기에는 새로 정복한 지역을 다스리기 위해 백작령이 설치되었다. 아스투리아스 왕국 예속하에 갈리시아와 카스티야 백작령이 설치되었고, 프랑크 왕국의 주도하에 아라곤, 팜플로나, 바르셀로나 백작령 등이 설치되었다. 그러나 12세기 들어 점차 프랑크 왕국의 영향력이 감소하고 남쪽으로 재정복이 진행되면서 이슬람 진영과의 접경지대를 방어하고 필요에 따라서는 전투에 나설 조직적인 무장 세력이 필요해졌다. 이에 따라 만들어진 것이 '기사단'이었다.[40]

이베리아반도에서도 기사단의 조직 목적은 주로 가톨릭 교리를 보호하고 이슬람교도들과 성전을 수행하는 것이었다. '산티아고 순례길과 순례객들을 보호하는 것' 또한 이들의 주요 임무였다. 이들 역시 '반(半)사

39 반대로 유럽 다른 나라 기사들이 예루살렘으로 가는 대신에 이베리아반도로 와 참전하기도 했다. 이런 이유로 예루살렘으로 가는 십자군을 동(東) 십자군이라고 부르고, 이베리아반도로 온 십자군은 서(西) 십자군이라고 부른다.

40 중세 이베리아반도의 기사단에 대해서는 Ayala Martínez, Carlos(2007) 참조.

제 반(半)군인'이었으며, 계율과 복장도 베네딕트나 아우구스티노 등 수도회의 영향을 많이 받았다.

스페인 최초의 기사단은 1122년 아라곤의 알폰소 1세 때 사라고사 지방의 벨치테를 점령한 후 이 지역을 방어하고 재입식을 단행할 목적으로 결성된 '벨치테 기사단'이다. 곧이어 1124년에는 테루엘 지방의 몬레알을 정복하고 '몬레알 기사단'이 결성되었다. 이 두 초기 기사단은 1150년 템플 기사단에 합병되었다.

재정복 과정에서 가장 두드러진 활약을 한 기사단으로는 레온의 알칸타라 기사단과 산티아고 기사단, 카스티야의 칼라트라바 기사단, 아라곤의 몬테사 기사단을 들 수 있다.[41]

알칸타라 기사단은 1154년 엑스트레마두라 북부에서 창설되었다. 훗날 기사단의 명칭이 된 '알칸타라'는 엑스트레마두라 카세레스 지방에 위치해 있는 도시이다. alcántara는 아랍어에서 나온 것으로 '아치, 다리'라는 뜻이다.[42] 초기에는 훌리안 데 페레이로 수도원 산하의 '성 훌리안 기사 수도회'라는 명칭으로 창설되었으며, 베네딕트 수도회의 규율을 따랐다. 1213년 칼라트라바 기사단과 함께 알칸타라를 재정복했으며, 몇 년 후 시토 수도회의 규율을 따르는 조건으로 이 도시를 증여받았다. 이때부터 기사단의 명칭이 '알칸타라'가 되었다. 이때까지만 해도

41 본 절에서 소개하는 기사단들 중에서 산티아고, 칼라트라바, 알칸타라 기사단에 대한 자세한 사항은 Rades y Andrada, Francisco de(1572), Chronica de las tres ordenes y cauallerias de Sanctiago, Calatrava y Alcantara. Toledo: En casa de Juan de Ayala; https://bibliotecadigital.jcyl.es/es/consulta/registro.do?id=6010 참조.

42 Menéndez Pidal, Ramón(2005:279) 참조. Del ár. hisp. *alqánṭara*, este del ár. clás. *qanṭarah*, y este quizá del gr. κέντρον kéntron 'centro de círculo'. https://dle.rae.es/alc%C3%A1ntara 참조. 여기서 파생된 어휘가 alcantarilla '하수도'이다.

칼라트라바 기사단에 예속된 상태였으나, 차츰 남쪽으로 재정복을 진행해 나가면서 독자적인 세력을 구축했다. 13세기 초에는 카세레스 서북부 일대를 재정복했으며, 이후 계속해서 남쪽으로 재정복을 진행해 트루히요와 바다호스를 재정복하는데 기여했다. 1212년 라스 나바스 데 톨로사 전투에 참전했으며 이후의 안달루시아 정복전에도 참가했다. 1312년 템플 기사단이 해체되자 알콘첼 성을 양도받았다. 영지나 재산 규모에서는 산티아고나 칼라트라바 기사단에 미치지 못했으나, 카세레스와 바다호스 일대에서는 큰 영향력을 행사했다. 1523년 카를로스 1세 때 국왕이 기사단장을 겸임함으로써 모든 재산이 국가에 귀속되었다. 1540년에는 소속 기사들의 독신 서원도 폐지되었다. 현재는 타 기사단들과 마찬가지로 명예직이다.

칼라트라바 기사단은 1158년 시우다드 레알 지방의 칼라트라바를 재정복한 후 창설되었다.[43] 이 도시는 8세기 아랍인들이 세운 것으로 도시명은 아랍어 Qalat Rabah '라바흐의 성채'에서 기원한 것이다. 톨레도, 시우다드 레알과 하엔, 그라나다를 잇는 가도를 통제할 수 있는 전략적으로 매우 중요한 위치에 있었다. 아이러니하게도, 아랍인들이 세운 도시의 이름이 가톨릭 기사단의 명칭이 된 것이다. Calatayud 'Ayub의 성채', Alcalá de Henares '에나레스강 변의 성채'처럼 아랍인들이 세웠지

43 시우다드 레알 동쪽 약 10km쯤에 위치해 있는 카리온 데 칼라트라바의 Calatrava la Vieja 성채를 말하는 것으로, 현재는 성채 흔적만 남아 있다. 여기서 남쪽으로 약 40km쯤 떨어진 산꼭대기에 Sacro Convento y Castillo de Calatrava la Nueva라는 성채가 있다. 칼라트라바 기사단의 새로운 본부로, 시우다드 레알에서 안달루시아의 하엔-그라나다로 넘어가는 길목인 알무다랄 고개를 지키는 역할을 했다. 길 맞은편 산꼭대기에는 Castillo de Salvatierra라고 불리는 이슬람군의 성채가 있었다. 당시에는 이 지역이 두 세력이 서로 마주 보며 대치하고 있던 최전선이었다. 두 성채의 흔적은 현재까지도 남아 있다.

만 재정복 후에도 그 이름을 그대로 쓰는 것 또한 스페인적 기질의 특징이다.

1147년 카스티야의 알폰소 7세는 칼라트라바를 재정복하고 템플 기사단에게 수비를 맡겼으나 1150년 이슬람군에게 패해 다시 빼앗겼다. 이슬람군의 위세에 밀려 모든 귀족들이 재탈환에 나서는 것을 망설일 때 나바라에 있는 피테로 수도원의 라이문도 주교가 기사들을 모아 재정복에 성공했다. 이 공로로 1158년 이 수도원을 소유하고 있던 시토 수도회는 국왕으로부터 이 도시를 증여받고 칼라트라바 기사단을 창설했다. 따라서 기사단도 '복종, 순결, 청빈'을 모토로 삼고 고행과 노동을 강조하는 시토 수도회의 계율을 따랐다.

이후 재정복 전쟁에 꾸준히 참전해 공을 세웠다. 특히 1212년 라스 나바스 데 톨로사 전투에서 큰 전공을 세웠다. 이에 기사단은 카스티야와 아라곤에 광대한 영지와 막강한 병력을 소유하고 정치, 군사적 힘을 발휘했다. 국왕에게 복종하는 것이 아니라, 단장과 교황에게만 복종함으로써 종종 국왕과 마찰을 빚기도 했다. 안달루시아 재정복과 재입식에 깊이 개입해 하엔, 코르도바, 세비야 등지에도 새로운 영지를 소유했다. 1487년 페르난도 국왕이 기사단장에 임명된 후 모든 재산은 국가에 귀속되었으며, 종교-군사적 기능은 점차 감소했다. 대대로 국왕이 단장을 맡고 있으며 현재는 명예직이다.

산티아고 기사단은 1170년 레온 왕국에서 창설된 성 아구스티노 수도회 산하의 기사단이다. 창설 목적은 '산티아고 순례길'의 순례객들을 보호하고 이베리아반도에서 이슬람교도들을 몰아내는 것이었다. 산티아고에서 사도 야고보의 유해가 발견된 이래 중세 내내 이베리아반도 남부와 유럽에서 오는 많은 순례객들이 목숨을 걸고 먼 길을 여행해야 했다.

이 기사단을 결성한 사람들은 카세레스 방어전에 투입되었던 기사들이었다. 성스러운 일에 사명감을 느낀 이들은 세속적인 삶을 포기하고 순례길과 엑스트레마두라 전선 방어에 헌신할 것을 맹세했다. 이들은 성 아우구스티노 수도회에 투신해 종교적 후원을 받고 기사단을 창설했다. 피레네에서부터 산티아고까지 많은 병원과 숙소를 짓고 순례객들을 보호했다. 설립 초기부터 레온과 카스티야의 왕들은 본부를 자신의 관할 구역에 두려고 서로 다투었다. 1174년 카스티야의 알폰소 8세가 쿠엥카 지방에 있는 우클레스 수도원을 기증한 후 1230년 페르난도 3세가 두 왕국을 통합하면서 본부는 최종적으로 우클레스로 굳어졌다.[44] 1177년 쿠엥카 정복전에 참가했으며 이후에도 많은 정복전에 참가해 전공을 세웠다. 그에 대한 보상으로 국왕으로부터 라 만차와 안달루시아 지역의 많은 영지를 기증받았다. 1212년 라스 나바스 데 톨로사 전투에도 참가해 큰 전공을 세웠다. 후에 코르도바, 세비야, 그라나다 등 안달루시아 정복전에도 참전했다.

다른 기사단과는 달리 결혼이 허용되는 등 계율이 덜 엄격해 세력을 넓히는 데 도움이 되었다. 많은 도시와 마을, 건물, 토지를 소유했으며, 심지어는 살라망카대학교도 이들의 소유였다. 우클레스에서 포르투갈까지 이들의 땅을 밟지 않고는 갈 수 없다는 말까지 나올 정도였다고 한다. 포르투갈, 프랑스, 이탈리아, 팔레스타인 등에도 엄청난 재산을 갖고 있었다. 칼라트라바와 알칸타라 두 기사단의 재산을 합친 것보다 더

---

44 우클레스는 쿠엥카 지방에 속해 있다. 지명의 어원은 명확하지 않다고 한다. 마드리드에서 남동쪽으로 약 75km쯤 떨어져 있는 타랑콘 인근에 위치해 있다. 수도원은 그다지 높지 않은 언덕 위에 웅장하게 자리 잡고 있다. 내부에 들어가 보면 그곳이 요새였음을 실감할 수 있게끔 튼튼하게 지어졌으며, 기사단의 위용과 엄숙함을 동시에 느낄 수 있다.

많은 재산을 소유하고 있었다고 한다.

그라나다 재정복이 끝난 후 기사단은 대내외적으로 시련에 봉착했다. 전국에 산재해 있는 엄청난 재산의 관리권과 국왕에 버금가는 권력을 행사하는 기사단장 자리를 놓고 내분이 빈번했으며, 심지어는 국왕과도 갈등을 빚었다. 이에 페르난도는 교황 알렉산더 6세와의 합의하에 1493년 기사단 운영권을 왕실에 예속시켰다. 1523년 카를로스 1세 때 알칸타라, 칼라트라바 기사단과 함께 왕실에 영구 귀속되었다. 현재는 타 기사단들과 마찬가지로 명예직이다. 이들의 표시는 검을 거꾸로 세워놓은 듯한 모양의 붉은 십자가로『라스 메니나스』를 그리고 있는 벨라스케스의 가슴에서도 찾아볼 수 있다.

몬테사 기사단은 1317년 아라곤에서 창설되었으며, 발렌시아 지방 재정복과 방어에서 큰 공을 세웠다. 1312년 템플 기사단이 해체되자, 아라곤의 하이메 2세가 그 재산으로 새로운 기사단을 창설한 것이었다. 시토 수도회의 규약을 기초로 삼았으며, 초기에는 칼라트라바 기사단의 영향력하에 있었으나 카스티야의 개입을 꺼린 기사단의 반발로 차츰 독립했다. 알칸타라, 칼라트라바, 산티아고 기사단과 함께 그라나다 전투에 참전해 공을 세웠다. 현재는 다른 기사단들과 마찬가지로 명예직이다. 몬테사는 발렌시아 남서부, 발렌시아와 알리칸테의 중간에 위치해 있다. 현재에도 해발 약 250m쯤 되는 마을 뒷산에 고성이 우뚝 서 있다. 인근의 Xátiva '하티바'도 아름다운 고성을 감상할 수 있는 곳이다. 두 곳 모두 카스티야의 성들과는 또 다른 정취와 기상을 느낄 수 있는 곳이다.[45]

45 앞의 세 기사단과 몬테사 기사단에 대한 자세한 사항은 https://www.ordenesmilitares.es/ 참조.

9.4. 교회의 대분열과 루나 교황

발렌시아 북쪽에 페니스콜라라는 작은 마을이 있다. 본래는 바위섬이었는데 현재는 육지와 연결되어 있다. 이 마을은 스페인 출신의 두 교황, 즉 일명 Papa Luna '루나 교황'이라고도 불리는 베네딕투스 13세와 클레멘테 8세가 1411년부터 1429년까지 머물렀던 곳이다. 아비뇽에서 선출된 '루나 교황'이 폐위된 뒤 울분에 찬 말년을 보낸 곳이다. 당시 서유럽과 스페인의 역사를 알기에 좋은 곳이다.

9.4.1. 카노사의 굴욕

중세 교권의 절대 우위를 확인한 사건이 바로 일명 '카노사의 굴욕' 사건이다.[46] 10세기 후반 프랑스의 클뤼니 수도원을 중심으로 일어난 개

46 김상엽 & 김소정(2018), <카노사의 굴욕과 살레르노의 복수>에 대해서는 pp.101-104 참조.

혁 운동의 영향으로 교황은 사제의 결혼과 성직매매를 금지했다. 이 개혁 운동에는 세속 군주들로부터 성직자 서임권을 가져오는 것도 포함되어 있었다. 과거에는 교회가 세력을 넓히고 안정시키는 데 세속 군주들의 정치-군사적 힘에 크게 의존했었다. 카롤링거 왕조의 피핀과 샤를마뉴 대제, 신성로마 제국의 오토 대제 등이 모두 가톨릭의 세력 확장과 안정에 힘을 보탠 대표적인 인물들이었다. 교회는 그들에게 도움을 받은 만큼 혜택을 주어야만 했다. 이에 왕들은 교회의 교리로 사회 안정과 통치권을 강화하면서 성직자들의 서임까지 좌지우지할 수 있는 힘을 얻었다. 교회는 왕에게 권리를 일부 양도하는 대신 그들의 군사력에 힘입어 재산을 지키고 이민족과 이교도들로부터 보호를 받았다.

그런데, 1075년 교황 그레고리우스 7세는 세속 군주의 서임에 대한 규정을 강화하면서 황제의 주교 서임권을 박탈했다. 이에 신성로마 제국 황제 하인리히 4세는 보름스에서 주교회의를 소집하여 그레고리오 7세를 폐위하기로 결의했다. 이에 교황은 황제 하인리히 4세를 파문(破門)하는 것으로 맞섰다. 파문이란 곧 가톨릭교회로부터 추방한다는 것을 의미하는 것으로, 파문당한 자는 누구든 교회로부터 아무런 보호를 받지 못하게끔 되어 있었다. 이는 황제와 권력을 다투던 왕이나 지방의 영주들에게는 더없이 좋은 기회였다. 시간이 지나면서 점차 주교들과 영주들이 교황 편에 서자 황제의 입지는 급속도로 약화되었다. 파문을 당한 황제는 이제 더 이상 영주들의 충성은 물론이고 신변의 안전도 보장받을 수 없게 되었기 때문이었다.

결국, 하인리히 4세는 교황에게 굴복하여 항복문서를 보냈지만, 교황은 이를 받아들이지 않았다. 황제는 자신의 입지가 극도로 위태로워지자 1077년 북이탈리아의 카노사에 체류 중인 교황을 직접 찾아갔다.

추운 겨울 알프스를 넘어 카노사에 도착한 황제는 눈 속에서 맨발로 3일간 용서를 빈 끝에 겨우 사면을 받았다고 한다. 황권에 대한 교권의 절대 우위를 단적으로 보여준 사건이었다. 그 후 하인리히 4세는 절치부심, 다시 세력을 만회하여 자신에게 등을 돌린 제후들을 진압하고, 1085년 로마로 진격해 그레고리우스 7세를 축출했다.

9.4.2. 아비뇽 유수와 교회 대분열

'아비뇽 유수(幽囚)'란 고대 유대인들의 '바빌로니아 유수'를 본떠 1309-1377년까지 로마 교황청이 남프랑스의 아비뇽으로 이전된 사건을 말한다.[47]

교황 보니파키우스 8세(재위 1294-1304)는 프랑스의 필립 4세가 성직자들에 대해 세금을 부과하려 하자, 이에 반대하면서 충돌을 빚었다. 프랑스 왕은 삼부회의를 소집해 국내 지지를 확인하고 로마에 있는 자신의 지지자들과 교황의 정적들을 사주해 아나니에 머물고 있던 교황을 급습해 감금했다. 이것이 1303년에 일어난 이른바 '아나니 사건'이다.[48] 교황은 지지자들의 도움으로 간신히 풀려나긴 했으나 이 사건의 충격으로 곧 죽고, 교회 분열이라는 큰 후유증을 남겼다.

1305년 프랑스 왕 필립 4세의 강력한 후원하에 선출된 프랑스 출신

47 김상엽 & 김소정(2018), <아비뇽 유수>에 대해서는 pp.117-119 참조.

48 아나니(Anagni)는 로마에서 남동쪽으로 약 70km쯤 떨어져 있으며, 프로시노네(Frosinone) 지방에 속해 있는 유서 깊은 도시이다.

교황 클레멘스 5세는 리옹에서 즉위식을 거행했다. 이후에도 로마로 부임하지 못하고 국왕의 감시하에 프랑스에 계속 체류해야 했다. 오르시니 가문과 콜론나 가문 사이의 암투로 로마의 정정이 극도로 불안한 것도 또 한 가지 이유가 되었다. 1309년부터 교황은 아예 아비뇽에 교황청을 설치하고 머무르기 시작했다. 우르바누스 5세 때 잠시 로마로 복귀했으나, 교황청의 주요 기능은 여전히 아비뇽에 남아 있었다. 1377년 그레고리우스 11세가 로마로 복귀할 때까지 70여 년간의 '유수 생활'을 이어갔다. 이 과정에서 7대에 걸친 아비뇽의 교황들은 프랑스 왕의 절대적인 영향력하에서 놓여 있었다. 중세 내내 이어져 온 교권 절대주의 기조가 무너지고 세속 왕권이 우위를 점하게 된 상징적인 사건이었다. 이후 교권은 과거만큼 회복되지 못했고, 사회는 중산계층의 확대를 계기로 점차 봉건 국가를 탈피하며 중앙집권 국가를 향해 나갔다.[49]

1378년 로마에서 우르바누스 6세(재위 1378-1389)가 새로운 교황으로 선출되자 프랑스 지지파는 이에 불만을 품고 다시 교황 클레멘스 7세(재위 1378-1394)를 내세워 아비뇽에 교황청을 열었다. 이른바 '교회 대분열'의 시작이다. 로마와 아비뇽에 2명의 교황이 분립하게 되자 교회의 분열은 더욱 심화되었고, 교권은 더욱 약화되었다. 로마를 지지한 것은 신성로마 제국의 황제 카를 4세(재위 1347-1378)와 대부분 독일 제후(諸侯)

---

49 14세기 중반 유럽 사회를 특징짓는 일대 사건은 '페스트'의 대유행이었다. 구체적으로는 1347년부터 몇 년간 전 유럽을 휩쓸어 전체 인구 약 7,500만 명 중 1/3 정도가 사망했다고 한다. 나라에 따라, 지역에 따라 사망률은 각기 달랐으나, 피해를 입지 않은 곳은 거의 없었다고 한다. 이런 상황에서, 정치와 종교 지도자들은 무슨 생각을 했을까? 흔히 '흑사병'으로 부르는 peste는 '역병, 전염병'이라는 뜻이었고, '대재앙, 역병'이라는 의미의 plaga는 '타격, 상처'라는 의미였다. https://dle.rae.es/plaga?m=form 참조. 따라서 peste가 plaga 중의 하나였던 것이다. 죽음이 일상이었던 14세기 중반에 특히 유행했던 어휘이다.

들, 영국, 북-중 이탈리아 등이었고, 아비뇽을 지지한 것은 프랑스, 스코틀랜드, 남이탈리아, 서-남독일의 일부 제후들이었다. 스페인은 처음에는 로마를 지지했으나 나중에 아비뇽으로 돌아섰다.

1409년 추기경단은 피사에서 콘클라베를 열어 제3의 교황인 알렉산더 5세를 선출했다. 이로써 한때 세 명의 교황이 난립하는 사태가 벌어지기도 했다. 1415년 콘스탄츠공의회(1414-1418)에서 로마와 아비뇽의 두 교황을 폐하고 새로운 교황을 옹립해 사태를 해결하기로 결의했다. 1417년 마침내 마르티누스 5세(재위 1417-1431)가 선출됨으로써 다시 단일 교황 시대로 돌아갔다. 그러나 이는 표면적인 봉합에 불과했다. 아비뇽의 마지막 교황인 베네딕투스 13세는 고향인 아라곤으로 피신해 자신이 정통임을 주장하고 있었기 때문이었다.

9.4.3. 템플 기사단의 해체

아비뇽 시절에 벌어진 사건들 중 가장 주목할 만한 것은 성전(聖殿) 기사단, 즉 템플 기사단의 해체이다. 교황청이 아비뇽에 계속 머무르고 후임 교황 역시 프랑스 출신 추기경들 중에서 선출되자 프랑스 국왕의 영향력은 높아만 갔다. 최소한 종교적인 일에서는 다른 나라의 왕들보다 명분상 우위에 서게 된 것이었다. 교황을 품에 끼고 있는 왕에겐 명분과 실리를 동시에 얻을 수 있는 절호의 기회였겠지만, 실권이 없는 교황 입장에서는 하루하루가 살얼음판을 걷는 듯 고난과 고뇌의 연속이었을 것이다.

단적인 예가 템플 기사단 처리 문제였다. 1118년 성지를 수호하고 순례객들을 보호할 목적으로 창설된 이 기사단은 엄선된 기사들만이 입회 가능했으며 높은 신앙심과 희생정신, 봉사정신으로 많은 이들로부터 존경을 받았다. 이슬람교도들과의 많은 전투에서 눈부신 활약을 펼치며 가톨릭 수호에 앞장섰다. 이에 교황뿐만 아니라 각국 귀족들과 국왕들의 전폭적인 후원과 대중들의 지지 속에서 급속하게 세력을 키워 나갔다. 광활한 토지를 소유하고 있었으며, 오늘날의 은행과 같은 독자적인 금융 시스템을 운용해 막대한 부를 축적했다. 그러나 1291년 성지를 다시 빼앗긴 후 프랑스로 돌아오자 세력이 급속도로 약화되었다. 유럽의 어느 군주도 성지를 되찾으려는 의욕을 보이지 않았으며, 이제 성지와 순례자 보호라는 본연의 존재 목적이 퇴색한 것이었다. 스스로를 보호할 수 있는 군사력과 지원 세력이 약화되자, 이들의 막대한 부는 탐욕스러운 군주들의 눈엔 좋은 먹잇감으로 보였다. 특히 이들에게 많은 빚을 지고 있던 프랑스의 필립 4세는 이들이 소유하고 있던 막대한 재산에 눈독을 들였다. 이때부터 이들이 십자가를 모독하고 비밀 의식을 행하며 동성애를 즐긴다는 등의 좋지 않은 소문이 떠돌기 시작했다. 1307년 필립 4세는 수백 명의 기사들을 체포해 이단 자백을 강요하며 고문했다. 이 과정에서 대부분 기사들이 고문 후 화형에 처해졌다. 프랑스 각지에 있던 많은 수도원이 폐쇄되고 재산이 몰수되었다. 그러나 프랑스 왕의 압력에 굴복한 교황은 자신의 사지가 잘려 나가는 상황에서도 항의 한마디 제대로 못 하고 침묵해야 했다. 1312년 비인 공의회에서 왕의 의사가 적극적으로 반영되어 템플 기사단은 공식적으로 해체되었다. 이 과정에서 프랑스의 왕은 자신의 빚을 다 갚았음은 물론이고 막대한 부수입까지 챙겼다. 일부 재산은 성 요한 기사단에 이관되었다. 이러한 일은 주변의 다른 나라에서도 일어났다. 스페인에서도 기사단이 교황청에 의해 정식 해체되자 재산이 국가로 귀속되거나 다른 기사단에 분배되었다. 포르투갈에서는, 처음에는 비슷한 일이 벌어졌으나, 1319년 그리스도 기사단이 설립되어 재산을 물려받고 신변을 보호받았다. 프랑스 왕의 박해를 피해 많은 기사들이 박해가 심하지 않은 스페인과 포르투갈, 스코틀랜드 등으로 피신했다.[50]

이때부터 이들에 관한 무성한 추측과 전설, 음모론 등이 생겨나 많은 이야기의 소재가 되었다. 특히 이후에 생겨난 프리메이슨 등과 같은 비밀 결사 단체의 좋은 모티브가 되었다. 이들이 예루살렘을 점령했을 때 본부를 차린 곳이 바로 솔로몬 왕의 신전 터였기 때문에, 그곳에서 전 가톨릭 세계를 뒤흔들 수 있는 뭔가 '특별한 것'을 발견했을 것이라는 설이 퍼지면서 신비주의적인 소문이 더해졌다. 또한 이들의 다분히 순혈주의적이고 폐쇄적인 교단 운영으로 인해 기사단 최상층부의 인물들에게는 일반인들이 잘 모르는 뭔가 비밀스러운 지식이 전승되지 않았을까 하는 추측도 소문 증폭에 한몫했다. 템플 기사단은 이슬람교도들과 목숨을 걸고 싸운 무용담으로 유명했지만, 다른 한편으로는 증여와 금융업 등으로 축적한 막대한 부로도 유명했다. 기사단 해체 후에는 대부분 각국 왕실에 몰수되었지만, 아직도 엄청난 재산이 유럽 각국으로 흩어져 잠적한 기사들의 후손들에게 남아 있으리라 추측되고 있다. 여기에다 로마 가톨릭교회로부터 이단으로 규정돼 전 세기에 토벌된 카타리파와도, 시기적으로나 지역적으로, 연관시키기에 아주 좋은 환경을 갖추고 있었다. 엄청난 재산을 갖고 있으면서 신분과 직업은 베일에 가려져

50 템플 기사단에 대한 자세한 사항은 Wasserman, James(2006)와 http://www.lundyisleofavalon.co.uk/templars/tempic091.htm. 참조.

있는 인물, 종교적 신비에 싸여 있는 비밀 결사 단체, 목숨을 걸고 비밀리에 전승되는 '뭔가'를 지키려는 이들과 이것을 빼앗으려는 이들, 영화와 소설의 소재로 많이 애용되는 아이템이다.

9.4.4. 페니스콜라의 두 교황: 루나 교황과 클레멘테 8세

아비뇽의 마지막 교황은 스페인 사라고사 출신의 베네딕투스 13세, 일명 Papa Luna '루나 교황'(1328-1423)이다. 그의 본명이 페드로 마르티네스 데 루나이므로, 가문 명을 따서 Papa Luna '루나 교황'이라고도 부른다. 루나는 사라고사에서 북쪽으로 약 65km 지점에 위치해 있는 작은 마을이다. 아라곤의 추기경이었으며 1394년 아비뇽에서 교황에 선출되었다. 콘스탄츠공의회(1414-1418)에서 폐위된 아비뇽의 마지막 교황이었다. 1415년 추기경들에 의해 폐위가 결의되자 아라곤 국왕의 배려로 고향으로 돌아왔다. 비록 공의회에서 폐위되었지만, 자신은 폐위를 받아들이지 않았고 아비뇽 지지파도 계속 그를 교황으로 인정했다.

신변의 위협을 느끼고 스페인으로 피신해 거처로 정한 곳이 바로 페니스콜라였다. 발렌시아 북쪽 약 145km 지점에 위치해 있으며 해안 가까이에 있는 바위섬이었다. 본래는 썰물 시에만 육지와 모래톱으로 연결되던 섬이었으나 지금은 모래톱에 건물들이 들어서 완전히 연결되어 있다. 교황이 거처하던 성은 14세기 템플 기사단이 건립한 요새로, 교회와 정원, 숙소 등을 두루 갖추고 있다.

주변 경관이 아름다워 관광 명소로 이름이 높으며 영화 '엘시드'의 촬 영지로도 유명한 곳이다.[51] 크지는 않지만 전체적으로 고즈넉한 중세 분위기를 느낄 수 있는 곳이다. 바다로 툭 튀어나온 작은 바위섬 위에 건설된 고성과 요새에 오르면 수평선이 멀리까지 바라보인다. 시원한 지중해의 해풍을 맞으며 진한 커피를 한잔하다 보면 어느덧 중세로 돌아가 강제 퇴위당한 교황의 애수를 느끼게 될 것이다. 주변에서 교황도 비탄 속에서 먹어 보았을 발렌시아 지방의 특산물인 파에야를 맛본다면 애잔함과 지중해의 풍미를 동시에 느낄 수 있을 것이다. 시공을 뛰어넘어 동질감을 느낄 수 있는 한 방법이다.

제2대 페니스콜라 교황인 클레멘테 8세는 1423년 아비뇽 지지파들에 의해 페니스콜라에서 교황으로 선출된 인물이다. 1429년 퇴위함으로써 '교회 대분열'은 완전히 막을 내렸다.

51 영화 '엘시드'는 중세 카스티야의 대표적인 기사 엘시드의 일대기를 그리고 있다. 1961년에 개봉한 오래된 영화이지만, 중세 스페인의 분위기를 느끼기에 좋은 영화이다.

10

제10장

대항해 시대

10.1. 템플 기사단의 후예: 포르투갈의 그리스도 기사단

유럽의 다른 나라들에서는 템플 기사단이 해체되었으나 포르투갈에서만은 국왕 디니스의 후원에 힘입어 이름을 Orden de Cristo '그리스도 기사단'으로 바꾸고 살아남았다. 그러나 형식적으로만 템플 기사단의 후예였을 뿐, 세속 권력으로부터의 독립과 성직자 임면권 등의 권한은 이미 상실한 상태였다. 태생부터 국왕의 강력한 보호하에 탄생했기 때문이기도 하지만, 풍부한 인적 자원과 부를 통제하고 싶어 하는 국왕의 욕심도 한몫했기 때문이었다. '기사단장'인 마에스트레를 비롯한 고위직은 국왕에 의해 임명되었다. 이는 초대 마에스트레에 템플 기사단 소속이 아닌 아비스 기사단 소속의 기사인 힐 마르티네스가 임명된 것으로도 알 수 있다. 규약도 베네딕트 규약과 칼라트라바 헌장을 따랐다. 이들은 초기에는 갓 재정복한 남부의 알가르베 지역을 방어하는 데 투입되었으며, 1357년에 가서야 비로소 과거 템플 기사단의 본부였던 토마르에 근거지를 마련했다.[1] 1420년 엔리케 왕자가 마에스트레가 되면서 막대한 부와 지식을 대항해에 투입할 수 있게 되었고, 이것이 지리상의 대발견의 토대가 되었다.[2] 1551년 국왕이 마에스트레를 겸하게 되었고 1780년 세속화되었다. 현재는 고위 인사들의 명예직이 되어 있다.

유럽의 15-16세기는 대항해 시대라고 일컬어진다. 다른 나라들보다 앞서 중앙집권화를 이룬 포르투갈과 스페인이 지중해를 벗어나 대서양으로 원양 항해를 나서 당시까지 유럽에 알려지지 않은 새로운 세계를 탐험했기 때문이었다. 이는 아직도 지구가 네모난 형태라고 생각하고 있었고 아메리카와 태평양의 존재를 모르고 있던 유럽인들의 세계관과 사고방식을 근본적으로 바꿔놓는 계기가 되었다.

당시 유럽에서 가장 인기 있는 교역품은 단연 후추, 계피, 정향, 육두구 등의 향신료였다.[3] 이는 인도와 인도네시아에서 주로 생산되는 상품들이었고, 교역을 독점한 것은 육로를 통해 수입하는 아라비아 상인들

1 토마르(Tomar)는 코임브라에서 남쪽으로 약 120km쯤 떨어진 지점에 위치해 있는 도시이다. 나바옹강 변에 자리 잡고 있어 주변이 매우 비옥하고 교통이 편리한 곳이다. 포르투갈의 중앙에 자리 잡고 있으며 톨레도와 비슷한 위도에 위치해 있어서 재정복 전쟁에서 전략적으로도 매우 중요한 지역이었다. 1162년에 템플 기사단이 세운 그리스도 수도원(Convento de Cristo)이 유명하다.

2 송동훈(2019:88-96) 참조.

3 향신료는 후추, 겨자, 고추, 바닐라, 사프란, 생강, 계피, 육두구, 올스파이스, 정향, 통카 열매, 고추, 깨, 파, 마늘 등 그 종류가 매우 다양하며, 넓은 의미에서는 설탕, 소금과 간장, 된장, 고추장 등 한국의 장류도 향신료에 포함된다고 한다. 신유선(2019:1) 참조. 이에 관한 논문은 https://repository.krei.re.kr/bitstream/2018.oak/24443/1/E03-2019-11-03.pdf 참조. 그러나, 본 고에서 지칭하는 '향신료'는 위의 네 향신료로 대표되는 아시아산(産) 향신료를 가리키는 것이다. 이들 중에서 후추(pimienta)와 계피(canela)는 잘 알려져 있으나, 정향과 육두구는 약간 낯선 향신료이다. 정향(丁香)은 꽃대가 못처럼 생겼기 때문에 붙은 이름이고, 육두구(肉荳蔻)는 씨앗이 콩처럼 생겼기 때문에 '고기 콩'이라는 이름이 붙은 것이라고 한다. 스페인어로는 각각 clavo와 nuez moscada이다. 두 향신료 모두 인도네시아의 몰루카 제도가 원산지이며, 독특한 맛으로 인해 유럽인들에게 주목을 받았다. 육두구의 껍질은 별도로 메이스(mace)라고 부르며, 스페인어로는 macis라고 한다.

과 이를 유럽에 공급하는 베네치아 상인들이었다. 1453년 콘스탄티노플이 오스만투르크에 의해 점령되어 교역로가 통제되자 가격이 폭등했다. 유럽 각국에게는 새로운 교역로를 개척해 오스만투르크의 간섭을 배제하고 베네치아의 독점을 깨는 것이야말로 자국 경제의 사활이 걸린 문제였다. 말로만 듣던 인도에 직접 가서 귀한 향신료를 구할 수 있다는 사실과 아메리카 밀림 속 어딘가에 존재한다는 엘도라도 전설은 일확천금을 노리는 많은 젊은이들의 피를 끓게 했다. 바야흐로 세계의 바다를 지배하는 포르투갈과 스페인의 시대가 도래한 것이었다. 이 사업에 가장 앞장선 사람이 바로 포르투갈의 항해 왕으로 불리는 엔리케 왕자(1394-1460)였다.

10.1.1. 세기의 열매 '후추'

향신료의 대명사인 pimienta '후추'가 유럽에 알려진 것은 이미 기원전 6세기 무렵이라고 한다. 이미 고대 그리스의 의사 히포크라테스가 후추를 향신료가 아니라 소화를 돕고 기침을 낫게 하는 약으로 여겼다고 한다. 이후 기원전 330년경 알렉산드로스 때 인도까지 원정하며 육상 교역로를 통해 더 많은 양이 들어왔고, 로마 시대에도 인기 있는 향신료였다고 한다.[4] 따라서 중세 때 처음 소개된 것은 아니었다. 스페인어

4 윤덕노(2020), 로마 시대의 향신료에 관한 사항은 제8장 pp.337-361; 도현신(2020:99) 참조. 우리말의 '후추'는 胡椒 '호초'에서 나왔다고 하며, 이미 아라비아 상인들을 통해 고려 시대에 들어왔다고 한다. 국립국어원 https://stdict.korean.go.kr/search/searchView.do 참조. pimienta '후추'도 종류별로 색깔이 다양하다. 그중에서 우리가 흔히 먹는 검은 색깔은 스페인어로 pimienta negra라고

pimienta는 pimiento '피망'에서 파생된 것인데, 이 pimiento의 어원인 pimentum의 의미가 'color para pintar'인 것으로 보아, 처음에는 식용이 아니라 물감이었던 모양이다.[5] 로마 시대에도 애용했다니 유럽인들에게 그리 낯선 향신료는 아니었으나, 산지가 너무 멀고 양도 귀해 중세 때까지는 크게 주목받지 못했다.

당시 산지에서 지중해까지의 향신료 무역로를 지배한 사람들은 아라비아 상인들이었으며, 베네치아 상인들은 알렉산드리아나 카이로 등지에서 이들로부터 물건을 넘겨받아 유럽으로 유통시키는 역할을 담당했다. 이러한 독과점 체제로 인해 가격이 매우 비싸거나 거래량도 정세에 따라 매우 유동적이었다. 아무리 비싸고 좋아도 실생활에 요긴한 것이 아니거나 대체품이 있었으면 좋았을 텐데, 그렇지도 않았다. 유럽에도 바질이나 로즈마리 등 향신료는 있었으나 맛과 효능이 후추만 못했다. 게다가 점차 사회가 안정되고 상공업이 발달해 부가 축적되자 기호식품에 대한 수요도 덩달아 증가했다.

육류를 주식으로 하는 유럽인들에게는 오래전부터 해결하지 못한 문제가 있었으니, 바로 고기의 부패 문제였다. 냉장 기술이 없던 시절이라 육류를 주식으로 하는 유럽인들에게 더운 날씨는 매우 난감한 일이었다. 냉장고가 없었으니 도축을 하면 오래 보관할 방법이 없었다. 오래 두고 먹으려면 소금에 절이는 수밖에 없었는데, 이런 가공육의 문제

한다.

5 Del lat. *pigmentum* 'color para pintar'. https://dle.rae.es/pimiento?m=form 참조. 스페인어에서 pimiento는 '피망'을 가리키는 것이므로 pimienta '후추'와 구분할 필요가 있다. pimentón은 '(피망 또는 고추) 가루'를 가리키는 말이다.

는 시간이 지나면 꿉꿉한 냄새가 난다는 것이었다. 그런데, 후추를 쓰면, 육류를 좀 더 싱싱하게 오래 보관할 수도 있었고, 꿉꿉한 냄새도 제거해 풍미가 훨씬 증가했다. 이제 후추를 치지 않고는 밋밋해 못 먹을 정도가 되었다. 그러니, 향신료 무역에 뛰어든다면, 귀족들의 입맛도 만족시킬 수 있고 막대한 부도 거머쥘 수 있었으니, 어느 나라 국왕인들 군침을 흘리지 않을 수 있었겠는가. 그런데 그들이 원하는 향신료가 나는 곳은 인도, 인도차이나, 필리핀, 인도네시아 등 머나먼 아시아뿐이었다.[6]

15세기 들어 오스만투르크가 무역로를 통제하기 시작하자 가격이 폭등했다. 이들도 당연히 향신료가 돈이 된다는 사실을 잘 알고 있었기 때문이었다. 유럽 각국은 어쩔 수 없이, 인도로 가는 새로운 길을 개척해야만 했다. 육로가 막혔으니, 갈 수 있는 곳은 바다밖에 없었다. 이에 결국, 후추 향이 이끄는 대로, 동쪽으로는 희망봉을 돌아 인도에 이르는 뱃길을 열었고, 서쪽으로는 아메리카를 발견하고 더 나아가 태평양을 건너게 된 것이었다. 아마 후추가 아니었으면, 지금의 미국도 없었을지 모르고, 아메리카 원주민들도 나름의 문명을 일구며 지금과는 다르게 살고 있을지도 모르는 일이다. 아니, 유럽인들은 아직도 지구가 네모 평평하다고 믿고 있을지도 모르는 일이다. 아마도 역사상, 인류 문명사에 이토록 지대한 영향을 끼친 식물은 없었을 것이다. 동양의 차나 아프

6 지정학적으로 인도는 남아시아로, 인도차이나, 인도네시아, 필리핀 등은 동남아시아로 분류되지만, 여기서는 세분하지 않고 폭넓게 아시아라고 지칭했다. 신유선(2019:1-17)에 따르면, 후추, 계피, 정향은 동남아 일대에서 널리 재배되는데, 특히 후추는 인도네시아에서 가장 많이 수출된다고 한다. 이에 관한 통계 자료는 https://repository.krei.re.kr/bitstream/2018.oak/24443/1/E03-2019-11-03.pdf 참조.

리카의 커피보다도 훨씬 더 크고 많은 일이 일어나도록 촉발한 식물이다. 그러니 이제부터는 커피 한 잔이 아니라 '후추 한 잔'해야 할 것 같다.[7]

10.1.2. 포르투갈의 항해 왕 엔리케와 바스코 다 가마

Enrique라는 이름은 게르만어에서 나온 것이다. 게르만어로는 Heinrich이다. 이는 haim '집(casa)'과 rich '우두머리(jefe)'의 합성어로, '가장(家長)'이라는 의미이다. 포르투갈 대항해의 기획자이자 후원자로 이름이 높아 '항해 왕'이라는 별칭으로도 불리는 엔리케 왕자 또한 이 이름을 갖고 있었다. jefe '가장(家長)'답게 일단의 항해가 무리를 이끌고 일세를 풍미했다.[8]

1394년 포르투갈 아비스 왕조를 연 후안 1세의 3남으로 태어났다. 10대 후반부터 이베리아반도 남서부 끝자락에 위치해 있는 사그레스에 둥지를 틀고 각국에서 노련한 항해사, 선박기술자, 천문학자, 지리학자 등을 초빙해 항해학교와 조선소 등을 세우고 원양 항해에 나서기 위한 작업을 진두지휘했다.[9] 항해의 목적은 우선 아프리카 동부 어딘가에 있

7 후추를 비롯한 향신료에 관계된 역사에 대해서는 Pelt, Jean-Marie(2002); Turner, Jack(2012); Czarra, Fred(2014) 참조. 본 절에서 사용된 '후추'라는 어휘는 향신료의 대표로 사용된 것임을 밝힌다.

8 본 절에서 인용한 포르투갈의 대항해 역사에 대한 내용은 송동훈(2019)을 주로 참고했음을 밝힌다. 특히 엔리케 왕자의 업적에 대해서는 제3, 4, 5장 참조.

9 송동훈(2019:86-87)에 따르면, 학자들 중에는 '사그레스 스쿨'이라는 것이 항해에 관한 연구소나 도서관 등이 있었던 것이 아니라 단순한 인적 네트워크였을 뿐이라고 주장하는 사람도 있다고 한다.

을 것이라는 전설 속의 가톨릭 왕국, 즉 '프레스터 존'이 다스린다는 왕국을 찾아 동맹을 맺고 이슬람교도들을 치는 것이었고,[10] 두 번째는 향신료 교역을 선점하는 것이었다.

항해의 첫 번째 결실은 1415년 세우타를 정복함으로써 이루어졌다. 당시에 이슬람교도들과 벌이던 재정복 전쟁의 주 전장은 안달루시아 일대였는데, 이곳을 벗어나 북아프리카에 있는 이슬람교도들의 근거지를 공격해 점령한 것이었다. 그의 담대함을 보여주는 일대 사건이었다. 이어 14181419년 북위 32도 지점에 있는 마데이라 제도를 재정복했다. 포르투갈에서 남서쪽으로 약 800km 떨어진 제도이다. 그 존재는 이미 로마 시대부터 알려져 있었지만 거리가 멀고 교역 루트 상에 있지 않아 한동안 방치돼 있던 곳이었는데, 항해를 재개한 것이었다. 1420년 템플 기사단의 뒤를 이은 그리스도 기사단의 단장에 임명되었다. 이를 계기로 대항해는 종교적 사명감을 더하게 되었으며, 풍부한 인력과 재력도 투입할 수 있게 되었다. 1426년 포르투갈 북동쪽으로 약 1,200km 떨어진 북위 38도 상의 아조레스 제도를 정복했다. 이로써 대서양 서쪽으

그러나 누구도 부인하지 못하는 것은 사그레스가 '엔리케 왕자의 땅이었고 대항해의 산실'이었다는 사실이라고 한다.

10 유럽에서 십자군 원정 초기인 12세기 초부터, 동방 어딘가에 '사제 요한'이라는 왕이 다스리는 강력한 가톨릭 왕국이 있으며, 그들과 손을 잡고 양쪽에서 협공하면 이슬람교도들을 쉽게 물리칠 수 있을 것이라는 출처 불명의 소문이 떠돌았다고 한다. 아마도 동로마 제국에서 이단으로 간주되어 동방으로 쫓겨 간 네스토리우스 일파를 지칭하는 듯한데, 후에 동쪽에서 몽골이 공격해 오자 실제로 그러한 왕국은 없었다는 사실이 밝혀졌다. 이 소문은 십자군 전쟁 후에 잠잠해졌다가 15세기에 다시 불거져 나왔다. 이번에는 동방이 아니라 아프리카 어딘가일 것이라고 했다. 아마도 에티오피아를 가리키는 것이라고 했는데, 이 또한 사실이 아님이 곧 밝혀졌다. 어쨌든, 이 소문은 향신료의 매력만큼이나 유럽인들에게 강력한 탐험 동기를 불러일으켰다. Villarrubia Mauso, Pablo(2007) 또는 유민호(2020:54-57) 참조.

로도 본격적인 원양 항해가 가능해졌다. 1434년에는 유럽 최초로 보하도르 곶(串)에 도달했다. 북위 26도 지점이다. 이 지역은 현재 서부 사하라에 속해 있으며, 카나리아 제도 남남동쪽에 위치해 있는 곳이다. 당시까지는 유럽인들 사이에서 선박이 항해할 수 있는 남쪽 끝으로 여겨졌다. 이 선을 넘는다는 것은 곧 죽음을 의미했다. 그러나 보하도르 곶을 무사히 지나면서 더 남쪽으로의 항해도 가능하다는 것이 밝혀졌다. 1433년 부왕의 사망으로 형이 왕위에 올랐다. 보하도르 곶 이남에서 얻는 교역 이익의 1/5이 그의 몫으로 책정되었다. 5년 후 형이 사망한 후에는 어린 조카인 알폰소 5세를 보좌했다. 1437년 탕헤르를 정복했다. 1444년 사하라 사막 지역을 지나 기니에 도착했다. 북위 13도에 도달한 것이었다. 1460년에는 카보베르데 제도를 발견했다. 이 카보베르데는 아프리카 서쪽 끝인 세네갈의 다카에서 서쪽으로 약 630km 떨어져 있는 대서양 상의 제도(諸島)이다.[11]

엔리케 왕자는 1460년 11월 13일 더 이상의 항해 결실을 보지 못하고 사망했다. 그의 사망 후 대항해의 중심축은 사그레스에서 리스본으로 이동했다. 그러나 엔리케 왕자와 이 학교의 기술자들이 수십 년간에 걸쳐 축적한 경험과 지식은 알폰소 5세에게 계승되었으며, 그 뒤를 이은 후안 2세(1481-1495) 때에는 기네아 만의 황금해안과 콩고강 하구까지 남하했다.[12]

---

11 약 15개의 섬으로 이루어진 군도이다. 북위 15° 0', 서경 23° 27'에 위치해 있다. 이 제도는 1494년 스페인과 포르투갈 사이에 체결된 토르데시야스 조약에서 대서양과 아메리카 대륙을 분할하는 기준점이 된 매우 중요한 지점이었다. 1975년 포르투갈로부터 독립해 현재는 '카보베르데 공화국'이 되어 있다. 수도는 프라이아이다.

12 후안 2세 때인 1482년 현재의 가나에 산 호르헤 데 라 미나 요새를 구축했다. 북위 5도 선에 위치해

그 뒤를 이은 인물은 바르톨로메 디아스(h.1450-1500)였다. 그는 엔리케 왕자의 꿈을 이어받아 적도 이남을 계속 탐험했다. 1487년 8월 국왕 후안 2세의 명에 따라 세 척의 범선으로 조직된 함대를 이끌고 리스본을 출항했다. 가나에 세워둔 산 호르헤 데 라 미나 요새와 콩고강 하구를 지나, 1487년 12월 남위 29도 상에 위치해 있으며 현재의 나미비아와 남아프리카 공화국의 국경을 이루고 있는 오렌지강 하구에 도달했다. 1488년 1월 남아프리카 공화국의 포트 놀로스 부근에서 운명의 폭풍우를 만나 표류하기 시작했다. 13일간 육지를 보지 못한 채 정처 없이 바다를 떠돌았다. 디아스는 안간힘을 다해 육지가 있는 동쪽을 향해 나갔다. 그런데 뜻밖에도 육지는 서쪽에서 나타났다. 자신도 모르는 사이에 아프리카 최남단을 돌아 인도양에 들어서 있었던 것이었다.[13] 세기의 항해는 이렇게 어이없이 이루어졌다. 2월 3일 모셀 베이에 상륙했다. 동쪽으로 더 항해해 그레이트 피쉬강 하구까지 나갔으나 디아스는 선원들의 반발로 항해를 계속하지 못하고 뱃머리를 돌려야 했다. 5월 귀항길에 현재의 '희망봉'을 발견했다. 디아스가 처음에 붙인 이름은 '폭풍의 곶'이었는데, 후에 후안 2세가 '희망봉'으로 이름을 바꾼 것이라고 한다. 디아스는 그 후 이렇다 할 업적을 내지 못하다가 1500년 카브랄과 함께 브라질을 탐험한 후 인도로 가기 위해 대서양을 건너 남아프리카로 갔다. 그러나 자신이 발견한 희망봉 부근에서 폭풍우를 만나 해난 사고로

있다. 1486년에는 디오고 카옹과 마르틴 베하임이 남위 6도 선에 위치해 있는 콩고강 하구에 도달했다. 현재 콩고와 앙골라 국경을 이루는 강이다. 이 당시에 이미 적도를 넘어선 것이었다.

13 대서양과 인도양의 경계는 동경 20도 선을 기준으로 한다고 한다. 이는 남아프리카의 케이프타운이 속해 있는 웨스턴 케이프주를 남북으로 관통하는 선이다. 케이프타운은 동경 18° 25' 26" 상에 위치해 있다.

사망했다.

바르톨로메 디아스가 희망봉을 발견한 이래 포르투갈 선장들에겐 미지의 아프리카 동부 해안을 탐험하는 것이 숙제로 남겨졌다. 그러나 1492년 콜론이 대서양을 횡단해 아메리카 대륙을 발견하자 유럽의 모든 시선과 기대는 그쪽으로 쏠렸다. 포르투갈은 주도권을 만회하기 위해 빠른 시일 내에 인도로 가는 길을 찾아야만 했다. 이를 위해 이집트를 통한 육로로 탐사대를 파견했다. 탐험대원 중 한 명인 파이바는 에티오피아로 갔다가 풍토병으로 사망했지만, 코르비야는 호르무즈해협에 도달하는 데 성공했으며 그곳에서 인도로 가는 항로가 존재한다는 사실을 확인했다. 이제 남은 것은 희망봉을 돌아 아라비아에 이르는 항로를 개척하는 것뿐이었다. 아라비아에서부터 인도까지의 길은 그 지역에서는 이미 잘 알려진 항로였고 또 그리 멀지도 않았기 때문이었다.

이에 국왕 마누엘 1세는 원정대 사령관에 바스코 다 가마를 임명했다. 바스코 다 가마(1469-1524)는 포르투갈 남서부의 시네스라는 작은 어촌 마을에서 태어났다. 부친은 비세우 공작의 가신이었다. 젊었을 때 에보라에서 수학과 항해술을 익혔으며, 특히 천문학에 소질을 보였다고 한다. 아프리카 황금해안에서 약탈을 일삼던 프랑스 선박들을 단호하게 격파해 결단력과 애국심을 높이 평가받았다. 사령관에 취임하자 1497년 7월 8일 4척의 범선에 170여 명의 선원과 군인들을 싣고 타호강 하구의 산타 마리아 데 벨렌을 출항했다. 남아프리카까지는 바르톨로메 디아스와 동행했다. 그의 조언을 받아 대서양에서 해안선을 따라가지 않고 외해로 멀리 돌아 항해했다. 기니만의 무풍지대와 해안의 맞바람을 피하기 위한 방책이었다. 약 3개월 동안 육지가 보이지 않는 망망대해를 6천km 이상 남쪽으로 항해했다. 이는 당시까지 아무도 이루지 못한 대기록이었다. 11월 남아프리카에 도착해 바르톨로메 디아스와 헤어졌다. 이제 거기서부터는 아무도 밟아보지 못한 미지의 세계였으며, 혼자 모든 난관을 헤쳐나가야만 했다. 크리스마스를 희망봉 동쪽 해안에서 보내고 기수를 북으로 돌려 계속 올라갔다. 더반을 거쳐 3월에는 모잠비크에 도착했다. 강력한 폭풍을 만난데다 선상 반란까지 일어났으나 단호하게 대처해 잘 극복했다. 아프리카 동부 해안은 이슬람교도들이 활동하고 있는 지역이었다. 따라서 포르투갈 배의 출현은 이들과 갈등을 야기할 수밖에 없었다. 모잠비크에서는, 이들이 가톨릭교도인지 몰랐던 술탄으로부터 처음에는 환대를 받았으나, 곧 정체가 탄로 나 급히 달아나야만 했다. 케냐의 몸바사에서도 마찬가지로 간신히 탈출했다. 북쪽으로 더 올라가 1498년 2월 말린디에 도착했다. 거기에서 인도로 가는 뱃길을 아는 선원을 만났다. 그의 안내로 계절풍을 타고 인도양을 건너 마침내 '캘리컷'에 도착하는 데 성공했다.[14] 엔리케 왕자 이래 80여 년간의 대 숙원 사업이 드디어 성취되는 순간이었다. 1498년 5월 20일의 일이었다.

인도에 도착했지만 교역은 쉽게 이루어지지 않았다. 그들이 가져온 물건은 당시 기술과 문명이 발달한 이슬람 세계의 것과는 비교가 안 될 정도로 조악했기 때문이었다. 통상 조약을 맺는다거나 하는 별다른 정치적 성과도 없이 약간의 향신료만을 구입한 채 8월 29일 쓸쓸하게 귀

14 원어 발음에 따르면 Kozhikode '코지코데'로 표기되며, Calicut '캘리컷'은 포르투갈인들이 붙인 이름이다. 인도 남서부의 케랄라주에 위치한 항구 도시이며, '향신료 집산지'로 유명한 곳이다. 발음이 비슷한 서벵골주에 있는 Calcutta '캘커타'('Kolkata'라고도 표기됨)와 혼동하지 않도록 주의해야 한다. 캘리컷은 인도 남서부 해안에, 캘커타는 북동부 방글라데시와의 국경 부근에 위치해 있어, 두 도시 간의 거리가 1,800km 이상 되는 서로 다른 도시이기 때문이다.

국길에 올랐다. 귀국길은 갈 때보다 더욱 험난했다. 바람을 잘못 받아, 23일 만에 건넜던 인도양을 되 건너는데 무려 132일이나 걸렸다. 오랜 항해로 인한 영양실조와 괴혈병으로 많은 선원들이 사망했다. 설상가상으로 말린디에서는 배가 약탈당했다. 1499년 7월과 8월 두 척의 배만이 55명의 선원을 태운 채 간신히 귀국했다. 다 가마는 아픈 동생을 치료하기 위해 카보베르데에 남았다가 9월에 귀국했다. 이 항해의 공로로 귀족 반열에 올랐으며 평생 연금을 지급받았다.

1502년 다시 캘리컷에 파견되었다. 군대와 토착민들 사이에 무력 충돌이 일어나자 20여 척의 함대를 이끌고 다시 인도로 향한 것이었다. 가는 도중에 더반, 모잠비크, 말린디 등 동아프리카 해안 주요 도시에 교역 거점을 공고히 했다. 1503년 인도로부터 값비싼 상품을 만재하고 귀국했다. 이후 인도와의 교역은 순조롭게 진행되었다. 1505년 마누엘 1세의 인도 정책 고문이 되었고, 1519년에는 비디게이라 백작에 임명되었다. 1524년 인도에 파견된 관리들의 독직과 부패 문제를 조사하기 위해 총독 겸 부왕에 임명되어 다시 건너갔다. 그러나 고아에 도착한 지 얼마 되지 않아 풍토병에 걸려 사망했다.[15] 당시 그의 항해 업적은 유럽에서 콜론의 것보다 더 큰 반향을 불러일으켰다고 한다.

바스코 다 가마가 인도 항로를 개척한 이후, 포르투갈인들은 무역풍을 타고 계속 동쪽으로 진출해 중국 남부에 도달했다. 1553년 마카오에서 교역권을 얻고 무역을 시작했으며 1557년부터는 본격적으로 거주

---

15 고아(Goa)는 캘리컷에서 북쪽으로 약 500km 정도 떨어져 있는 서부 해안의 주 이름이다. 15세기에 포르투갈 선원들이 이 지역을 식민지화한 이래 약 450년 동안 포르투갈의 식민지였다가 1961년에 인도가 탈환하였다. 주에서 가장 큰 도시 이름이 바스코다가마일 정도로 포르투갈의 흔적이 많이 남아 있는 곳이다.

하기 시작했다. 이때부터 마카오는 포르투갈의 식민지로 서양 문물이 들어오는 창구가 되었다. 1840년 영국과 청나라 간의 아편전쟁을 계기로 포르투갈은 마카오 경영에 더욱 박차를 가했다. 1887년 청국과 조약을 맺어 식민 지배를 합법화했다. 1999년 12월 20일 중국에 반환되었다.

포르투갈인들은 마카오에만 머문 것이 아니라 계속 동진해 타이완을 거쳐 일본까지 진출했다. 이 과정에서 포르투갈인들이 타이완에 붙여준 이름이 Formosa인데, 이는 '섬'이라는 의미의 Ilha가 생략된 형태이다. '아름다운 (섬)'이라는 뜻이다. Ilha는 라틴어 insŭla(>isla) '섬'에서 나온 것이고, 라틴어 formosa '아름다운'은 포르투갈어에서도 그대로 쓰였다. 스페인어에서는 라틴 어두 f-가 바스크어의 영향으로 h-로 변했고, 모음이화(o-o>e-o)로 인해 hermosa가 되었다. 타이완에 이어 곧 일본과도 교역을 시작했다. 1592년에 발발한 임진왜란 당시 일본군이 사용한 조총도 포르투갈 선원들로부터 제작 기술을 배운 결과라는 사실은 이미 잘 알려진 일이다. 교역의 확대와 더불어 주로 예수회 선교사들도 일본으로 건너가 포교 활동을 전개했다. 스페인의 그레고리오 세스페데스 신부는 임진왜란 때 일본군 군종신부로 파견된 바 있다.[16] 유럽인으로서는 최초로 조선 땅을 밟은 사람으로, 1653년 제주도에 표류한 하멜보다 61년 먼저 조선 땅을 밟은 인물이다. 1597년 나가사키에서는 무려 26명의 선교사들이 처형되기도 했을 만큼 많은 수의 선교사들이 활동했다. 그런 과정에서 많은 포르투갈 또는 스페인어 어휘가 일본으로 유

16 김양선(1964:703-740) 참조. 최초로 상륙한 곳은 현재의 경남 창원시 진해구라고 한다.

입되었고, 그중 일부는 우리나라에도 전해졌다.

10.1.3. 동방으로 전래된 어휘들

[빵]

pan '빵'은 포르투갈인들이 전해준 단어이다. 빵의 기원은 이미 오랜 역사 이전부터 이집트에서 만들어 먹기 시작했다고 하며, 특히 그리스와 로마로 전해져 주식으로 자리 잡았다고 한다. 이 역시 16세기 포르투갈인들이 자신들의 말인 pão '빵'을 일본에 전해준 것이고, 이것이 후에 우리나라에 들어온 것이다.[17]

[카스텔라]

우리는 앞에서 Mayonesa '마요네즈'가 과거 제2차 포에니 전쟁(기원전 218-202) 당시에 한니발의 동생인 마고가 세운 도시인 Mahón에서 유래된 것이라는 것을 설명한 바 있다. 이 도시의 형용사형이 mahonés(a)이다. 따라서 '마온의 소스'라는 의미에서 (salsa) mahonesa이던 것이 변해 mayonesa가 된 것이다.

이와 유사하게 지명이 음식 이름이 된 또 다른 예가 castela '카스텔라'이다. 또 다른 대표적인 스페인 기원의 음식이다. 기원에 대한 가장 유력한 설은 스페인의 Castilla '카스티야' 지방에서 만들어 먹던 빵을 15-16세기 지리상의 발견이 한창이던 시대에 포르투갈 선원들이 일

---

17 두산동아편집부(1997) 참조.

본에 전하면서 그 이름도 함께 전파된 것이라는 것이다. 포르투갈어로 pão de Castelha '카스티야의 빵'이라는 이름이 16세기 나가사키에 처음 전파되었다고 한다.[18]

카스티야인들은 자신들 특유의 요리법인 밀가루와 달걀, 설탕 등을 혼합해 부풀리는 기술을 이용해 부드럽고 달콤한 빵을 구워냈다. 특히 달걀의 흰자를 저어 거품을 내 부드럽게 만들었다. 당시 스페인인들과 더불어 대항해 시대를 열었던 포르투갈인들도 이 빵을 즐겨 먹었다. 이들은 이를 간단하게 발상지 명을 따서 Castelha라고 불렀으며, 이것이 일본으로 흘러 들어와 '카스텔라'라는 이름으로 정착된 것이다. 이 명칭은 후에 다시 우리나라로 전파되어 부드럽고 달콤한 빵의 대명사로 자리 잡았다.

그러나 스페인에서는 '카스텔라'라는 이름을 가진 빵은 존재하지 않으며, 스페인어 사전에도 등재되어 있지 않다. 이는 일본인들이 Castilla의 구개음(-ll-)을 발음하지 못하기 때문에 생겨난 어휘이다. 따라서 스페인에서 나온 것은 사실인 듯하지만, 스페인어로 표기하기가 곤란한 어휘이다. 여기서는 국립국어원에서 제시하는 표기법에 따라 castela '카스텔라'로 표기한 것이다.[19]

스페인에서는 이 종류의 빵을 bizcocho 또는 bollo라고 부른다. bizcocho의 어원은 '2'를 뜻하는 bi-에 라틴어 coctus 'cocido'가 붙어 만

---

18 https://www.doopedia.co.kr/doopedia/master/master.do?_method=view&MAS_IDX=101013000726844 참조.

19 https://stdict.korean.go.kr/search/searchView.do#wordsLink 참조. 영어식으로 castella로 표기하기도 한다.

들어진 것이다. 즉 '두 번 구운 빵'인 것이다. 이는 본래 오래 보관하기 위해 효모를 쓰지 않고 두 번 구운 빵을 가리키는 말이었다고 한다.[20] bollo는 밀가루에 우유, 버터, 달걀 등을 넣고 반죽해 화덕에 구운 것으로 카스텔라처럼 말랑말랑한 빵이다.[21] 일반적으로 많이 먹는 baguette '바게트'는 프랑스어 기원이며, pan de barra 또는 pistola라고도 부른다.[22]

[담배]

원산지는 남아메리카이다. 포르투갈인들에 의해 일본으로 전래되었다. 일본에서는 발음이 たばこ [tabako] 또는 [dabako]로 변했다. 이것이 우리말로 들어오면서 '담바구'가 되었다가 후에 '담배'가 된 것이다.[23]

[덴푸라]

튀김을 일컫는 일명 '덴뿌라(てんぷら)'도 포르투갈어에서 들어온 말이

---

20 De *bis-* y el lat. *coctus* 'cocido'. https://dle.rae.es/bizcocho?m=form 참조.

21 Del lat. *bulla* 'bola'. https://dle.rae.es/bollo 참조.

22 본래는 '피스톨, 권총'이라는 의미인데, 스페인에서는 '250g 정도의 바게트'를 가리키기도 한다. "Esp. Barra de pan de unos 250 g." Del al. *Pistole*, y este del checo *pišťal*; propiamente 'caramillo, flautilla'. https://dle.rae.es/pistola?m=form 참조.

23 tabaco가 유럽에 전래된 경로에 대해서는 Celdrán(1995:75-70), Historia de las cosas, Madrid: Ediciones del Prado. 참조. 한국어 '담배'의 어원은 포르투갈어 tabaco이며, 스페인어 tabacco와 일본어 tabako를 거쳐 변화된 것이라고 한다. 국립국어원 https://stdict.korean.go.kr/search/searchView.do?pageSize=10&searchKeyword=%EB%8B%B4%EB%B0%B0 참조. tabaco는 본래 아랍어에서 나온 말이다. Del ár. clás. *ṭub[b]āq*, nombre que, antes del descubrimiento de América, se aplicó a la olivarda, el eupatorio y otras hierbas medicinales que mareaban o adormecían; *cf. atabaca*. https://dle.rae.es/tabaco?m=form 참조. 반면에 '담배'의 또 다른 이름인 cigarrillo는 cigarro의 축소사이며, 이는 마야어 기원이다. Del maya *siyar*. https://dle.rae.es/cigarro?m=form 참조.

라고 한다. 이 음식의 기원에 대해서는 여러 가지 설이 있으나, 1570년 나가사키 개항 이후에 들어왔다는 설이 가장 일반적으로 받아들여진다. 국립국어원에 따르면, 어원은 포르투갈어 tempero라고 한다.[24] 스페인어로는 aderezo '치장, 조리', condimento '양념'에 해당하는 말이다. 그러나 이 발음이 '덴뿌라'가 되기에는 음성학적인 관점에서 설명이 쉽지 않다. 어말 모음 변화(o>a)의 근거를 찾기가 어렵기 때문이다. 다른 한편으로, 포르투갈의 예수회 선교사들이 4계절이 시작되는 3일 동안 육류 섭취를 피하는 가톨릭의 사계재일(四季齋日) 전통에 따라, 이 시기에 생선을 튀겨 먹은 데서 유래했다는 설도 있다. 라틴어로 '4계절'은 Quattuor tempŏra이다. 일본인들은 여기서 tempora만 차용했으며, 튀김요리를 아예 '덴뿌라'로 이름 붙였다는 것이다. 초기에는 주로 먹던 시기를 가리켰지만 차츰 아무 때나 먹을 수 있게 일반화된 후에는 아예 고유명사화되었다는 설이다. 어찌 되었든, 지금은 잘 쓰이지 않는 말이며 국립국어원에 따르면 '튀김'으로 표기한다.

[고추]

'고추'라는 용어 자체가 포르투갈어에서 들어온 것은 아니고 이 식물과 열매가 포르투갈인들에 의해 소개된 것이다. 우리나라에 들어온 것이 일본을 통해서인지 중국을 통해서인지 정확하지 않으나 전해진 것은 17세기 초라고 한다. 동양에 전해진 것은 16세기 중반 포르투갈인들에 의해서라고 한다. '매운' 맛 때문에 고초(苦椒)라는 이름이 붙었다고 한

24 어원은 포르투갈어 tempero라고 한다. 국립국어원 https://stdict.korean.go.kr/search/searchView.do?pageSize=10&searchKeyword=%EB%8D%B4%ED%91%B8%EB%9D%BC 참조.

다. '초'는 '풀'이 아니라 '산초(山椒)나무'를 가리키는 말이다. 후에 '고추'로 변한 것이다.[25]

참고로, '고추'를 가리키는 스페인어는 guindilla, ají, chile 등 여럿이 있다. guindilla는 guinda의 축소사이다. guinda는 guindo의 열매로 게르만어 기원이다. ají는 중미와 카리브해에 거주하던 타이노족의 말에서 나온 것이고, chile는 나우아족의 말에서 나온 것이다. 이 chile로 만든 소스가 chili이다.

국명 Chile는 '고추'를 의미하는 chile과 형태가 동일해, 흔히 이 나라가 chile '고추'처럼 길게 생겨서 이 이름이 붙은 것이라고 착각하는 경향이 있다. 그러나 그것은 단지 국명 Chile와 고추를 나타내는 어휘 chile 간에 음 형태가 동일해진 결과를 놓고 민간어원적으로 해석한 것뿐이다. 국명의 어원이 무엇인지에 대해서는 정확하게 밝혀진 바가 없으며, 고추와 관련이 있다는 증거는 없다. 스페인인들이 처음 이 지역에 들어갔을 때 원주민들은 아타카마사막 남쪽 지역을 Chili라고 불렀다고 한다. 현재도 아레키파를 흐르는 강 이름이 Chili이다. 이것이 스페인으로부터 독립한 후에 국명으로 변한 것으로 해석된다. 원주민어로부터 유래된 것은 분명하지만, 이 단어가 어느 종족의 말인지, 또 정확하게 무슨 뜻인지도 밝혀져 있지 않다. 아이마라, 마푸체, 케추아어 등이 거론되고 있고 종족마다 chili 또는 그와 유사한 음 형태의 어휘를 쓰고는 있지만, 그 중 어느 것과 관련이 있는 지에 대해서는 주장만 무성할 뿐 명확하게 밝혀진 바가 없다. 따라서 음 형태가 유사하다고 해서 어원

---

25 어원은 苦椒라고 한다. 국립국어원 https://stdict.korean.go.kr/search/searchView.do?pageSize=10&searchKeyword=%EA%B3%A0%EC%B6%94 참조.

관계를 함부로 단정하는 것은 주의해야 한다.[26]

[메리야스]

일본어를 통해 우리말로 들어온 것인데, 어원은 스페인어 medias에서 유래된 것이다.[27] 본래의 의미는 '긴 양말'인데, 지금은 주로 여성용 스타킹을 가리키는 말로 쓰인다. 일본식으로 발음한 것이 '메리야스'이다. 우리나라에 들어와서는 넓은 의미로는 편직물(니트 제품), 좁은 의미로는 내의류를 일컫는 말로 사용되고 있다. 반면에, '짧은 양말'은 calza '신발'에서 나온 축소사 calceta나 한 번 더 축소사 어미를 붙인 calcetines이다.

---

26 Inca Garcilaso de la Vega는 1609년에 쓴『Comentarios Reales de los Incas』에서 "[Los] embajadores del reino llamado Tucma, que los españoles llaman Tucumán [...] dijeron a su partida al Inca [Huiracocha]: [...] lejos de nuestra tierra entre el sur y el poniente, está un gran reino llamado *Chili* poblado de mucha jente."(pp.255-257)라고 밝히고 있다. http://etimologias.dechile.net/?chile 참조.

27 국립국어원 https://stdict.korean.go.kr/search/searchView.do?pageSize=10&searchKeyword=%EB%A9%94%EB%A6%AC%EC%95%BC%EC%8A%A4 참조.

10.2. 크리스토발 콜론과 '아메리카의 공동 발견자' 핀손 형제

크리스토발 콜론의 출생에 대해서는 여러 가지 이견이 있으나, 가장 널리 알려진 것은 1451년경 이탈리아의 제노아에서 태어났다는 설이다. 어렸을 때부터 항해술을 익혔다고 하며 스페인에 오기 전에는 포르투갈에서 활동했다. 오랜 항해 경험을 바탕으로 지구가 둥글다는 사실을 믿고 있었다고 한다. 따라서 대서양에서 서쪽으로 계속 항해하면 아프리카 해안을 도는 것보다 더 빨리 인도에 도달할 수 있다고 주장했다. 그러나 포르투갈의 국왕은 이를 받아들이지 않았다.[28]

콜론도 처음에는 엔리케 왕자가 세운 '사그레스 학교'의 일원으로 마데이라 제도 항해에 참여했다. 카스티야에 오기 전 습득한 항해와 지리에 관한 중요한 지식과 정보는 여기서 얻은 것이었다. 자신의 신념에 강

28 콜론의 생애와 항해에 대해서는 Ximénez de Sandoval, Felipe(1968); Taviani, Paolo Emilio(1985); 콜론의 항해기록은 Las Casas, Bartolomé de(2000) 참조.

한 확신을 갖고 있던 콜론은 카스티야로 건너와 이사벨 여왕을 설득했다. 쉽지 않은 과정이었지만 결국 성공했다. 스페인 입장에서는 콜론의 주장을 반신반의했지만, 포르투갈과는 다른 경로로 더 빨리 몰루카 제도에 도달하는 것이 시급했기 때문이었다. 1492년 4월 17일 콜론은 드디어 가톨릭 양왕으로부터 서쪽으로 항해해 인도로 가는 새로운 항로를 개척할 자격을 공식적으로 부여 받았다.[29]

15세기 말 아프리카와 대서양 항해의 가장 중요한 전진 기지는 안달루시아의 팔로스 데 라 프론테라였으며, 이 지역에서 가장 존경받는 선장은 핀손 가문의 세 형제였다. 마르틴 알론소, 프란시스코 마르틴, 비센테 야녜스가 그들이다. 이들은 이미 뛰어난 항해술과 경력으로 안달루시아 지역에서 높은 명성을 누리고 있었다.

1492년 5월 콜론은 대양 항해가 가능한 선박을 마련하는 데 협조하라는 국왕의 칙서를 들고 팔로스로 내려왔다. 그러나 아무도 선뜻 나서는 이가 없었다. 우선 선원을 모으는 일이 가장 큰 문제였다. 당시 스페인에서 콜론의 명성은 미미했고 서쪽으로 항해해 인도로 간다는 그의 계획도 무척 무모해 보였기 때문에 경험 많은 선원들은 선뜻 나서기를 꺼렸다. 그들에게는 콜론이 어떤 인물인지 잘 알려지지도 않았거니와 항해로 인해 얻을 수 있는 이익도 불투명했기 때문이었다. 능력도 검

29 콜론은 1492년 4월 17일 산타페에서 지위와 이익의 분배 등에 관해 가톨릭양왕과 공식적으로 협약을 맺었다. 이를 '산타페 협약(Capitulaciones de Santa Fe)'라고 한다. 이에 따르면, 콜론은 향후 얻게 될 식민지의 총사령관(almirante), 부왕(virrey) 겸 총독(gobernador general)직뿐만 아니라 식민지 소득의 1/10 등을 종신으로 보장받았으며, 자식에게 승계할 권리까지도 보장받았다. 이 협약에 관한 자세한 사항은 http://www.archivomunicipaldesantafe.es/upload/images/a/af/capitulaciones.pdf 참조. 콜론이 카스티야로 건너온 것이 1484년 말에서 1485년 초라고 하니 항해 허가를 얻어 내는 데 약 7년 걸렸다.

증되지 않은 선장에게 선뜻 자신의 목숨을 맡길 선원은 아무도 없었다. 콜론이 카스티야에서 직접 내려온 사람이 아니라는 것도 이들의 싸늘한 반응에 한몫했다. 모두 포르투갈에서 건너온 콜론의 정체와 의도에 대해 의심의 눈길을 보내는 상황이었다. 콜론의 항해 계획을 냉소적인 눈초리로 바라보는 것은 비단 일반 선원들뿐만이 아니었다. 마드리드는 물론이고 안달루시아의 귀족들 역시 마찬가지였다. 이들의 도움 없이는 제아무리 국왕의 칙서를 지니고 내려왔다 할지라도 기간이 얼마나 걸릴지도 모르고 아무도 가보지 않은 미지의 지역을 항해하는 것은 불가능한 일이었다.

이때 콜론이 찾아간 곳이 바로 핀손 가문이었다. 콜론은 이미 포르투갈에 머물고 있을 때부터 핀손 가문의 영향력과 그 형제들의 명성에 대해 익히 들어서 잘 알고 있었다. 특히 큰형인 마르틴은 포르투갈과의 전투와 카나리아, 기네아 등지의 항해에서 보여준 활약으로 인해 국제적으로 널리 알려진 인물이었다. 핀손 형제들의 도움이 없이는 자신의 항해가 순조롭게 이루어지지 못하리라는 것을 잘 알고 있었다. 끈질긴 설득 끝에 결국 핀손 형제는 항해에 참여하기로 결정했다. 여기에는 아마도 콜론의 항해를 도우라는 국왕의 칙서가 크게 작용했을 것이다. 지역의 명망 있는 귀족으로서 국왕의 명을 마냥 모른 척하고 있을 수만은 없었기 때문이었다. 직접 참가하는 것은 물론이고 필요한 경비의 일부도 투자하기로 했다. 이들이 나서자 그동안 머뭇거리던 지역의 유력 인사들이 그제야 비로소 따라 나섰다. 노련한 항해사와 갑판장들을 얻은 것이었다. 핀손 가문이 지역 사회에서 어느 정도의 영향력을 행사하고

있었는지 잘 보여주는 대목이다.[30]

마르틴이 직접 나섰다는 소문이 퍼지자 주변 지역의 노련한 선원들도 몰려들기 시작했다. 마르틴은 데리고 갈 선원들과 범선을 직접 골랐다. 선박은 갓 건조해 튼튼한 La Pinta '라 핀타'와 La Niña '라 니냐'를 선택했다. 기함은 가장 큰 Santa María '산타 마리아'로 결정했다.

큰형인 마르틴 알론소는 라 핀타호의 선장이, 둘째인 프란시스코 마르틴은 라 핀타호의 사무장이 되었다. 막내인 비센타 야녜스는 라 니냐호의 선장이 되었다. 콜론은 기함인 산타 마리아에 승선했다.[31]

세 척의 선박은 90여 명의 선원을 싣고 1492년 8월 3일 팔로스항을 출항했다. 항해는 비교적 순조로웠다. 항해 도중에는 선장의 역량이 가장 뛰어나고 속도가 가장 빠른 라 핀타호가 어려운 임무를 주로 수행했다. 콜론이 타고 있는 산타 마리아호는 세 척 가운데 제일 컸으나 가장 느렸다. 노를 장착할 수 없는 배였기 때문이었다. 이 배는 사령관이 타고 있어서 La Capitana라고도 불렸으며, 노가 달려 있지 않다고 해서 La Nao라고도 불렸다. 같은 해 10월 12일 72일간의 항해 끝에 드디어 육지를 발견했다. 현 바하마 제도의 과나아니이다. 콜론은 이 섬을 '산 살바도르'라고 명명했다. 다시 항해를 계속해 쿠바와 라 에스파뇰라섬을 발견했다. 라 에스파뇰라는 현재의 아이티와 도미니카 공화국이 위치해 있는 섬이다. 같은 해 12월 25일 기함인 산타 마리아호가 도미니카 북부 해안에서 좌초되었다. 선체를 해체해 그 목재로 나비다드라고

---

30 <Hermanos Pinzón>, http://www.canalsocial.net/GER/ficha_GER.asp?id=2767&cat=biografiasuelta 참조.

31 <Martín Alonso Pinzón>, http://www.julioizquierdo.webhispana.net/pepi.html?i=1 참조.

이름 붙여진 요새를 만들고 44명의 선원을 남겨 두었다. 그 후부터 콜론은 라 니냐호에 승선했다.

귀국길에 라 핀타호는 풍랑을 만나 라 니냐호와 헤어졌다. 콜론이 이듬해 3월 4일 리스본에 도착한 반면에, 마르틴 핀손은 콜론보다 3일 앞선 3월 1일 갈리시아 남부의 바요나에 도착해 스페인 국왕에게 신세계 발견과 탐험에 관한 보고서를 제출했다.[32] 유럽에 신세계의 존재를 최초로 알린 것이었다. 바요나에서는 이를 기념해 3월 첫째 주 토요일과 일요일에 La Arribada '입항'이라는 축제를 연다. 원정 함대 사령관인 콜론의 심기가 어떠했을지 불을 보듯 뻔한 일이었다. 귀국 후 콜론은 마르틴을 탈주 죄목으로 고소했다. 그러나 조사관이 파견되어 선원들의 증언과 증거들을 조사한 결과 무혐의로 판명되었다. 마르틴은 1493년 3월 15일 고향인 팔로스에 돌아와 31일 열병으로 사망했다.

1차 항해에서 라 핀타호의 사무장이었던 둘째 프란시스코는 그 후 콜론의 3차와 4차 항해에도 동행했으며, 1502년 항해 도중에 익사했다. 막내인 비센테는 1498년 콜론의 독점항해권이 폐지되자 독자적으로 항해에 나서 1500년 초 태평양으로 나가는 통로를 찾기 위해 중미와 유카탄반도 일대를 탐사했으며, 후에 브라질의 아마존강 유역까지 탐험했다. 1514년 사망했다.[33]

---

32 콜론은 1492년부터 1502년까지 총 4차례에 걸쳐 항해했다. 이 중에서 제1, 2차 항해에서는 카리브해의 섬들만을 탐험했으며, 제3차 항해(1498-1500)에서 비로소 대륙을 발견했다. 현재의 트리니다드 토바고와 베네수엘라 해안에 도달한 것이었다. 제4차 항해(1502-1504)에서는 현재의 온두라스와 파나마 해안을 탐험했다. 콜론은 자신이 도착한 곳이 인도의 일부라고 믿었으므로, 여기서도 '신대륙'이라는 표현은 쓰지 않았다. 콜론이 도착한 땅이 새로운 대륙이라는 사실이 공표되는 것은 1507년 아메리고 베스푸치에 의해서이다.

33 〈Vicente Yáñez Pinzón〉, https://www.biografiasyvidas.com/biografia/y/yanez_pinzon.htm 참조.

전문가들의 공통된 의견은 핀손 형제의 도움 없었다면 콜론의 항해는 불가능했을 것이라는 것이다. 우선 이들의 참여 의사가 없었다면 유능한 항해사와 선원들을 구하기가 매우 어려웠을 것이라고 한다. 또한 항해 도중 함대가 겪은 여러 차례의 위험한 상황에서 마르틴이 보여준 통솔력은 콜론을 능가하는 것이었다. 카나리아에 도착하기도 전에 라 핀타호의 키가 부러지는 사고가 일어났을 때 이를 능숙하게 대처해 문제를 해결한 것도 마르틴이었으며, 10월 6-7일에 정처 없는 항해에 지친 선원들이 산타 마리아호에서 소요를 일으켰을 때 이들을 진정시킨 것도 마르틴이었고, 10월 6일 항로 변경을 조언해 바하마에 도착하도록 한 것도 마르틴의 공로였다. 특히 라 니냐호의 선장인 동생 야네스는 12월 25일 산타 마리아호가 난파되었을 때 콜론과 많은 선원들의 목숨을 구하기도 했다. 일정도 목적지도 모르고 정처 없이 떠난 항해에서 선원들이 자신들의 목숨을 맡기고 따랐던 함대의 실질적인 사령관은 마르틴이었던 것이었다. 이러한 이유로 핀손 형제, 그중에서도 특히 첫째인 마르틴 알론소를 '아메리카의 공동 발견자'라고 하는 것이다.[34]

10.2.1. 콜론 소송

항해를 떠나기에 앞서 1492년 4월 17일 가톨릭 공동 왕은 그라나다 근교에 있는 산타페에서 콜론에게 '새로운 땅을 발견하고 정복하면 그

34 Fernández Duro, Cesáreo(1883), <Colón y Pinzón: informe relativo a los pormenores de descubrimiento del Nuevo Mundo presentado a la Real Academia de la Historia>, https://archive.org/details/colnypinzninfor00durogoog/page/n11/mode/2up?view=theater 참조.

지역의 총사령관, 부왕 겸 총독으로 임명하고 수입의 1/10을 종신 보장하며, 이 권리의 승계를 인정한다'는 것을 주요 내용으로 하는 협약서에 서명했다. 이른바 '산타페 협약'이다. 그러나 1508년 콜론이 죽자 국왕인 페르난도는 콜론의 큰아들인 디에고 콜론을 라 에스파뇰라 총독에만 임명했다. 디에고는 이에 불복해 소송을 제기했다. 이것이 이른바 '콜론 소송'이다. 핀손 형제와 관련된 것으로는 1534년과 1535년에 열린 재판의 판결이다. 여기서 왕실 측에서는 실질적으로 아메리카를 발견한 사람이 콜론이 아니라 핀손 형제들 중 맏이인 마르틴 알론소 핀손이라고 주장하며, 당시 1차 항해에 참여했던 인물들을 증인으로 채택했다. 콜론의 업적이 과장되었다는 주장이었다. 물론 콜론 가문에서는 이에 불복해 상고했고, 재판은 1536년에 가서야 일단락되었다. 콜론의 후손들에게 부왕과 총독 지위는 인정하지 않는 대신 총사령관직은 유지하게 하며 라 에스파뇰라의 일부 권리를 양도하고 연금을 지급하는 선에서 마무리되었다. 명목상 함대의 총사령관은 콜론이었으므로 마르틴의 업적이 단독으로 인정받지는 못했지만, 아메리카의 발견에 마르틴 알론소 핀손이 지대한 공헌을 했음은 이 소송을 통해서도 잘 드러나고 있다.

10.2.2. 토르데시야스 조약

1494년 6월 7일 스페인의 토르데시야스에서 대서양 상의 영토 분쟁을 해결하기 위해 스페인과 포르투갈 사이에 맺어진 조약이다.

1492년 10월 콜론이 아메리카를 발견하자, 스페인과 포르투갈 사이에는 이 신대륙의 소유권을 둘러싸고 다시 해묵은 영토 분쟁이 촉발되었다. 문제의 발단은 우선 1479년 9월 4일 '대서양 상에서 카나리아 제도는 스페인령으로, 마데이라, 아조레스, 카보베르데, 기네아 등은 포르투갈령으로 인정하며, 앞으로 남쪽에서 발견되는 지역도 포르투갈의 영토로 인정한다'는 것을 주요 내용으로 하여 양국 사이에 체결된 '알카소바스 조약'이다.[35] 당시 대서양 탐사는 포르투갈의 주도하에 아프리카 서부와 그 연안 지역에 집중되어 있었기 때문에 포르투갈의 기득권과 향후의 권리까지 인정해준 것이었다. 이 조약에 따르면 신대륙이 카나리아 제도 남쪽이냐 아니냐 하는 것이 문제가 된다. 아프리카는 아니지만, 어쨌든 대서양 상에서 일어난 일이었기 때문이었다. 또 하나의 문제는 콜론이 리스본으로 귀환해 포르투갈 국왕에게 먼저 탐사 상황을 보고한 것이었다. 이에 포르투갈은 이 조약을 근거로 신대륙이 자국 영토라고 선수를 치고 나온 것이었다. 콜론이 스페인 국왕을 알현한 것은 한 달 후인 4월 3일이었다.

양국 간의 분쟁을 해결하기 위해 교황 알렉산더 6세는 1493년 '카보베르데에서 서쪽으로 100레구아 떨어진 지점, 즉 서경 38도 지점을 기준으로 서쪽은 스페인령, 동쪽은 포르투갈령으로 한다'는 것을 주요 내용으로 하는 합의안을 제시했다. 이는 다분히 스페인의 입김이 강하게 작용한 결과였다. 포르투갈이 항의하자 양국은 1494년 6월 7일 스페인

35 사실 이 조약은 1475년에 일어난 스페인 왕위계승 전쟁을 마무리 짓는 조약이었다. 카스티야의 이사벨 여왕의 조카인 '벨트라네하'가 포르투갈의 알폰소 5세와 결혼하고 카스티야의 왕위계승권을 주장하고 나서면서 양국 간에 촉발된 전쟁이었다. 전쟁은 뚜렷하게 승패를 가리지 못하고 끝났으며, '벨트라네하'는 카스티야의 왕위계승권을 포기했고 카스티야는 대서양상에서 포르투갈의 우월권을 인정했다.

의 토르데시야스에서 '분할선을 카보베르데 서쪽 100레구아에서 370레구아로, 즉 서경 43도 37분'으로 수정한 내용으로 조약을 체결했다. 이것이 바로 '토르데시야스 조약'이다. 그 결과 현재 브라질 영토의 일부가 포르투갈령이 되었다.[36] 이 조약으로 대서양 상에서는 양국 간의 영토 분쟁이 일단락되었으나, 태평양은 아직 미지의 세계로 남아 있었다.[37]

16세기 유럽 경제의 최대 화두는 단연 인도와 몰루카 제도에서 생산되는 향신료와 그 교역로를 확보하는 것이었다.[38] 베네치아 상인들을 통해 맛본 이 동양의 신비는 밋밋한 음식만 먹던 유럽 귀족들에게 천상의 맛을 제공해 주었다. 음식의 부패를 막아주는 역할도 해 없어서는 안 될 조미료가 되었다. 그러나 운송 거리가 멀고 오스만투르크 제국을 거치다 보니 물량이 부족하고 가격 또한 너무 비싼 것이 흠이었다. 후추

---

36 대체로 1레구아는 약 5.57km로 간주된다. 따라서 370레구아는 약 2,060km이다. 이에 따르면 현재 브라질의 동쪽 일부분만이 포함된다. 대략 북쪽의 상루이스에서 남쪽의 리우데자네이루와 상파울루 사이를 지나는 지점이다. 현재 브라질 영토의 약 1/4-1/5 정도 되는 면적이 이에 해당한다. 이 조약에 따르면, 아마존강 하구조차도 포르투갈의 영토가 아니었다. 아마존 및 내륙 지역으로의 확장은 그 이후에 이루어진 일이었다.

37 실제로는 일단락된 것이 아니었다. 기준점이 되는 카보베르데섬은 10여 개의 섬으로 이루어진 제도였으므로 어느 지점을 기준으로 하느냐에 따라 영토의 크기가 달라졌기 때문이었다. 스페인에서는 정중앙에 있는 포고(Fogo)섬을 기준으로 할 것을 제시했다. 당시에는 아직 지구의 둘레를 정확하게 계산하지 못하고 있었기 때문에, 아니 아직 지구가 둥글다는 것도 제대로 인식하지 못하고 있었기 때문에, 일정한 간격으로 정확한 경도를 긋는 것이 불가능했다. 또한 레구아라는 단위도 나라에 따라 선원들에 따라 제각각이었고 평면과 곡면에서 서로 오차가 발생했기 때문에 아메리카에서 정확하게 어디까지가 포르투갈 영토인지 선을 긋는 것이 실제로는 불가능했다. 다만 큰 틀에서 '그쯤에서 양국의 경계를 정하자'는 데만 합의한 것이었다.

38 몰루카 제도는 인도네시아어로는 말루쿠라고 하며, 인도네시아 술라웨시섬과 뉴기니섬 사이에 산재해 있는 수십 개의 군도를 가리키는 지명이다. 남쪽으로는 동티모르와 오스트레일리아가 위치해 있다. 정향과 육두구의 원산지로 알려져 있으며, 각종 향신료가 풍부하게 생산되는 곳이다. 16세기 초에 포르투갈인들이 인도에서 더 나아가 이 지역을 식민지로 삼았다. 그 이후 유럽인들에게는 꿈에 그리는 '향신료 제도'로 인식되었다. 본 고에서는 스페인어 islas Molucas를 그대로 읽어 '몰루카 제도'로 표기한다.

한 알이 같은 양의 황금만큼이나 귀하던 시절이었다. 향신료 교역은 곧 막대한 부를 안겨다 주는 황금알을 낳는 거위였다. 따라서 교역로를 확보하는 것이야말로 국가 경제의 사활이 걸린 문제였다.

16세기 아라비아나 베네치아 상인들을 거치지 않고 향신료를 직접 수입할 수 있는 교역로를 선점한 것은 포르투갈이었다. 이미 1498년 바스코 다 가마가 희망봉을 돌아 인도의 캘리컷에 도착함으로써 동방 항로를 독점하고 있었으며, '토르데시야스 조약'으로 스페인의 동방 진출을 봉쇄해 놓았다.

그러나, 토르데시야스 조약에도 불구하고 향신료가 풍부하게 생산되는 몰루카 제도가 어느 나라 관할에 속하느냐 하는 문제는 아직 해결된 것이 아니었다. 희망봉을 돌아 인도로 가는 동방 항로는 이미 포르투갈이 선점하고 있었으므로 이의를 제기할 수는 없었지만, 만약 서쪽으로 항해해 몰루카 제도에 닿는다면 이는 '토르데시야스 조약'을 어기는 것이 아닐 수도 있기 때문이었다. 이미 콜론의 항해로 증명되었듯이 지구는 둥그니까 서경 43도 37분이라는 대서양 상의 분할선을 기준으로 어디까지가 서쪽이고 어디까지가 동쪽인가 하는 것이 관건이었다. 아직 아무도 가본 적이 없었기 때문이었다. 만약 몰루카 제도가 서쪽으로 가는 것이 더 가깝다면 이 지역은 포르투갈이 아니라 스페인의 영토가 되는 것이었다.

바로 이 점에 착안해 날카롭게 지도를 살피기 시작한 인물이 있었으니, 바로 포르투갈의 마젤란이었다. 포르투갈에서 독직과 비리 혐의로 쫓겨난 마젤란은 독일에서 제작된 지도 한 장을 품에 안고 스페인으로 건너와 국왕을 설득하는 데 성공했다. 마젤란 입장에서는 새로운 일자리를 얻게 되어 좋았고, 스페인 국왕 입장에서는 희망봉을 도는 것보다 더 빨리 몰루카 제도에 닿을 수만 있다면 정당하게 권리를 주장할 수 있는 강력한 근거가 되기 때문에 투자할만한 가치가 충분했기 때문이었다. 둘의 이해 관계가 맞아떨어지면서 점차 태평양 항해 시대가 무르익어 가고 있었다.

10.2.3. 카나리아스 제도와 아메리카

10.2.3.1. 카나리아스 제도

북위 27-29도 사이에 위치해 있는 카나리아스 제도는 스페인령이다. 포르투갈령인 마데이라 제도로부터 약 400km 남쪽에 위치해 있다. 14세기 초반부터 스페인인들에 의해 정복되기 시작했다. 아프리카 해안에서 가장 가까운 란사롯테섬은 육지에서 약 140km 정도 떨어져 있다. 이미 페니키아와 로마 시대부터 왕래가 있었다고 한다. 카스티야인들이 이를 다시 정복한 것이었다. 가장 큰 두 섬 중 하나인 그란 카나리아와는 이미 14세기 중반부터 왕래가 있었다고 하며, 1478-1483년 사이에 최종 정복되었다. 따라서 1492년 콜론이 항해에 나섰을 때도 이 섬에 기착해 물과 식량을 보충했고, 그 이후에도 중간 기착지로 발전했다.

섬의 이름인 Canaria는, 여러 설이 있지만, 아마도 이 섬에 살던 종족인 canarii '카나리족'으로부터 유래된 것으로 보이며, Gran이 붙은 것은 초기 정복자들이 원주민들의 용맹에 감탄하여 붙인 것이라고 한다. 이

섬에서 전해진 새가 '카나리아'이다.[39]

서쪽에 있는 테네리페를 정복한 것은 1493-1496년이다. 이후 이 섬은 아메리카 항해의 중요 중간 기착지로 발전했다. Tenerife의 어원은 원주민어로 Tene '산(montaña)'과 ife '흰(blanca)'의 합성에서 유래된 것이라고 한다. '흰 눈을 이고 있는 산', 즉 Teide를 가리키는 것이다. 해발 고도 3,718미터의 화산이며 스페인에서 가장 높은 산이다. 1492년과 1798년 대규모 용암 분출이 있었다고 한다. 현재는 휴화산이다. 원주민인 관체족은 이 산을 Echeyde라고 부른다고 한다. 이 부족의 전설에 따르면 악마 과요타가 사는 곳, 즉, '지옥'이다. 시뻘건 용암을 내뿜는 산 정상의 분화구를 이렇게 표현한 것이다. 이것이 (E)cheide를 거쳐 Teide가 된 것으로 풀이된다.[40] 적도에 가깝지만 해발 고도가 높아 겨울에는 산 정상에 눈이 쌓인다. 그런데, 한겨울에도 멕시코 만류가 지나는 해변 일대는 물이 따뜻해 해수욕이 가능하다. 따라서 한 지역에서, 해변에서는 해수욕을 하고 산꼭대기에서는 눈싸움을 할 수 있는 전 세계에서 거의 유일한 곳이다.[41]

10.2.3.2. 아메리카

América라는 지명은 16세기 이탈리아 항해가인 Amerigo Vespucci라는 사람의 이름에서 나온 것이다. 1492년 이른바 '신대륙'을 발견한

39 "Pájaro originario de las islas Canarias", https://dle.rae.es/canario#72nM6Vj 참조.

40 〈Análisis etimológico del vocablo Tenerife〉, http://www.ygnazr.com/tenerife.htm 참조.

41 https://www.miteco.gob.es/es/red-parques-nacionales/nuestros-parques/teide/ 참조.

사람은 크리스토발 콜론이다. 그러나 그는 죽을 때까지 그곳이 인도의 일부라고 믿었다. 반면에 이탈리아 출신의 항해가인 아메리고 베스푸치는 이 미지의 땅이 인도가 아니라 당시까지 유럽에는 알려지지 않은 새로운 땅이라는 것을 처음 인지하고 공표했다. 이에 흥분한 독일의 인쇄업자 마르틴 발트제뮐러는 1507년 『지리지 입문』이라는 소책자를 출판하면서 그의 이름을 따 이 신대륙을 América '아메리카'라고 부르기 시작했다고 한다. 콜론과 동시대에 살았던 베스푸치는 당시는 그와는 비교도 할 수 없을 만큼 직급이 낮고 업적도 미미한 항해사였다. 콜론이 함대 사령관으로 활약하던 시절 그는 세비야에서 겨우 문서나 수발하던 위치였는데, 정보에 정통했던 그가 원 발견자보다 '상표 등록'에서 한발 앞선 것이었다. 이에는 스페인의 독주를 시기하고 견제하려는 독일인들의 질시도 한몫했다고 한다. 새로운 대륙의 명명에서 동병상련의 감정을 좀 더 강하게 느끼고 있던 이탈리아인의 업적을 과장 광고해 Columbia가 아닌 América로 부르게 되었다는 것이다. 초기 인쇄물이 유럽에 퍼졌을 때 콜럼버스도 이 사실을 알았으나 당시로서는 '저작권'이라는 개념도 없었고, 자신의 동료인 베스푸치의 고의가 아니라는 것을 알고는 별 신경을 쓰지 않았다고 한다. 그만큼 특허권 개념은커녕 홍보 효과에도 무지했고, 그 후에 미칠 역사적 파장 또한 짐작조차 하지 못했기 때문에 선수를 빼앗긴 것이었다. 현재 그의 이름은 Colombia라는 국가명과 미국의 주명, 대학교 이름 등에서만 일부 쓰이고 있다.[42] 이들의 항해 덕분에 스페인의 영토는 이제 유럽과 북아프리카를 넘어 아

42 아메리카의 지명에 얽힌 에피소드는 Zweig, Stefan(2004) 참조.

메리카로 확장되었으며, 언어 또한 새로운 어휘들로 풍성해졌다.

10.3. 바야돌리드 논쟁과 아메리카 원주민어

1550년 황제 카를로스 5세는 교황청과 손잡고 바야돌리드에서 아메리카 '인디오'의 위상을 정립하기 위한 회의를 소집했다.[43] 토론의 핵심은 '인디오들도 이성을 지닌 존재인가?', '인디오들도 인간인가?'라는 것이었다. 지금 생각하면 참으로 어처구니없는 일이지만, 그 당시 백인들이 아메리카 원주민들을 바라보는 시선이 어떠했는지 잘 말해 주는 주제이다. 이런 논쟁은 이미 오래전부터 있었으며, 1550년 논쟁은 최종 라운드에 해당했다.[44]

43 '인디오'라는 용어는 콜론이 자신이 발견한 땅이 India '인도'라고 착각한 데서 비롯된 것이라 하는데, 현재는 경멸적 의미를 담고 있는 것으로 여겨진다. 따라서 현재는 '아메리카 원주민'이라는 의미의 indígena, aborigen 또는 nativo de América를 더 일반적으로 쓴다. 그러나, 본 절에서는 당시 스페인인들이 그들을 매우 경멸적으로 대했으므로, 그 뉘앙스를 살리기 위해서 '인디오'라는 용어를 그대로 썼다.

44 1511년 도미니코 수도회의 몬테시노스 신부가 식민주의자들의 만행을 고발하기도 했고, 1537년에는 교황 바오로 3세가 인디오들에게도 영혼과 이성이 있음을 인정하며 잔혹 행위를 금지하는 교서를 발표하기도 했다. 1542년에는 황제 카를로스 5세가 인디오들을 노예로 부리는 행위를 금지하고

당시 인디오들의 상황은 열악하다 못해 처참했다. 스페인 식민개척자들은 무력을 동원해 땅을 빼앗았으며 수많은 인디오들을 노예로 삼아 가혹하게 착취했다. 저항하는 자는 잔인하게 학살했다. 그 잔혹함은 스페인 내부에서뿐만 아니라 유럽 다른 나라들에서까지 비판이 일 정도였다. 가혹한 수탈은, 천연두와 같은 전염병과 더불어, 인디오 인구 감소의 큰 원인이 되었다. 인구 감소는 곧 노동력 감소로 이어졌고, 이는 곧 식민지의 수입 감소로 나타났다. 아메리카에서 대농장을 경영하는 귀족들 입장에서는 큰 문제가 아닐 수 없었다. 그러나 이들은 사태의 심각성을 알면서도 눈앞의 이익을 위해 수탈을 멈추지 않았다. 인디오 착취 문제가 스페인을 넘어 유럽 다른 나라들로까지 비화되자 황제는 교황청과 협력해 인디오들의 지위와 권리를 재정립하기 위해서 회의를 소집한 것이었다.

우선, 인디오들에 대한 강압적인 통치와 수탈을 옹호하는 측의 대표로는 당시 저명한 학자인 후안 히네스 데 세풀베다가 나섰다. 강경론자인 그의 주장을 요약하자면, 다음과 같다.

첫째, 인디오들은 식인풍습이 있으며, 우상을 숭배하고 인신 공양을 하는 등 인간의 본성에 반하는 행위를 저질렀다.

둘째, 인디오들은 천성적으로 야만스럽고 미개하다. 이는 '어떤 이들은 선천적으로 노예 품성을 갖고 태어난다'는 아리스토텔레스의 견해에 부합한다.

---

encomienda '(식민지 경영권을 귀족들에게 나누어준) 위탁'을 폐지하는 법안을 제정했지만, 귀족들의 반발로 실효를 거두지 못했다. 이에 1550년 결국 교황의 특사까지 참석한 가운데 위원회가 열린 것이었다. Carrière, Jean Claude(2007) 참조.

셋째, 군사적 정복은 인디오들을 가톨릭으로 개종시키는데 가장 효과적인 방법이며, 이를 통해 그들 중 나약한 자들을 더 강한 자들로부터 보호할 수 있다.

따라서, 우월한 스페인 사람들이 '하등 동물인' 인디오들을 무력으로 정복하고 다스리는 것은 정당하다는 논리였다. 만약 정당하지 않다면 또 만약 그것이 신의 섭리가 아니라면, 식민 지배는 불법이며 빼앗은 땅은 모두 돌려주어야 하기 때문이었다.

이에 반해, 인디오들의 인권을 옹호하는 측에서는 도미니코 수도회 소속의 바르톨로메 데 라스 카사스 신부가 나섰다. 라스 카사스 신부는 1544년부터 약 3년간 멕시코 치아파스 지역에서 주교로 파견된 적이 있는 인물이었다. 누구보다도 현장에서 인디오들의 짐승 같은 열악한 삶을 직접 목격한 산 증인이었다. 라스 카사스 신부는 다음과 같은 요지로 인디오들의 권리를 주장했다.

첫째, 인디오들도 뛰어난 예술적 재능과 학습 능력을 보이며, 결코 잔인하거나 비인간적이지 않다. 오히려 매우 이성적인 존재들이다. 즉, '그들도 인간이다.'

둘째, 이슬람교도나 유대교도들도 억압과 강제 노역에 저항할 권리가 있듯이, 인디오들 역시 저항할 권리가 있다.

셋째, 인디오들만 우상을 숭배하고 인신 공양을 한 것은 아니었다. 과거 켈트인과 같은 유럽의 원시 부족들도 그러한 행위를 저질렀으나 가톨릭으로 개종하고 교화되었듯이, 인디오들 역시 무력이 아니라 교육과 개종을 통해 교화시켜야 하며, 당연히 그럴 수 있다.

따라서, '인디오들도 인간으로서 존중받을 권리가 있으며, 그들에게도 이성이 있으므로 폭압적인 방식이 아닌 개종과 교육을 통해 교화시켜야 한다'고 맞섰다.

격론은 거의 1년간 지속되었다. 결국, 이듬해인 1551년 황제와 교황청은 인디오들을 '인간으로' 대할 것을 명령했으며 함부로 처벌하지 못하도록 지침을 내렸다. 그렇다고 해서, 라스 카사스 신부의 손을 완전히 들어 준 것은 아니었으며, 황제나 교황이 인디오들을 정말 '인간'으로 취급해서 이런 결정을 내린 것도 아니었다.[45]

인디오 착취 문제가 심각해지자, 가장 먼저 곤란해진 것은 황제였다. 신성로마 제국의 황제로서 유럽 내의 많은 국가를 법과 정의로 다스려야 하는데, 스페인의 악명은 이미 도를 넘어서 있었다. 이는 곧 자신의 위신에 크게 손상을 가하는 일이었고 제국 통치에도 큰 걸림돌로 작용하고 있었다.

교황도 마냥 보고만 있을 수는 없는 처지였다. 유럽에서는 종교개혁으로 인해 가톨릭 신자들의 수가 날로 감소하고 있었고, 교세도 덩달아 위축되고 있었다. 이런 때에 인디오들이라도 개종시켜 신자로 삼는다면, 어느 정도는 과거의 위상을 회복할 수 있을 것 같았다.

이런저런 이해관계가 맞아떨어져, 인디오들을 백인들과 동등한 인간으로 대우할 것을 지시한 것이었다. 이로써 금방 처우가 개선된 것은 아

---

45 인디오들이 노예 상태에서 풀려나자 노동력이 부족해진 귀족들이 반발하고 나섰다. 그러자 황제와 교황은 아프리카 흑인들을 노예로 쓸 것을 승인했다. 이로써 노예사냥이 기승을 부리게 되었으니, 16세기 스페인의 도덕과 정의가 어떠했는지, 잔혹함의 끝은 어디였는지 다시 한번 더 생각하게 되는 문제이다. 이 문제에 있어서는 라스 카사스 신부 또한 자유롭지 못하다. 그 역시 흑인 노예 문제에 눈 감았고, 식민 지배를 가톨릭 틀 속에서 정당화했기 때문이었다. 세풀베다와 방법만 달랐을 뿐, 지향점은 동일했다고 평가된다. 이와 관련된 문제에 대해서는 김명섭(2001); Crosby, Alfred W.(2006); 주경철(2009), 바야돌리드 논쟁에 대해서는 제2부 pp.68-127, 노예무역에 대해서는 제4부 pp.184-225; Diamond, Jared(2013) 참조.

니었으나, 일단은 반짐승 상태에서 '인간'으로 위상이 바뀌었으며, 이를 계기로 그들의 소리도 인간의 언어로 바뀌었다. 짐승이었던 시절에는 그들이 하는 말은 그저 소리에 지나지 않았으나, 이제는 어엿한 인간의 자연음이 된 것이었다. 물론, 이들의 말 체계가 제대로 정립되기에는 아직도 오랜 세월을 더 기다려야 하지만, 이 '바야돌리드 논쟁'의 결과는 이처럼 그들이 쓰던 언어의 위상에까지 영향을 미쳤다.

10.4. 아라곤 연합왕국의 지중해 진출

13세기 중반, 아라곤–카탈루냐 연합왕국에게는 위기의 시기였다. 남으로는 카스티야와 알미스라 조약(1244)으로, 북으로는 프랑스와 코르베일 조약(1258)으로 국경을 확정함으로써 더 이상의 영토 확장 가능성이 차단되었기 때문이었다. 그러나 위기는 곧 기회이기도 했다. 1137년 카탈루냐와 왕국을 통합한 아라곤에게는 아직 지중해라는 미개척지가 남아 있었다. 반도 내에서는 더 이상의 영토 확장이 불가능하게 되자, 연합왕국, 특히 이미 오래전부터 지중해 교역에 종사해 오던 카탈루냐 측의 해상 교역로 확대에 대한 열망은 대단했다.

먼저, 아라곤의 하이메 1세(1213-1276)는 발레아레스 제도를 정복함으로써 그 첫발을 내디뎠다. 서지중해 교역의 중심지인 이곳을 정복함으로써 연합왕국은 카스티야 못지않은 위업의 발판을 마련했다. 이어 페드로 3세(1276-1285)는 1282년 몰타와 나폴리 해전에서 프랑스군을 물리치고 시칠리아를 점령했다. 이로써 서지중해 일대가 모두 연합왕국의 수중에 들어왔다. 1295년 하이메 2세(1291-1327)는 교황청과 아나니 조약을 맺어 시칠리아 정복을 반대해 내린 파문을 철회하고 코르시카와 사르데냐 점유까지 인정받았다. 더 나아가 1319년 그리스 남부의 아테네와 네오파트리아 지역까지 합병함으로써, 명실공히 지중해는 연합왕국의 내해가 되었다. 이러한 번영기는 1442년 알폰소 5세에 의한 나폴리 왕국 점령으로 절정에 달했다.

나폴리는 프랑스의 샤를 8세(1483-1498)도 개입함으로써 오랫동안 두 나라 간 영토 분쟁의 장이 된 지역이었다. 1495년 스페인은 교황청, 밀라노, 영국, 신성로마 제국, 베네치아 등과 동맹을 맺고 프랑스 세력을 몰아내는 데 성공하는 듯했으나, 1500년 루이 12세가 밀라노를 점령하고 이어 나폴리까지 점령함으로써 전쟁이 장기화되었다. 스페인에서는 그라나다 전투에서 큰 전공을 세운 바 있는 곤살로 페르난데스 데 코르도바 장군을 파견해 프랑스군을 격퇴하고 나폴리 왕국을 수중에 넣었다. 코르도바 장군은 지략과 용맹이 뛰어나 일명 'Gran Capitán'으로 불리던 인물이었다.

지중해에서 아라곤-카탈루냐 연합왕국의 팽창으로 특히 나폴리와의 교역과 교류가 크게 증가했다. 시칠리와 나폴리를 직접 통치했기 때문이었다. 이는 15-6세기 르네상스와 인문주의의 여파가 스페인으로 직접 유입되는 통로 역할을 했으며, 언어적으로도 새로운 어휘들의 유입을 촉진하는 촉매 역할을 했다. 르네상스기에 이탈리아어가 빠르게 전파된 이유이기도 했다. 이탈리아 내에서의 스페인의 우월권은 1713년 유트레히트 조약으로 상실할 때까지 지속되었다.[46]

46 14-5세기 아라곤 연합왕국의 발전에 대한 자세한 사항은 Tuñón de Lara, Manuel, *et. al.*(1991), pp.162-168 참조.

11

제11장

르네상스기의 스페인

11.1. 시대 상황

15-16세기는 이탈리아 르네상스의 시기이다. 역사상 르네상스라 불리는 시기는 여러 차례 있었다. 우선 6세기 산 이시도로 시대의 '비시고도 르네상스'가 있었고, 9세기 샤를마뉴 시대의 '카롤링거 르네상스'가 있었다. 그러나 그 어느 것도 15-16세기 이탈리아에서 일어난 이 문예 부흥 운동을 능가하지는 못했다. 유럽, 더 나가서는 세계 문화사에 끼친 영향력 면에서는 압도적이었다. 따라서 이 시기에는 스페인도 당연히 이탈리아의 영향을 받지 않을 수 없었다. 스페인은 특히 아라곤-카탈루냐 연합왕국이 나폴리를 통치했고 유럽의 다른 나라들보다 일찍 중앙집권화에 성공했기 때문에 그 영향이 더 빠르고 직접적으로 전파되었다.

당시 이탈리아는 수십 개의 나라로 분열되어 있었다. 크게는, 북서부는 신성로마 제국의 영향력하에, 북동부는 베네치아 공화국 통치하에, 중부는 피렌체와 교황청의 영향력하에, 남부의 나폴리 왕국은 아라곤의 통치하에 각각 놓여 있었고, 작게는 그 사이사이에 크고 작은 공국들이 난립해 있는 상황이었다. 이탈리아가 분열되어 있는 기회를 틈타 유럽 다른 나라들, 특히 프랑스는 수시로 이탈리아 문제에 개입했다. 과거 유럽 전역을 호령했던 카이사르의 후예들이 이제는 거꾸로 당하는 처지에 놓인 것이었다.

그러나, 로마는 역시 로마였다. 정치적으로는 분열되고 불안정한 상태였지만 사상과 예술, 학문에서는 아직도 유럽의 모든 나라를 능가하고 압도하는 잠재력을 지니고 있었다. 이탈리아인들의 핏속에는 과거 유럽을 지배했던 로마의 후예로서 자신들이 최고라는 자부심이 확고하게 자리 잡고 있었으며, 교황청이 자리 잡고 있음에도 불구하고 베네치아와 피렌체 등에서는 엄격한 가톨릭 교리의 울타리에서 벗어나 자유로운 학문 연구와 토론 분위기가 형성되어 있었다. 사상의 자유는 그 무엇과도 비교할 수 없는 값진 유산이었다. 주변 국가들이, 비록 정치-군사적으로는 우월할지라도, 엄격한 가톨릭 교리에만 얽매여 있거나 그 반대로 아직도 '종교'라는 굴레에서 벗어나지 못하고 종교전쟁을 벌이고 있는 사이에, 이탈리아에서는 이미 중세 때부터 신학뿐만 아니라 법학, 의학, 문학, 예술 등의 자유로운 학문 활동이 뿌리 깊은 전통으로 이어져 내려오고 있었다. 자유주의적 학풍은 피렌체와 베네치아에서 특히 강했다. 볼로냐, 파도바 등 이탈리아의 대학교들은 신학 중심의 파리, 옥스퍼드, 살라망카, 코임브라 등과는 달리 철학, 법학, 의학 등을 더 중요시하는 곳이 많았다. 이들은 신학 연구에만 매달리지 않고 철학, 문학, 예술 등 다양한 인문학도 연구했다. 유럽의 다른 나라들에 비해 학문의 연구 분야가 더 넓고 분위기도 자유로웠다. 이 모든 것이 르네상스의 정신적 기반이 되었다.[1]

---

1 중세와 르네상스의 구분에 대해서는 Huizinga, Johan(2012), 제14장 pp.617-637 참조. 르네상스의 시작과 전개 과정에 대해서는 Cochrane, E. & Kirshner, J.(2003)과 Brotton, Jerry(2018) 참조.

이러한 유구한 인문학적 전통 위에, 1453년 오스만투르크에 의해 비잔틴 제국이 멸망하자 그리스 고전을 연구하던 학자들이 대거 이탈리아로 건너왔다.[2] 천년의 시공을 뛰어넘어 그리스와 로마의 고전이 다시 만난 것이었다. 이를 계기로 피렌체와 베네치아를 중심으로 르네상스라 부르는 문예 부흥 운동이 본격적으로 시작되었다. Renacimiento란 말 그대로 Re '다시'와 nacimiento '탄생'이 합쳐져 파생된 어휘이다. 그동안 잊혔던 고전 문화와 인문학적 인간 중심 사상의 가치가 재조명되기 시작한 것이었다.[3]

이러한 상황 속에서 이탈리아 한복판에서 살았던 가장 르네상스적인 인물이 두 명 있었다. 체사레 보르자와 레오나르도 다 빈치이다. 체사레는 방종에 더 가까운 자유로운 삶을 살다 간 인물이고, 레오나르도는 천재적인 사고로 르네상스를 최정점으로 끌어올린 인물이었다. 두 사람을 언급하는 이유는 한 명은 스페인 출신이고 다른 한 명은 스페인 출신은 아니지만 그의 대표작 『모나리자』에 등장하는 유명한 모델이 스페인 출신일 수도 있다는 주장이 제기되고 있기 때문이다.

---

2 비잔틴 제국이라고 불리는 '동로마 제국'은 이미 15세기 들어 사실상 콘스탄티노폴리스 하나만 남아 있는 상태였다가 1453년에 도시가 함락된 것이다. 이후 도시의 이름은 이스탄불이 되었다. 비잔틴 제국의 멸망 과정과 이 도시의 역사에 대한 자세한 사항은 시오노 나나미(2005) 참조. 이 밖에도 도시의 역사와 문화에 대한 자세한 사항은 이희수(2004); Freely, John(2007) 참조.

3 이와 관련된 저서로 Greenblatt, Stephen(2014) 참조. 역자에 따르면, 이 책은 수천 년간 금서였던 루크레티우스의 『사물의 본성에 대하여』라는 필사본을 둘러싸고 벌어지는 '르네상스'라는 거대한 문화적 '일탈'에 관한 이야기이다. 인간의 자유의지를 고양하고 쾌락을 추구하는 에피쿠로스의 원자론을 옹호하는 이 책의 재발견을 통해 비로소 근대가 시작되었다고 보고 있다. 르네상스의 정신을 알기에 좋은 책이다.

11.2. '인간적인 너무나 인간적인' 체사레 보르자

1492년 1월, 드디어 그라나다가 함락되었다는 소식이 로마 교황청에 전해지자 속으로 쾌재를 부른 사람이 있었으니, 바로 스페인 출신의 로드리고 보르하 추기경이었다. 차기 교황 자리를 노리고 있던 그에게는 더 없는 낭보가 아닐 수 없었다. 조국의 정치-군사적 쾌거 소식에다 자신의 권모술수와 뇌물 공세가 더해져 같은 해 8월 교황 인노첸시오 8세가 사망하자 '무난히' 꿈에 그리던 교황에 선출되었다. 교황 알렉산더 6세이다.

본명은 로드리고 란쏠 보르하 이 보르하로, 1431년 발렌시아 지방의 하티바에서 태어났다. 교황 갈리스토 3세의 조카이기도 했다. 1456년 추기경에, 1458년 발렌시아의 대주교에 서임되었다. 이후 정치적 수완을 발휘해 계속 교회 고위직에 임명되었으며, 직위를 이용해 엄청난 부를 축적했다. 그뿐만이 아니라, 성직자임에도 불구하고 여러 명의 정부(情婦)를 두고 6명의 아들과 2명의 딸을 낳았으며, 지위를 이용해 모두 공식적으로 인정받았다. 그들 모두 아버지의 후원 덕분에 높은 직책에

않거나 유력 가문에 출가했다. 가장 유명한 자녀는 체사레, 후안, 루크레치아, 호프레 등 4남매로 모두 반노차 카타네이의 소생이다.[4]

알렉산더 6세는 르네상스 시기의 대표적인 세속화된 교황으로 꼽힌다. 권모술수에 능하고 축첩과 축재, 매관매직 등으로 인해 타락한 교황의 표본으로 지탄받기도 하지만, 약화되어 가는 교권을 지키기 위해 노력한 교황으로 평가받기도 한다. 반론도 만만치 않지만, 특히 아들 체사레를 통해 중부 이탈리아의 로마냐 지방을 통일하려고 노력한 지도력과 정치력은 높이 평가받기도 한다. 1503년 8월 사망했다.

체사레 보르자는 교황 알렉산더 6세의 장남이다. 그것도 '공개적이고도 공식적으로' 교황을 친 아버지로 둔 매우 드문 경우이다. 그러면서도 멀쩡하게, 아니 당당하게 일세를 풍미했던 무척 특이한 이력을 지닌 인물이다. 스페인 명으로는 세사르 보르하이다. 1475년 9월 로마에서 출생했다. 스페인 혈통이지만, 보통 이탈리아식으로 '체사레 보르자'라고 부른다. 이름은 Iulius Caesar를 본떠 지었으며, 본관인 Borja는 아랍어 Burya에서 나온 말로 'torre, fortín'이라는 뜻이다. 대규모 군부대가 주둔할 정도의 마을은 아니었고 '소규모 망루'가 들어선 작은 시골 마을이었던 것이다. 마을 이름이 이를 말해 준다.[5]

부친의 후광에 힘입어 1491년 팜플로나 주교에 임명되었다. 이듬해 8월 부친이 교황에 선출되자, 1493년 발렌시아 대주교 겸 추기경에 임

4 체사레 보르자의 생애와 당시 이탈리아의 역사에 관한 자세한 사항은 시오노 나나미(2004b)와 Bradford, Sarah(2008) 참조.

5 보르하에 관한 자세한 사항은 http://www.borja.es/ 참조. 군사적 목적에 따라 도시의 위계는 castillo, alcalá, alcázar, torre, borja 등으로 나뉘는데, 어원에 따른 위계 분류에 대해서는 이강국(2013:107-132) 참조.

명되었다. 1494년 나폴리의 국왕 임명에 불만을 품은 프랑스 샤를 8세(1470-1498)가 로마를 침공하자 산탄젤로성에 갇혀 정치적 위기에 몰리기도 했으나 특유의 뚝심과 정치력으로 타개했다. 1496년 부친인 교황 알렉산더 6세는 교황군 총사령관으로 둘째 아들인 후안을 임명했다. 그러나 후안은 이듬해 정체불명의 괴한들에게 암살당했다. 범인은 잡히지 않았으나 세간에서는 체사레를 의심했다. 부친은 반신반의했다. 그러나 수사 도중에 포착된 결정적인 증거가 실제로 큰아들과 연관되어 있자 눈물을 흘리며 사건을 덮었다고 한다. 체사레는 1498년 로마냐 지방에 자신의 왕국을 건설하기 위해 추기경직을 포기했다. 교황 특사로 프랑스에 파견되어 루이 12세로부터 발렌티노 공작에 임명되었다. 루이 12세의 주선으로 나바라 왕의 여동생인 샤를롯 달브레와 결혼해 외동딸을 얻었다. 1499년 교황군 총사령관에 임명되어 이몰라와 포를리 등 로마냐 지방의 도시들을 차례로 정복했다. 1500-1501년에는 리미니, 페사로, 파엔차를 정복했으며, 1502-1503년에는 우르비노, 카메리노, 세니갈리아를 정복했다. 마조네 반역 음모를 적발했을 때는 주동자들을 모두 참혹하게 처형했다. 피렌체의 젊은 외교관이던 마키아벨리는 체사레의 정복 활동과 행적을 가까이에서 지켜보며 그를 이탈리아를 통일할 수 있는 희망으로 여겼다.

과감하고 거칠 것 없는 그의 행보로 보아 이탈리아의 통일도 멀지 않은 듯이 보였다. 그러나 보르자의 야심은 부친의 때 이른 사망으로 좌절되었다. 1503년 8월 부친인 교황 알렉산더 6세가 갑자기 사망했다. 후임 교황에는 보르자 가문의 경쟁자인 줄리아노 델라 로베레 추기경이 선출되었다. 율리우스 2세이다. 신임 교황은 약속을 어기고 체사레를 로마냐 공작과 교황군 총사령관직에서 해임하고 정복 전쟁 중에 벌인 범죄 혐의로 산탄젤로성에 감금했다. 또한 그동안 정복했던 로마냐 지방의 도시들을 모두 원주인들에게 돌려주었다. 목숨의 위협을 느낀 체사레는 나폴리로 탈출했지만, 스페인의 부왕 곤살로 데 코르도바에게 체포되었다. 스페인으로 압송되어 메디나 델 캄포의 라 모타 요새에 수감되었다가, 1506년 탈옥해 처남이 국왕으로 있는 나바라로 달아나 나바라군 총사령관이 되었다. 1507년 3월 비아나에서 나바라 왕에게 반기를 든 레린의 루이 드 뷰몽 백작의 기사들과 교전 중에 사망했다. 시신은 비아나의 산타 마리아 교회에 매장되었다.

태생부터 범상치 않았던 보르자는 모든 행동이 용의주도하고 잔혹했다. 부친이 자신을 제쳐두고 동생 후안을 교황군 총사령관에 앉히자 주저 없이 동생을 암살했다. 여동생과의 추문도 만만치 않았다. 여동생 루크레치아와 워낙 친밀해 근친상간이라는 소문이 따라다녔다. 그녀는 세 번 결혼했는데, 특히 두 번째 남편인 나폴리의 비셀리 공작과 사이가 별로 좋지 않았다고 한다. 체사레는 이 처남이 말을 잘 듣지 않자 역시 가차 없이 죽여 버렸다. 정치적 수완도 대단해 파리로 건너가 밀라노와 나폴리를 노리고 있던 프랑스의 루이 12세와 밀약을 맺고 왕의 주선으로 나바라의 샤를롯 달브레와 결혼함으로써 중부 이탈리아에서의 군사행동을 용이하게 만들었다. 로마로 돌아온 후에는 교황군 총사령관으로서 군대를 이끌고 거침없이 이탈리아 중부 지방을 휩쓸고 다녔다. 이 과정에서 자신에게 등을 돌린 배신자들은 잔혹하게 처단했다.

체사레의 목표는 이탈리아 중부의 로마냐 지역을 통합해 자신이 통치하는 국가를 수립하는 것이었고, 알렉산더 6세의 목표는 아들 체사레를 통해 자신의 정치력을 공고히 하는 것이었다. 체사레는 목적을 위해서는 수단과 방법을 가리지 않는 냉혹한 처사로 사람들을 공포에 떨게 만들었다. 마키아벨리는 그를 분열된 이탈리아를 통일시킬 수 있는 이상적 전제군주로 보았다. 마키아벨리는 당시 피렌체의 외교관으로 유럽의 여러 나라를 돌아다니며 자신의 조국 이탈리아가 여러 나라로 분열되어 이전투구를 벌이고 있는 동안 중앙집권화를 이룬 주변국들의 조롱과 먹잇감으로 전락한 현실을 개탄하고 있었으며 누구보다도 통일에 대한 강한 열망을 갖고 있었다. 그가 쓴『군주론』의 모델이 바로 체사레 보르자라고 한다. 그의 저서는 1513년 탈고했으나 출간은 사후인 1532년에 이루어졌다.

체사레는 비록 지나치게 서두른 데다 운도 따라주지 않아 목적을 이루는 데 실패했고 마키아벨리는 그로 인해 자신의 시각을 수정해야 했지만, 어쨌든 르네상스기(期), 더 나아가서는 현대까지 이 두 사람이 남긴 그림자는 길게 드리워져 있다. 체사레는 교황의 아들이라는 흔치 않은 이력과 잔혹한 처사, 여동생과의 추문 등으로 인해 마치 '악의 화신'인 듯 가면이 덧씌워진 채 파란만장하고 드라마틱한 삶을 살다 간 것으로 유명하고, 마키아벨리는 자신의 저서『군주론』이 의도와는 달리 '목적 달성을 위해서는 수단과 방법을 가리지 말아야 한다'는 식의 극단인 선동 구호로까지 왜곡 당하며 근현대 정치사상에 큰 영향을 남겼다.

우리는 흔히 '르네상스적 인간'이라는 말을 쓴다. 간단히 말하면 레오나르도 다 빈치나 미켈란젤로처럼 모든 면에서 만능인 사람을 가리키는 말로 주로 쓰인다. 르네상스 기의 인물들은 대부분 회화, 건축, 조각, 과학 등 다방면에서 재능을 꽃피운 사람들이었다. 그러나, 공통적으로 꼽을 수 있는 것은, 이러한 재능뿐만 아니라, 모두 너무나 '인간적인' 사람들이었다는 것이다. 중세의 종교적 틀 속에 얽매이지 않고 개인의 창의성과 개성을 가감 없이 펼친 사람들이었다는 말이다. 이런 의미에서 체사레의 삶 또한 매우 르네상스적이었다. 이 인물이 르네상스적이라는 것은 살다 간 궤적이 중세라면 상상도 못 할 너무나 '인간적'이었기 때문이다. 태생부터가 파격적인 이 인물은 재능, 야심, 권모술수, 배신자 처단, 정적 암살, 부정축재, 근친상간, 퇴폐, 잔혹 등등 어느 것 하나 둘째가라면 서러워할 만한 '시대의 인물'이었다. 중세 때라면 상상도 못 했을 일이지만, 통렬하게 신을 비웃으며 아니 '신의 은총을 듬뿍 받으며' 그야말로 짧고 굵게, 통쾌하고 처절하게 한세상을 살다 간 비운의 주인공이었다. 혁명을 꿈꾸며 모든 일을 스스로의 선택과 의지로 살다 갔다는 의미에서도 매우 르네상스적인 인물이었다.

11.3. 모나리자, 스페인의 여인?

15-16세기 스페인과 이탈리아 간의 직접적인 관계는 아라곤 왕국의 시칠리아 정복으로부터 시작되었다. 당시까지 프랑스 앙주 가문의 지배를 받고 있던 시칠리아는 1282년 독립을 선언하며 아라곤의 페드로 3세에게 도움을 요청했다. 페드로 3세의 부인인 콘스탄차 2세가 시칠리아의 전 왕인 만프레드 1세의 딸이라는 인연이 있었기 때문이었다. 시칠리아 측의 요청으로, 자의 반 타의 반, 자연스럽게 개입하게 된 것이었다. 1435년 시칠리아에서 프랑스 세력을 몰아내는 데 성공했다.

그 후 나폴리 문제에도 개입했다. 당시 나폴리 역시 프랑스 세력이 지배하고 있었다. 교황 마르틴 5세는 프랑스 출신의 여왕 후아나 2세와 재정 문제로 알력이 생기자 프랑스의 루이 3세에게 도움을 청했다. 이에 후아나는 이미 시칠리아를 지배 중인 아라곤의 알폰소 5세에게 지원을 요청했다. 알폰소 5세는 1423년 나폴리를 되찾아 주었다. 그러나 1435년 후아나는 자신의 계승자로 루이 3세의 동생을 지명했다. 이에 격분한 알폰소 5세는 1442년 나폴리를 점령해 버렸다. 이때부터 아라곤 왕가가 나폴리도 지배하기 시작했다. 이를 계기로 많은 아라곤의 왕실과 귀족 자녀들이 이탈리아의 귀족들과 결혼을 함으로써 자연스럽게 인척 관계가 형성되었다. 그중에서 특히 눈길을 끄는 인물은 '콘스탄차 다발로스'와 '이사벨 데 아라곤'이라는 두 여인이다.

11.3.1. 다 빈치의 모나리자

『모나리자』는 레오나르도 다 빈치(1452-1519)가 그린 것으로, 크기는 77x53cm의 유화이다. 현재 파리 루브르 박물관에 소장되어 있다. 언제 누구를 모델로 그린 것인지에 대해서는 이론이 분분하다. 1550년 이탈리아의 건축가이자 화가인 조르지오 바사리가 쓴 글에 따르면, 이 그림은 1503-1506년 사이에 그린 것이고 모델은 피렌체의 부호인 프란체스코 델 지오콘도의 세 번째 부인인 리사 게라르디니(1479-1551)라고 한다.[6] 여기서 Monna Lisa '모나 리사'라는 말이 나온 것이다. 이탈리아어 Monna는 Madonna의 축소사로 여성의 이름 앞에 붙이는 경칭이다. 스페인어로는 Mona로 표기되며 Doña에 해당한다. 결국 '리사 부인'이라는 뜻이다. 다른 명칭으로는 남편의 성인 Giocondo에서 나와 La Gioconda '라 지오콘다'라고도 불린다.

그림은 아름다운 여인이 자연을 배경으로 두 손을 앞으로 가지런히 모은 채 잔잔한 미소를 머금고 의자에 앉아 있는 반신상이다. 왼손은 의자 팔걸이에 올려놓고 오른손을 그 위에 포개놓은 모습으로 고즈넉

6 Vasari, Giorgio(2018), 제3권 p.1440 참조.

한 느낌을 준다. 얼굴은 정면을 바라보고 있으나, 상체는 오른쪽을 향해 있고 눈동자는 약간 왼쪽을 바라보고 있다. 이 때문에 보는 각도에 따라 그림이 약간씩 다르게 보이는 효과를 내고 있다고 한다. 머리에는 얇은 베일을 쓰고 있으며, 옷은 암녹색에 가까운 드레스를 입고 있다. 정숙하고 단아한 분위기를 자아낸다. 흔히 이 그림의 신비로움은 미소 속에 담겨 있다고들 한다. 다 빈치는 이를 표현하기 위해 스푸마토라는 기법을 사용했다. sfumato란 '흐릿한, 자욱한'이라는 뜻으로, 스페인어로는 esfumado이다. 즉, 윤곽이나 배경을 일부러 흐릿하게 처리해 모호하거나 부드럽게 보이게 하는 기법이다. 배경은 산악 풍경으로 색채의 농도 조절을 통해 공간감을 표현하는 투시도법을 사용해 아련하게 보이도록 처리했다. 가까운 곳은 붉은 색조, 먼 곳은 푸른 색조를 흐릿하게 씀으로써 원근감을 살렸고 인물을 두드러지게 하는 효과를 내고 있다. 또한 인물을 중심으로 물줄기의 고저가 달라 마치 물이 진짜로 흐르는 듯한 느낌을 주고 있다. 전체적으로 인물과 자연이 안정감 있게 잘 조화되어 있으며, 편안하면서도 아련한 몽환감을 안겨주는 그림이다.[7]

모나리자가 르네상스적이라는 것은 크게 두 가지 면에서 언급할 수 있다. 우선 선과 공간에 대한 개념이 중세와는 다르다. 중세 때는 주로 굵고 단조로운 선으로 종교적인 장중함을 살리고 신이나 성인을 중심으로 한 구성으로 종교적 위계질서를 강조한 데 반해, 르네상스 기에는 보통 인간들의 일상적인 모습이나 살아있는 표정이 자연스럽게 등장했다. 소재가 인간 그 자체로 바뀐 것이다. 같은 성화(聖畵)라도 등장인물들의

7 Bioportal(2007), 〈La historia de una sonrisa〉, https://web.archive.org/web/20040212025335/http://bioportal1.tripod.com/mona_lisa.htm 참조.

내면적인 심리묘사까지도 가능할 정도로 세밀하고 생동감 있게 그렸다. 중세에 비해 훨씬 자연스럽고 중세적 관점에서 보면 너무나 '인간적'이었다. 이는 작가 개인의 독창성과 창조성을 더욱 부채질했다. 중세 때는 천재적인 화가조차도 자신의 재능을 '종교'라는 통제된 틀 속에서 구현해야 했으나, 이제는 자신이 생각하고 추구하는 바를 마음대로 표현할 수 있게 된 것이다. 또 다른 하나는 자연과학적인 접근법이다. 중세와는 달리 르네상스기에는 자연과학이 발달했다. 수학적 원칙이 적용된 원근법으로 객관적 사실주의를 추구하였고, 인체해부학에 바탕을 둔 세밀화는 중세에서는 찾아볼 수 없는 파격이었다. 다 빈치의 인체 해부도는 섬뜩할 정도이고 헬리콥터 등과 같은 각종 과학 기기들은 현대인이 보아도 감탄스러울 정도이다. '균형과 조화'라는 개념은 수학적 원리에 바탕을 둔 과학적 엄밀성 개념 없이는 불가능한 일이었다.[8]

모나리자에는 이러한 르네상스적인 면이 모두 녹아 있다. 원근법과 대칭 구도는 앞에서 설명한 바 있거니와, 머리카락 한 올 한 올, 옷의 앞가슴 부분의 잔주름과 미세 장식, 소매의 굵은 주름 등에서 보이는 세밀함과 자연스러움은 사실적이라는 표현을 훨씬 뛰어넘는 수준이다. 훤히 드러낸 목과 앞가슴은 중세 수도사들이 봤다면 아마 기겁을 했을 것이다. 그야말로 시대정신을 투영해 '인간'을 그린 것이었다.

이 그림이 워낙 유명해서 그런지 여러 가지 의구심과 궁금증을 불러일으키고 있다. 가장 큰 이유는 다 빈치가 직접 제작 연대나 모델에 대해 언급한 적이 없고, 심지어는 작품명도 단지 '베일을 쓴 여인'이라고만

8 다 빈치의 생애와 예술관에 관해서는 Isaacson, Walter(2019); Atalay, Bülent(2004); Aquino, Lucia & Pomilio, Mario(2008) 참조.

불렀기 때문이었다.

우선, 이 작품은 인물의 눈썹이 없어 '미완성의 작품'이라고들 한다. 이는 '이 그림은 4년이 걸리고도 미완성인 채로 끝났다'고 하는 바사리의 말에 근거한 것이다. 그러나 여기에는 다른 주장이 제기된다. 눈썹이 없는 이유는 미완성이 아니라, 당시에는 넓은 이마가 미인의 전형으로 여겨져 여성들 사이에서 눈썹을 뽑는 일이 유행했기 때문에 애초부터 모델의 눈썹이 없었을 것이라는 설도 있고, 다 빈치가 이 그림을 3차원적으로 표현하기 위하여 유약을 여러 겹 발라 특수 처리했는데 가장 바깥에 그렸던 눈썹이 수백 년의 세월이 흐르는 동안 화학반응을 일으켜 지워졌을 것이라는 주장이 제기되기도 한다. '원래는 눈썹이 있었다'는 말도 바사리의 주장에 근거를 두고 있다. 그에 따르면—다른 복제품을 보고 쓴 것이라는 비판을 받기도 하지만—모나리자에는 '눈썹이 매우 정밀하고 짙게 묘사되어 있었다'고 한다. 실제로도 다 빈치는 이 그림을 평생 갖고 다니며 덧칠을 했다고 한다. 이 정도 완성도 높은 그림이 단지 눈썹 한 부분만 미완성이라는 것은 얼핏 이해하기 힘든 일이다. 만약 어떤 다급한 일로 그림 그리는 일을 그만두었다고 해도 그림에서 눈썹을 그리는 일이 맨 마지막이었을까 하는 의문이 남는다. 얼굴에서 눈, 코, 입, 특히 미소, 머리카락까지 아주 섬세하고 정성껏 그렸는데, 왜 유독 눈썹만 그리지 못한 것일까? 눈썹 이외의 다른 부분에 대해서는 누구도 미완성이라든가 수준이 조악하다든가 하는 말은 하지 않는다. 그렇다면 애초부터 모델에 눈썹이 없어서 안 그렸다든지 아니면 그렸는데 후에 지워졌을 것이라는 설이 더 설득력 있어 보인다. 그렇다면 이 그림은 미완성이 아니라는 말이 되는 것이다. 그렇다면 바사리가—진품을 보고 쓴 것이라면—'미완성으로 끝났다'라고 말하는 것은 무슨 뜻일까?[9]

11.3.2. 아일워스의 모나리자

이에 관해서는 영국에서 발견된 또 하나의 모나리자가 실마리를 제공해 준다. 이 그림은 제1차 세계대전 직후 영국의 아일워스에 살던 휴고 블레이커라는 사람이 섬머셋의 한 저택에서 발견된 작품을 구입한 것이다. 이때부터 '아일워스의 모나리자'라고 불린다. 이 작품도 다 빈치가 그린 진품이라고 한다. 증거로 제시되는 것은 다 빈치가 손가락으로 밀어서 그림을 그렸기 때문에 두 작품 모두에 동일한 지문이 남아 있다는 것이다. 루브르의 모나리자는 눈썹 이외에는 미완성이라는 말이 없는데 반해 영국의 모나리자는 여러 면에서 미완성인 듯한 작품이다. 배경의 완성도가 루브르의 것만 못하기 때문이다. 두 작품을 비교해 보면, 프랑스의 모나리자는 완숙한 여인의 풍모가 느껴지는 데 반해—보관 상태 때문에 나이가 들어 보이는 것이라고 하기도 한다—영국의 모나리자는 20대 여성의 젊은 이미지가 느껴진다. 모델이 같은 지오콘다 부인이라면 그림을 그릴 당시 20대 중반(24-27세 정도)이었다는 얘기이다. 완숙한 이미지를 풍기는 프랑스의 모델과는 다른 사람일 수도 있다는 말이다.

또 하나, 라파엘로는 다 빈치가 모나리자를 그릴 때 옆에서 이 모습을

9 모나리자와 다 빈치에 관해서는 고연선(2012:184-191); 전한호(2014:103-133); Isaacson, Walter(2019:601-624) 참조.

스케치한 적이 있으며, 이 작품도 현재 남아 있다. 이 스케치에는 배경에 기둥이 있는데, 루브르의 것에는 없고 영국의 그림에는 들어 있다.

이를 종합해 보면, 다 빈치는 당시의 관습에 따라 두 장의 모나리자를 그렸는데 하나는 원 모델을 그린 것이고 다른 하나는 그 스케치를 바탕으로 다른 사람을 그린 것이라는 설이 제기된다. 그중에서 영국의 모나리자가 지오콘다 부인일 가능성이 더 크다는 것이다. 이는 물론 영국 쪽에서 주로 제기되는 주장이다.[10]

11.3.3. 라파엘로의 모나리자

1506년경 라파엘로는 자신의 '모나리자'를 그렸다. 아마도 선배인 다 빈치의 화풍을 모방해 그려본 것으로 보인다. 그러나 자신만의 화풍이 들어가는 것은 어쩔 수 없었을 것이다. 이미 그 전에(1504년) 그의 화실을 방문해 이 모델을 스케치했었기 때문에 그리는 것은 어렵지 않았을 것이다.

다 빈치의 모나리자와 마찬가지로 모델은 양손을 앞으로 가지런히 모으고 앉아 있다. 얼굴은 정면을 보고 있으나 상체가 오른쪽으로 틀어져 있고 눈동자도 왼쪽을 보고 있어 각도도 동일하다. 아마도 이러한 구도가 이른바 황금 비율에 해당하기 때문에 선호했던 것으로 보인다. 그러

---

10 아일워스의 모나리자에 대해서는 <'Early Mona Lisa' painting claim disputed>, BBC, 23 de febrero de 2013.; <La 'Mona Lisa de Isleworth' es de Leonardo da Vinci>, Europa Press, 30 de junio de 2015.; <Second Mona Lisa Unveiled for First Time in 40 Years>, ABC News, 23 de febrero de 2013.; <¿Tiene 'Mona Lisa' una hermana gemela?>, El País, 23 de febrero de 2013. 참조.

나 배경과 표정은 다르다. 특히 표정은 매우 딱딱하다. 심각한 표정으로 웃음기가 전혀 없다. 눈도 다 빈치의 것보다 크고 둥글다. 가슴 부분도 노출이 더 심하다. 반지와 목걸이 등 장신구도 더 화려하다. 라파엘로는 이 여인을 막달레나 도니라고 불렀다. 다 빈치의 구도에 다른 여인을 덧입힌 것이었다. 영국의 모나리자가 리사를 그린 진품이라고 주장하는 측에서 루브르의 그림 역시 영국의 원판에 다른 여인의 얼굴을 덧입혔을 가능성을 제기하는 근거가 되기도 한다.

그렇다면, '루브르의 모나리자는 누구일까?'라는 것이 의문으로 남는다. 이에 대해서는 여러 가지 주장이 제기된다. 리사 게라르디니라는 설 이외에도, 메디치의 줄리아노 2세의 애인이라는 설, 프랑카빌라의 공작부인인 콘스탄차 다발로스라는 설, 밀라노의 공작부인인 이사벨 데 아라곤이라는 설 등이 제기된다. 이들은 모두 실제로 다 빈치가 초상화를 그린 적이 있는 인물들이다. 이 밖에도 다 빈치의 애인이거나 자신을 여성으로 표현한 자화상이라는 설, 상상 속의 여인을 그린 것이라는 설, 임신한 성모 마리아를 그린 것이라는 설 등이 다양하게 제기된다.[11]

우선 메디치의 애인이라는 설은 1517년 안토니오 데 베아티스가 다 빈치를 직접 방문했을 때 본 그림을 언급했기 때문이다. 그때 본 그림들 중 하나가 줄리아노 메디치가 주문한 것이라는 것이다. 그러나 그 그림이 정확하게 '모나리자'인지 아닌지에 대해서는 언급이 없다고 한다.

설득력 있게 제기되는 다른 설로는—물론 대다수 학자들은 리사 게

11 모나리자의 실제 모델이 '리사 게라르디니'가 아닌 다른 인물일 가능성이 있다고 개진된 의견들에 관해서는 Ordóñez, Patricia(2007), <La Mona Lisa>, http://www.portaleureka.com/content/view/311/47/lang,es/와 <'La Gioconda' no es el retrato de una mujer>, La Vanguardia, 3 de febrero de 2011 참조.

라르디니라는 설을 지지하지만—프랑카빌라의 공작부인인 콘스탄차 다발로스라는 설과 밀라노의 공작부인인 이사벨 데 아라곤이라는 설이 있다. 이들의 공통점은 모두 스페인 출신이라는 것이다.

11.3.4. 콘스찬차 다발로스

콘스탄차는 1442년 아라곤의 알폰소 5세를 도와 나폴리를 점령한 이니고 로페스 다발로스의 딸로서, 1460년에 태어났다. 이니고는 이 정복 전쟁에서 세운 공로로 나폴리 궁정의 고위 관료이자 몬테오도리시오의 백작에 임명되었다. 콘스탄차는 1477년 나폴리 이사벨라 여왕의 조카인 알타무라의 영주이자 베노사 공작인 페데리코 델 발소와 결혼했다. 남편과 사별한 후, 나폴리의 페데리코 1세에 의해 프랑카빌라 공작에 임명되었다. 1503년 프랑스의 샤를 5세가 나폴리만 북쪽에 위치한 이스키아섬을 공격했을 때 페스카라의 영주인 오빠와 함께 용감히 싸워 지켜냈다. 이 공로를 인정받아 이스키아의 영주가 되었으며, 이 섬은 18세기까지 다발로스 가문의 영지로 남았다. 1523년에는 카를로스 5세로부터 페스카라를 영지로 하사받았다. 나폴리 지역의 많은 문인, 예술가, 지식인들과 교류하며 르네상스의 후원자가 되었다. 다 빈치가 실제로 그녀의 초상화를 그렸으며, 그릴 당시 나이는 약 40세 초반이었을 것으로 추정된다. 검은 베일은 쓴 이유는 남편을 잃은 지 얼마 되지 않았기 때문이라고 한다.

11.3.5. 이사벨 데 아라곤

이사벨은 나폴리 왕인 알폰소 2세의 딸로서, 1470년에 태어났다. 알폰소 2세는 아라곤 왕가의 첫 나폴리 왕인 알폰소 5세의 손자이다. 따라서 가문을 거슬러 올라가면 스페인의 아라곤 출신 공주인 것이다. 1489년 밀라노의 지안 갈레아초 스포르차 공작과 결혼했다. 다 빈치는 수년간 밀라노에 머물렀었고(1482-1499, 1506-1513), 실제로 이사벨의 초상화를 그렸다. 모나리자의 실제 모델로 매우 유력시되는 인물이다. 모델이 맞다면, 그릴 당시의 나이가 아마 30대 중반쯤이었을 것이다. 루브르의 모델처럼 완숙해 보이는 나이이다. 루브르의 모델일 가능성이 크다고 제시되는 또 하나의 근거는 입고 있는 옷의 색깔이다. 영국의 모나리자는 상복처럼 보이는 검은색의 옷을 입고 있는 데 반해, 루브르의 모나리자는 암녹색의 평상복을 입고 있다. 이 색깔은 스포르차 가문을 상징하는 색이라고 한다.

11.3.6. 프라도의 모나리자

2012년 2월 프라도 미술관에서 16세기 초(1516년경)에 그린 것으로 추정되는 모나리자의 복제품이 발견됐다고 발표했다. 오래전부터 소장해 오던 것이었으나 모조품이라 여겨 큰 가치를 두지 않고 있었는데, 루브르 대여 전시를 위해 복원하는 과정에서 검은색으로 덧칠된 부분을 제거하자 루브르의 것과 유사한 토스카나의 풍경이 나타났다는 것이다.[12] 즉, 아일워스의 그림에서와 같은 기둥이 나타났다. 조사 결과 복제품들 중에서는 가장 오래된 것으로, 다 빈치와 동시대 같은 화실에서 그의 제자들 중 한 명이 그린 것으로 추정된다고 한다.[13] 전체적으로 보관 상태가 좋아 원작보다 훨씬 선명하며 인물의 표정도 살아있다. 옷의 색상도 루브르의 것과 같은 계열이지만, 훨씬 더 밝고 뚜렷하다. 루브르의 것과는 달리 이 그림에는 눈썹이 그려져 있다. 전문가들은 '루브르 그림과의 비교 연구에 도움이 되는 독자적인 가치를 지니고 있는 것'으로 판단하고 있다고 한다. 루브르 그림에 가까워 '쌍둥이 모나리자'라고 불린다. 이 복제품의 제작 연대가 1516년으로 밝혀짐에 따라 루브르 그림의 제작 연대도 1503-1519년 사이로 수정되었다고 한다.[14]

11.3.7. 콩드의 모나리자

2017년 9월 프랑스의 콩드 미술관에서 드로잉, 즉 목탄 소묘 한 점이 새롭게 발견되었다. Monna Vanna라고 불리는 여인의 상반신 누드 드로

---

12 루브르에서는 가끔 이렇게 잘 제작된 모조품들을 모아 기획 전시를 하기도 한다. https://www.theguardian.com/artanddesign/2012/feb/01/new-mona-lisa-prado; https://www.bbc.com/news/entertainment-arts-17114645 (21 de febrero de 2012); https://www.reuters.com/article/uk-spain-prado-monalisa-idUKLNE81K03220120221 (22 de febrero de 2012) 등 참조.

13 안드레아 살라이나 프란체스코 멜지가 유력한 후보로 제기된다고 한다.

14 Bailey, Martin(2012), 〈Earliest copy of the Mona Lisa found in the Prado〉, The Art Newspaper, 1 de febrero de 2012.; Hermoso, Borja(2012), 〈La Gioconda de El Prado fue realizada al mismo tiempo que el original〉, El País, 1 de febrero de 2012.; Pulido, Natividad(2012), 〈La Gioconda de Madrid vuelve al Prado con posibles 'pinceladas' de Leonardo〉, ABC, 30 de junio de 2012. 등 참조.

잉이다. 약 150년 전부터 소장하고 있었던 것인데, 새롭게 주목받게 된 것이라고 한다. 루브르의 모나리자와 크기, 자세 등이 완벽하게 일치한다고 한다. 인물 주변에 작은 구멍들이 존재하는데, 이는 물감을 칠하기 전에 사전 작업용으로 설치해 놓은 것이라고 한다. 작품 연대도 다 빈치의 생존 시기와 일치하는 것으로 판단된다고 한다. 작품의 완성도는 모작 수준을 넘어 매우 뛰어나므로, 최소한 부분적으로나마 다 빈치가 관여한 것으로 추정된다고 하는데, 이는 루브르 측에서도 인정하는 바라고 한다. 그러나 신중론자들의 입장은, 다 빈치는 왼손잡이인데 소묘의 상단부, 특히 머리 부분은 오른손잡이가 그린 것으로 추정되므로, 추가 연구가 더 필요하다는 것이라고 한다.[15]

11.3.8. 모나리자 미스테리

그림을 그린 시기도 1503-1506년 사이라면 이 시기는 다 빈치가 피렌체에 머물고 있던 때이다. 이때 밑그림을 그렸고 밀라노에 와서 그중 하나에 덧칠을 한 것이라면 두 그림이 같으면서도 다른 것이 설명된다. 이 주장이 맞는다면, 루브르의 여인은 이제 더 이상 '모나리자'도 '지오콘다'도 아닐 것이다. 만약 그렇다면 이 여인에게 어울리는 적절할 이름을 찾아주어야 할 것이다. 그러나 이는 아직까지는 '만약에 그렇다면'이

15 〈Mona Lisa nude sketch' found in France〉, BBC News, 28 September 2017, https://www.bbc.com/news/world-europe-41436057 참조.

라는 가정을 전제로 할 때 성립되는 얘기이다.[16]

무슨 이유에서인지 두 그림 다 원 주문자에게 인도되지 않았다.[17] 영국의 모나리자는 다 빈치가 죽을 때까지 갖고 있다가 수집상에게 판매되어 영국으로 건너갔다고 하며, 루브르의 것은 1517년 프랑스와 1세가 프랑스로 초청했을 때 가지고 가 국왕에게 판매했다고 한다. 프랑스로 갈 때 가지고 간 세 점 중 하나라니까 프랑스에서 그린 것이 아닌 것은 분명해 보인다. 원 주문자는 왜 그림을 인수하지 않았는지, 프랑스 국왕은 왜 아무리 예술성이 뛰어난 작품이라 해도 자신과는 별 관련이 없는 이탈리아 여인의 초상화를 구입했는지 이 또한 미스터리이다. 여인의 초상화를 원했다면, 다 빈치가 아직 살아 있고 자신의 궁정에 와 있는 지금 얼마든지 자신이 원하는 여인을 그려달라고 주문할 수도 있었을 것이었기 때문이다.

아일워스의 것이 더 진본이라고 주장하는 사람들은 이 작품이 원본이고, 루브르의 것은 다 빈치가 후에 하나를 더 그려 갖고 있었던 것이라고 주장한다. 즉 두 개의 모나리자가 존재한다는 뜻이다. 영국 것은 루브르 것보다 화폭이 더 넓고, 라파엘의 스케치와 동일하게 어깨 뒤로 양옆에 기둥이 보인다. 인물의 생김새는 두 그림이 닮았으나, 영국 것이 목이 더 가늘고 젊어 보인다. 옷 색깔은, 루브르와 프라도의 것이 같은 암녹색인 데 반해, 청색 계열이다. 전문가들은 가슴과 얼굴, 손은 다 빈

16 이런 의문은 많은 학자들도 제기하고 있다. 예를 들어, Isaacson, Walter(2019:605-609)도, 모델이 지오콘다라는 사실을 인정하면서도, <하지만 정말 리사일까?>라는 의문을 제기한다. 본 저자 또한 미술사학자가 아닌 관계로 함부로 모델의 신원에 대한 문제를 새롭게 제기할 의도는 없다. 단지 여러 설이 제기되고 있는 가운데, 스페인 여인 두 명이 언급되므로 '혹시나' 하는 가정에서 이야기를 풀어본 것뿐이다. 그만큼 『모나리자』는 여러모로 관심의 대상이라는 뜻이다.

17 Isaacson, Walter(2019:608)에 따르면, 모나리자는 원 주문자에게 인도되지 않았을 뿐만 아니라 제작비를 받은 기록도 없다고 한다.

치가 그린 것인 반면, 그 밖의 부분은 다른 사람 또는 다른 사람들이 그렸을 가능성을 제기한다. 배경의 색감도 루브르의 것에 비해 빈약해 완성도가 떨어지는 것으로 평가된다. 이것도 다른 사람이 칠했을 가능성이 있음을 말해 주는 것이라고 한다.

대부분 전문가들은 모나리자의 모델이 '지오콘다 부인'이라는 데 대해 이의를 제기하지 않는다. 또한 영국의 모나리자에 대해서도 절반쯤만 진품으로 보고 그렇게 큰 가치를 부여하지 않는다. 프라도의 모나리자는 가장 완벽한 모조품인 것이 확실하므로 논란의 대상이 되지 않는다. 그러나 호사가들은 여전히 이런저런 의문을 제기한다. 그만큼 다 빈치라는 인물이 아직도 신비에 싸여 있는 천재적인 인물이고, 그가 그린 모나리자 역시 많은 부분이 베일에 가려 있다는 뜻이다. 이래저래 천재는 범인의 상상을 초월해 있고 모나리자는 말 많은 호사가들을 상대하느라 오늘도 고달프다.[18]

루브르의 모나리자가 누구이든, 결국 르네상스기의 이탈리아를 얘기할 때 빼놓을 수 없는 것이 스페인과의 관계이다. 얼핏 보기에는 스페인과 아무런 관련이 없어 보이는 그림 한 점도 깊이 들여다보면 그 이면에서는 생각하지도 못했던 인연이 이렇게 난마처럼 서로 얽혀 있는 경우가 허다하다.

---

18 모나리자가 유명해진 데에는 1911년에 있었던 도난 사건이 큰 몫을 했다고 한다. 범인은 빈첸초 페루자라는 이탈리아 사람으로 밝혀졌지만, 초기에는 피카소도 용의자들 중 한 명으로 조사를 받았다. 모더니즘 운동을 하며 미술관과 박물관에 대해 비판을 해왔기 때문이었다고 한다. 빈첸초는 범행 이유를 '모나리자를 고국으로 데려오고 싶었기 때문'이라고 했다지만, 피렌체의 미술상에게 팔려다가 덜미가 잡혔다. 그 이후 모나리자는 루브르를 대표하는 미술품으로 관람객들의 주목을 받았으며, 많은 비평가들이 앞다투어 평론을 쏟아내기 시작했다고 한다.

12

제12장

카스티아에 의한 반도 통일과 언어 통합

12.1. 시대 상황

15세기 말로 접어들면서, 카스티야는 급격한 변화의 소용돌이 한복판에 서 있었다. 이탈리아에서 시작된 르네상스와 인문주의의 기운이 이제 이베리아반도에까지 미쳐 새로운 학문과 문화의 기운이 싹트기 시작했으며, 새로운 영토의 확장으로 대제국의 기틀을 마련할 수 있게 된 것이었다. 이러한 일련의 사건들의 중심에 서 있었던 인물이 바로 이사벨 여왕(1474-1504)이었다.

그녀는 1451년 카스티야의 후안 2세(1406-1454)와 포르투갈 출신의 이사벨 사이에서 태어났다. 부친의 뒤를 이은 사람은 오빠인 엔리케 4세(1454-1474)였고, 엔리케의 후계자는 딸인 후아나(1462-1530)였다. 따라서 이사벨은 왕위 승계 서열에서 조금 뒤져 있었다. 그러나 많은 귀족들이 후아나가 왕의 친딸이 아니라고 주장하고 나섰다. 왕이 왕비와의 잠자리를 멀리하고 있는 것은 공공연한 비밀이었는데 왕비가 임신을 했으니, 이런저런 뒷얘기가 나오지 않을 수 없었던 것이었다. 결국 아이 아버지로 왕비와 가깝게 지내던 총신 벨트란 데 라 쿠에바가 지목되었고 엔리케 4세는 이 주장에 굴복해 1468년 후아나의 계승권을 박탈했으며, 후아나는 '벨트란의 딸'이라는 의미에서 '라 벨트라네하'라는 별명을 갖게 되었다.

이 사건에서 볼 수 있듯이 당시 카스티야는 국왕과 귀족들 간의 갈등과 권력 투쟁으로 사회가 극도로 혼란한 상태였다. 따라서 경제도 자연히 피폐해져 갔다. 그 와중에서 새롭게 후계자로 지명된 이사벨의 결혼 문제는 유럽 국가들 사이에서 가장 중요한 관심사로 떠올랐다. 결혼 상대로는, 여러 후보 중에서, 특히 포르투갈의 늙은 홀아비인 알폰소 5세와 프랑스 발루와 왕가의 카를로스가 물망에 올랐으나, 그녀는 아라곤의 젊은 왕자 페르난도를 선택했다. 그러나 오빠인 국왕 엔리케 4세는 반대했다. 이에 페르난도는 상인으로 변장해 목숨을 걸고 국경을 넘었고, 둘은 1469년 10월 바야돌리드에서 몰래 결혼식을 올렸다. 1474년 이사벨은 오빠의 뒤를 이어 이사벨 1세라는 이름으로 카스티야의 왕위에 올랐고, 이어 페르난도도 1479년 페르난도 2세라는 이름으로 아라곤의 왕위에 올랐다.[1] 두 왕국은 1480년 톨레도 조약을 통해 정치적으로 통합되었다. 카스티야 문제에 페르난도가 개입하는 것을 극도로 꺼

1 실제로는 이사벨이 1474년 오빠인 엔리케 4세가 사망한 후에 순조롭게 왕위에 오른 것은 아니었다. 후아나 측에서 계승권을 주장함으로써 내전이 벌어졌기 때문이었다. 후아나는 외삼촌인 포르투갈의 알폰소 5세와 결혼하고 그 힘을 빌려 카스티야를 공격했다. 이것이 이른바 '카스티야 왕위계승 전쟁(1475-1479)'이다. 1476년에 벌어진 토로 전투에서는 양측이 다 막대한 피해를 입었으나 카스티야 측에 유리하게 끝났고, 1479년에 벌어진 기네아만 해전에서는 포르투갈 측이 승리했다. 전쟁의 양상이 어느 한쪽의 일방적인 우세 없이 지루하게 계속되자 1479년 양측은 알카소바스에서 종전을 위한 회담을 열고 조약을 체결하였다. 그 결과, 후아나는 카스티야의 왕위계승권을 포기했고 포르투갈은 대서양에서의 우월권을 인정받았다. 후아나는 알폰소 5세와의 결혼도 근친혼이었으므로 교황청의 승인을 받지 못했으며 죽을 때까지 포르투갈에 머물러야 했다. 스페인과 포르투갈 간에 대서양에서의 영토 분할을 다룬 '알카소바스 조약(1479)'은 후에 '토르데시야스 조약(1494)'으로 이어진다. Tuñón de Lara, Manuel, *et. al.*(1991:150) 참조.

린 귀족들의 반대로 각 왕국이 독자적인 법령과 의회를 운영하는 명목상의 통일에 지나지 않았으나, 아라곤-카탈루냐 연합왕국의 탄생 이래 다시 한번 거대 통합 왕국이 탄생한 것이었다. 이제 이베리아반도에는, 이 연합왕국 이외에는 이미 소국으로 전락한 나바라와 포르투갈, 그라나다 왕국만이 남아 있을 뿐이었다. 페르난도 국왕에 대한 카스티야 측의 견제는 매우 심해서, 카스티야와 아메리카 문제는 이사벨 여왕이 전담했고 페르난도는 주로 지중해 정책에만 관여했다. 따라서 아라곤 출신들은 거의 신대륙으로 건너가지 않았다. 중남미 스페인어에 유독 아라곤어의 잔재가 적은 이유이다.

이들이 이룬 가장 큰 업적은 1492년 1월 2일, 마지막으로 남아 있던 그라나다의 이슬람 왕국을 정복함으로써 가톨릭교도들의 숙원이던 반도의 재통일을 이룬 것이었다. 이에 고무된 교황 율리우스 2세는 페르난도를 '예루살렘의 왕'에 봉하면서 페르난도 5세라 칭했다. 그는 본래 아라곤에서는 페르난도 2세였으므로, 이렇게 칭한 것은 그를 카스티야 왕국의 적자로 인정한다는 뜻이었다. 카스티야에서는 페르난도 4세(1295-1312) 이후에 그의 뒤를 잇는 이름을 가진 왕이 없었기 때문이었다. 이제 아라곤의 페르난도 2세이자 동시에 카스티야의 페르난도 5세가 된 것이었다. 여기에는 더 나아가 성지 예루살렘을 속히 되찾아 주기를 염원하는 의미가 강하게 담겨 있기도 했다. 게다가 이들 양 왕은 가톨릭 개혁 운동을 통해 유럽 내에서조차 존 위클리프(1330-1384)와 얀 후스(1373-1415) 등이 주도한 초기 종교개혁의 물결에 밀려 세력이 약화되어 가고 있던 가톨릭을 방어해 냄으로써, Reyes Católicos '가톨릭 공동왕'이라 불리게 되었다. 이제 통일된 반도에 필요한 것은 강력한 중앙집권화로 왕권을 강화하고 1478년에 설치된 종교재판소를 통한 이교도들의 재침 기회를 차단함으로써 정치적, 종교적 통합을 꾀하는 것이었다.

그라나다 함락에 이어, 같은 해 8월 18일 안토니오 데 네브리하에 의해 『카스티야어 문법』이라는 문법서가 출간되었다. 이는 로망스어로 쓰인 최초의 문법서로써, 이베리아반도의 언어 통일에 지대한 공헌을 했으며 장차 세계로 뻗어나가게 될 스페인의 위상 정립에 초석이 되었다.

또 하나의 중요한 사건은 같은 해 10월 12일 크리스토발 콜론이 이사벨 여왕의 후원하에 아메리카라는 당시 유럽에는 알려지지 않은 새로운 땅을 발견한 것이었다. 이로써 스페인의 영토는 미증유의 확장을 계속해 나갈 수 있게 되었으며, 이에 따라 그 언어 또한 반도를 벗어나 해외로 널리 퍼져나가는 계기를 맞게 되었다. 1492년에 있었던 이러한 일련의 대 사건들로 인해 이제 이베리아반도의 대표 언어가 된 카스티야어는 내적 통일과 외적 팽창이라는 두 마리 토끼를 한꺼번에 잡게 되었다.

이 당시 카스티야와 아라곤 모두 이탈리아와 밀접한 관계를 맺고 있었다. 따라서 이탈리아에서 일어난 르네상스의 여파가 직접적으로 전파되었다. 이에 국왕들뿐만 아니라 많은 귀족들까지 문학과 예술을 장려하고 인문주의자들을 우대했다. 당시 스페인 인문주의의 거두는 프란시스코 히메네스 데 시스네로스 추기경(1436-1517)이었다.

프란시스코회 수도사인 그는 1492년에 국왕 부부의 고해 신부로 임명된 것을 계기로 정치에 깊이 관여하기 시작했다. 1495년 톨레도 대주교에 올라 성직자들에게 엄격한 행동 규율을 부과하고 교구에 만연해 있는 나태와 부패를 일소하기 위해 노력했다. 이교도들에게는 가혹하리만큼 엄격한 박해와 개종을 요구해 반발을 사기도 했다. 이러한 일련의 개혁 조치들은 본래 유대교 및 이슬람교와의 경쟁 속에서 가톨릭교회의 세력을 강화하기 위한 것이었지만, 국민의 영적 생활을 쇄신하는 데에도 크게 기여했다. 그는 교육 사업에도 관심을 기울여 1499년 알칼라대학교를 설립했다.[2] 이를 통해 유럽 인문주의를 적극적으로 받아들였으며, 당시 인문주의의 거두였던 에라스무스(1467-1536)를 교수로 초빙하기도 했다.[3] 또한 또 다른 인문주의의 거두인 개종한 유대인 언어학자 안토니오 데 네브리하(1444-1522)를 후원해 로망스어 최초의 문법서 발간이라는 불멸의 학문적 성과를 낳도록 도와주었다.

이사벨 여왕 사후에 카스티야를 실질적으로 다스린 것도 그였다. 1507년 추기경이 되어 북아프리카 원정을 추진했으며, 특히 1516년 페르난도마저 사망한 후에는 새 국왕을 대신한 섭정으로서 국가 대사를 관장하다가 1517년 사망했다. 새로 국왕이 된 카를로스 1세는 1518년이 돼서야 스페인 땅에 발을 들여놓았다.

2 개교 이후 살라망카대학교와 더불어 최고의 대학교로 주목을 받았으며 1836년 본부를 마드리드로 이전했다. 교명도 Universidad Central de Madrid를 거쳐 1970년에 지금과 같은 Universidad Complutense de Madrid로 정착되었다. 현재 Alcalá de Henares에 있는 Universidad de Alcalá는 1977년에 재개교한 것이다. 알칼라대학교에 대해서는 https://www.uah.es/es/ 참조.

3 에라스무스는 네덜란드 로테르담 출신의 가톨릭 성직자이자 인문주의자이다. 당시의 세속화된 교회와 성직자들을 비판해 종교개혁 운동에도 영향을 주었다. 그의 생애와 사상에 대한 자세한 사항은 Huizinga, Johan(2013) 또는 Zweig, Stefan(2006) 참조.

12.2. 안토니오 데 네브리하와 문법서

르네상스 기를 거치면서 사고의 중심이 신에서 인간으로 전환됨으로써 이제 인간은 단순한 신의 피조물로 신의 섭리에 따라 운명이 결정된 수동체가 아니라 자유롭게 생각하고 스스로 자신의 운명을 개척해 나갈 수 있는 능동적인 주체로 거듭나게 되었다. 인간을 중시한다는 것, 즉 사고의 중심을 신이 아닌 인간에 부여한다는 것은 인간의 존재 자체를 중시한다는 의미뿐만 아니라 그 인간이 쓰는 말과 사고 체계를 존중한다는 뜻이기도 했다. 독립된 주체로서의 인간이 쓰는 말과 글은 곧 그의 내면세계를 겉으로 드러낸 구현물이기 때문이었다. 이제 르네상스를 기점으로 라틴어의 권위가 각국의 통속어, 더 정확하게는 '스페인어, 프랑스어, 이탈리아어' 등으로 넘어가는 것은 필연적인 결과였다. 무게 중심이 신의 말씀을 '기록한' 언어에서 인간의 말을 '기록하는' 언어로 바뀐 것이었다. 이제 문학 작품은 물론 학술서적과 공문서도 라틴어보다는 자국의 언어로 쓰이기 시작했다. 이런 의미에서 이 시기 언어에서의 변화 역시 시대의 산물이었다.

중세 말기까지도 문학, 예술, 철학, 법률, 종교, 외교 등 다방면에서 가장 우월적인 언어는 단연 라틴어였다. 아직도 많은 저작물이 라틴어로 쓰이고 있었다. 비록 여러 로망스어로 분화되어 구어체에서는 사어(死語)가 되었지만 여전히 인류 문명사에 큰 그림자를 드리우고 있었던 것이었다. 수천 년간 축적된 지적 유산과 역사를 간직하고 있는 언어이므로, 아직 유럽 문화의 진정한 가치와 의미를 논하기 위해서는 라틴어가 필요했다. 이런 이유로 중세 때뿐만 아니라 르네상스 기까지도 신학, 의학, 법률, 외교뿐만 아니라 많은 철학과 문학 서적도 라틴어로 쓰였다.

그러나 이러한 경향은 급속도로 로망스어에 자리를 내주게 되었다. 이미 각국에서는 13세기부터 라틴어가 아닌 자국의 속어, 즉 자국의 로망스어로 된 작품들이 나오기 시작했다. 단테는 이미 1308-1321년 사이에 토스카나 방언으로 『Divina Comedia』 '신곡(神曲)'을 써 현대 이탈리아어의 초석을 닦았다. 스페인어의 경우에는 『Cantar de Mio Cid』 '엘시드의 노래'(1140년경) 이후 곤살로 데 베르세오의 『Milagro de Nuestra Señora』 '성모 마리아의 기적'(1260년경), 후안 루이스의 『Libro de buen amor』 '끝내주는 사랑 이야기'(1330 ó 1343년), 돈 후안 마누엘의 『El conde Lucanor』 '루카노르 백작'(1330-1335년), 후안 데 메나의 『Laberinto de Fortuna』 '운명의 미로'(1444년경), 호르헤 만리케의 『Coplas por la muerte de su padre』 '아버지의 죽음에 바치는 노래'(1476년) 등으로 이어지는 문학 작품들은 점차 스페인어를 완성시켜 나갔다. 15세기의 가장 대표적인 문학 작품으로 꼽히는 페르난도 로하스의 『La Celestina』 '라 셀레스티나'는 네브리하의 문법서보다 7년 늦은 1499년에 발표되었다.

아무리 언어가 라틴어에서 각국의 로망스어로 전이되었다고 해도 체계가 잡히기까지는 시간이 필요했다. 대략 13세기부터 본격적으로 쓰이기 시작한 로망스어의 문법 체계가 정립되는 것은 15세기 들어서야 가능했다. 드디어 로망스어의 문법 체계를 정비할 기회가 이베리아반도에서 먼저 찾아왔다. 1492년 안토니오 데 네브리하(1444-1522)에 의해 최초의 로망스어 문법서인 『카스티야어 문법』이 출간된 것이었다.[4]

네브리하의 본명은 안토니오 마르티네스 데 칼라로, 세비야에서 70km쯤 남쪽에 있는 레브리하에서 태어났다. 출생 연도는 정확하게 기록된 것이 없으나, 여러 자료를 토대로 대체로 1444년경에 출생한 것으로 본다. 살라망카대학교에서 5년간 수학한 후, 19살에 이탈리아의 볼로냐대학교로 유학 가 10년간 더 공부했다.[5]

1470년 귀국해, 1476년 살라망카대학교에서 문법 정교수가 되었다. 당시 스페인의 교육 현실은 참담하기 그지없었다. 중세 이래로 학문은 쇠락하고 라틴어는 천박해져 있었으며, 교수법은 케케묵은 중세 것 그대로였다. 인문주의의 영향을 받고 새로운 교수법을 배운 이 패기 넘치는 젊은이에겐 교육 개혁이야말로 가장 시급히 해결해야 할 최우선 과제가 되었으며, 그 첫걸음은 다시 정선된 라틴어를 교육하는 것이었다. 그는 신성한 라틴어가 타락해 가고 있는데 분노했다. 그의 새롭고 엄격한 교수법은 학생들로부터 갈채를 받았다. 정선된 라틴어 교육을 위해

4 본 절에서는 르네상스기에 일어난 음운과 형태 변화는 별도로 다루지 않고, 황금 세기의 변화에서 함께 다룰 것이다. 15세기 스페인어의 음운과 형태 변화, 특히 그중에서도 관사와 대명사의 변화에 대해서는 Eberenz, Rolf(2000) 참조.

5 본 절에서 참조한 네브리하의 삶과 학문에 대해서는 Gómez Asencio, José Jesús(2006)와 Martín Baños, Pedro(2019) 참조.

1481년 『라틴어 입문』을 출간해 큰 성공을 거두었으며, 이사벨 여왕에게까지 알려짐으로써 명성을 얻었다. 그러나 그의 이러한 개혁 성향은 보수 기득권자들에겐 질시와 경계의 대상이 되었다.

1487년 살라망카대학교의 교수직을 사임하고, 연구에만 몰두해 1492년 드디어 라틴어가 아닌 최초의 로망스어 문법서인 『Gramática de la lengua castellana』 '카스티야어 문법'을 펴내기에 이르렀다.[6] 그 역시 단테나 페트라르카 같은 다른 르네상스 작가들처럼, 고전어인 그리스어와 라틴어에 두루 능했지만, 대중어에 대해서도 지대한 관심을 가졌다. 속어가 점차 라틴어와 동일한 위상을 갖게 되자, 자연히 라틴어 문법이 중요하듯이 카스티야어의 문법 체계를 정립하는 것 또한 중요한 문제가 되었다. 이는 라틴어가 아닌 속어의 가치를 높이 평가하고 있던 르네상스 풍조에 많은 영향을 받은 결과였다. 이는 네브리하 자신이 언급한 "El latín es de esta manera, muy bien; y el castellano de esta otra manera"라고 한 데서도, 두 언어를 대등한 관계로 보고 똑같이 중시했음을 엿볼 수 있다.

13세기 알폰소 10세 때부터, 이미 구어 즉 카스티야어의 구조와 기능에 대한 정립 필요성은 제기되었으나, 문법서 발간으로까지는 이어지지 못했다. 당시까지만 해도 '문법'이란 '라틴어에 대한 지식'을 가리키는

---

6 이 문법서는 현재까지도 지속적으로 출판되고 있으며, 온라인에서 pdf 파일도 어렵지 않게 찾아볼 수 있다. 본서에서 참고한 것은 Nebrija, Antonio de[1492], 『Gramática de la lengua castellana』, Estudio y edición de Antonio Quilis, Madrid: Editorial Centro de Estudios, 1989와 Nebrija, Antonio de[1492], 『Gramática sobre la lengua castellana』, Edición, estudio y notas de Carmen Lozano y *Paginae nebrissenses*, al cuidado de Felipe González Vega, Madrid: Real Academia Española, 2011이다.

말이었지, 일상어를 토대로 한 현대적 개념은 아니었기 때문이었다. 또한 구어의 실체와 중요성은 인정하면서도 아직은 라틴어에 대한 동경과 미련을 완전히 떨쳐 버리지 못하고 있었으므로, 속어만을 대상으로 문법서를 발간한다는 것은 요원한 일이었다. 속어에 대한 문법서를 펴낸다는 것은 당시로서는 대단한 용기와 결단력을 필요로 했던 일이었다. 1492년 8월 18일 드디어 살라망카에서 인쇄에 들어갔다. 스페인어의 역사가 새롭게 시작된 순간이었다.

그렇다고 해서, 네브리하가 일반적으로 생각하는 순수한 동기에서만 이 문법서를 쓴 것은 결코 아니었다. 그는 본래 이 책을 대중들에게 체계적인 언어 교육을 시킬 목적으로 쓴 게 아니라, 이사벨 여왕에게 바칠 목적으로 쓴 것이었다. 이미 같은 해 1월 2일 그라나다를 정복함으로써, 스페인은 가톨릭과 국가의 위상을 대내외에 널리 떨쳤다. 이제 유럽 가톨릭 국가들 가운데에서 그 위상은 단연 으뜸이 되었다. 이제 바야흐로, 과거에 그리스와 로마가 그랬듯이, 스페인 또한 세계적인 대제국으로 발돋움하고자 하는 기상이 넘쳐나기 시작했다. 이미 반도 내에서는 이슬람교도들을 몰아내는 데 성공했고, 여기서 더 나아가 북아프리카, 최종적으로는 성지 예루살렘까지 탈환할 수 있다는 자신감과 희망에 부풀어 있었다. 이 문법서도 이러한 분위기에 고무되고 지원을 받아 탄생한 것이었다. 서문에서 "siempre la lengua fue compañera del Imperio"라고 한 데서도, 과거의 그리스어나 라틴어처럼, 이제 카스티야어를 세계 보편 언어로 만들고자 하는 저자의 의도가 엿보인다. 이는 곧 그의 가장 강력한 후원자였던 시스네로스 추기경의 꿈이기도 했으며, 언어 통일이 정치적 통합에 도움이 되고 더 나아가서는 왕권 강화에 크게 도움이 되리라고 판단한 이사벨 여왕으로부터도 높은 평가를 받았다.

그러나, 지나치게 정치적이었기 때문일까, 아니면 개혁 성향이 당대에 제대로 평가받지 못해서였을까? 그의 이 역작은 초판만 출판됐을 뿐, 후학들에게는 인기가 별로 없었다. 결국 1747년 제2판이 나오기까지는 무려 2세기가 걸렸다. 학자로서는 슬픈 일이었다.

네브리하는 시스네로스 추기경을 도와 다국어 성서 번역에도 참여했다. 1500년에서 1508년에 걸친 일이었다. 그러나 '라틴어역 성경'인 『Vulgata』의 개정을 주장하다가 다른 신학자들과 의견 충돌을 빚어 결국 해임되었다. 그의 개혁 성향이 여기서도 벽에 부딪힌 것이었다.

1504년 살라망카대학교에 복귀했으나, 그곳 분위기 또한 이미 싸늘하게 변해 있었다. 신학적으로나 학문적으로나 늘 개혁적이던 그에겐 도처에 적들이 깔려 있었다. 결국 1513년 이미 고령의 몸이 된 노 석학은 아쉬움만을 가득 안은 채, 살라망카를 떠나 쓸쓸히 세비야로 돌아갔다. 이듬해인 1514년 시스네로스 추기경은 그에게 알칼라대학교의 수사학 교수 자리를 제안했다. 이때 그에게 주어진 특권이 그동안 이룬 위업과 권위를 잘 말해 주고 있다: 〈leyese lo que él quisiese, y si no quisiese leer, que no leyese; y que esto no lo mandaba dar porque trabajase, sino por pagarle lo que le debía España〉 '그가 원하는 대로 읽을 수 있도록 해주고, 읽기를 원하지 않으면 읽지 않아도 된다. 이는 그가 일했기 때문에 주는 것이 아니라 스페인이 그에게 빚진 것을 갚는 것이다'. 이러한 호의에 보답이라도 하듯, 그는 1517년에 『스페인어 정자법』을 집필해 스페인어의 정자법 체계 확립에 큰 획을 그었다. 정선된 라틴어 교육에 평생을 바쳤으며, 최초의 카스티야어 문법서와 정자법 책을 써 스페인의 언어 통일에 크게 기여한 안토니오 데 네브리하는

1522년 7월 2일 알칼라 데 에나레스에서 숨을 거두었다.[7]

그의 라틴어에 대한 열정은 이름에서 그대로 드러나 있다. 그의 본명은 위에서 말한 바대로, 안토니오 마르티네스 데 칼라지만, 라틴어로 된 초기 작품에서는 Aelius Antonius Lebrissensis라고 서명했다. 이러한 라틴식 작명은 당시 인문주의자들 사이에서 유행하던 것으로, 자신의 고향 Lebrixa의 라틴식 형용사인 Lebrissensis를 이름 뒤에 붙인 것이다.[8] 또한 Aelius라는 이름은 그의 고향에서 흔히 볼 수 있는 로마 비문에서 따온 것이라고 한다. 그의 라틴 취향을 그대로 보여주는 대목이다. 후에 그는 여기서 더 나아가 고향 마을의 옛 이름이 과거 투르데타노인들이 살았던 Nebrissa Veneria라는 것을 알게 되자, 처음의 서명인 Lebrissensis를 Nebrissensis로 바꾸었다. 당시 사람들은 그를, 그가 원하는 대로, 스페인어로는 Lebrixa로, 라틴어로는 Nebrissensis로 불렀다고 한다. 오늘날 우리가 흔히 쓰고 있는 Nebrija라는 이름은 이 Lebrixa와 Nebrissensis가 합쳐져 만들어진 것으로, 17세기 초반에 일반화된 것이라고 한다.[9]

---

7 네브리하에서부터 안드레스 베요, RAE로 이어지는 문법의 역사에 관해서는 Girón Alconchel, José Luis(2000:69-87) 참조.

8 레브리하(Lebrija)는 세비야와 카디스 중간쯤, 고속도로에서 멀지 않은 곳에 위치한 작은 마을이다. 마을 중앙의 광장 한 귀퉁이에 서 있는 네브리하의 동상이 이곳이 그의 고향임을 말해 주고 있다.

9 라틴식 작명법은 에라스무스도 자신의 필명을 Desiderius Erasmus Roterdamus라고 지은 것으로 봐도 당시의 유행이었음을 알 수 있다. Desiderius는 라틴어로 '열망하는, 갈망하는'이라는 뜻이고 Roterdamus는 그의 고향인 Roterdam에서 따온 것이다. 이름을 번역할 필요는 없지만, 굳이 하자면 '로테르담의 열망하는 에라스무스' 정도가 될 것이다. 작명의 유래에 대해서는 Huizinga, Johan(2013:34) 참조.

12.3. 이탈리아어의 영향

이 시기 스페인어의 특징을 한 마디도 요약하자면, 이탈리아어에서 들어온 어휘들이 특히 많았고 라틴어로부터 직접 차용된 교양어의 유입이 두드러졌다는 것이다. 그 밖의 다른 경로를 통해 유입된 외래어들도 있으나, 그만큼 두드러지지는 않는다. 예를 들어, bigote '콧수염'은 15세기 말에 독일어에서 들어 온 것이다.[10] 이베리아반도에서는 중세까지도 barba라고만 했을 뿐이었다. 그러던 것이 15세기 말에 독일어에서 이 bigote가 들어왔고, 16세기에는 이탈리아어에서 유사한 의미의 mostacho가 들어왔다. 포르투갈어로부터 들어온 것 중에서도 mermelada '잼' 정도가 언급할 만하다.[11]

반면에, 이탈리아로부터 유입된 어휘들은 무척 많다. 이미 아라곤의

10 Quizá del al. *bei Gott* 'por Dios'. https://dle.rae.es/bigote?m=form 또는 Lapesa, Rafael(1992:45-47) 참조.

11 Del port. *marmelada*. https://dle.rae.es/mermelada?m=form 참조.

페르난도 시절부터 정치적으로 교류가 활발했고, 르네상스 시기에는 더 많은 스페인 지식인들과 작가들이 이탈리아를 여행하거나 유학해, 그 문물을 직접 받아들였기 때문이었다. 또한 상업적으로도 당시 가장 영향력 있는 자본이 베네치아와 제노바 등지의 이탈리아 은행들이었으므로, 이 당시 스페인어에 가장 많은 영향력을 끼친 것은 자연히 이탈리아어였다. 예를 들어, 이 은행들과의 교류로 banco라는 단어가 들어왔으며,[12] 《milione》 millón이 cuento를 밀어내고 대신 쓰이게 되었다.[13] 다음과 같은 주요 단어들이 이 당시 이탈리아어에서 유입된 것들이다.[14]

alerta 경계	atacar 공격하다	balcón 발코니
banco 은행	brújula 나침반	capricho 변덕스러운
centinela 보초병	coronel 대령	cortejar 알랑거리다
charlar 수다 떨다	diseño 디자인	esbozo 소묘
escolta 호위대	escopeta 엽총	escuadrón 기병중대
esdrújulo 끝에서 세 번째 음절에 강세가 있는 (단어)[15]		estropear 망가뜨리다

12 DRAE에서는 Del fr. ant. *bank*, y este del germ. **banki*. 즉, 프랑스 고어에서 들어온 것으로 보고 있다. https://dle.rae.es/banco?m=form 참조. 그러나 이는 본래의 의미인 '탁자(mesa)' 또는 '자리(asiento, con respaldo o sin él, en que pueden sentarse dos o más personas)'라는 의미인 경우이다. 이것이 15세기에 '은행'이라는 새로운 의미를 부여받게 되었고, 이 의미는 이탈리아어에서 만들어진 것이다. Macesich, George(2000:42)에 따르면 세계 최초의 은행은 이탈리아 제노아에서 설립된 Banco di San Giorgio라고 한다. 초기 은행들이 주로 베네치아, 피사, 제노아, 피렌체 등에서 설립되었으므로 banco '은행'이라는 의미의 어휘도 15세기 이탈리아어에서 유래한 것으로 보는 것이다.

13 Del fr. *million* o del it. *milione*. https://dle.rae.es/mill%C3%B3n 참조.

14 Cano Aguilar, Rafael(1988:252) 참조.

15 예를 들어, gramática, kilómetro 등이 이에 해당한다. antepenúltimo라고도 한다. 이는 '앞'이라는 의미의 ante, '거의'라는 의미의 라틴어 paene, '마지막의'라는 의미의 라틴어 ultĭmus가 합쳐진 어휘이다. 끝에서 두 번째 음절에 강세가 있는 어휘는 penúltimo라고 하며 유의어로는 grave 또는 llano가 있다. Del lat. *paenultĭmus*. https://dle.rae.es/pen%C3%BAltimo 참조. 마지막 음절에 강세가 놓

fachada (건물) 정면[16]	festajer 환대하다	fragata 프리키트함
grotesco 괴기한	madrigal 목가(牧歌)	manejar 다루다
millón 백만	modelo 모델	novela 소설
parapeto 흉벽[17]	pedante 아는 척하는	piloto 조종사
soldado 군인	soneto 소네트	

이러한 이탈리아어 기원의 차용어들 이외에, 라틴어로부터 직접 차용된 '교양어'들도 있다. 이 어휘들도 대부분 이탈리아와의 교류 속에서 유입된 것들이지만, 이탈리아어에서 직접 유입된 단어들과는 구분해야만 한다. 왜냐하면 이들은 대체로 라틴어의 원형, 즉 라틴어의 자음군이나 음절 체계 등을 그대로 보존하고 있어, 이탈리아어와도 구분되기 때문이다. 대표적인 예가, 라틴 자음군 -ct-, -xtr-, ps- 등을 보존하고 있는 단어들과 뒤에서 두 번째 음절의 비강세 모음이 보존되어 있는 경우이다. 이 당시 유입된 주요 교양어들로는 다음과 같은 것들을 들 수 있다:

[동사]

afectar –척하다	alternar 교체하다	anhelar 열망하다
aplaudir 박수치다	ceder 양보하다[18]	conculcar 짓밟다

이는 어휘는 agudo라고 한다. '날카로운, 예리한'이라는 의미를 지닌 라틴어 acūtus에서 나온 말이다. Del lat. *acūtus*. https://dle.rae.es/agudo?m=form 참조.

16 '얼굴'을 나타내는 이탈리아어로부터 유래된 것이다. 라틴어에서는 facies '얼굴, 외관'이다. Adapt. del it. *facciata*, y este der. de *faccia* 'cara'. https://dle.rae.es/fachada?m=form 참조.

17 '보호'를 의미하는 para-와 '가슴'을 의미하는 -peto (<pectus)가 결합된 어휘이다. '가슴'은 스페인어에서는 pecho이고 이탈리아어에서는 petto이다. Del it. *parapetto*. https://dle.rae.es/parapeto?m=form 참조.

18 ceder가 교양어인 이유는 라틴 어원 cedĕre에서 뒤에서 두 번째 음절의 짧은 e가 탈락되지 않고 보

construir 건설하다 disolver 녹이다 erigir 세우다
esparcir 뿌리다 exigir 요구하다 frustrar 실패하게 하다
impedir 방해하다 inculcar 주입하다 observar 관찰하다
presentir 예감하다 pulsar 맥박을 재다 sublimar 숭고하게 하다
trasladar 옮기다

[명사]

acción 행동 adolescenia 청소년기 ardor 열망
armonía 화합 asunto 일 atención 주의
candor 담백 caverna 동굴 crédito 신용
desaire 체면 구김 descrédito 신용 하락 despejo 탈취
elocuencia 웅변 embrión 배아(胚芽) esfuerzo 노력
esplendor 빛남 estilo 스타일 fantasía 환상
fineza 정교함 fulgor 광채 idilio 전원시
idiota 바보 joven 젊은이[19] mente 마음
meta 목표[20] neutralidad 중립성 reducción 축소
riesgo 위험 senectud 노령기 superstición 미신
trámite 절차

[형용사]

abstracto 추상적인 activo 활동적인 cómodo 편안한

존되었기 때문이다. Del lat. *cedĕre*. https://dle.rae.es/ceder?m=form 참조.

19 joven이 교양어인 이유는 라틴 어원 iuvĕnis에서 뒤에서 두 번째 음절의 짧은 e가 탈락되지 않고 보존되었기 때문이다. Del lat. *iuvĕnis*. https://dle.rae.es/joven?m=form 참조.

20 meta가 교양어인 이유는 라틴 어원 meta에서 두 모음 사이에 낀 -t-가 유성음화되지 않고 보존되었기 때문이다. Del lat. *meta*. https://dle.rae.es/meta?m=form 참조.

cóncavo 오목한[21]	concreto 구체적인	correlativo 상관적인
culto 교양있는	dócil 얌전한[22]	enorme 거대한
épico 서사적인	errante 실수하는	galante 친절한
indeciso 우물쭈물하는	inexcusable 핑계를 댈 수 없는	
líquido 액체(의)	longevo 장수하는	métrico 운율의
náutico 항해의	nocturno 밤의[23]	positivo 긍정적인
recíproco 상호 간의	ruidoso 시끄러운	selecto 선택된
superior 우월한	trémulo 흔들리는	

이 어휘들이 라틴어 서적들로부터 직접 차용되었다고 해서 모두 일정한 법칙에 따라 스페인어에 정착된 것은 아니다. 같은 계열의 단어들이라도, 어떤 것은 속어 발음에 동화되어 형태가 변화된 반면에, 어떤 것은 라틴 형태가 그대로 보존된 경우도 있다. objeto와 sujeto를 예로 들어보면, 어원은 각각 objectu와 subjectu로 음 구조가 비슷했지만 라틴 자음 b는 objeto에서만 살아남았다. 대중들이 사용하는 언어 형태를 자신의 작품에 즐겨 썼던 산타 테레사의 작품들에 보면 *afeto, *conceto 등이 널리 쓰였으나, 현재는 모두 afecto, concepto 등으로 라틴 자음군 -pt-가 되살아났다. 이 밖에도 afección *vs.* afición, subscribir *vs.* suscribir 등처럼 교양 형태와 속어 형태가 교차되는 것들도 있다.

---

21 Del lat. *concăvus*. https://dle.rae.es/c%C3%B3ncavo. 반의어 '볼록한'은 convexo이다. 이 또한 라틴어에서 기원한 어휘이다. Del lat. *convexus*. https://dle.rae.es/convexo?m=form 참조.

22 dócil이 교양어인 이유는 라틴 어원 docĭlis에서 뒤에서 두 번째 음절의 짧은 i가 탈락되지 않고 보존되었기 때문이다. Del lat. *docĭlis*. https://dle.rae.es/d%C3%B3cil 참조.

23 Del lat. *nocturnus*. https://dle.rae.es/nocturno?m=form 참조. 명사는 noche이다. 어원은 라틴어 nocte이다. 형용사는 라틴어 형태 그대로인 교양어인 데 반해, 명사에서는 라틴 자음군 -ct-가 yod화 된 후 구개음화된 대중어이다. Del lat. *nox, noctis*. https://dle.rae.es/noche?m=form 참조.

-b-와 -v-의 운명 또한 어원에 따라 일정하게 변화된 것은 아니었다. 수 세기 동안 쓰이던 aver는 라틴 어원 habēre에 따라 -b-가 복원된 반면에, maravilla는 어원이 mirabilĭa임에도 불구하고 -b-가 복원되지 않았다. 정자법 체계는 이후의 황금 세기를 거치면서, 모두 그런 것은 아니었지만, 가능한 한 어원에 기초해 재조정되었다.

또 한 가지 반드시 염두에 둬야 할 것은 르네상스기와 황금 세기가 시기상으로 명확하게 구분되는 것은 아니라는 점이다. 보통 르네상스는 15세기부터 16세기 초까지 약 120-130년 정도로 보는데, 스페인 황금 세기의 시작은 16세기 초부터 시작되기 때문이다. 따라서 일정 기간 서로 겹치는 현상이 발생한다. 언어의 변화를 어느 특정 시기에만 한정시키는 것은 매우 어려운 일이다. 앞에서 언급한 어휘들의 유입 또한 마찬가지이다. 이탈리아 르네상스의 영향으로 많은 어휘가 유입된 것은 사실이지만, 일부 경향과 변화는 이후의 황금 세기 때까지도 지속되었기 때문이었다. 여기서는 단지 교육적 편의를 위해 해당 언어 변화가 주로 일어난 시기를 중심으로 구분한 것이므로, 이러한 점을 감안하며 읽기를 권한다.

12.4. 아메리카 원주민어의 영향

아메리카와의 교류가 확대되면서, 스페인에서는 없던 새로운 어휘들이 유입되었다.[24]

멕시코의 나우아어에서 유래된 것으로는 pulque, banana, bongo, samba 등이 있으며, 안티야스 제도에서 유래된 것들로는 canoa, piragua, chicha, guacamaya, tabaco, chocolate, cacique, iguana, maguey, maíz 등이 있다.

해당 물건의 형태나 발음을 혼동해 잘못 받아들인 것들도 있다. 케추아어의 papa가 안티야스 제도 원주민어의 batata와 비슷하게 생긴 데서 이름을 혼동해, patata라는 신조어가 만들어졌으며, 현재 papa와 patata는 동일한 의미로 쓰이고 있다. cacahuate는 잘못 발음해 cacahuete가 되었다.

24 Cano Aguilar, Rafael(1988:253) 참조.

투피-과라니어인 jaguar는 직접 받아들인 것이 아니고, 프랑스어를 통해 받아들인 것이다. 직접 받아들였다면, [xagwár]가 아니라, 본래 발음에 따라 *yaguar [žagwár]가 되었을 것이다.

'T자형의 끈 팬티'를 가리키는 tanga 역시 아메리카에서 들어온 말이다. 아프리카 기원설도 제기되지만 투피족 원주민들이 입고 다니던 끈 팬티를 가리키는 말이라고 한다. 스페인에서는 남성형으로, 아메리카에서는 여성형으로 쓰인다.[25]

형태소 중에는 유일하게 나우아어 -itziin에서 유래된 접미사 -iche가 눈에 띈다: metiche '아무 데나 끼는 사람, 주책바가지',[26] pidiche '잘 조르는 사람, 징징거리는 사람'[27] 등.

Antillas '안티야스 제도'는 카리브해 일대의 섬들을 가리키는 말이다. 여러 설이 있으며 어원은 명확하지 않다. 하나는 포르투갈어 Anti-ihla 'Anti-isla'에서 나온 것으로, 포르투갈 선원들이 '대서양 건너편(대척점)에 있는 섬들'이라는 의미에서 이름 붙인 것이라는 설이다. 15세기 초반부터 쓰이기 시작했다고 하며, 이것이 Antilhas〉Antilias를 거쳐 Antillas가 된 것이라는 주장이다. 다른 하나는 anterior에서 나온 ante와 insula '섬'이 합쳐진 것이라는 설이다. 여기서 '섬'이란 Cipango를 가리키는 것으로 '시팡고 가기 전의 섬'이라는 뜻이 된다. Cipango는 마르코 폴로가

25 "*m.* o *f.* Prenda de vestir que por delante cubre la zona genital y por detrás deja las nalgas al aire. En Esp., u. m. c. *m.* y en Am. c. *f.*", https://dle.rae.es/tanga?m=form 참조. 의미 획득 과정에 대해서는 Gil, Juan, *et. al.*(2015:298) 참조.

26 Am. Cen., Col., Ec., Méx., Perú, R. Dom. y Ven.에서 주로 쓰이며, entremetido(a) 형태로 흔히 쓰인다. https://dle.rae.es/metiche?m=form 참조.

27 El Salv.에서 주로 쓰이며, pedigüeño(a) 형태로 흔히 쓰인다. https://dle.rae.es/pidiche?m=form.

말한 '아시아 동쪽의 섬'을 가리키는 것으로, 흔히 '일본'을 가리키는 것으로 받아들여진다.[28]

Caribe '카리브해'라는 말은 스페인인들이 처음 도착했을 때 안티야스 제도와 남미 북부 일대에 거주하고 있던 종족을 가리키는 말이었다고 한다.[29] 이 '카리베'라 불리는 종족들보다 먼저 안티야스 제도 일대에 정착한 종족은 아라우아카어를 쓰는 타이노라는 온순한 부족이었다. 후에 들어온 종족은 이들보다 훨씬 더 사납고 호전적이었다. 따라서 타이노족은 이들을 '(용감한) 남자, 어른'이라는 의미에서 caribe라고 불렀다고 한다. 따라서 이 어휘는 아라우아카어에서 유래된 어휘이다. 여기서 파생된 말이 (caribal〉) caníbal '식인종'이다.[30] 유럽인들은 이들을 인육을 먹는 종족으로 착각해 이 용어를 '식인종'이라는 의미로 받아들인 것이었다. 이들이 실제로 인육을 먹었는지는 알 수 없으나, 그 정도로 매우 사납고 호전적인 종족이었던 것은 사실인 모양이다.[31]

---

28 동양에 대한 정보는 이미 실크로드를 통해 알려져 있었지만, 마르코 폴로 여행(대략 1271-1292년)을 계기로 중국(Cathay), 일본(Cipango), 몰루카, 인디아 등에 대한 정보와 관심이 크게 증가했다고 한다. ante-insula가 '시팡고 가기 전의 섬'이라는 의미가 맞다면, 포르투갈 선원들은 거기서 조금만 더 가면 동양에 닿을 수 있다고 믿고 있었기 때문일 것이다. 그만큼 당시에는 지구상의 거리 계산이 엉성했다.

29 "Dicho de una persona: De un pueblo que en otro tiempo dominó una parte de las Antillas y se extendió por el norte de América del Sur", https://dle.rae.es/caribe?m=form 참조.

30 *De caríbal*. "Dicho de una persona: De alguno de los pueblos indígenas de las Antillas, que eran tenidos antiguamente por antropófagos," https://dle.rae.es/can%C3%ADbal 참조.

31 음 형태가 유사한 carnaval '사육제, 카니발'은 caníbal과는 기원이 다른 어휘이다. Del it. *carnevale*, haplología del ant. *carnelevare*, de *carne* 'carne' y *levare* 'quitar', calco del gr. ἀπόκρεως *apókreōs*. https://dle.rae.es/carnaval?m=form 참조.

12.5. 어휘에 얽힌 역사 문화적 요소

[bufanda]

DRAE에 의하면 이 어휘는 bufar '(황소 등이 화가 나서) 푸푸거리다'와 동일한 기원이라고 한다. 본래는 황소 같은 짐승이 화가 나서 푸푸거리는 의성어를 표현한 것이다. bufanda는 프랑스 고어 bouffante에서 기원했다고 한다.[32] 코로미나스와 파스쿠알에 따르면, bouffante는 bouffer 'inflarse'의 능동분사로 '부풀어 오르는, 과장하는'이라는 의미이다. 화난 황소의 목이 부풀어 오른 것을 빗대어 표현한 것이다. 프랑스어에서는 19세기 중반까지 쓰였으나 현재는 쓰이지 않는다. 스페인어로 유입되면서 어미가 -anda로 변한 것은 바스크어나 아라곤어을 거쳤기 때문이

32 Quizá del fr. ant. *bouffante*. https://dle.rae.es/bufanda 참조.

라고 한다.[33]

[coche]

이 어휘는 헝가리의 마자르어 kocsi에서 나온 것으로 carruaje '마차' 라는 뜻이다.[34] 마자르어는 헝가리와 트란실바니아에 거주하는 종족의 언어로 핀란드의 핀족과 친족관계에 있는 언어이다.

이 어휘가 스페인에 들어오게 된 경위는 아마도 16세기 유럽 왕실들 사이의 교류가 크게 작용했을 것이다. 가장 대표적인 예로 이사벨 여왕의 큰 딸인 후아나와 합스부르크 가의 펠리페 황태자 간에 이루어진 결혼을 들 수 있다. 두 사람은 1496년에 결혼했으며, 두 사람의 아들이 바로 카를로스 1세(1516-1556)이다. 스페인에 coche 형태의 화려한 4륜 마차가 들어온 것은 16세기 중반, 즉 카를로스 1세 때라고 한다.[35] 덮개가 있어 장거리 여행에 편리하고 안팎을 온갖 장식으로 한껏 뽐낼 수 있는 사치품으로 왕족이나 귀족들의 전유물이었다. 당시의 최고급 세단이었다. 덮개가 없는 '카브리올레'는 수억 원을 호가하는 현대의 슈퍼카에 해당했을 것이다. 당시 오스트리아-헝가리는 합스부르크 왕가의 본가로 유럽에서 가장 세력이 크고 부유한 제국이었다. 스페인 왕실은 이 합스부르크 왕가의 분가였으니 당연히 본가 쪽의 최신 유행에 민감했을 것이다. 이에 해당하는 용어가 헝가리에서 들어온 것도 당연하게 여겨진다.

---

33 Corominas, Joan & Pascual, José A.(1991:689), 『Diccionario crítico etimológico castellano e hispánico』, A-CA 참조.

34 Del húngaro *kocsi* 'carruaje'. https://dle.rae.es/coche?m=form 참조.

35 Gil, Juan, *et. al.*(2015:110) 참조.

[corbata]

이탈리아어 cravatta에서 유입된 것이다. 이 이탈리아어는 크로아티아어 hrvat에서 유래된 것이다.[36] 의미는 '크로아티아의, 크로아티아 사람'이라는 뜻으로 [이] Croazia '크로아티아'의 형용사형이다. 당시 크로아티아 출신 기사들이 목에 지금의 넥타이 비슷한 모양의 스카프를 하고 다녔다고 한다. 이것이 유행하면서 이탈리아로 전해져 sciarpa crovatta '크로아티아식 스카프'가 되었다. 점차 형용사 corvatta '넥타이'만 남아 cravatta로 모음동화되었다. 중간 단계인 crovatta가 17세기에 스페인어로 전래된 것이다. 이탈리아어에서는 모음조화에 의해 cravatta가 된 반면에, 스페인어에서는 자위전환을 겪어 corbata가 되었다. 철자 v가 b로 변화된 것은 발음에 따른 표기가 굳어졌기 때문이다. 스페인어에서 이 어휘가 쓰이기 시작한 것은 1704년부터라고 한다.[37] 이 어휘가 명사화되자, [이] Croazia의 출신 형용사는, 이탈리아어에서는 croato(a)가 된 반면에, 스페인어에서는 croata [m.f.동형]이 되었다.[38]

---

36 유럽에 널리 알려지게 된 계기는 30년 전쟁(1618-1648) 기간이었으며, 이때 참전했던 크로아티아 용병들의 복장에서 유래한 것이라고 한다. 후에 프랑스의 루이 14세가 특히 이 스타일을 즐기면서 널리 퍼졌다고 한다. 의미 획득 과정에 대해서는 Gil, Juan, *et. al.*(2015:116) 참조. 프랑스인들은 이를 cravate라고 했고, 이탈리아인들은 cravatta라고 불렀다고 한다. 이 중에서 이탈리아어 cravatta에서 모음이화가 일어나 crovatta가 되었고, 스페인어에서는 다시 자위전환이 일어나 corbata로 변한 것이다. http://www.revistagq.com/la-buena-vida/sexo/articulos/no-soy-yo-es-mi-corbata/17287 참조.

37 Celdrán, Pancracio(1995:70) 참조.

38 Del desus. *corbato* 'croata', por llevarla originariamente los jinetes croatas. https://dle.rae.es/corbata?m=form 참조.

[espada ropera와 sable]

르네상스기에 스페인에서는 espada ropera '의복용 검'이라 불리는 검이 유행했다. 길이는 대략 1m 정도이고 넓이는 2-2.5cm 정도로 가는 일자 형태이다. 거의 전적으로 찌르는 용도로 개발된 장식용 검이다. 따라서 estoque '찌르기'라고 불리기도 했다. 가벼워서 한 손으로 다루기에 편했고, 부피도 작아 차고 다니기에 편했다. 나름의 멋도 있어서, 스페인 귀족들 사이에서 크게 유행했다. 무기라기보다는 장식품이었지만, 칼은 어디까지나 칼이었다. 여차하면 아무 데서나 뽑아 들고 마구 찔러대자 사회 문제화되었고, 결투가 점차 규칙화되기 시작했다. 이것이 더 발전한 것이 펜싱 경기이다. 지금은 비록 용어 대부분이 프랑스어로 이루어져 있지만, 스페인에서 유래해 유럽 다른 나라들로 퍼져나간 스페인의 유행 품목이었다.[39]

이와 때를 같이하여, 스페인에 sable라는 '칼'이 들어왔다. 본래 어원은 헝가리어인데, 스페인으로는 프랑스어를 통해서 들어왔다.[40] 길이는 약 90cm 정도이며, 한쪽에만 날이 있고 살짝 휜 모양을 한 칼이다. 따라서 espada ropera와는 달리 찌르기보다는 베기에 더 적합한 칼이었다. 기마병이 발달했던 초원의 전사들이 즐겨 쓰던 칼이었다. 본래 스페인은 검이 매우 발달한 지역이었다. 로마 시대부터 셀티베로인들이 즐겨 쓰던 gladius가 있었고, 15세기 대항해 시대에는 톨레도 검이 세계적으

39 유럽 다른 나라로 퍼져나가, 나라마다 자신들에 맞게 변형되었다. 독일의 경우에는 rapier '라피어(영어식 명칭은 '레이피어')'로 발전했으며, 더 길어지고 날을 세운 것도 있다. 아무리 장식용이라 해도, 결투가 벌어지면 찌르는 용도만으로는 제한적이라 살상력을 더한 것이었다.

40 Del fr. *sabre*, este del al. ant. *sabel*, y este del húngaro *szablya*. https://dle.rae.es/sable?m=form 참조.

로 유명했다. espada ropera까지 유행시킨 것도 모자라 이제 sable까지 추가되자, 다혈질의 스페인인들에게 결투는 일상이 되었고 검술은 더 발전했다. 이 당시 스페인 귀족들 사이에서 가장 유행했던 이 esgrima '펜싱'과 equitación '승마'는 점차 유럽 다른 나라들로 퍼져나가 귀족 스포츠의 대명사가 되었다. 스페인이 영향을 받기만 한 것이 아니라 이렇게 주는 것도 있었다.

[pantalones]

pantalón은 프랑스어에서 유입된 용어이다.[41] 그러나 본래 이 어휘는 베네치아에서 프랑스로 전래된 것이라고 한다. 3세기 말경 터키의 니코메디아에 Pantalone '판탈로네'라는 사람이 살았다고 한다. 그의 그리스식 이름은 Pantaleimon인데, '모두를 동정하는 사람'라는 의미라고 한다. 의학을 공부해 갈레리우스 막시미아누스 황제의 어의가 되었다. 그리스도교를 믿다가 303년 순교해 동방 교회에서는 그의 신심을 높이 기려 그를 의학의 수호성인으로 받들었다고 한다. 특히 중세 때 지중해 동부의 무역을 독점하던 베네치아인들이 그를 높이 기려 지중해 곳곳에 알려졌다. 베네치아와 로마에도 그의 이름을 딴 Iglesia de San Pantaleón '성 판탈레온 교회'가 있으며, 스페인의 부르고스 지방에 있는 Ermita de San Pantaleón de Losa '성 판탈레온 데 로사 교회'에는 그가 겪은 6가지 고문과 처형 장면이 성화로 남아 있다.[42]

---

41 Del fr. *pantalon*. https://dle.rae.es/pantal%C3%B3n 참조.

42 13세기 초반에 로마네스크 양식으로 지어진 작은 성당이다. 마을은 발푸에스타에서 북서쪽으로 산자락만 하나 넘으면 있고, 성당은 마을 외곽 산자락에 펼쳐진 들판 한가운데 서 있다.

이 이름이 '바지'와 관련하여 다시 등장하는 것은 16세기이다. Commedia dell'Arte라는 장르의 연극에서 Don Pantaleone '돈 판탈레오네'라는 욕심 많은 베네치아 노인이 등장하는데, 이 사람이 터키식의 긴 빨간 쫄바지를 입고 나온 것이었다. 이탈리아에서는 베네치아인들이 같은 이름의 성인을 특히 숭배하는 것을 알고는 이들을 i pantaloni '바지들'이라고 불렀다고 한다. 유럽에서 이 형태의 옷차림은 프랑스 혁명을 계기로 유행하게 되었다. 프랑스인들은 그전까지는 짧은 바지를 주로 입었는데, 혁명을 겪으면서 길게 입는 것이 유행하게 되었고 이름을 pantalón이라고 부르게 되었다고 한다. 이 용어가 다시 스페인어, 이탈리아어 등으로 유입된 것이다. 처음에는 바지는 남자들의 전유물이었다. 여성들이 입게 된 것은 19세기 말에서 20세기 초의 일이라고 한다. 여성들도 야외에서 승마나 체조 등 운동을 즐길 수 있게 되었고, 활동성이 강한 간편한 복장을 찾게 되었기 때문이었다. 패션으로는 20세기 중반에 가서야 정착되었다.[43]

[sífilis]

성병의 대명사인 sífilis '매독'이 유럽에서 널리 유행하게 된 것은 1494년 프랑스 샤를 8세의 군대가 나폴리를 포위 공격했을 때부터라고 한다. 다국적 용병들로 구성된 샤를 8세의 군대가 이탈리아에서 싸우는 동안에 이 병이 창궐했고, 각기 자기 나라로 돌아가자 삽시간에 유럽 전역으로 퍼져나갔다. 이런 이유로 유럽 여러 나라에서는 이 병을 '프

43 Gil, Juan, *et. al.*(2015:287) 참조.

랑스 병'이라고 하고, 프랑스에서는 '이탈리아 병'이라고 부른다. 통칭으로는 성병을 사랑의 여신인 비너스 여신의 이름에서 따와 enfermedad venérea '비너스 병'이라고도 부른다. 당시에는 특별한 치료 약이 없어 속수무책으로 당할 수밖에 없었으며, 페스트에 버금가는 병으로 간주되었다. 이런 병이 창궐하고 이 어휘가 만들어진 것으로 보아, 당시 이탈리아의 상황이 어떠했을지 짐작할 수 있을 것이다.[44]

이 병의 이름을 처음 sífilis라고 붙인 사람은 베로나의 시인이자 의사인 지롤라모 프라카스토로라고 한다.[45] 1530년에 쓴 Sýphilis sive morbus gallicus '매독 또는 프랑스 병'이라는 시에서 처음 언급했고 후에 자신의 의학서에 기재했다고 한다. 이 시의 주인공 이름이 오비디우스의 Metamorfosis '변신(變身)'에 등장하는 인물에서 따온 Sífilus이다. 아폴로에게 도전했다가 벌로 이 병을 얻게 되었다고도 한다. 그의 이름에 접미사 -is를 붙여 병명을 만든 것이다. 많은 병명이 그리스어 접미사 -is를 갖고 있다.

la amigdalitis 편도선염 → amígdala 편도선, amigdaloide 편도, 복숭아 모양의
la apendicitis 맹장염, ~ aguda 급성 맹장염 → el apéndice 부가물, 돌기, ~ cecal 맹장
la arterioscleritis 동맥경화
la arteritis 동맥염 / la arteria 동맥, arterial 동맥의
la bronquitis 기관지염/ el bronquio 기관지, bronquial 기관지의

---

44 당시 강대국들이 이탈리아를 두고 벌인 패권 다툼에 대해서는 김종범 & 임동현(2018), 제6장 pp.137-147; 허인(2005), 제2장 pp.158-172 참조.

45 http://etimologias.dechile.net/?si.filis 참조.

la carditis 심장염 / el corazón 심장, cardiaco(a) 심장의, cardiólogo(a) 심장전문의

la cefalitis 뇌염/ cefálico(a) 머리 부분의 / la cefalea 만성두

la dermatitis (=dermitis, dermatosis) 피부염/ dermatología 피부병학, dermatológico(a) 피부병의, dermatólogo(a) 피부전문의

la faringitis 인두염

la laringitis 후두염

la meningitis 뇌막염

la mielitis 척수염

la neumonía 폐렴 (=pulmonía)

la neuritis 신경염/ neuralgia 신경통 → neurología 신경학, neurólogo 신경전문의

la neurosis 신경증, 노이로제

la ocultis 안염

la otitis 이염/ ~ interna 내이염, ~ media 중이염, ~ externa 외이염

la parálisis 마비/ ~ infantil 소아마비, ~ cardiaca 심장마비

la rinitis 비염

la tuberculosis 결핵, 폐결핵

13

제13장

황금 세기의 스페인어

13.1. 카를로스 1세의 등극과 'España'

16세기는 스페인이 절정과 몰락을 동시에 경험한 시기이며, 영광과 좌절의 쓰라린 역사가 교차된 시기이다. 1504년 트라스타마라 왕가의 이사벨 여왕이 사망하고 1516년에는 섭정으로 있던 페르난도 국왕마저 사망하자, 그 뒤를 이은 사람은 외손자인 카를로스였다. 당시 카스티야의 왕위 후계자였던 가톨릭 양왕의 장남 후안은 일찍 사망했다(1497년). 장녀 이사벨은 포르투갈 왕실로 시집갔다가 출산 중에 죽었고(1498년), 그녀의 아들 또한 일찍 죽었다(1500년). 그로 인해 차녀인 후아나가 왕위 계승자가 되었다. 그녀는 1496년 신성로마 제국 황제 막시밀리아노의 아들이자 보르고냐 공작인 펠리페와 결혼했으나, 그 또한 일찍 죽었다(1506년). 게다가 본인은 정신 이상 증세를 보여 격리되었다. 따라서 이 후아나의 어린 아들인 카를로스가 카스티야-아라곤의 왕위를 이어

받았으며, 이로써 스페인에서 합스부르크 왕가가 시작되었다.[1]

카를로스는 1500년 벨기에의 겐트에서 태어나 교육을 받았다. 1518년 스페인에 들어올 때도 플랑드르 출신의 행정가와 성직자들을 대거 대동했다. 1519년 조부인 막시밀리아노 황제마저 사망하자, 그는 이제 카를로스 5세라는 이름으로 신성로마 제국의 황제까지 겸하게 되었다. 결국 그는 스페인에서는 카를로스 1세로, 신성로마 제국에서는 카를로스 5세로 불리게 되었다.[2]

아버지 펠리페로부터는 보르고냐 공국을, 할아버지 막시밀리아노로부터는 신성로마 제국을, 할머니인 마리아 데 보르고냐로부터는 플랑드르와 아르투와 공국 등을, 외할아버지인 페르난도로부터는 아라곤-카탈루냐 연합왕국과 나폴리, 시칠리아, 세르데냐 등의 이탈리아 영토를, 외할머니인 이사벨로부터는 카스티야 왕국과 아메리카, 아프리카 일부 영토 등을 동시에 모두 물려받았다. 이제 스페인은 유럽 역사상 최대 제국의 일원이 된 것이었다. 그러나, 유감스럽게도 카를로스 1세의 주된 관심사는 방대한 신성로마 제국의 통합 유지와 유럽 내에서 합스부르크 왕가의 주도권 강화였지, 스페인 경영은 아니었다. 이 방대한 제국의 통합과 주도권 유지를 위해 그는 프랑스, 네덜란드 등뿐만 아니라 각지의 신교도들과도 끊임없이 전쟁을 벌여야 했으며, 여기에 소요되는 전쟁 경비를 마련하기 위해 동분서주해야 했다.

전비 대부분을 부담한 곳은 스페인이었다. 스페인은 이 막대한 전비

---

1 후아나와 당시 스페인의 상황에 대한 자세한 사항은 Fernández Álvarez, Manuel(2003) 참조.

2 카를로스 1세에 대한 자세한 사항은 Vaca de Osma, José Antonio(1999); 카를로스 1세 시대의 스페인에 대한 자세한 사항은 Tuñón de Lara, Manuel, *et. al.*(1991), 제2장 pp.220-229 참조.

를 충당하기 위해 아메리카 개발에 주력했으며, 더 나아가서는 태평양상의 제 군도들을 탐험하기 시작했다. 페르난도 데 마가야네스(영어명 마젤란: 1480-1521)가 세계를 일주한 것도 이 시기이다. 그는 비록 1521년 4월 27일 필리핀 군도의 막탄섬에서 원주민들 간의 전투에 휘말려 사망했지만, 남은 18명의 선원은 사력을 다해 스페인에 귀환함으로써 약 3년 만에 최초로 세계를 일주하게 되었으며, 이후 태평양 항해의 초석을 놓았다.

40년 재위 기간 중 단 16년만을 스페인에 머물렀을 만큼, 당시 스페인은 그의 관심에서 소외되어 있었다. 다만 말년에 동생인 페르난도에게는 신성로마 제국을, 아들인 펠리페 2세에게는 카스티야와 아라곤, 이탈리아와 플랑드르 등을 물려주고 퇴위한 후(1556년), 스페인으로 돌아와 엑스트레마두라의 유스테 수도원에서 사망함으로써(1558년) 스페인에 대한 마지막 애정을 보여주었을 뿐이었다.

역사상 'España'라는 국명은 언제부터 쓰이기 시작했을까? 명확하게 기록된 바는 없으나, 분명한 것은 최소한 가톨릭 공동 왕 때까지는 범선들이 독립 국가로서 카스티야나 아라곤의 깃발을 달고 항해를 했다는 것이다. 그러나 그들의 손자인 카를로스 1세 때부터는 이러한 구분이 사라졌다. 스페인 제국의 역사가 시작된 것이었다. 그것은 이 황제가 태어난 것이 스페인이 아닌 벨기에의 겐트였고, 스페인어도 제대로 구사할 줄 몰랐던 데서 이유를 찾을 수 있을 것이다. 그에게는 카스티야니 아라곤이니 하는 구분은 별 의미가 없는 일이었다. 게다가 1512년 나바라마저 제국에 편입되자 이제는 국제 외교무대에서 단일 국가로 행세하게 된 것이었다.

카를로스의 흔적은 스페인 국기에 등장하는 문장(紋章)에 남아 있다.

국기와 문장의 원형은 전통적으로 전해오던 것을 1785년 카를로스 3세 때 종합해 제작한 것이다. 현재의 형태는 1981년 왕령으로 제정된 것이다. 문장에 들어있는 문양들을 살펴보면 다음과 같다.[3]

맨 위의 왕관은 스페인의 국체가 왕정이라는 것을 표시하는 것이다. 왕관 위의 십자가는 '승리의 십자가'로 아스투리아스 왕국의 알폰소 3세가 코바동가에서 거둔 승리를 기념하여 908년 오비에도의 산살바도르 성당에 기증한 것이다. 아스투리아스의 대표적인 상징물이다.

양옆에 두 개의 기둥이 서 있는데, 이를 '헤라클레스의 기둥'이라고 부른다. 이 기둥에는 각각 plvs와 vltra라는 라틴어 글자가 쓰여 있다. 그리스 신화에 따르면, 헤라클레스가 과제를 수행할 때 이베리아반도 남부를 지나며 땅을 쪼개 두 개의 기둥을 세웠다고 한다. 하나는 지브로올터이고 다른 하나는 세우타이다. 그리고 여기가 세상의 끝이니 '더 이상 나아가지 말라'는 의미의 라틴어 Non plvs vltra 'No más allá'라는

3 사진 출처: *File:Escudo de España (mazonado).svg*, Gobierno de España. Gráficos vectoriales de SanchoPanzaXXI.

글을 써 놓았다고 한다.[4] 선원들에게 '더 이상 배를 타고 나가면 위험하니 나가지 말라'는 의미였다. 훗날 카를로스 1세가 이 상징을 차용하면서 Non을 삭제했다. 오히려 신대륙이 발견되었으니 이제는 미지의 세계로 '더 나아가라'라는 의미이다.[5]

각 기둥 위에 서로 다르게 생긴 왕관들이 놓여 있다. 오른쪽 vltra 기둥 위의 왕관은 맨 위에 큰 왕관과 같은 것으로 스페인 왕국의 왕관이다. 왼쪽 plvs 기둥 위의 왕관은 카를로스 5세가 썼던 신성로마 제국의 황관이다.

가운데 방패 안에는 큰 상징 4개, 작은 상징 2개, 총 6개의 상징이 들어 있다. 이들은 현대 스페인을 형성하는 데 기여한 왕국과 왕가를 가리킨다. 먼저 성은 카스티야 왕국, 사자는 레온 왕국, 붉은색 세로줄 무늬는 아라곤-카탈루냐 연합왕국, 사슬은 나바라 왕국을 상징한다. 현대 스페인의 모체가 된 가톨릭 왕국들이다. 가운데 작은 원 안에는 세 개의 백합이 들어 있는데, 이는 현 스페인 왕가의 조상인 부르봉 왕가의 표시이다. 1701년 프랑스 루이 14세의 손자이자 앙주 공작인 펠리페가 스페인 왕위를 계승함으로써 스페인에서도 부르봉 왕조가 시작되었다. 맨 밑의 작은 과일은 '석류'로 그라나다 왕국을 가리킨다. 1492년 정복될 때까지 이베리아반도에 남아 있었던 마지막 이슬람 왕국이다.

---

4 시기적으로 라틴어가 형성되는 것은 헤라클레스가 활동했던 신화 시대보다 무려 수십 세기 뒤지만, 신들의 일에 함부로 왈가왈부하지는 말자. 신들의 시간과 인간의 시간은 다르니까.

5 본 고에서는 스페인 역사의 황금기에 해당하는 카를로스 1세와 펠리페 2세 치하에 대해서는 Carr, Raymond(2006), 제5, 6장 pp.149-217; 그 이후의 몰락에 대해서는 같은 책 제7장 pp.219-257을 주로 참조했음을 밝힌다.

13.1.1. 페드라사의 프랑스 왕

1515년 프랑스의 프랑수아 1세(1515-1547)가 이탈리아를 침공해 밀라노를 점령했다. 이 전쟁으로 유럽에서 힘의 균형이 깨지자 합스부르크의 카를로스 5세가 개입했다. 1525년에 벌어진 파비아 전투에서 프랑스군을 격파하고 국왕인 프랑스와 1세를 포로로 잡았다. 프랑스는 이탈리아에서 빼앗은 밀라노, 제노바, 나폴리와 프랑스 인근의 부르고뉴, 아르투와, 투르나이, 플랑드르 지방을 잃고, 왕은 마드리드로 끌려왔다. 이때 빼앗은 프랑스와 1세의 검은 전리품으로 스페인에 보관되다가 1808년 나폴레옹 전쟁 때 다시 빼앗겼다. 포로가 된 왕 대신에 두 아들이 인질로 파견되었다. 이들이 억류되어 있던 곳이 바로 Pedraza '페드라사'이다. 1530년 석방될 때까지 약 2년간 포로로 억류되어 있던 곳이다. 이 중 한 명이 훗날 프랑수아 1세의 뒤를 이어 프랑스의 왕이 된 앙리 2세이다.[6]

페드라사는 세고비아에서 북서쪽으로 약 40킬로미터쯤 떨어진 곳에 위치해 있다. 해발 1,070미터쯤 되는 제법 높은 구릉 위에 세워진 마을로 옛 성벽의 흔적이 아직도 남아 있다. 마을의 중앙 광장을 둘러싸고 있는 전통식 2층 가옥들은 카스티야의 원초적인 질감을 그대로 간직하고 있으며 주로 식당이나 카페로 사용되고 있다. 이곳 식당에서 먹는 토속 요리는 별미이다. 토끼, 메추리, 새끼 돼지 등을 이용한 토속 요리는 카스티야 전통의 손맛을 그대로 전해준다. 특히 식당에서 갓 구워낸

6 파비아 전투와 프랑스와 1세의 행적에 관해서는 Vaca de Osma, José Antonio(1999:207-209); Bourassin, Emmanuel(2006:295-296) 참조.

넓적하고 노르스름한 빵의 맛은 영원히 잊을 수 없을 정도로 담백하다. 겉은 바삭바삭하고 속은 촉촉하며 고소한 맛이 일품이다. 광장에서 조금 떨어진 성채는 옛 모습 그대로이며, 그곳에서 아래로 굽어보는 세고비아 지방의 풍경도 장관이다.[7]

13.1.2. 마가야네스와 엘카노

1519년 8월 10일 페르난도 데 마가야네스가 이끄는 5척의 범선이 세비야를 떠났다. 트리니다드호를 기함으로 산안토니오, 빅토리아, 산티아고, 콘셉시온호에 234명의 선원이 나누어 타고 대장정에 올랐다. 항로는 남서쪽이었다. 우선은 콜론의 항로를 따라 카나리아 제도를 거쳐 서쪽으로 가지만, 아메리카에 닿으면 선수를 남으로 돌릴 예정이었다. 목적은 아메리카 어딘가에 있을 '파나마 저쪽의 바다'로 나가는 통로를 찾고 더 나아가 몰루카 제도에 닿는 것이었다. '파나마 저쪽의 바다'란 지금의 태평양을 말하는 것이었다. 이 바다는 이미 1513년 누녜스 데 발보아가 파나마 지역을 탐험할 때 처음 존재를 확인했으나, 이 바다로 나갈 수 있는 통로는 아직 아무도 발견하지 못하고 있었다. 이 통로만 찾으면 서쪽으로 계속 항해해 포르투갈인들과는 반대 방향에서 더 빨리 몰루카 제도에 닿을 수 있으리라고 믿고 있었다. 그렇다면 1494년에 맺은 '토르데시야스 조약'도 무용지물이 되는 것이었다. 야심만만한 항해가들은 이 통로가 반드시 존재한다고 믿고 있었으며, 자신이 꼭 찾겠노

---

7 이 마을의 역사에 관해서는 https://pedraza.info/historia/ 참조.

라고 다짐하며 암암리에 정보를 수집하고 있었다. 그리고 파나마에서 본 서쪽의 대양도 조류와 바람만 잘 타면 며칠 만에 건널 수 있으리라고 생각했다. 문제는 그 통로가 어디에 있느냐 하는 것이었다. 당시에는 이미 아르헨티나 중부 해안지역까지 탐사가 진행되었으나, 아직 아무도 통로를 발견하지 못한 상태였다. 많은 야심만만한 항해가들 가운데는 포르투갈의 선장 마가야네스도 끼어 있었다. 그는 독일의 지도 제작자로부터 지금의 라플라타강이 통로로 표시된 지도를 한 장 얻었다. 엄청나게 넓은 강폭을 바다로 착각한 지도였다. 마젤란은 이 잘못 표시된 지도를 보물 지도라도 되는 양 애지중지했다.[8]

영어식 이름인 '마젤란'으로 널리 알려진 마가야네스의 출생 연도는 정확하게 알려지지 않았으나, 1480년경에 포르투갈에서 태어났다고 한다. 이미 1505년 인도의 부왕 프란시스코 데 알메이다의 함대에 끼어 인도까지 항해한 경험이 있었다. 1512년까지 인도에 머물면서 몰루카 제도의 풍부한 향신료에 대한 정보를 얻었다. 1517년 카스티야로 건너갔다. 일설에 따르면, 인도에서 귀국한 후 포르투갈 국왕에게 봉급 인상과 함대 지휘권 등을 요구했으나 거절당하자 카스티야로 건너갔다는 얘기도 있고, 모로코에서 이슬람교도들과 불법 거래를 하다가 발각되어 포르투갈 당국으로부터 조사를 받게 되자 도주한 것이라는 얘기도 있다. 어쨌든 카스티야에서 국왕 카를로스 1세를 상대로 자신이 갖고 온 지도를 근거로 '통로'를 찾을 수 있다고 설득해 항해 허락을 받아냈다.

---

8 본 절에서 인용한 마젤란의 생애와 항해에 관한 자세한 사항은 Zweig, Stefan(1996); Kay, Bernhard(2003), 제1권은 스페인으로 넘어오기 전까지의 삶에 대해, 제2권은 스페인에서 필리핀까지의 항해 여정에 대해; Bergreen, Laurence(2006)를 참조했음을 밝힌다.

여기에는 투자 가치를 확신한 엔트워프의 상인들도 투자했다.

1519년 8월 10일 세비야를 떠난 함대는 카디스 인근의 산루카르 데 바라메다 항구에서 물과 식량을 싣고 9월 20일 드디어 대장정에 올랐다. 남쪽으로 계속 항해한 함대는 카나리아를 거쳐 12월 리오데자네이로를 거쳐, 이듬해 1월 마침내 라플라타강 유역에 도착했다. 그러나 아무리 상류로 거슬러 올라가도 대양은 나오지 않았다. 오히려 갈수록 강폭이 좁아지고 수심이 얕아지자 결국 포기하고 뱃머리를 되돌려야만 했다. 이곳 역시 통로가 아니었던 것이었다. 이때부터 스페인 선장들의 비난이 빗발치기 시작했다. 여기서부터는 마젤란 자신조차도 앞으로 어떻게 해야 할지 정확히 모르는 상황이 되었기 때문이었다. 선장들은 처음부터 마젤란을 혹시 포르투갈이 스페인의 항해를 훼방놓기 위해 보낸 첩자가 아닌지 의심을 하던 참이었고 국왕조차도 선장들에게 마젤란을 잘 지켜보도록 은밀히 지시해 놓은 터였다. 마젤란은 선원들의 반대를 무릅쓰고 만나는 강마다 탐사대를 보내 확인하면서 계속 남하해 파타고니아 지역으로 들어섰다. Patagonia라는 말은 눈 위에 찍힌 이 지역에 사는 종족의 발자국이 매우 컸다는 데서 유래된 말로, 일행은 이들을 '발이 큰 사람들'이라는 의미에서 patagones라고 불렀다.[9] 마젤란의 탐험을 계기로 생긴 어휘이다. 1520년 5월 산티아고호가 아르헨티나 남단에 있는 산타크루스 강어귀에서 폭풍을 만나 난파되었다. 이 강 역시 통로가 아니라는 사실이 밝혀지자 선상 반란이 일어났다. 이에 마젤란은 일부 주동자들을 파타고니아 눈밭에 버려둔 채 떠났다. 더 남하하자 다시

9 De *patagones*, nombre dado por Magallanes a los tehuelches que habitaron el sur de la Patagonia. https://dle.rae.es/patag%C3%B3n 참조.

좁은 만이 나타났다. 해협은 거칠었다. 거센 눈보라를 뚫고 통과하는 과정에서 산안토니오호가 도주했다. 산안토니오호는 이듬해 5월 6일 세비야로 되돌아갔다. 나머지 배들은 항해를 계속해 좁은 해협에 들어섰다. 파도는 높고 물길은 여기저기로 갈라져 길을 가늠할 수조차 없었다. 물길이 갈리는 곳마다 배를 보내 한곳씩 탐사를 하며 느리게 나아갔다. 11월 28일 마침내 거대한 대양이 눈앞에 펼쳐졌다. 천신만고 끝에 드디어 '통로'를 찾은 것이었다. 1536년 네덜란드의 지도 제작자인 메르카토르는 이 해협을 발견자의 이름을 따 '마젤란 해협'이라고 명명했다.

대양은 세찬 골바람 때문에 파도가 거센 해협과는 비교가 되지 않을 만큼 고요했다. 이에 마젤란은 이 바다를 '고요한 바다'라는 의미에서 Oceáno Pacífico '태평양'이라고 이름 붙였다. Pacífico는 Paz (<Pax '평화')에서 파생된 형용사이다. 누녜스 데 발보아가 파나마에서 그냥 '남쪽 바다'라고만 부른 이 바다는 이제서야 비로소 제대로 된 이름을 얻게 된 것이었다.

마젤란은 남은 세 척을 이끌고 선수를 북서쪽으로 돌려 계속 나아갔다. '고요한 바다'라는 이름에 걸맞게 파도는 잔잔했고 바람은 시원했다. 그러나 그런 행운도 잠시뿐, 일행을 기다리고 있는 운명은 가혹했다. 며칠이면 건널 수 있으리라고 예상했던 바다는 가도 가도 끝이 없는 망망대해였다. 식량은 바닥났고 식수는 썩어갔다. 많은 선원들이 괴혈병으로 죽어갔다. 신선한 과일이나 채소를 먹지 못해 걸린 병으로, 결국 비타민 C 부족으로 인한 것이었으나 당시에는 아무도 그 원인과 처방법을 몰랐다. 가장 큰 고통은 이 항해가 언제 끝날지 아무도 모른다는 것이었다. 새로운 섬 괌을 만나기까지 무려 3개월이나 걸렸다. 이 남반구를 항해하면서 마젤란이 발견한 별자리가 바로 '마젤란 성운'이다. 별자리에도 그의 이름이 남게 된 것이다.

죽음을 눈앞에 둔 1521년 3월 6일 다행히 괌에 도착해 식량과 식수를 얻었다. 이 일대의 섬들을 '마리아나 제도'라고 부르는데, 이는 '성모 마리아'에서 유래한 것이다. 마치 콜론이 긴 항해 끝에 처음 만남 섬을 '산살바도르'라고 이름 지었듯이, 오랜 항해 끝에 마른 땅을 밟게 해준 성모 마리아에게 감사하는 의미에서 붙인 이름이다. 괌은 이 제도에 속해 있는 섬이다.[10] 3월 16일에는 필리핀의 세부섬에 도착했다. 오늘날의 Islas Filipinas '필리핀 제도'라는 이름도 마젤란이 지은 것이다. 당시의 왕세자였던 Felipe에서 따온 것이었다. 여기서부터는 스페인에서 데려온 현지인 통역을 통해 대화할 수 있었다. 항해는 성공하는 듯했다. 그러나 불행하게도 마젤란은 4월 27일 막탄섬에서 원주민 부족들 간의 교전에 휘말려 부하 12명과 함께 전사했다. 함대는 사령관을 잃었고 선원들은 혼란에 휩싸여 우왕좌왕했다. 아무도 밟지 않은 미지의 대양을 항해한 위대한 탐험가 마젤란과 그 함대의 영광은 여기서 끝나는 것 같았다.

이때 등장하는 인물이 엘카노이다. 후안 세바스티안 엘카노(1476-1526)는 바스크의 기푸스코아 지방에서 태어나 어려서부터 항해술을 익혔으며 1509년에는 아르헬 원정대에 참가한 경력도 있었다. 세비야에서 마젤란이 선원을 모집한다는 소식을 듣고 콘셉시온호에 승선하게 된 것이었다.

엘카노는 사령관을 잃고 우왕좌왕하는 일행을 수습해 귀국을 준비했

10 괌(Guam)은 원주민 어인 차모로어로 '고귀한 곳'이라는 의미라고 한다. <Guam, una pequeña joya estratégica del Pacífico>, https://elpais.com/internacional/2017/08/09/actualidad/1502241748_266493.html 참조.

다. 우선 남은 인원이 부족했으므로 범선 세 척 중에서 파손 정도가 가장 심한 콘셉시온호를 세부 앞바다에서 침몰시켜 배의 수를 줄였다. 남은 두 척을 이끌고 몰루카 제도에 들어섰다. 이제부터는 포르투갈의 감시가 번득이는 사지(死地)였다. 허가받지 않은 항해였으므로 포르투갈 선박을 만나는 날엔 향신료를 모두 빼앗기는 것은 물론이고 목숨도 보장할 수 없는 상황이었다. 몰루카 제도에서 다시 트리니다드호가 심하게 파손되어 더 이상 항해를 계속할 수 없게 되자 배를 포기했다. 이제 남은 것은 빅토리아호 한 척뿐이었다. 일행은 엘카노의 지휘하에 빅토리아호에 향신료를 가득 싣고 다시 아슬아슬하게 항해를 계속했다. 천신만고 끝에 희망봉을 돌아 1522년 9월 6일 드디어 산루카르 데 바라메다에 도착했다. 이틀 후인 8일에는 세비야에 입항했다. 엘카노를 포함한 18명의 선원은 1519년 8월 10일 세비야를 출항한 지 약 3년 만에 지구를 한 바퀴 돌아 다시 세비야에 귀환한 것이었다. 진정한 의미에서 역사상 최초로 세계를 일주한 것이었다.

이러한 사실이 고스란히 역사에 남을 수 있었던 것은 마젤란이 뛰어난 기록자를 한 명 데리고 갔기 때문이었다. 그의 이름은 안토니오 피가페타(1491-1534)이다. 그도 세비야에 무사히 귀환한 18명의 선원들 중 한 명이다. 항해 도중 일어난 사건들을 빠짐없이 기록해 정확한 항해일지를 남겼을 뿐만 아니라 틈틈이 기록해 놓은 원주민들의 언어와 생활상을 엮어 『최초의 세계 일주』라는 책도 출판해 인류 문명의 교류와 정신사 발달에 큰 업적을 남겼다.

황제 카를로스 1세는 엘카노의 업적을 기려 〈Primus circumdedisti me〉라는 글이 쓰인 지구본을 문장(紋章)으로 내렸다. 직역하면 '그대는 나(지구)를 최초로 일주했노라'라는 뜻이다. 의역하면 '그대는 나(지구)를 일주한 최초의 인물이다'가 될 것이다. 지구 입장에서 내린 최대의 찬사이다. 생존 귀환자 18명의 이름은 현재 산루카르 데 바라메다 구 시청 벽에 기록되어 있으며, 세비야 대성당에서도 찾아볼 수 있다.

유럽인들 중에서 아메리카 지역의 태평양에 처음 발을 담근 사람은 사실 마젤란이 아니었다. 그에 앞에서 이미 1513년 9월 25일 누녜스 데 발보아가 파나마 지협 저쪽에 거대한 바다가 있음을 목격했다. 원주민들에게서 들은 정보에 따라 대서양 연안에서 내륙으로 들어가 산 정상에서 이 바다의 존재를 직접 확인한 후, 부하들을 이끌고 계속 전진해 태평양 해안의 투마코에 도착했다. 여기서 배를 타고 나가 리카섬을 탐사했다. 이때는 본격적인 항해가 아니라 작은 돛배와 카누를 타고 연안을 둘러본 정도였으나, 어쨌든 유럽인들 중에서 지금의 태평양에 첫발을 담근 사람이 되었다. 당시에는 그냥 '남쪽 바다'라고만 불렀다. 아직 '태평양'이라는 이름이 없던 시절이었다.

스페인 탐험가들에게는, 콜론이 발견한 땅이 인도가 아닌 것으로 밝혀진 이상, 인도로 갈 수 있는 새로운 길을 찾아야만 하는 숙제가 남겨져 있었다. 이제 이 '남쪽 바다'의 존재가 확인된 이상, 이 바다로 나갈 수 있는 통로를 찾는 일이 급선무로 떠올랐으며, 천신만고 끝에 이를 찾아낸 사람이 바로 마젤란이었던 것이다. 항해의 동인은 라플라타강 하구를 통로라고 잘못 표시된 지도를 진짜라고 믿었던 것이었지만, 그의 불굴의 집념은 결국 진짜 통로를 발견하고 더 나아가 역사상 최초로 태평양을 횡단하는 '위대한 항해'를 가능하게 해주었다.[11]

---

11 마젤란의 항해를 계기로 바람과 조류만을 이용해서도 남미와 폴리네시아 사이의 교류가 가능하다는 주장이 제기되었다. 이 교류 관계를 증명하기 위해 1947년 노르웨이의 탐험가인 토르 헤예르달

13.1.3. 유스테 수도원

카를로스 1세는 1556년 신성로마 제국은 동생인 페르난도에게, 스페인과 아메리카, 플랑드르 등은 아들인 펠리페에게 물려준 후 스페인 카세레스 지방의 쿠아코스 데 유스테에 있는 수도원에 은거했다. 1558년 9월 죽기 전 약 1년 반 정도 이 수도원에 머물렀으며 죽은 후에도 이곳에 묻혔다.[12]

왜 대제국의 황제가 많은 시설 좋은 요양원들을 놔두고 이 작은 마을의 수도원에 은거한 것일까? 얼핏 납득하기 어려운 일이라 이에 대해서 뒷말이 무성하다. 퇴위 후 찾은 이곳은 지금도 작은 산간 마을로, 황제와 수행원들이 머물만한 시설이 갖추어진 곳은 아니었다. 말라리아로 추정되는 병을 치료하기 위해서 공기 좋고 쾌적한 곳을 골랐다고는 하지만, 마드리드에서 가까운 곳에도 그 정도 조건을 갖춘 곳은 얼마든지 있었을 것이다. 더구나 치료와 요양을 위해서라면 비교적 대도시에서 가까운 곳을 고르는 것이 더 좋았을 텐데, 왜 하필 이 먼 곳을 택한 것

이 이끄는 일행 총 6명이 발사 통나무를 엮어 만든 뗏목을 타고 페루에서 남태평양 폴리네시아의 투아모투 제도에 있는 라로이아 환초까지 항해했다. 이 뗏목의 이름은 <Kon Tiki>로, 잉카 제국의 '태양신'인 비라코차의 다른 이름이다. 고대의 방식으로 만든 뗏목을 타고 바람과 조류만을 이용해 항해했다. 4월 28일부터 8월 7일까지 101일 동안 약 7,000km를 무동력으로 항해해 목적지에 도착했다. 남아메리카에서 바람과 해류만을 타고도 폴리네시아까지 갈 수 있다는 사실이 확인됨으로써 남아메리카의 문명이 태평양 여러 섬에 영향을 주었다는 설도 힘을 얻게 되었다. 그러나 해안에서 조류를 타기 위해 80km 정도 예인된 후 항해를 시작한 것과 이후의 고고학적 발굴 성과로 인해 아메리카 원주민들의 폴리네시아 이주설은 반론에 부딪혔다. 해안에서 곧바로 해류를 타면 북태평양 쪽으로 떠밀려가며 발견되는 유적들 모두가 아메리카 기원설을 뒷받침하는 것은 아니기 때문이라고 한다. <콘티키호>의 항해에 대해서는 Heyerdahl, Thor(1950) 참조.

12 후에 왕실 전통에 따라 엘에스코리알 궁으로 이장되었다. 이 수도원에 대한 자세한 사항은 https://www.revistaiberica.com/monasterio-de-yuste/ 참조.

이었을까? 공식적으로 발표된 이유치고는 뭔가 석연치 않은 구석이 있을 것 같았기 때문에 아마도 이런저런 뒷이야기가 나온 듯하다.

그는 죽기 직전에 작성한 유언장에서 숨겨둔 아들이 있음을 밝혔다. 바르바라 블롬베르크라는 독일 여인의 몸에서 태어난 후안 데 아우스트리아이다. 펠리페 2세의 이복동생으로 훗날 레판토 해전에서 가톨릭 연합함대를 이끌고 오스만투르크의 함대를 격파한 인물이다. 일설에 의하면 황제가 바르바라를 처음 만난 곳이 바로 이 수도원이었고 후안도 이 수도원에서 태어났다고 한다. 그러나 황제가 이 수도원에 실제로 갔었는지, 갔다면 왜 갔었는지는 답을 찾을 길이 없다. 아마도 황제가 이런 후미진 곳에 묻힌 데에는 뭔가 그럴 만한 이유가 있지 않았을까 하고 후세인들이 추측해서 지어낸 이야기일 가능성이 크다. 공식적으로, 바르바라를 처음 만난 것은 1546년 제국회의가 열렸던 레겐스부르크이며 이듬해 후안이 태어난 것으로 되어 있다. 바르바라는 1551년 황제와의 내연 관계를 숨기기 위해 다른 남자와 결혼했다. 1569년 홀몸이 되자, 펠리페 2세는 알바 공작의 요청에 따라 후안의 모친 자격을 인정해 연금을 지급했다. 1577년 칸타브리아에 와서 살다가 1597년 사망했다.[13]

---

13 바르바라 블롬베르크와의 관계에 대한 내용은 Vaca de Osma, José Antonio(1999:343-345) 참조. 인터넷 자료로는 Real Asociación Española de Cronistas Oficiales, <Conocemos el rostro de Bárbara Blomberg Loham, madre de Don Juan de Austria, Jeromín de Leganés>, http://www.cronistasoficiales.com/?p=62945; Emilio Lozano Mateos(1968), <Noticias documentales sobre Bárbara Blomberg>, https://es.slideshare.net/MartnSainzTrapagaCas/barbara-de-blomberg-biografia-completajpg; El Diario Montañés(26 de diciembre de 2007), <Bárbara Blomberg, invitada de honor>, https://www.eldiariomontanes.es/20071226/region/invitada-honor-20071226.html 등 참조.

어쨌든 황제는 이름 없는 작은 산간 마을의 수도원에서 조용히 생을 마감했고 바르바라는 칸타브리아에 묻힌 걸 보면 살아생전이든 죽어서든 그다지 서로 애틋한 감정을 간직하고 있지는 않았던 것 같다. 이유야 어쨌든 황제는 이름 없는 작은 마을의 수도원에 은거함으로써 세인의 궁금증을 자아냈고, 이 수도원은 역사에 이름을 남기게 되었다.

13.2. 종교개혁과 반종교개혁

13.2.1. 유럽의 종교개혁

종교개혁이란 16세기 로마 가톨릭교회의 지나친 세속화와 타락에 반발해 가톨릭으로부터 이탈하여 프로테스탄트 교회를 세운 교회 개혁 운동을 일컫는 말이다. 로마 가톨릭교회는 아비뇽 유수(1309-1377) 이후 급격하게 쇠퇴의 기미를 보였다. 특히 교황 알렉산더 6세(1492-1503) 이후 교황들의 세속적 타락과 부패는 도가 지나쳐 자성과 개혁의 목소리가 힘을 얻었다. 특히 레오 10세(1513-1521) 때 성 베드로 대성당 개축 비용을 마련하기 위해 면죄부를 남발한 것이 기폭제가 되었다.[14]

15-16세기 독일 지역은 정치적으로 매우 혼란한 상태에 있었다. 962

14 종교개혁의 역사에 관해서는 Collinson, Patrick(2013); 김홍기(2004) 참조.

년 동프랑크의 오토 대제가 신성로마 제국의 황제 자리에 올랐으나, 줄곧 지방 영주들의 힘이 막강해 단일 국가라기보다는 제후국들의 연합체 성격이 더 강했다. 북부를 대표하는 것은 프로이센이었고, 남부를 대표하는 것은 바이에른과 오스트리아였다. 그러나 그 사이사이에 많은 자치 도시, 주교령, 공국 등이 산재해 있었다. 지방 분권화가 고착된 것이었다. 1438년 오스트리아의 합스부르크가가 황제권을 계승했으나 국가의 통일은 요원한 상태였다. 국내적으로는 황제와 영주들 사이에 또는 영주들끼리 주도권 다툼이 끊이지 않았고 대외적으로는 지역마다 교황청과의 정치-경제적 이해관계가 서로 얽혀 있어 상황을 더욱 복잡하게 만들었다. 그 와중에 1517년 독일의 마르틴 루터(1483-1546)가 교황청의 면죄부 판매에 반대해 95개 조의 반박문을 발표한 것이 도화선이 되어 종교개혁의 열풍이 독일 지역을 휩쓸기 시작했다. 종교개혁을 계기로 각국은 정치적으로 독자적인 길을 걷기 시작했다. 이후 종교개혁의 열풍은 츠빙글리와 칼빈 등에 의해 전 유럽으로 확산되었다.[15]

본격적인 종교개혁은 1517년 독일의 마르틴 루터에 의해서 비롯되었으나 그 이전에도 개혁의 선구자로 불리던 사람들이 있었다. 그 대표적인 인물로는 성서를 프랑스어로 번역해 민중들 사이를 파고든 프랑스의 피에르 발도(1140-1217), 영국의 존 위클리프(1320-1382), 보헤미아의 얀 후스(1369-1415), 이탈리아 피렌체의 지롤라모 사보나롤라(1452-1498) 등을 들 수 있다.

15-16세기 프랑스는 발루와 가문의 통치기였다. 발루와 가는 부르봉

---

15 마르틴 루터(2019); 김덕영(2017); Christin, Olivier(1998) 참조.

가와 마찬가지로 카페 왕조의 한 지파이다. 1328년 카페 왕조 적통의 대가 끊기자, 사촌인 펠리페 6세가 왕위에 오름으로써 발루와 왕조가 시작되었다.

이 시기 프랑스는 영국과 백년전쟁(1337-1453)을 끝마친 지 얼마 되지 않은 상황임에도 불구하고, 연이어 이탈리아에서는 신성로마 제국의 카를로스 5세와, 국내에서는 위그노들과 전쟁을 치름으로써 국력을 소진하던 때였다. 특히 프랑스와 1세(1515-1547)는 밀라노를 침공했다가 합스부르크 가의 카를로스 5세에게 파비아 전투에서 패해 포로가 되기도 했었다. 곧이어 가톨릭파와 위그노파 사이에 종교전쟁(1562-1598)이 벌어졌다. 이처럼 15-16세기 프랑스는 아직 왕권이 확립되지 못하고 국내의 정정이 매우 불안하던 시기였다.[16]

프랑스의 종교개혁은 칼빈의 영향으로 거세졌다. 그 이전의 개혁주의자들로는 성서를 프랑스어로 번역해 민중들 사이를 파고든 프랑스의 피에르 발도, 르 페브르, 파렐 등의 인문주의자들이 있었다. 1521년 루터파가 이단으로 판정되고 개혁주의자들이 탄압을 받자 파렐은 제네바로 피신했다. 여기서 칼빈(1509-1564)을 만나 함께 개혁 운동을 이끌었다. 프랑스의 칼빈주의자들은 Huguenot '위그노'라 불린다.[17] 이들은 개혁교회를 설립하고 교세를 확장했다. 왕권신수설을 부인하고 절대왕정을 비판했다. 1530년대에 이르러 이들에 대한 박해가 격화되었다. 앙리 2세

---

16 프랑스의 중앙집권화는 대체로 1598년 부르봉가의 앙리 4세(1598-1610)가 등극하면서 시작되었으며, '태양왕'이라고 불리는 루이 14세(1643-1715) 때에 이르러 절정에 달했다고 본다.

17 '위그노'의 어원에 대해서는 여러 가지 설이 제기되고 있지만, 정확하게 밝혀진 것은 없다. 여기서는 스페인어의 어원이 아니므로 깊이 다루지 않는다.

는 수천 명의 위그노를 처형했다. 1562년 일명 '위그노 전쟁'이 발발했다. 약 8년간에 걸쳐 구교와 신교 사이에 세 차례 큰 전투가 벌어졌으며 구교의 승리로 끝났다. 1572년 8월 24일에는 일명 '바르톨로메 축일 학살 사건'이 벌어졌다. 바르톨로메 성인의 축일에 전국적으로 수만 명의 위그노들이 학살당한 사건이었다. 1598년 앙리 4세가 즉위해 위그노들에게 종교의 자유를 허용하는 '낭트칙령'을 발표했다. 개혁이 성공하는 듯했으나 국왕은 교황청의 자객에 의해 암살당했다. 이후 루이 13세와 루이 14세가 등장하면서 절대왕정이 복구되고 1685년 낭트칙령이 폐지되면서 위그노들에 대한 종교탄압이 더욱 거세졌다.

15-16세기 영국도 이와 비슷하게 심한 내부 갈등을 겪고 있었다. 1453년 프랑스와의 백년전쟁이 끝난 후, 1485년부터 플란타지네트 왕조에 이어 튜더 왕조가 시작되었다. 헨리 8세(1509-1547)는 수장령을 반포하여 로마 교황청과 종교적, 정치적으로 날카롭게 대립했다. 내부적으로도 가톨릭파와 국교도 간에 갈등이 증폭되었다. 국교도인 엘리자베스 여왕(1558-1603)은 가톨릭교도이자 자신의 사촌이며 후계자이기도 한 메리 스튜어트를 처형했다. 이를 계기로 스페인과 전쟁이 벌어졌다. 펠리페 2세의 무적함대를 물리친 후 중앙집권화에 성공했다. 종교적으로는 로마 교황청과 절연하고 독자적으로 국교의 길을 걸었다. 그러나 영국에서도 14세기 말 존 위클리프(1320-1382)를 중심으로 교회 개혁운동이 일어났다. 후에 칼빈의 개혁 사상이 들어와 영향을 미쳤다. 영국의 신교도들은 Puritan '청교도'라고 불렸다.[18] 1559년 엘리자베스 여왕

18 이들은 일상생활에서는 사치와 낭비를 배격하고 근면을 강조하였고 도덕적 순수성을 추구하였으며, 종교적으로는 기존의 인위적인 권위를 부정하고 성경에 기초한 전통 복음주의를 지향했다. 이

이 내린 통일령에 반발해 박해를 받았다. 1660년 이들은 결국 정치적 탄압을 피하고 종교의 자유를 찾기 위해 새로운 대륙으로 이주했다.

13.2.2. 스페인의 반종교개혁과 종교재판소 설치

스페인은 1492년 이슬람교도들을 몰아내고 반도를 통일한 이래, 로마 교황청과 계속 우호적인 관계를 유지하고 있었다. 전통적으로 로마 가톨릭이 뿌리 깊게 정착해 있었고, 이슬람교도들과 수백 년간 재정복 전쟁을 벌임으로써 로마 교황청과는 매우 긴밀한 관계를 맺고 있었다. 재정복 전쟁은 곧 가톨릭과 이슬람 간의 종교전쟁, 즉 '성전(聖戰)'이었기 때문이었다. 스페인의 종교적 정체성은 가장 신뢰할 수 있는 가톨릭의 일원으로서 이 성전의 선두에 서서 싸워오는 과정에서 완성되었다고 해도 과언이 아니다. 15세기 말, 수 세대를 이어 거주하고 있는 이슬람과 유대 후손들에 대한 처리 문제가 아직 마무리되지 않은 상황이었으므로 분위기상 종교개혁의 목소리가 나오기가 매우 힘든 상황이었다. 이런 이유로 유럽에서 거의 유일하게 스페인만이 종교개혁의 무풍지대로 남아 있었다.[19]

이런 와중에서 주변 국가들로부터 종교개혁의 열풍이 다가오자 오히려 반종교개혁의 선봉이 된 것은 어찌 보면 자연스러운 일이었다. 이제는 이단과의 전쟁이 시작된 것이었다. 이교도들과 종교전쟁을 갓 치른

런 의미에서 puritan '청교도'란 말은 '지나치게 깨끗한 척한다'는 비아냥에서 비롯되었다고 한다.

19 Mühlem, Karl-Heinz zur(2003) 참조.

마당이라 그런지 가톨릭에 반하는 이단 또는 이교적 발언이나 행위는 철저한 감시와 탄압의 대상이 되었다. 종교적 관용을 얘기하기에는 사회 분위기가 지나치게 경직되어 있었다. 주변 국가들이 종교개혁의 열풍에 휩싸이면 휩싸일수록 반종교개혁의 기운은 세져만 갔다. 마치 14세기 알모라비데와 알모아데가 점령했던 코르도바로 되돌아간 느낌이었다. 과거에는 이교와 싸웠다면 이제는 이단과 싸워야 한다는 사명감과 긴장감이 퍼져나갔다. 수 세기 동안 지켜온 종교적 정체성을 사수해야 한다는 비장함마저 감돌았다. 종교적 광신주의가 고개를 쳐들기 시작한 것이었다. 누가 언제 불을 당기느냐 하는 문제만 남아 있었다.[20]

1478년 마침내 Inquisición '종교재판소'가 설치되었다.[21] 이단을 심문하는 것이 주목적이었다. 1492년 3월 가톨릭 공동 왕은 이슬람교도들과 유대교도들에게 개종을 하거나 스페인을 떠날 것을 명령했다. 수십만 명의 유대인이 스페인을 떠났다. 이들의 갑작스러운 이산으로 스페인은 심각한 경제 위기를 맞았다. 이슬람교도들은 북아프리카로 돌아갔고 스페인을 떠난 유대인들은 유럽 다른 나라로 뿔뿔이 흩어졌다. 그중에 많은 수가 북아프리카로 건너갔거나 중동, 포르투갈, 프랑스 등으로 이주했다. sefardí라 불리는 이 유대 공동체는 자신들이 쓰던 말, 즉 15세기 스페인어의 잔재를 많이 간직하고 있다. 아직도 이들의 언어는 고형

---

20 종교개혁의 갈등 여파는 교리나 정치 분야에만 국한된 것이 아니었다. 16세기 르네상스와 17세기 바로크 화가들 역시 이 분위기에서 자유로울 수 없었다. 미술계에서의 투쟁에 대해서는 신형준(2007) 참조. 이 책에서는 미켈란젤로, 티치아노, 틴토레토 등 이탈리아 거장들뿐만 아니라 스페인의 엘 그레코, 리베라, 수르바란 등 스페인 화가들까지 망라해 그들의 작품에 담긴 당시의 종교적 열망과 투쟁의 분위기를 다루고 있다.

21 Netanyahu, Benzion(1995) 참조.

을 많이 간직하고 있어서 스페인 고어를 연구하는데 귀중한 자료를 제공해 주고 있다.[22]

종교재판은 이단 심문이라는 이름으로 이미 로마 시대부터 존재하고 있었다. 콘스탄티누스 때 가톨릭이 공인된 이후 초기 교회에서는 교리 논쟁이 극심했다. 정통과 이단을 가리기 위해 종교회의나 공의회 형식으로 자주 논쟁이 벌어졌다. 중세 때는 대표적으로 남프랑스에서 카타리파를 말살하거나 탬플 기사단을 박해할 때 힘을 발휘했다. 따라서 스페인의 종교재판소가 사상 처음으로 만들어진 것도 아니었고 생소한 것도 아니었다. 단지 스페인의 경우에는 이교도와 싸웠다는, 또는 아직도 싸우고 있다는, 특수성을 내세워 교황청의 영향력을 배제한 채 국왕 직속으로 설치된 것이 특이한 예일 뿐이었다. 결국 수백 년간 정권 또는 스페인 교회의 입맛에 따른 자의적인 판결이 많아 '마녀사냥'이라는 오명을 쓰게 되었다. 산타 테레사 데 헤수스가 고발당하고 프라이 루이스 데 레온이 구속되는 등 많은 정상적인 종교인들과 작가들이 검열을 당하거나 구속되는 등 고초를 겪었다. 1812년 카디스 의회에서 해체가 공식 결의되었으나 실현되지 못하다가 1834년 이사벨 2세 때 가서야 최종 해체되었다.[23]

22 이들의 언어를 judeoespañol이라고도 부른다. 이에 관한 연구는 Lleal, Coloma(2007), <A propósito de una denominación: el judeoespañol>, http://www.cervantesvirtual.com/portales/lengua/obra/a-propsito-de-una-denominacin-el-judeoespaol-0/; Lapesa, Rafael(1981), XVI <El judeo-español> pp.524-534 참조. 유대인들의 개종과 추방에 대해서는 Roth, Norman(1995) 참조.

23 스페인의 종교재판소에 대한 자세한 사항은 이은해(2010:55-81) 참조.

13.2.3. 르네상스기의 두 거장

13.2.3.1. 산타 테레사 데 헤수스

1515년 아빌라에서 태어났다. 어려서부터 신심이 돈독했던 테레사는 19세 되던 해에 카르멜 수도원에 들어갔으며, 산 후안 데 라 크루스와 함께 수도원의 개혁 운동을 주도했다. 이 수도회는 침묵, 절식, 기도 등을 통한 정신 수양을 중시하는 관상 수도회이다. 따라서 많은 신비 사상가가 배출되었다. 그녀는 경건한 기도를 통해 신에게 다가갈 것과 초기 교회의 청빈한 생활로 돌아갈 것을 주창하며 개혁 운동을 벌였으며, 카르멜 수도원의 한 지파로 '맨발의 카르멜 수도원'을 세웠다.[24] 신비 체험과 이를 기록한 서적, 특히 『Libro de su vida』 '나의 삶'으로 인해 종교재판소에 고발당하기도 했다. 세속에 물든 무지한 종교 재판관들은 그녀의 깨달음의 경지를 감히 짐작조차 하지 못했다. 1582년에 사망했다. 그녀의 신비 체험은 지안 로렌초 베르니니의 『El Éxtasis de Santa Teresa』 '산타 테레사의 환희'에 잘 표현되어 있다. 바로크 양식의 대리석 조각품으로 1647-1651년 사이에 만들어졌으며, 현재 로마의 산타 마리아 델라 비토리아 교회에 보관되어 있다. 1970년 교회박사로 추증되었다.

그녀가 쓴 작품에는 당시 대중들이 쓰던 어휘와 표현들이 많이 포함

---

24 스페인어로는 Orden de Carmelitas Descalzos이다. 이는 12세기 이스라엘에 있는 카르멜산에서 설립된 Orden de Nuestra Señora del Monte Carmelo '카르멜산의 성모 마리아 수도회'의 한 지파이다. Karm-El은 셈어로 '신의 포도밭'이라는 뜻이라고 한다.

되어 있는 것으로 유명하다. 그만큼 대중들과 호흡하며 기도했고, 깨달음이라는 것이 반드시 먼 곳에 있는 것이 아니라는 것을 몸소 보여주었다. 박학다식함에 있어서는 둘째가라면 서러워할 수준이었지만 곡식이 익을수록 고개를 숙이듯 자신의 유식함을 뽐내지 않고 대중들의 눈높이에 맞춰 담담한 문체를 사용했다. 그녀의 문체는 매우 구어체적이며 수사적 표현이 배제되어 있는 것이 특징이다. 종교적으로 엄숙하거나 난해하지 않고, 마치 옆 사람과 이야기하듯이 친근감을 느낄 수 있다.[25] 이는 자신이 겪은 신과의 합일에서 오는 기쁨과 환희를 모든 사람들과 나누고 싶다는 소박한 의지가 담겨 있기 때문으로 해석된다. 그녀가 했다는 유명한 말이 "escribo como hablo '나는 말하는 것처럼 쓴다'"이다. 그만큼 당시의 스페인어를 살펴보기에 좋은 자료를 제공해 주고 있다.[26]

[Mis primos hermanos] Eran casi de mi edad, poco mayores que yo; andábamos siempre juntos, teníanme gran amor; y en todas las cosas que les daba contento, los sustentaba plática y oía sucesos de sus aficiones y niñerías, no nada buenas; y lo que peorfue mostrarse el alma a lo que fue causa de todo su mal. Si yo hubiera de aconsejar, dijera a los padres que en esta edad tuviesen gran cuenta con las personas que tratan a sus hijos; porque aquí está mucho mal, que se

---

25 권미선 외(2008:160-161) 참조.

26 『Libro de su vida』를 처음 쓴 것은 1562년이지만 원본은 전하지 않으며, 1565년에 다시 쓴 것으로 알려져 있다. 본 절에서 인용한 원문은 Jesús, Santa Teresa de(1972), Cap. II, p.119에서 발췌한 것임을 밝힌다.

va nuestra natural antes a lo peor, que a lo mijor.[27]

[한국어 해석][28]

그들[사촌들]은 나보다 조금 많은 거의 내 나이 또래였습니다. 우리들은 항상 함께 다녔습니다. 그리고 나를 무척이나 사랑했습니다. 나는 그들이 원하는 모든 짓을 해서 그들을 기쁘게 해주려고 노력했습니다. 덕이 되지 않은 온갖 유치한 짓과 그들이 좋아하는 것들을 말하고 들었습니다. 더욱 나쁜 것은 나의 영혼을 모든 악의 근원에 노출시켰다는 것입니다. 제가 지금 감히 이 세상 부모님들에게 부탁을 드린다면 그 당시 제 나이 때에는 자녀들과 접촉하는 사람들에게 제발 신경을 많이 써달라는 것입니다. 왜냐하면 아직 그 나이에는 좋은 일보다는 나쁜 일에 본능적으로 더 빨리 적응되기 때문입니다.

13.2.3.2. 후라이 루이스 데 레온

성 아구스티노 수도회의 수도사이자 시인이다. 1527년 쿠엥카 지방의 벨몬테에서 태어났다. 14세에 살라망카로 와 Escuelas Menores '고등학교'에서 신학과 철학을 공부했다.[29] 1543년 성 아구스티노 수도회

27 mijor는 mejor의 오타인지 산타 테레사의 평소 말투를 그대로 쓴 것인지 확인할 수 없어, Colección "Sepan Cuantos", v.50(1972년판), p.119에 따라 mijor 그대로 표기한다.

28 한국어 해석본은 권미선 외(2008:165)에서 발췌했음을 밝힌다.

29 글자 그대로 번역하면 '소학교'가 되는데, 이는 우리의 '초등학교'와 혼동되므로 그 수준과 역할에 따라 '고등학교'로 번역했다. 이곳을 졸업하면 bachiller가 되었는데, 당시에는 현재의 '학사' 또는 그 이상의 가치가 있었다. 그 위의 대학교(학부와 박사과정)는 Escuelas Mayores에서 불렀다. 학부를 졸업하면 licenciado (학, 석사)가 되었는데 매우 드물었고, 박사는 더 드문 시절이었다.

에 들어가 철저한 금욕과 기도로 내면의 수양을 쌓아나갔다. 교리 해석상의 이견으로 기존 교수들과 마찰을 빚기도 했다. 1572년 3월부터 1574년 12월까지 거의 3년 가까이 성경, 그중에서도 Cantar de los cantares '시편'을 허락 없이 속어로 번역했다는 죄목으로 바야돌리드 감옥에 투옥되었다. 옥중에서 지은 시들이 살라망카에서 크게 유행해 그를 따르는 '살라망카 학파'가 결성되기도 했다. 출소 이듬해 철학 교수에 임용되었다. 그러나 다시 과거에 기소되었던 성경의 속어 번역 죄목에다 구약을 Vulgata '라틴어판 성경'이 아닌 히브리어판으로 읽었다는 혐의가 추가되어 종교재판소에 고발당했다. 5년 동안 투옥되어 재판을 받았으나 무죄로 판명되어 풀려났다. 일설에 따르면, 출옥 후 첫 수업에 들어가서 한 첫 마디가 "Como decíamos ayer '우리가 어제 말했듯이'"였다고 한다. 그의 탈속한 면모를 단적으로 보여주는 일화이다.[30] 1591년에 사망했다.

그의 정신세계는 시로 표출된다. 조용히 묵상하며 내면을 침잠시켜 정신적 평온과 안식을 추구하며 끊임없는 기도로 종교적 완성을 추구하는 스타일이다. 『Al salir de la cárcel』 '감옥에서 나오며'라는 제목의 아래 시는 감옥에 있는 동안에 쓴 것이라고 한다. 내면의 깊은 고요를 느낄 수 있는 시이다.[31]

---

30 이 말의 진위 여부는 확인하기 어렵지만, 그에 관한 유명한 일화 중 하나이다. 산 후안 데 라 크루스도 그의 학생이었다니 대단한 스승이었던 것만은 사실인 것 같다. https://verne.elpais.com/verne/2019/02/19/articulo/1550600730_539647.html 참조.

31 Alonso, Dámaso & Galvarriato de Alonso, Eulalia(1966), 『Primavera y flor de la literatura española』, Tomo I, p.308에서 발췌.

Aquí la envidia y mentira	시기와 거짓이
me tuvieron encerrado.	나를 여기에 가두었구나.
¡Dichoso el humilde estado	추악한 세상에서
del sabio que se retira	벗어난 현자의
de aqueste mundo malvado,	소박한 삶, 이 얼마나 행복한가!
y, con pobre mesa y casa,	보잘것없는 식사와 잠자리지만,
en el campo deleitoso,	기쁨 가득한 마당에서
con sólo Dios se compasa	오직 신과 함께 거닐고,
y a solas su vida pasa,	단둘이서만 지내네,
ni envidiado, ni envidioso!	시기 받지도 않고, 시기하지도 않으며!

그가 타파하고자 했던 것은 기존 신학자들과 성직자들의 자구에만 얽매인 교리 해석과 탐욕, 형식주의였다. 아빌라의 산타 테레사를 특히 존경했던 이유도 종교에서 무엇보다도 중요한 것은 외적인 형식이나 과시보다는 기도와 내적인 깨달음이라고 보았기 때문이었다.

기존의 완고한 신학자들과 종교재판소의 재판관들은 깨달음의 깊이가 다른 그의 경지를 제대로 평가할 안목이 없었고, 그의 심오한 시 세계를 이해하지도 못했다. 그를 단지 괴설과 감언이설로 젊은이들을 현혹하고 기존 질서와 권위에 도전하려는 이단아 정도로만 폄하했던 것이었다. 따라서 그는 죽을 때까지 종교재판소의 감시를 받아야 했다. 죽은 후에는 살라망카에 묻혔다. 현재 그의 동상은 Patio de Escuelas '대학 안뜰'에서 살라망카대학교 본관의 Fachada '파사드'를 마주 보고 서 있다.[32]

32 fachada란 '건물의 정면 외벽'을 가리키는 말인데, 인터넷상에서는 주로 프랑스어 façade (영어

13.3. 펠리페 2세 치세의 스페인

13.3.1. 엘 에스코리알 궁전 건설

스페인의 정치적 황금기는 펠리페 2세(1556-1598) 때 절정에 달했다. 그는 등극하자마자, 부왕 시대 때 흐트러져 있던 관료 조직을 정비하고 국가 질서 수립에 나섰다. 1516년 의회를 톨레도에서 마드리드로 옮겨 왕국의 면모를 일신했다. 유럽 내에서의 정치적 우위를 유지하기 위해 해군력을 증강했으며, 내적으로는 신교 세력의 침투에 대비해 가톨릭을 적극적으로 보호하고 장려해 종교적 통합을 꾀했다. 대외적으로는 스

facade)를 발음 그대로 써서 '파사드'라고 표기하고 있다. 이에 따라, 국립국어원 사전에서는 검색되지 않지만, 여기서도 '파사드'라고 쓴다. fachada의 어원은 Adapt. del it. *facciata*, y este der. de *faccia* 'cara'이다. https://dle.rae.es/fachada?m=form. 16세기의 스페인 문법과 프라이 루이스 데 레온의 작품 세계에 대한 자세한 사항은 Álvarez Aranguren, Lucio(1989) 참조.

페인의 위상을 지키기 위해 부왕 때와 마찬가지로 프랑스, 영국, 네덜란드, 포르투갈 등 주변 여러 나라와 끊임없는 전쟁을 치렀다. 특히 프랑스와는 부왕 때 이미 다섯 차례에 걸쳐 전쟁을 치른 바 있었으며, 대를 이어서도 계속되었다.[33]

프랑스와의 전쟁은 1557년에 벌어진 산 킨틴 전투에서 승리함으로써 일단락지었다. 1556년 프랑스는 교황청과 연합해 알바 공작이 부왕으로 있는 나폴리를 공격했다. 이에 펠리페 2세는 이듬해 사보야의 마누엘 필리베르트 공작에게 프랑스에 반격을 가하도록 지시했다. 그 결과 1557년 8월 플랑드르에 주둔 중인 스페인군은 프랑스로 진격해 파리 북부의 산 킨틴에서 대승을 거두었다. 이로써 장기간의 전쟁을 종식함과 동시에, 이탈리아에서 프랑스 세력을 완전히 몰아내는 데 성공했다.[34]

이 전쟁에서의 승리를 기념해 마드리드 근교의 엘 에스코리알에 별궁을 건립했다(1563-84). 이 궁전은 '산 로렌소 엘 레알'이라는 이름의 수도원을 겸하고 있다. 전투에서 승리한 날인 8월 10일이 산 로렌소 성인의 축일이었기 때문에 수도원의 이름을 이 성인에게 헌정한 것이라고 한다. 설계자인 후안 바우티스타 데 톨레도는, 이 성인이 이글거리는 석쇠 위에서 순교했다는 설에 따라, 궁전을 석쇠 모양으로 설계했다고 한다.[35]

---

33 펠리페 2세 치하의 스페인 역사에 관한 자세한 사항은 Parker, Geoffrey(1996); Elliott, John H.(2000) 참조; 인물에 관한 자세한 사항은 Vaca de Osma, José Antonio(1999:343-345) 참조.

34 '산 킨틴'은 스페인어로는 San Quintín이라고 하고 프랑스어로는 Saint-Quentin '생캉탱'이라고 한다. 파리 북부, 벨기에와의 국경 부근에 위치해 있으며, 면적 22.56km^2 규모의 아담한 도시이다.

35 로렌소(225-258) 성인은 225년경 스페인의 우에스카에서 태어난 인물이다. 이 시기는 로마의 발레리아누스 황제(재위 253-260)가 가톨릭을 심하게 박해하던 때로, 이미 전임 교황인 에스테판 1세가

수도원을 겸하고 있을 뿐만 아니라 지하에는 납골당이 있어 왕실 가족들의 유해가 안장되어 있다. 수도원을 완공한 사람은 후안 데 에레라(1536-1597)이다. 그는 당시의 화려하고 낭비적인 양식에 반대해 투박하고 직선적이며 단순한 선을 중시하는 건축 기법을 개발했다. 이러한 건축 양식은 그의 이름을 따 '에레라 양식'이라고 불린다. 화강암으로 네모반듯하게 쌓아 올려, 단아하면서도 웅장한 느낌을 준다. 또한 건물 네 모서리에 석탑을 쌓아 올려 엄숙한 분위기를 더 해주고 있다. 마치 거대한 요새를 마주하는 듯한 느낌이 든다. 이 궁전은 건축학적 가치 이외에도, 도서관으로도 유명하다. 펠리페 2세의 노력으로 히브리어, 그리스어, 아랍어, 이탈리아어, 스페인어 등 각 국어로 된 5천여 권에 이르는 희귀 필사본과 4만 권 이상의 장서가 보관되어 있다.[36] 궁전은 마드리드에서 북서쪽으로 약 47km쯤 떨어져 있는 산 로렌소 데 엘 에스코리알에 위치해 있다.

El Escorial이라는 지명의 유래에 대해서는 여러 설이 있는데, 가장 유력해 보이는 것은 라틴어 aesculus '상수리나무'에서 유래했다는 주장이다. 후기 라틴어에서 이 어휘의 형용사형은 esculealis였고

교황좌에 앉은 채 참수되는 사건이 벌어지기도 했다. 257년 식스투스 2세가 교황에 선출되자 궁무처장에 임명되었다. 식스투스 2세도 재임 1년 만에 참수당하고 로렌소 역시 며칠 후(8월 10일) 순교했다. 일설에 따르면, 시뻘겋게 달구어진 석쇠 위에서 화형당했다고 한다. 이 성인과 관련된 또 하나의 전설은 최후의 만찬에서 사용되었다는 '성배(Santo Cáliz)'를 지켜냈다는 것이다. 로렌소는 순교 직전 성물을 잘 지키라는 교황의 명에 따라 지인을 통해 성배를 스페인으로 옮겼다고 한다. 현재 이 성배는 발렌시아대성당에 보관되어 있다.

36 이 수도원과 도서관에 관한 자세한 사항은 https://www.patrimonionacional.es/visita/real-monasterio-de-san-lorenzo-de-el-escorial 참조.

이것이 escorial로 변한 것이라는 주장이다.[37] aesculus는 스페인어로는 ésculo인데 잘 쓰이지 않으며, 형용사 esculáceo(a)도 같은 의미의 hipocastanáceo가 더 많이 쓰인다. '너도밤나무' 비슷한 종인데, 말 그대로 hipo '말'에게 먹이는 인도산 castaño '밤나무'이다.[38] 이 지역은 본래 roble, encina, quejigo, cravallo 등 '상수리나무'가 많은 지역이었기 때문에, 이런 이름이 붙은 것으로 보인다. 주변에 Navalquejigo, Robledondo, Robledo de Chavela 등 이 나무에서 유래된 이름을 가진 마을들이 많다. 조금 떨어진 아빌라 지방에는 Encinares라는 이름의 마을도 있다. 아마도 El Escorial도 이와 유사한 경로로 이름이 붙은 것으로 보인다.[39]

13.3.2. 레판토 해전

당시 동지중해에서는 베네치아가 해상권을 장악하고 있었다. 그러나 거대한 오스만투르크 제국이 팽창하면서 서서히 긴장감이 고조되기 시

---

37 Sánchez Meco, Gregorio, *et. al.*(2005) 참조.

38 Del lat. cient. *Hippocastanaceus*, formado sobre *Hippocastanum* 'castaño de Indias', y este del gr. ἵππος *híppos* 'caballo' y κάστανος *kástanos* 'castaño', por servir de alimento su fruto a las caballerías, y el lat. *-aceus* '-áceo'. https://dle.rae.es/hipocastan%C3%A1ceo 참조. 이런 이유로 영어로는 horse chestnut이라고 부른다. 이 나무의 학명은 Aesculus hippocastanum이다. encina '상수리나무'의 학명은 Quercus ilex이므로 다른 종인데도, 라틴어로는 다 같이 aesculus라고 한다.

39 다른 설로는 라틴어 scoria '철광석 찌꺼기'에서 유래했으리라는 것도 있다. 과거 이 지역에 escoria '철광석 찌꺼기'를 쌓아 놓았기 때문에, 그 '야적장'이라는 의미에서 escorial이라고 불렀다고 한다. 그러나 이 지역에는 철광산이 존재하지 않았다고 하며, 아마도 escorial '광물 찌꺼기 버리는 곳'과 지명의 음 형태가 동일해져서 이러한 주장이 제기된 듯하다. Celdrán, Pancracio(2009:312) 참조.

작했다. 특히 오스만투르크 제국의 자존심을 건드린 것은 경제적인 종속뿐만 아니라, 바로 코앞에 있는 키프러스 문제였다. 여기에 막강한 베네치아 함대가 주둔해 해상로를 통제하고 있어서, 이제 막 내부 체제를 완비하고 해외로 뻗어나가려는 오스만투르크 제국의 자존심을 건드리고 있었다. 눈엣가시처럼 여간 신경 쓰이고 자존심 상하는 일이 아닐 수 없었다. 결국 1570년 오스만투르크 함대가 베네치아 함대를 공격해 몰아내고 키프러스를 점령했다. 베네치아는 교황 피우스 5세에게 도움을 요청했고, 교황은 범 가톨릭계의 결속을 주창하며 신성 동맹을 결성했다. 여기에 가장 적극적으로 호응하고 나선 이가 바로 펠리페 2세였다. 다른 나라들은 내부 사정을 이유로 외면하거나 이런저런 핑계를 대며 마지못해 소극적으로 응한 반면에, 펠리페 2세는 기꺼이 막대한 전비와 전함을 파견해 교황의 위신을 세워 주었다. 또한 자신의 이복동생인 후안 데 아우스트리아를 함대 총사령관으로 파견함으로써 스페인 해군의 위상을 과시하고 연합함대의 위신을 드높였다.[40]

드디어 1571년 10월 7일, 오스만투르크 함대와 이를 뒤쫓던 약 8만 병력의 가톨릭 연합함대는 그리스 본토와 펠로폰네소스반도 사이에 있는 좁은 레판토 만에서 조우했다. 전투는 짧고 치열했다. 특히 복수심에 불타는 베네치아 함대의 저돌적인 공격 앞에서는 거대한 오스만투르크 함대도 속수무책이었다. 북아프리카에서 해적으로 유명한 알리 파차가 이끄는 오스만투르크 함대는 200척 이상의 함선을 잃고, 약 2만 명의 전사자와 약 8천의 포로를 내며 괴멸했다. 이 승리로 스페인 제국은

40 레판토 해전에 관한 자세한 사항은 시오노 나나미(1998) 참조.

정치적으로 유럽 최고의 지위에 올랐다. 함대는 Armada Invencible '무적함대'라는 칭호를 얻었고 펠리페 2세는 '가톨릭을 보호하는 교황의 오른팔'이라는 영예로운 별칭을 얻었다. 후일 『돈키호테』로 세계적인 문명(文名)을 떨치게 되는 미겔 데 세르반테스(1547-1616)도 이 전쟁에 참전했다가 왼팔을 다쳤으며 귀국 길에 튀니지 해적들에게 잡혀 온갖 고생을 하다 겨우 풀려나기도 했다.[41]

13.3.3. 포르투갈 합병

1580년 펠리페 2세는 포르투갈의 왕위가 단절된 틈을 타 이를 합병했다. 포르투갈 왕실과는 가까운 친척 관계로서, 그 또한 포르투갈의 왕위계승권 소유자들 가운데 하나였다. 포르투갈 왕실과의 관계를 이해하기 위해서는 마누엘 1세(1495-1521)로 거슬러 올라가야 한다.

마누엘 1세에게는 4남 1녀가 있었다. 후안 3세, 이사벨, 엔리케, 루이스, 두아르테가 그들이었다. 이 중에서, 왕위를 계승한 첫째 후안 3세(1521-1557)는 9명의 자식을 두었으나 모두 단명해 왕위는 3살 난 아들 세바스티안에게 돌아갔다. 그러자 작은할머니인 이사벨이 섭정을 맡았다. 그러나 그녀는 이미 카스티야의 카를로스 1세와 결혼한 몸이었고, 그 아들인 펠리페 2세가 카스티야의 왕인 관계로 국민적인 저항에 부딪혔다. 이에 다른 작은할아버지인 엔리케 추기경이 섭정을 이어받았다. 1568년 세바스티안이 친정 체제에 들어갔으나 24세의 젊은 나이에 모

41 세르반테스의 생애와 『돈키호테』에 관한 자세한 사항은 권미선 외(2008:186-203) 참조.

로코 원정 도중 사망하고 말았다. 미혼이었으므로 왕위가 끊길 위기에 처하자, 고령인 엔리케 추기경이 다시 임시로 왕위를 떠맡았으나 추기경인 그에겐 물려줄 자식이 없었다. 어쩔 수 없이 자기 형제들의 후손들, 즉 마누엘 왕의 손자, 손녀 중에서 왕위 계승자를 물색하기 시작했다. 여기서 물망에 오른 이들이 바로 스페인 왕인 펠리페 2세(이사벨의 아들), 크라토 수도원장인 안토니오(루이스의 아들), 브라간사 공작부인인 돈냐 카타리나(두아르테의 딸)이었다. 그중에서 가장 유력한 후보는 카타리나였으나, 1580년 강력한 후원자였던 엔리케 추기경이 죽고 펠리페 2세에게 매수된 많은 귀족들이 등을 돌리자 포기할 수밖에 없었다. 안토니오는 대중적인 지지를 등에 업고 펠리페 2세에 맞섰으나, 1580년 알칸타라 전투에서 패함으로써 왕위계승 문제는 펠리페 2세의 승리로 막을 내렸다. 이때부터 1640년 다시 독립을 쟁취할 때까지 약 60년간 포르투갈은 스페인의 통치를 받게 되었다. 이로써 스페인은 포르투갈 본토와 남미의 브라질뿐만 아니라 아프리카 곳곳의 식민지와 아시아의 몰루카 제도까지도 손에 넣게 됨으로써 명실공히 '해가 지지 않는 나라'가 되었다.[42]

---

42 왕실 간의 정략결혼은 장점도 있지만 이처럼 유사시에는 부메랑이 되어 되돌아오는 경우도 많았다. 120년 후 이제는 스페인에서 비슷한 일이 벌어진다. 즉, 1700년 합스부르크 왕통이 끊기자 왕위계승 전쟁을 통해 프랑스의 부르봉 왕가가 집권하게 되는데, 이때도 마찬가지로 부르봉 왕가에서도 왕실 간 혼인을 통해 피가 섞였으므로 스페인 왕위계승권이 있다고 주장할 수 있었던 것이었다. 역사는 반복되는 법이다.

13.3.4. 무적함대

이제 더 이상 대적할 만한 적수가 없을 것 같던 스페인 제국의 찬란한 영광의 뒤안길에 서서히 몰락의 검은 그림자가 드리워지기 시작했다. 우울한 소식은 질퍽거리는 플랑드르 늪지대에서 날아들었다. 과거 카를로스 1세의 할머니인 마리아 데 보르고냐의 영지로 펠리페 2세에게 계승된 이곳은 오래전부터 독립을 쟁취하기 위해 끊임없이 투쟁해 오던 지역이었다. 특히 북부의 네덜란드는 1579년 독립을 선언하고 영국과 프랑스의 도움을 받으며 끈질기게 저항하고 있었다. 스페인은 최고의 장군들과 최정예 병력을 파견해 무력으로 진압해 왔으나 바다 건너 영국의 도움을 받는 이들은 쉽게 굴복하지 않았다. 이 지역 문제는 펠리페 2세 치세 내내 가장 풀기 어려운 문제였다. 따라서 이 난제를 해결하기 위해서는 먼저 배후 지원 세력인 영국을 치는 것이 선결과제로 떠올랐다.[43]

영국과는 이미 오래전부터 네덜란드와 만큼이나 경쟁적이고 적대적인 긴장 관계가 지속되고 있었다. 영국은 네덜란드의 독립 세력을 지원하는 한편, 호킨스나 드레이크 같은 해적들을 지원해 아메리카로부터 건너오는 스페인 상선들을 습격했고, 심지어는 연안 항구들을 약탈하기까지 했다. 영국과의 앙숙 관계는 이러한 국민감정에다 종교적인 감정까지 더해지면서 골이 더욱 깊어 갔다.[44]

---

43 본 절에서 인용한 무적함대에 대한 자세한 사항은 Mattingly, Garrett(1997)와 신항섭(2011), 제4장 2절 pp.109-136을 주로 참조했음을 밝힌다.

44 당시 영국의 상황에 대해서는 박지향(1997), 제2부 3장 투더 시대(1485-1603), pp.282-307 참조.

양국의 종교적 대립은 헨리 8세(1509-1547) 때로 거슬러 올라간다. 그의 부인은 가톨릭 공동 왕의 딸인 카탈리나 데 아라곤(1485-1536)이었다. 결혼한 지 18년이 지나도록 아들이 없자 헨리 8세는 카탈리나와 이혼하고 앤 볼린과 재혼하기 위해 교황청에 이혼 승낙을 요청했다. 교황청이 불허하자 헨리 8세는 로마 교회와 결별하고 1534년 수장령을 발표해 영국 국교를 설립했다. 이때부터 영국에서는 가톨릭파와 국교파가 대립해 왔다. 헨리 8세의 뒤를 이어 에드워드 6세(1547-53)가 즉위했으나 단명하고, 그 뒤를 이은 것이 카탈리나의 딸인 메리 튜더(1553-1558)였다. 그녀는 어머니의 영향으로 가톨릭을 신봉하고 있었으며 스페인의 펠리페 2세와 결혼해 반감을 산데다가, 국교도들을 박해하고 프랑스와의 전쟁에서 칼레를 빼앗김으로써 국민적 저항에 직면했다. 그 뒤를 이어 1558년 앤 볼린의 딸인 국교도 엘리자베스 1세(1558-1603)가 즉위하자, 이번에는 거꾸로 가톨릭교도들이 탄압받기 시작했다. 이에 맞선 사람은 스코틀랜드 여왕으로서 엘리자베스의 사촌 동생이자 후계자이기도 한 메리 스튜어트였다. 프랑스 기즈 가문 출신으로 스코틀랜드 왕비였던 그녀의 어머니 역시 가톨릭교도로서 엘리자베스와 대립했었다. 대를 이어가며 양 파벌을 대변하며 갈등을 빚은 것이었다. 국교를 신봉하고 있던 영국 왕실에 대항하기 위해 스페인은 가톨릭교도인 스코틀랜드의 메리 스튜어트를 옹호하고, 또 아일랜드를 지원해 대응했다. 절정으로 치닫던 양 파벌 간의 종교적 갈등과 권력 투쟁은 1587년 엘리자베스가 자신의 후계자인 메리 스튜어트를 전격적으로 처형함으로써 국교도들의 승리로 막을 내렸다. 이에 펠리페 2세는 가톨릭교도 보호를 명분으로 함대를 파견해 영국을 응징하기로 결정했다.

1년여의 준비 기간 끝에, 1588년 5월 9일 메디나-시도니아 공작인 돈 후안 알론소 데 구스만이 이끄는 스페인 함대는 총 130여 척의 함선에 25,000여 명의 병사를 태우고 기세등등하게 리스본을 출항했다. 항해 도중 보급에 문제가 생겨 라 코루냐에 정박했다가, 두 달 후인 7월 22일 드디어 본격적인 대장정에 올랐다. 그러나 도버해협에서 만난 것은 영국 함대가 아니라 폭풍우였다. 폭풍우에 휩쓸려 전열이 흐트러지면서 함대는 표류하기 시작했다. 결국 '무적함대'라 불리던 스페인 함대는, 영국 상륙은커녕, 해적선이 주력이던 영국 함대와 변변한 싸움 한번 해보지 못한 채 폭풍우에 떠밀려 멀리 스코틀랜드와 아일랜드를 돌아 북해까지 올라갔다가 만신창이가 된 채 겨우 귀항했다. 10월 15일 산탄데르에 귀항한 선박은 기함 산마르틴을 포함해 겨우 80여 척뿐이었다. 이 사건으로 스페인 함대의 위신은 땅에 떨어졌고 의기소침해진 펠리페 2세는 어둠침침한 엘 에스코리알 궁 깊숙이 틀어박혀 우울한 말년을 보내야 했다.

이는 해전이라고 하기에도 부끄러운 이상한 싸움이었다. 지중해 최후의 전투인 과거 레판토 해전은 두 주력 함대가 좁은 만 입구에서 정면으로 치열하게 맞붙어 단 몇 시간 만에 결판이 난 전투였던 데 반해, 이 전투는 거대한 스페인 함대에 왜소하기 짝이 없는 영국 함대가 감히 공격할 엄두도 못 내고 멀찍이 떨어져 동태만 살피는 형국이었다. 전투는 간혹 대열에서 낙오하는 배 한, 두 척을 공격하는 정도였다. 이때도 영국 해군의 최정예는 역시 해적 드레이크의 함대였다. 이들은 평시에는 해적이었으나 함선을 무장하고 출항하는데 소요되는 경비 대부분은 왕실과 귀족들이 대고 있었으며, 대서양을 건너오는 스페인이나 포르투갈 상선을 노략질한 수익금을 나누어 가졌다. 따라서 평상시에는 해적이었지만, 유사시에는 국왕에 충성해 생존을 보장받는 공생관계였다. 이는 이미 오래전부터 있어 온 관행으로 당시에는 전혀 이상한 일이 아니었다. 레판토 해전에서도 보았듯이, 우선 오스만투르크 함대의 총사령관이었던 알리 파차도 북아프리카에서 명성을 드날리던 해적이었으며, 가톨릭 연합함대 측의 많은 함선도 주로 북아프리카의 이슬람 선박을 털던 해적들이었다. 이들은 펠리페 2세의 명령과 재정 지원에 의해 참전했던 것이었다. 이러한 우호적인 공생관계를 통해 해적들은 지중해나 대서양에서 자유롭게 대외 약탈을 일삼고, 국왕으로부터는 기항지와 존속을 보장받았던 것이었다. 반해적, 반해군이었던 것이었다. 어쨌든, 전투다운 전투 한 번 해보지 못하고 애꿎은 폭풍우와만 싸우다 함대가 파괴되면서 해가 지지 않던 스페인 제국에도 이제 서서히 암운이 드리워지기 시작했다.

그렇다고 해서, 무적함대가 폭풍우에 깨진 후 곧바로 제해권이 영국으로 넘어간 것은 아니었다. 남은 함대만으로도 스페인은 여전히 대서양 최대의 함대를 보유한 나라였기 때문이었다. 17세기 초까지 스페인은 영국에게 해외 식민지를 단 하나도 빼앗기지 않았으며, 드레이크와 호킨스가 제아무리 아메리카에서 들어오는 재정 수입을 차단해 펠리페 2세를 굴복시키겠노라고 호언장담하고 있었지만 1588년에서 1603년 사이에는 스페인 역사의 그 어느 15년간보다도 더 많은 금은보화가 스페인으로 들어왔다. 결과적으로, 이 기간에는 아무도 대서양상에서는 절대 강자가 되지 못한 것이었다.

또 하나의 아이러니는 현재 영국의 북아일랜드 문제이다. 아일랜드는 5세기 가톨릭이 전파된 이래로 줄곧 가톨릭 국가였다. 현재도 국민의 대다수는 가톨릭교도이다. 1172년 잉글랜드의 헨리 2세가 침략해 식민지가 되었다. 이때는 잉글랜드 세력을 몰아내는 데 성공했으나 1534

년 헨리 8세가 다시 대대적으로 침공했을 때는 몰아내지 못했다. 1921년 독립을 쟁취할 때까지 약 390년간, 헨리 2세 때부터 치면 약 750년간을 잉글랜드와 독립을 위해 줄기차게 싸웠다. 종교적으로는 가톨릭을 믿는 아일랜드인들과 국교를 믿는 잉글랜드인들 사이의 종교전쟁이기도 했다. 18세기에 스코틀랜드의 신교도들이 대거 북아일랜드로 이주했다. 점차 이들의 후손이 지역 인구의 대다수를 차지하게 되었고 지금까지도 정치, 경제, 사회, 문화 등 모든 분야에서 기득권을 유지하고 있다. 1921년 아일랜드가 독립할 때 신교도 세력이 우세한 이 지역만 대영 제국에 남았다. 갈등의 불씨가 남은 것이었다. 소수인 관계로 차별과 억압을 받고 있던 가톨릭교도들은 IRA를 조직해 무장 투쟁을 전개했다.[45]

종교적 관점에서만 보면 영국과 아일랜드, 특히 영국과 북아일랜드 간의 갈등은 아직도 현재 진행형이다. 마치 엘리자베스 2세의 승리로 끝난 것처럼 보였던 16세기 종교전쟁이 아이러니하게도 북아일랜드 문제를 불씨 삼아 아직도 타오르고 있는 것이다. 물론 이 갈등의 원인도 따지고 보면 영국 측에서 야기한 것이긴 하지만 말이다. 이런 관점에서 보면 무적함대의 싸움은 아직 끝난 것이 아니다. 스페인이 지원했던 영국의 가톨릭 세력은 아일랜드에 남아 있으며, 북아일랜드에서는 여전히 대를 이어 싸움을 지속하고 있기 때문이다. 과연 누가 이긴 것이라고 단언할 수 있을까?[46]

---

45 IRA라는 이름을 쓰는 단체는 여럿 있으나, 일반적으로 말하는 IRA는 Provisional Irish Republican Army '임시 아일랜드 공화국군'을 가리키는 것이다. 1947년 결성되었고 1969년 이후 활발한 무장 투쟁을 전개했으나, 2005년 영국과 협상을 통해 무장 해제를 선언했다.

46 이 질문 역시 Mattingly, Garrett(1997)의 『아르마다』의 <에필로그>를 읽고 느낀 점임을 밝힌다. 무적함대 이후 두 제국의 운명에 대해서는 송동훈(2016) 참조.

13.4. 황금 세기 스페인어의 특징

아이러니하게도 스페인 문화의 황금 세기는 정치, 사회적 몰락과 더불어 찾아왔다. 17세기 과학 기술은 유럽 다른 나라들에 비해 뒤떨어져 있었고 정치적으로는 거듭된 실정으로 몰락의 길을 걷고 있었지만, 예술과 문학에 있어서는 스페인 역사상, 아니 세계 역사상 유례를 찾기 힘들 정도의 찬란한 전성기를 구가했다. 문학상에서는 대체로 1499년 페르난도 데 로하스의『라 셀레스티나』에서부터 1695년 소르 후아나 이네스 데 라 크루스의 사망 때까지, 약 200년간을 황금 세기라고 부른다. 정치적 황금기는 16세기의 막바지인 1598년 펠리페 2세의 사망으로 내리막길을 걷게 되었지만, 문학상의 황금기는 이보다 몇십 년 늦게 찾아왔다. 17세기 초-중반을 절정기라고 본다면, 언어의 황금기 역시 이와 맥을 같이한다. 세르반테스의 언어가 곧 스페인어의 모범으로 간

주되기 때문이다.[47]

이 당시의 가장 대표적인 작가로는, 시인 가르실라소 데 라 베가(1501-36), 신비주의 문학의 대표자인 산타 테레사 데 헤수스(1515-82)와 산 후안 데 라 크루스(1542-91), 『돈키호테』의 저자인 미겔 대 세르반테스 사아아베드라(1547-1616), 유명한 희극 작가인 로페 데 베가(1562-1635)와 칼데론 데 라 바르카(1600-81) 등을 들 수 있으며, 이루 다 헤아릴 수 없을 정도의 많은 대가들과 걸작이 탄생했다. 회화에 있어서는 엘 그레코(1541-1614)와 프란시스코 수르바란(1598-1664), 바르톨로메 에스테반 무릴요(1618-85), 디에고 벨라스케스(1599-1660) 등이 특히 뛰어났다.

이러한 문학과 예술의 화려한 변화와 다양성은 언어에 있어서도 예외가 아니었다. 가장 주목할 만한 것은 13-14세기 중세와 15-16세기 르네상스 기를 거치면서 다양한 갈래로 변화를 겪어 오던 언어 체계가 17세기 들면서 한 갈래로 정비되기 시작했다는 것이다. 특히 인쇄술의 발달로 인해 언어 변이의 정비는 과거에 비해 훨씬 수월하게 이루어졌다. 특기할 만한 것은 이 당시에 정착된 언어 체계가 현재 우리가 사용하고 있는 스페인어 체계라는 사실이다. 여기서도 명심해야 할 것은 이 당시에 정립된 체계는 이미 그 이전 세기부터 변화되어 온 것이라는 사실이다. 이미 르네상스기를 거치면서 서서히 변화되던 것이 정립된 것이었으므로, 황금 세기의 언어 현상을 다루는 본 절에서 16세기의 현상부터 언급하는 점을 이해할 필요가 있다.

---

47 『돈키호테』의 제1권은 1605년에, 제2부는 1614년에 출간되었다. 이 시기를 흔히 스페인 문학의 황금 세기라고 표현한다. 스페인어 판은 『Don Quijote de la Mancha』, 전2권, ed. de John Jay Allen, Madrid: Cátedra, 2003; 한국어 번역본은 『돈키호테』, 박철 역, 서울: 시공사, 2015 참조.

13.4.1. 발음 및 형태

이 시기의 음운 변화는 특히 자음 체계에서의 변화가 두드러진다. 모음 체계의 경우에는, 약간의 변이를 보이는 경우도 있었지만, 대체로 중세 때 이미 기본 다섯 모음 체계로 고정되어 큰 변화가 없다. 따라서 본 절에서는 자음의 변화만을 살펴볼 것이다.[48]

이 시기의 발음 변화를 알려주는 가장 귀중한 문헌은 프라이 루이스 데 코르도바가 쓴 『사포테카어 문법』이라는 책이다.[49] 그는 1546년 스페인을 떠나 멕시코 오아하카 지역에서 선교사로 일했다. 이 지역 원주민인 사포테카인들과의 원활한 의사소통을 위해 1578년에 이 책을 썼으므로, 두 시기 사이의 발음 차이가 잘 드러나 있다.

먼저, 기식음 h의 변화를 살펴보면, 1540년경 톨레도에서는 아직도 hierro [hierro], halagar [halagar] 등처럼 h를 기식음으로 발음하고 있었다. 가르실라소의 시에 보면 !Oh, hermosa sobre el ser humano!라는 구절이 있는데, h를 기식음으로 발음해야 endecasílabo '11음절' 운이 맞는다. 부르고스에서는 이미 중세 때부터 모든 환경에서 이 h를 묵음화시키고 있었으나, 톨레도 궁정에서는 16세기 말에 가서야 이 h가 묵음화되었다.

---

48 중세 스페인어에서 현대 스페인어로 이행되는 과정에서 발생한 모음의 변화에 대해서는 Lloyd, Paul M.(1993:503-513)을 주로 참조했으며, 본 절에서 자음의 변화에 관해 인용한 자료는 Cano Aguilar, Rafel(1988:237-242); Alatorre(1989:248-257); Lloyd, Paul M.(1993:513-559)를 주로 참조했음을 밝힌다.

49 책 제목은 『Arte en lengua zapoteca』이며 1578년 Casa de Pedro Balli에서 출판되었다. 이에 대한 pdf 파일은 https://archive.org/details/arteenlenguazapo00juan/page/n45/mode/2up 참조. 본 절의 내용도 이 pdf 파일을 주로 참조했음을 밝힌다.

유성 파열 치음 z [ẑ] (=[dz])와 무성 상관음 ç [ŝ] (=[ts])의 변화를 살펴보면, 1540년경 톨레도에서는 hazer를 [haẑer]로 발음하고 있었던 반면에, 부르고스에서는 açer로 표기하고 [aŝer]로 발음하고 있었다. 이러한 변화는 이미 14세기 말 북부에서 시작되었다. 1410년 산탄데르에서 쓰인 한 문서에 따르면, razón [raẑón]을 raçón [raŝón]으로 혼용 표기하고 있다. 즉 유성음 z가 무성음화된 것이었다. 이러한 현상은 1578년경, 즉 16세기 말에서 17세기 초에는 일반화되어 산타 테레사도 dezir 대신에 deçir, rezar 대신에 reçar로 쓰고 있다. 1630년 곤살로 코레아스는 자신의 『정자법』에서 〈ke eskrivamos komo se pronunzia i pronunziemos komo se eskrive〉 '우리는 발음 나는 대로 쓰고 쓰인 대로 발음해야 한다'라는 취지에서 z를 없애고, ç만을 썼다. 이는 이미 이 두 음이 무성음화되어 통합되었다는 뜻이며, 가장 보수적이라는 후안 데 로블레스 역시 어쩔 수 없이 두 음의 무성음화 통합을 받아들였다. 즉, 13, 4세기의 [ẑ]와 [ŝ] 구분이 16세기에는 [ŝ]로 무성음화되어 사라졌다.[50]

무성 마찰 치간음의 경우, 16세기 후반에는 무성 파열 치음인 [ŝ]가 더 변화되어 무성 마찰 치간음 [θ]로 변화되었다. 즉 cocer와 taza가 모두 무성음화되어 각각 [koŝer]와 [taŝa]로 발음되다가, 이제는 [koθer], [taθa]로 변화된 것이다. 이러한 발음의 변화도 이미 중, 북부에서는 일반화된 일이었다. 이는 현재에도 스페인 중부와 북부에서는 치경음 [s]와 확연하게 구분해 쓰이고 있다. 이 치간음 발음은 1620년 후안 파블로 보네가 자신의 저서 『문법』에서 벙어리나 말더듬이들에게 올바른 발

50 ç의 변화 과정 및 z의 통합 과정에 대해서는 Alonso, Amado(1976:230 y ss.) 참조.

음을 가르치기 위해 '이 철자를 발음하기 위해서는 혀끝을 두 이빨 사이에 두고 숨을 내뱉어야 하며, 혀가 그 위치에서 이탈하지 않도록 해야 한다'고 지적한 데서도 잘 드러나고 있다.

1492년 시인 후안 데 파디야에 따르면, 그해에 추방된 유대인들은 cerca [sérka], assí [así]와 rosa [róza], luz [luz], decir [dezír]를 구분하여 발음하고 있었다고 한다. 그러나, 같은 시기에 안달루시아의 일반 대중들은 meses와 recibiesses, vezes와 padeçes의 발음을 모두 동일하게 하고 있었다. 그 발음은 무성음 [s]였다. 이를 seseo라고 한다. 이 현상은 곧 아메리카로 확산되어 무성 마찰 치간음 [θ]와 혼동되었다. 1508년에서 1518년 사이에 아메리카로 건너간 여자 중 2/3가 세비야를 비롯한 안달루시아 출신이었다는 사실에서도 아메리카 가정 내에서 이 seseo의 확산 정도를 쉽게 짐작해 볼 수 있다. 반면에, 세비야의 소수 식자층은 이러한 대중들의 발음 습관과 차별성을 두기 위해 이 두 발음을 [θ]로 통합시켜 발음하기 시작했다. 이것이 ceceo이다. 즉 taza를 [táθa]로 올바르게 발음하는 것뿐만 아니라, sésamo를 [sésamo]가 아닌 *[θéθamo]로 과도하게 잘못 발음했던 것이었다.

치경 마찰음 -ss-, s- [s]와 -s- [z]의 경우, razón 대신에 raçón으로 쓰고 있는 1410년의 산탄데르 문서에서는, 또한 uso 대신에 usso를 쓰고 있다. 즉, 이는 이미 15세기에 두 모음 사이에 낀 -s-가 무성음화되었다는 뜻이다. 이 -s-와 -ss-의 무성음화 통합은 북부에서 시작되어, 16세기 후반에는 스페인 전역으로 확산되었다. 이미 산타 테레사는, 이 두 음의 구분을 두지 않고, -s-를 무성음으로 인식해 tuviese, matasen 등을 사용했다. 따라서 알폰소 10세 때는 엄격하게 구분되던 두 음 [z]와 [s]

가 이제는 무성음 [s]만 남게 되었다.[51]

경구개 마찰음 x [š]와 g [ž]의 경우, 중세 때는 현재의 jugar [xugár]를, 부르고스에서는 xugar [šugár]로, 톨레도에서는 jugar [žugár]로 표기, 발음하고 있었다. 그러던 것이 차츰 북부에서부터 무성음으로 통합되는 현상이 나타났다. 즉, 아직도 톨레도에서는 중세 때와 마찬가지로 consejo [konséžo], gentil [žentíl]과 dixo [díšo], páxaro [pášaro]를 구분해 발음하고 있었던 반면에, 카스티야 라 비에하에서는 이미 중세의 [ž]와 [š]를 무성음으로 통합시켜 발음하고 있었다. 프라이 후안 데 코르도바의 관찰에 따르면, 1540년경 이제는 두 발음이 모든 지역에서 [š]로 발음되었다. 산타 테레사도 dixera [š]와 teología [ž]가 아닌, dijera와 teoloxía [š]로 쓴 것으로 보아 부르고스의 개혁적인 발음 변화가 16세기 중반에는 카스티야 라 누에바에서도 정착된 듯하다. 이는 곧 안달루시아와 중남미로 퍼져나갔으며, 17세기의 시인들이 hijo와 dixo를 동일 운으로 간주한 데서도 잘 드러난다.

그러던 것이, 한 걸음 더 발전해, 17세기 중반에는 이 j/x [š]가 경구개음이 아니라, 연구개음 [x]로 발음되기 시작했다. 이것이 현재 j, gi, ge [x]의 기원이다. 물론 이 발음은 16세기 초부터 나타나고 있었다. dixo [díšo]가 [díxo]로 발음되기도 했지만, 이는 완전히 속어로 취급되었다. 이는 1631년 후안 데 로블레스가 xabón을 [xabón], Juan을 [xwán], muger를 [muxér]로 발음하는 사람들을 '흑인 노예들처럼 천박하게 따라 하는 것들'이라고 경멸적으로 부른 데서도 잘 나타나 있다. 그러나

51 -s-와 -ss-의 변화에 대해서는 Alonso, Amado(1988), 제4장 pp.7-46; -s의 변화에 대해서는 pp.149-157 참조.

1665년 케베도가 jasmín을 *[šasmín]이 아닌 [xasmín]으로, trágico를 *[trášico]가 아닌 [tráxico]로 발음하고 있는 것으로 보아, 이미 카스티야 전역에서 일반화된 것으로 보인다.

유성 순치 마찰음 v [v]와 유성 양순 폐쇄음 b [b]의 경우, 이미 10세기 중반 『Glosas Emilianenses』에서부터 vergona/bergona 'vergüenza', levata 'llevada'와 labatu 'lavado' 등과 같이 혼용된 예가 관찰된다. 이 당시 이미 부르고스와 라 리오하 지방에서는 혼용이 보편화되어 있었다는 뜻이다. 그러나 당시 남부의 모사라베인들은 양순음 [b]와 순치음 [v]를 구분하고 있었다. 전반적인 혼용의 징후는 16세기 들어서야 관찰된다. 1531년 알레호 바네가스는 v를 순치음으로 발음할 것을 주장하고 있고, 1533년 프라이 프란시스코 로블레스도 v를 순치음으로 발음하지 않고 b처럼 양순음으로 발음하는 것은 잘못된 것이라고 지적하고 있다. 이는 이미 당시에도 v를 b와 혼동해 양순음으로 발음하는 경향이 있었다는 뜻이다. 이러한 보수적인 구분 경향은 17세기 초반 마테오 알레만(1609), 미겔 세바스티안(1619), 곤살로 코레아스(1626) 등에서까지도 찾아볼 수 있다. 그러나 이미 1558년 크리스토발 데 비얄론이 '정선된 카스티야어는 구분을 두지 않는다'라고 밝힌 바와 같이, 16세기 중반부터는 구분이 사라졌고, 두 음 모두 유성 양순 폐쇄음 [b]로 발음되었다. 철자상으로는, 1611년 세바스티안 데 코바루비아스가 'b와 v는 서로 호환되는 두 철자이다'라고 인정한 데서도 알 수 있듯이, 한동안 혼동이 지속되었다. 그러나 18세기 들어 왕립학술원에서 '카스티야어에서는 이 두 철자의 발음을 구분하지 않는다'라고 선언함으로써 이제 더 이상 발음상의 혼동은 사라지고, 철자 표기도 대체로 어원에 준해 오늘날처럼 고정되었다.

ll와 y를 동일하게 발음하는 yeísmo가 발생했다. 프라이 루이스 데 코르도바는 이에 관해서는 아무런 언급을 하고 있지 않다. 이런 혼동은 이미 언어 초기부터 체계적인 것이 아니라 우발적인 것이어서 언급하지 않은 듯하다. 10세기 말 모사라베에서 이미 llengua 'lengua' 대신에 yengua로 쓴 것이 관찰되며, 중세 때에도 suyo 대신에 sullo로 쓴 것과 같은 철자상의 오류가 종종 눈에 띈다. 1546년 프라이 후안 데 코르도바가 스페인을 떠날 당시에는 아직 일반화되지 않았다. 그러나 16세기 말에는 ll와 y가 동일하게 발음되었다. ll [ʎ] 발음이 사라진 것은 [y] 발음이 더 쉽고 발음하기 편했기 때문으로 풀이된다. 그러나 현재 스페인 중부와 북부에서는 아직도 [ʎ]와 [y] 발음을 엄격하게 구분하는 경향이 있다.

위와 같은 변화 과정을 겪어 오늘날 우리가 쓰고 있는 스페인어의 자음 체계가 형성된 것이다. 이를 도표로 나타내면 다음과 같다.

무성		양순		순치		치간음		치음		치경		**경구개**		연구개	
		유성	무성	유성	무성	유성	무성	유성	무성	유성	무성	유성	무성	무성	유성
폐쇄음		p	b					t	d					k	g
마찰음				*f*		θ				s			ǰ	x	
파열음												*c*			
비음			m								n		ɲ		
유음	설측음										l		ʎ		
	설전음 (단순진동음) (복합진동음)										r ř				

(볼드체: 새로 생긴 음/ 이탤릭체: 계열 내에서 변화된 음)

*** 참고:**

[θ] : 철자 ce-, ci-, z (cena, cita, zapato)

[ĵ] : 철자 hi-, y (hierba, mayo)

[x] : 철자 ge-, gi-, j (gente, gitano, joven)

[c] : 철자 ch (chico)

[ɲ] : 철자 ñ (niño)

[ʎ] : 철자 ll (calle)

[ȓ] : 철자 rr (perro)

황금 세기 때 새로 만들어졌거나 심한 변화를 겪은 음과 철자 체계를 정리하면, 다음과 같다.

먼저, 철자 ch는 본래 그리스어 [kh] 음을 표기하기 위한 기호로 라틴어에서부터 쓰이고 있었다 (chaos, chimera 등). 그러나 사용 빈도가 낮아 라틴어의 철자 체계에는 도입되지 않았다. 라틴 속어에서 모음 -i-에 의해 구개음화가 일어나자 -ct-가 무성 경구개 파열음(/ʧ/)로 변했다. 12-13세기에 이 새로운 음을 표기하기 위해 철자 ch를 프로방스에서 다시 도입했다. 라틴어에는 없던 무성 경구개 파열음이라는 새로운 음이 만들어지자 이에 대한 표기 체계가 필요해졌기 때문이었다. 13세기 알폰소 10세 때 이미 (nocte〉) noche, (multum〉) mucho 등이 쓰였다. 그러자 기호 ch가 서로 다른 두 음을 표기하는 데 쓰이는 결과가 초래되었다. 즉, 과거부터 써오던 그리스 기원의 [kh] 음과 새로 만들어진 라틴어 기원의 [c] 음을 표기하는데 동시에 쓰이게 된 것이었다. 르네상스기에는 이에 대한 해결책으로 châos, chîmera 등처럼 [kh] 음 뒤에 오는 모음 위에 ^ 표시를 붙였다.[52] 그러나 모음 위에 ^ 표시를 붙여 발음을 구분해도 혼란이 계속되자, 1754년 개정된 『정자법』(제2판)에서는 ch를 정식 철자로 등재하면서 ^ 표시를 삭제하고 정자법을 수정해 caos, quimera 등으로 정리했다. 이 내용이 사전에 정식 등재된 것은 1803년 DRAE(제4판) 때부터이다. 이때부터 ch는 [c] 음을 표기하는 기호로만 사용되었다. 그러나 2010년 정자법 체계에서 음가는 인정하되 c+h라는 이중 기호로 보고 분할해 자모 체계에서 퇴출되었으며, 2014년 DRAE(제23판)에 반영되어 c에 흡수되었다.

j는 라틴어 i가 어두에서 자음성으로 실현된 결과를 표기하기 위한 철자로 고안된 것이다. 학자들은 모음성과의 차이를 구분하기 위해 여러 가지 방법을 고안해냈는데, '밑을 구부린 형태'도 그중 하나였다. 13세기 스페인어에서도 쓰인 것이 관찰된다 (filiu〉hijo, Iovis〉jueves, Iulius〉julio 등). 당시 발음은 유성 마찰 경구개음 [ž]였다. 즉, 중세 때 j는 -i-나 -g-와 동일한 발음이었다 (meior, lenguage).[53] J의 음성학적 위상을 정착시킨 사람은 16세기 중반 프랑스의 인문학자인 페트루스 라무스(1515-1572)이다. 17세기 황금 세기 때 이 유성음은 무성음화된 후 곧 무성 파열 연구개음 [x]로 변했다 (sepia〉[šibia]〉jibia, sucu〉[šugo]〉jugo, russu〉[rošo]〉rojo, folia〉hoja, meliore〉mejor). 따라서 황금 세기 때부터 j는 [x] 발음을 표기하는 기호가 되었다. i와 j의 표기 체계가 완전히 분리 등재된 것은 1726년 『모범 사전』에서의 일이다. 현재 이 무성 파열 연구개음([x])은 j 이외에 ge-, gi-로도 표기된다.

---

52 이를 acento circunflejo라고 부르며, 현 스페인어에서는 쓰이지 않는 부호이다.

53 이에 대한 무성 상관음 [ʃ]는 x로 표기되었다 (dixo).

ll는 이미 라틴어에서부터 존재하던 철자였다. 라틴어에서는 두 개의 l로 발음되었다. 그러다가 라틴 속어에서 구개음화되었으나, 철자가 변한 것은 아니었다. ll가 철자로서의 위상이 정립된 것은 1754년에 개정된 정자법(제2판)에서 이며, 1803년 DRAE(제4판)에 등재되었다. 그러나 이 철자는 2010년부터는 l+l로 판정되어 철자 체계에서 제외되었다.

ñ는 라틴어에는 없던 것으로 로망스어에서 새로 만들어진 철자이다. 이미 라틴 속어에서부터 nn, mn, gn, ni, gni 등은 구개음화되었으나 표기 체계는 그대로였다. 중세 때 필경사들은 이 구개음화된 발음을 표기하기 위해 N 위에 ~ 표시를 하기 시작했다.[54] 처음에는 현재와 같이 예쁜 ~ 표시는 아니었을 것이다. 손으로 작은 선을 하나 그은 것이었으나 차츰 현재와 같은 모습을 갖추며 정착되어 하나의 독립된 철자가 된 것이다. 1754년 개정된 『정자법』(제2판)과 1803년 DRAE(제4판)에서 공식적으로 등재되었다.

u도 라틴어에는 없던 기호이다. 라틴어에서 모음 [u]는 v로 표기되었다 (Avgvstvs). 그러나 이 v가 다른 모음 앞에 위치할 때는 자음성을 띄었다. 이에 따라 기호상으로 모음성과 자음성을 구분할 필요성이 제기되었다. 10세기경에 v의 모음성을 표시하기 위해 '밑을 둥글게 편 형태'가 도입되었다. 이것이 철자 u이다. 초기에는 어중에서의 모음성을 표시하기 위해서만 사용되었다. 반면에, v는 15세기까지 순치음이었다가 b

54 이를 tilde라고 부른다. 강세(acento)를 tilde라고도 부르며, ñ 위에 붙은 기호도 tilde라고 한다. 이는 동사 tildar에서 파생된 것인데, 이 동사는 Del lat. tardío *titulāre* 'intitular'에서 나온 것이다. 즉, '제목(título)을 부여하다'라는 의미이다. https://dle.rae.es/tildar?m=form 참조.

와 같은 양순음으로 바뀌었다 (vandalus>[wandal]>vandal).[55] 현재와 같이 v는 자음만을, u는 모음만을 표시하게 된 것은 17세기 이후의 일이며, u와 v를 최초로 공식 구분해서 등재한 것은 『모범 사전』(1726-1739)이다.

w의 기원은 게르만어로 거슬러 올라간다. 라틴어에는 없던 음이었으므로 표기 체계도 없었다. 이음이 라틴어에 들어온 것은 게르만족이 유입된 후의 일로 철자는 게르만족의 반자음 [w] 발음을 표시하기 위해 고안되었다 (Witiza, Wamba 등). 게르만족이 이베리아반도에 들어온 것은 6세기의 일이지만, 11세기 이후 노르망디족이 영국, 프랑스, 이탈리아 등 서유럽에 널리 퍼지면서 일반화되었다. 초기의 표기는 vv였다. 발음이 라틴어의 v와 유사했기 때문에 v를 두 개 붙여 표기했던 것이다. 이것이 현재와 같이 w 모양을 갖추게 된 것은 14세기 경이다. 명칭도 초기에는 v의 명칭이 u였으므로 úes였다가, 중세 때 v가 순치음화되어 ve라는 명칭을 얻게 되자 이제는 ve doble가 되었다. 1947년 DRAE에서 uve라는 이름이 처음 등장했다. v가 've 기능을 하는 u'라는 의미에서 uve라는 명칭을 얻자 w는 자연히 uve doble가 되었다. 이처럼 w는 v와 불가분의 관계에 있으므로, v의 명칭이 변함에 따라 w의 명칭도 변화되었다. 1970년 DRAE(제19판)에서 스페인어의 26번째 자모로 인정받았다. 2010년 정자법에서 uve doble로 명칭이 단일화되었다.

y는 그리스어의 [y]([위] ypsilon) 발음을 표시하기 위해 도입된 철자이다. 그러나 라틴어에는 없던 발음이었으므로, 그리스어 차용어들을 표

55 현재처럼 b와 v를 구분한 철자 체계는 18세기 왕립학술원에서 주로 어원에 기초해 정한 것이다.

기할 때만 사용되었을 뿐, 많이 쓰이지 않았다. 따라서 초기 라틴어에서는 v로도 표기하다가 기원전 1세기 중반부터 y로 표기하기 시작했다 (satvra/satyra, Svlla/Sylla로 혼용). 13세기에는 [ž] 음을 표기하기 위해서도 사용되었다 (gente또는 yente[žénte] 혼용). 스페인어에서 모음 i와 유성 경구개 마찰음 y의 발음과 표기법을 명확하게 구분한 것은 1726년 DRAE에서부터이다. 명칭은 본래 '그리스어의 i'라는 의미에서 〈i griega〉였는데, 2010년부터 ye로 바뀌었다.

z는 그리스어에서 [z] 음을 표기하기 위한 것이었으며, 라틴어에 처음 도입되었을 때는 현재의 g 자리에 있었다. 그러나 라틴어에는 해당 발음이 없었으므로 잘 쓰이지 않아 퇴출되었다가, 기원전 1세기 중반 그리스어에서 차용한 어휘들에 들어 있는 '유성음 s', 즉 유성 마찰 치경음 [z]를 표시하기 위해 다시 도입되어 알파벳 맨 끝에 위치하게 되었다. 고전 라틴어에서도 역시 이 z를 통해 표기하고자 한 음이 낯선 것이었기 때문에 많이 사용되지는 않았다 이 철자가 일반화된 것은 12세기 중반 이후이며, 이때는 유성 파열 치음인 [ẑ] (=[tz] [ㅉ])의 발음을 표기하기 위해 쓰였다 (hazer *vs.* força [fórŝa]). 17세기 이후 이 두 발음이 무성 치간 마찰음인 [Θ]로 변하자 자연히 이 치간음 발음을 표기하기 위한 철자가 되었다.

참고로, [Θ] 이전의 발음인 무성 치 파열음 [ts] ([ㅆ])를 표기하기 위한 중세 스페인어의 철자는 ç였다. 라틴어 -ti-나 -ki-가 구개음화된 결과로 인해 생긴 음이다 (fortia〉força; lancea〉lança 등). 라틴어에는 없던 '무성 치 파열음 [ts]가 생겨나자, 이에 대한 표기 기호가 필요해졌다. 처음에는 c 아래에 z를 붙여 표시했는데, z가 점차 더 작아지면서 예쁜 꼬리 모양으로 변했다. 이에 따라 'pequeña z(ceda)'라는 의미에서 cedilla라는 명칭이 붙은 것이다. yod의 작용으로 인한 폐쇄음의 파열음화 현상은 5세기 중반에 확인되며, 표기 기호로 등장하는 것은 8C 이후 비시고도 문자에서이다. 10C 이후 정착되었으며 13세기 알폰소 10세 때에는 ç/z로 무/유성음이 구분되었다 (coraçon/dezir). 이 두 음은 황금 세기(17세기) 때 무성음으로 통합된 후 [Θ]로 치간음화되었다. 철자 ç는 1726년의 『모범 사전』에서 z로 대체되어 퇴출되었다. 이후에는 현재와 같이, 무성 마찰 치간음 [Θ]를 표기하기 위한 철자는 ce, ci와 z로 표기되고 있다.

이러한 과정을 거쳐 스페인어의 알파벳은 2010년 이전까지는 29개였으나, ch와 ll가 이중 기호로 인정되어 퇴출됨으로써 현재는 27개이다.

A, B, C, D, E, F, G, H, I, J, K, L, M, N, Ñ, O, P, Q, R, S, T, U, V, W, X, Y, Z

13.4.2. 문법과 정자법 체계

문법상의 변화가 가장 활발했던 시기도 황금 세기였다. 현재 사용되고 있는 대부분 문법 및 형태 변화들이 대부분 이 시기에 고정되었다. 네브리하의 뒤를 이어, 많은 학자들이 연이어 문법서를 발간했다. 중요 문법서들만 살펴보아도 이 당시 카스티야어에 대한 연구와 관심이 어떠했는가를 쉽게 짐작할 수 있다.[56]

1535년 후안 데 발데스가 『Diálogo de la lengua』 '언어의 대화'를,

56 본 절에서 인용한 문법의 변화에 관한 자세한 사항은 Alatorre, Antonio(1989:266-272)와 Cano Aguilar, Rafael(1988:242-249)에서 주로 참조했음을 밝힌다.

1585년 산체스 데 라스 브로사스가 『Minerva』 '미네르바'를, 1606년에는 베르나르도 데 알드레테가 『Del orígen y principio de la lengua castellana』 '카스티야어의 기원과 시초에 대하여'를, 1626년에는 곤살로 코레아스가 『Arte grande de la lengua castellana』 '카스티야어 대 문법'을 각각 출간했다.[57]

이 밖에도 정자법에 대한 관심이 고조되면서 많은 정자법 책이 발간되었다. 역시 선두에 선 사람은 안토니오 데 네브리하였다. 1517년 그의 『Reglas de orthographía en lengua castellana』 '카스티야어 정자법'을 필두로, 안토니오 데 토르케마다(1552), 후안 바우티스타 데 모랄레스(1623), 곤살로 코레아스(1630) 등이 정자법 관련 책들을 출간했다.[58] 특히 1580년부터 1614년까지 약 5년 동안 8권의 정자법 관련 서적이 발간되었으며, 이 시기가 음성 변화의 절정기였다. 페르난도 데 에레라(1580), 후안 로페스 데 벨라스코(1582), 베니토 루이스(1587), 기예르모 포켈(1593), 프란시스코 페레스 데 나헤라(1604), 마테오 알레만(1609), 로렌소 데 아얄라(1611), 바르톨로메 히메네스 파톤(1614) 등이 그들이다. 그러나 이들이 모두 통일된 하나의 체계로 글을 쓴 것은 아니었다. 그 필요성은 느끼고 있었지만, 아직 스페인어는 결정적인 변화 단계에는 이르지 못하고 있었다. 역설적이게도 이들의 이 다양한 저서들이 이를 웅변해주고 있다. 현재와 같이 단일 언어 체계로 확립된 것은 18세

57 이 중에서 특히 후안 데 발데스의 『Diálogo de la lengua』에 대한 자세한 분석은 Lope Blanch, Juan M.(1990:69-102) 참조. 곤살로 코레아스의 『Arte』는 필사본으로만 전해 오다가 1903년에야 비로소 인쇄되었다.

58 네브리하의 정자법 책은 Nebrija, Antonio de(1977) 참조.

기 들어서의 일이며, 이에 가장 결정적인 기여를 한 것은 왕립학술원의 설립(1713)이다.

고전 라틴어에서 최상급 어미는 -issĭmus였다: formosus–formosior–formosissimus. 그러나 그 변화형인 -ísimo는 이베리아반도에서는 거의 사용되지 않았다. 곤살로 데 베르세오의 작품에서 단 한 번 쓰인 것이 관찰될 뿐이며, 네브리하도 자신의 문법서에서 언급조차 하지 않았을 정도로 15세기까지는 거의 사용되지 않고 있었다. 그러나 16세기 들어 이탈리아어의 영향이 커지면서 갑자기 자주 사용되기 시작했으며, 17세기 초에는 일반화되었다. 돈키호테는 자신의 시종인 산초 판사를 부를 때 escuderísimo라고 했고, 트리팔디를 dolorísima dueñísima라고까지 부르는 등, 이를 지나치게 사용하고 있다.[59]

직, 간접 목적어에서도 변화가 일어났다. 3인칭의 경우, 당시까지 정상적인 형태들은, 직접 목적어는 라틴 대격 illum과 illos, illam과 illas에서 유래된 lo와 los, la와 las였고, 간접 목적어는 남,여 공히 라틴 여격 illi와 illis에서 유래된 le와 les가 정상이었다. 중성은 라틴 대격 중성 illud에서 유래된 lo가 정상이었다. 그러나 황금 세기 들어 직접 목적어에서 lo, la 대신에 le를 사용하는 경향이 나타나기 시작했다. 이것을 leísmo라고 부른다. 즉, Yo lo vi 대신에 Yo le vi라고 하는 것이다. 이러한 현상은 이미 14세기에 필사된 『엘시드의 노래』에서도 moros le reciben이라는 구절이 나오고 있고, 알폰소 10세 시절의 서적에서도 이미 이러한 혼용이 관찰된다. 그러나 이러한 leísmo가 일반화된 것은 황

59 Alatorre, Antonio(1989:267) 참조.

금 세기 들어서이다. 세르반테스와 동시대인인 안드레스 레이 데 아르티엔다가 1605년 쓴 시에 보면 다음과 같은 구절이 나온다.[60]

Iba Laura delante, conocíla;
iba detrás don Feliz y llaméle;
lo demás del suceso callarélo.

이러한 leísmo는 현재에도 주로 중남미에서 〈Me gusta mucho de conocerle a Ud.〉 등과 같은 표현에서 많이 쓰이고 있으며, 왕립학술원에서도 인정하고 있는 현상이다.[61]

이러한 leísmo와는 달리, 간접 목적대명사에서 여성인 경우 le와 les 대신에 la와 las를 사용하는 경향이 나타났다. 이는 laísmo라고 부른다. 즉 〈Le doy un libro (a María)〉를 〈La doy un libro〉라고 하는 것이다. 이는 1626년 곤살로 코레아스의 『대 문법』에서 〈Dixóle que era una bellaca〉 대신에 〈Dixóla que era una bellaca〉라고 한데서 그 역사성을 살펴볼 수 있다. 그러나 현재 이는 구어체에서만 드물게 쓰이고 있을 뿐 올바른 문법으로는 인정되지 않는다.

2인칭 복수 대명사의 경우, 라틴어에서 대격은 vos, 여격은 vobis였다. 로망스어 들면서 여격 vobis는 탈락하고 vos로 통합되었다. 중세 때까지

---

60 Alatorre, Antonio(1989:268) 참조.

61 RAE에 따르면, leísmo는, 일상에서는 남성 복수에 대해서도 쓰이지만, 엄밀한 의미에서는 남성 단수에 한한다. https://www.rae.es/dpd/le%C3%ADsmo 참조: leísmo. 1. Es el uso impropio de *le(s)* en función de complemento directo, en lugar de *lo* (para el masculino singular o neutro), *los* (para el masculino plural) y *la(s)* (para el femenino), que son las formas a las que corresponde etimológicamente ejercer esa función (→ pronombres personales átonos, 1).

만 해도 dar vos he, hablarvos 등으로 쓰였다. 그러나 황금 세기 들어서는 오늘날과 같이 대격은 물론 여격에서도 yo os daré, hablaros에서처럼 os로 일반화되었다.

직, 간접 목적어로 쓰이는 인칭 앞에서 전치사 a의 사용이 일반화되었다. 16세기 초까지만 해도 이런 경우 전치사 a의 사용은 보편적이지 않았다. 15세기 말의 한 민요에서 〈En Ávila del río, mataron mi amigo〉라는 구절이 관찰되며, 가르실라소 데 라 베가(1498-1536)도 〈buscas el hermano〉처럼 a를 쓰지 않았다. 반면, 같은 시기에 살았던 후안 데 발데스(1509-1541)는 사물 앞에서도 a를 쓰고 있다: 〈El varón prudente ama a la justicia〉. 그는 이런 경우 전치사를 쓰지 않으면 누가 누구를 사랑하는 것인지 알 수 없기 때문이라고 했다. 이처럼 전치사는 차츰 문법 관계를 명확히 해주기 위해, 특히 인칭 앞에서 일반적으로 사용되기 시작했으며, 17세기 들어서는 현재처럼 사용이 정착되었다: 〈Busco a mi hermano.〉 *vs.* 〈Amo la justicia.〉

ser와 estar 사이의 혼동도 정리되었다. 발데스의 말을 빌리면, 황금 세기 전까지는 〈la lengua no está muy pura en Andalucía; Darazután, que es en Sierra Morena〉 등과 같은 표현도 흔히 쓰였다. 즉 ser와 estar의 구분이 현재처럼 엄격하지 않았었다는 뜻이다. 그러다가, 황금 세기 들어서 현재처럼 ser loco (본질적인 상태)와 estar loco (일시적인 상태) 간의 의미 구분이 명확해졌다.

중세 때까지만 해도 완료 구문에서 과거분사가 해당 명사와 성, 수가 일치되기도 했다: cogido han la tienda와 cogida han la tienda. 그러나 황금 세기 들어서는 완료 구문에서는 성,수 구분이 사라지고 ha vencido, ha nacido와 han vencido, han nacido 등처럼 남성형만 쓰이게 되었고, 수동형에서는 es vencido, es abierta와 son vencidos, son abiertas 등처럼 성, 수 구분이 확립되었다.

동사에서, 불완료과거, 단순미래, 가정미래의 2인칭 복수형이 중세 때까지는 solíades, veredes, andaríades 등으로 쓰였으나, 중간 형태인 *solíaes, *verees, *andaríaes 등을 거쳐, 17세기에 와서는 현재와 같은 solíais, veréis, andaríais로 확립되었다. 단순미래와 가정미래 형태가 중세 때는 costar le ha, descubrir nos hia로 쓰이던 것이 각각 le costará, nos descubriría로 쓰이게 되었다. 또한 명령형에서도 la espada me da, tú me acompaña 등으로 쓰이던 형태가 17세기 말에는 dáme la espada, acompáñame 등으로 오늘날과 동일해졌다. 또한 17세기에는 단순과거 2인칭 복수에서 (-stis) -stes가 현재와 같이 -steis가 되었으며, 접속법과거에서 -ra형과 -se형 간의 구분이 없어졌다.[62]

마지막으로, vos와 vosotros의 문제이다. 고전 라틴어에서 2인칭 단수 '너'는 tu, '너희들 (또는 당신들)'이라는 2인칭 복수는 vos였다. 후기 라틴어에서 교황이나 황제, 국왕 등은 단순히 한 개인 이상의 가치를 가진 것으로 여겨져 복수 형태인 vos가 사용되기 시작했다. 이들도 자신들을 ego '나'가 아니라 nos '우리'로 칭했다. 로망스어 들어서는, 2인칭 단수에서 라틴어로부터 유래된 tú와 이 vos 두 가지 형태가 다 쓰였는데, '하급자나 동급자'에게는 tú를, '상급자나 존칭의 의미'로는 vos를 사용했다. 복수에서는 con vos hablo가 문맥에 따라 hablo con vosotros나

62 Cano Aguilar, Rafael(1988:248-249) 참조. 이보다 앞서 15세기에 현재형 2인칭 복수에서 라틴 어미 -atis가 -ádes를 거쳐 -áis로 변했다(예: amatis>amades>amáis). 이에 대해서는 Cano Aguilar, Rafael(1989:160) 참조.

hablo con usted 두 가지 의미로 다 사용되었다. 동사는 단수든 복수든 상관없이 vos estades였다. 이처럼 vos는 가르실라소 때까지만 해도 단수로도 복수로도 사용되었다: Ninfas, a vos invovo. 그러다가, 복수에서 (vos+otros)) vosotros가 쓰이게 되자, vos는 단수의 의미로만 쓰이게 되었다. 가르실라소가 친구인 보스칸에게 보낸 편지에 보면 Vos, de la amistad ejemplo라는 구절이 있는 것으로 보아, 이때 쓰인 vos는 존칭의 의미가 아니라 단지 친근감의 표시일 뿐이었다.[63]

그러나 단수에는 어원에서부터 사용되던 tú가 있어, 그 위상이 매우 불안정했다. 이는 곧 의미 변화로 이어졌다. 16세기 들어, 펠리페 2세의 시종이던 안토니오 데 에라소가 〈llamó de vos a Gutierre López, estando en el Consejo [Real], y por esto se acuchillaron〉 '[그가] 조정에서 구티에레스 로페스를 vos라고 부르자, 서로 칼부림이 났다'라고 한 데서도 알 수 있듯이, 경멸적인 의미로 변질되었다. 암브로시오 데 살라자르는 프랑스인들에게, 스페인어에는 vos가 '매우 심한 모욕'이니까 프랑스어의 vous를 vos로 번역하지 말라고 충고하고 있다.[64] 그러나 이러한 경멸적으로 변질된 의미조차 오래가지 못하고 곧 대부분 지역에서 사라졌다.

현재는 남미의 아르헨티나, 칠레 등에서만 2인칭 단수에 대한 '친근감'의 표시로 vos가 사용되고 있을 뿐이다. 동사는 sois와 sos, tomáis와 tomás, coméis와 comés 등이 혼용되고 있으며, 명령형은 정상형인 sed, tomad, comed 등과 구어 형태인 sé, tomá, comé가 함께 사용되

63 Cano Aguilar, Rafael(1988:244) 참조.

64 Alatorre, Antonio(1989:271) 참조.

고 있다. 이 voseo 지역에서 2인칭 복수는 ustedes이다. 그러나 이는, tú와 usted의 차이와는 달리, '존칭'의 의미가 없다. 직, 간접 목적어와 소유형도 os와 vuestro가 아니라 te와 tu이다: 〈Vos aquí te quedáis (o quedái).〉/ 〈Poné aquí tu mano, si te atrevés.〉

vos가 '당신'이라는 존칭의 의미를 잃고 사라지자, 그 자리를 대신할 새로운 형태인 Ud.이 등장했다. Ud.의 어원은 Vuestra Merced '각하, 귀하'이다. 변화 과정에서 강세를 갖는 두 음절만 남고 축약되어 현재와 같은 형태가 만들어진 것이다. 즉 vuéstra mercéd이 vuesa mercéd>vuesa mestéd>vues-astéd>vuestéd>vustéd>ustéd으로 변화된 것이다. 따라서, 축약형은 어원에 따르면 Vd.로 표기해야 하지만, 변화 결과인 usted에 따라 Ud.로 표기한다.

13.4.3. 프란시스코 산체스 데 라스 브로사스

1523년 카세레스 지방의 브로사스에서 태어나서 일명 El Brocense '엘 브로센세'라고도 불리며, 라틴어로는 Franciscus Sanctius Brocensis 라고 표기된다.[65] 가난한 집에서 태어나 친척들의 도움으로 공부를 했다고 한다. 어렸을 때는 에보라와 리스본에서 수학했다. 1545년 살라망카로 옮겨 공부를 계속했다. 1573년 살라망카에서 수사학 교수가 되었다.

---

65 출생연도는 대개 1523년이라고 하지만, 1521-1523년 사이라고 보는 견해도 있다. http://dbe.rah.es/biografias/6377/francisco-sanchez-de-las-brozas 참조. 이 인물의 생애와 업적에 대한 자세한 사항은 https://www.bvfe.es/es/component/mtree/autor/10624-sanchez-de-las-brozas-francisco-el-brocense/apage3.html 참조.

이성에 바탕을 둔 그의 개혁적인 성향은 복음서들의 문학적 형식까지도 비판함으로써 종교재판소로부터 1584년과 1595년, 1600년 죽기 직전까지 세 차례에 걸쳐 조사를 받았다.

에라스무스의 영향을 받아 백과사전적인 지식을 쌓았다. 그리스-라틴 고전 문학, 시, 과학 등 다방면에서 뛰어난 저술을 남겼다. 특히 시선을 끄는 것은 그의 문법에 대한 열정과 사고이다. 고전 연구에 대한 열정은 네브리하 못지않았지만, 그를 무작정 추종하지만은 않았다. 『Grammaticae graecae compendium』 '그리스어 문법'(1581), 『Verae brevesque latinae institutiones』 '간략한 라틴어 체계'(1587), 『Arte para saber latín』 '라틴어 문법'(1595) 등을 썼다. 문법에 대한 그의 사고는 『Minerva sive de causis linguae latinae』 '미네르바 또는 라틴어의 대의에 대하여'라는 라틴어 문법서에 잘 드러나 있다.[66] 그는 이 책에서, 과거 문법학자들의 usus scribendi '글쓰기' 교육 방식을 탈피해 모든 문법 체계의 초석을 ratio '이성'에 두고, 문법 연구의 논리성을 특히 강조했다. 이러한 이성주의적인 사고 체계로 인해 특히 elipsis '생략'이 문법 해석에서 매우 중요한 역할을 담당하게 되었다. 문법 체계를 '이성'에 기초하여 탐구하다 보니 16세기에 이미 라틴어만의 문법 범주를 벗어나 '언어 보편성'에 대한 영역으로까지 사고의 영역이 확장되었다. 이는 그의 대표적인 저서인 『Minerva』에서 잘 드러나 있다. 이는 훗날 출현하는 포

---

66 이 책은 1587년 Salamanca의 Renaut에서 출판되었다. 『Minerva』 원본의 pdf. 파일은 https://babel.hathitrust.org/cgi/pt?id=ucm.5327712899&view=1up&seq=1 참조. 이 책에 대한 자세한 분석은 Marcos Marín, Francisco(1990:68-71) 참조. 같은 책 3.1.에서는 네브리하를 비롯한 16-17세기 다른 스페인 문법학자들에 대해서도 알아볼 수 있다.

르루아얄 문법과 노암 촘스키의 변형생성문법에도 큰 영향을 끼쳤다.[67]

67 Lapesa, Rafael(1981:417) 참조. 포르루아얄(Port Royal) 문법이란 1660년 철학자인 앙투안 아르노와 문법학자인 클로드 란슬로 두 사람이 쓴『Grammaire générale et raisonnée』'일반이성문법'이라는 책을 계기로 세상에 드러났다. 파리 남서쪽에 있었던 시토회 소속의 포르루아얄 데 샹(Port-Royal-des-Champs) 수도원에서 집필했기 때문에 이 이름이 붙은 것이다. 이들은 문법을 '일반적이며 이성적인 관점에서' 설명하고자 했다. 이들이 주목한 것은 개별 언어의 규칙이 아니라 문장의 보편적인 논리 구조였다. 이들에 따르면, 문법이란 인간 사고의 본성에서 나오는 것이므로 보편적일 수 있다는 것이었다. 이로써 '보편문법'이라는 개념이 최초로 제기되었다. 이를 이어받아 덴마크의 옐름슬레우(1899-1965)는 보편문법으로, 미국의 노암 촘스키(1928-2022 현재)는 변형생성문법으로 발전시켰다. 이 학파의 이론에 대해서는 Robins, R.H.(1992:43-46)과 Marcos Marín, Francisco(1990:76-81) 참조. 같은 책 3.2.에서는 이성주의 문법에 대해서 자세하게 다루고 있다.

14

제14장

왕립학술원(RAE) 체제의 스페인어

14.1. 스페인 왕위 계승 전쟁과 부르봉 왕가의 등장

펠리페 3세(1598-1621) 때까지만 해도 스페인은 여전히 유럽 정치 무대에서 강력한 영향력을 행사하고 있었다. 1618년까지 약 20여 년간 스페인 정치를 이끌었던 레르마 공작 치세하에서 이교도들인 모로족 추방으로 인해 많은 경제적 어려움을 겪기도 했으나, 대외적으로는 플랑드르와 1609년부터 12년간의 휴전으로 평온을 되찾았고 영국과도 엘리자베스 1세 사후(1603) 자유무역 조약을 체결해 평온을 유지했다. 그러나 펠리페 4세(1621-1665) 때에는 다시 플랑드르와 전투를 재개하고(1621), 경제 파탄과 해상권의 약화를 틈타 카탈루냐(1641-59)와 포르투갈(1640-68)이 독립 전쟁을 일으키는 등, 끊임없는 대내외적인 소요와 도전에 시달리면서 국력이 쇠잔해져 갔다. 결정적인 사건은 신-구교도 간에 벌어진 종교전쟁인 '30년 전쟁(1618-1648)'이었다. 이 전쟁에서의 패배로 유럽 내에서의 영향력이 감소하고 네덜란드가 독립(1648)하는 등 몰락의 길을 걸었다. 특히 프랑스에게는 1659년에 맺은 피레네조약을 통해 네덜란드 남부의 아르투아 백작령과 룩셈부르크 지역을 넘겨주었으며, 피레네 이북의 구 로세욘 백작령 지역을 빼앗겼다. 또한 펠리페 4세의 딸인 마리아 테레사를 막대한 지참금과 함께 루이 14세의 왕비로 보내야 했다.[1]

이처럼 세계적인 대제국을 건설했던 스페인은 몰락의 길을 걷고 있었던 반면에, 영국과 프랑스, 네덜란드 등 유럽 다른 나라들은 뒤늦게 내부 정비를 끝내고 밖으로 뻗어나갈 채비를 하고 있었다. 포획 대상은 이미 아프리카와 아시아, 아메리카, 심지어는 태평양에서까지 항로를 개척해 놓은 포르투갈과 스페인, 두 이빨 빠진 호랑이였다. 결국 스페인과 포르투갈은 뒤따라오는 영국, 프랑스, 네덜란드에게 좋은 개척자요 길 안내자였던 셈이었다. 이제 그 길 안내자의 기력이 쇠하자, 그간 쌓아 놓은 공은 물론이고 심지어는 그 길 안내자까지도 좋은 먹잇감으로 전락한 처지가 되었다.

펠리페 4세의 뒤를 이어 4살 난 카를로스 2세(1665-1700)가 왕위에 오르자, 무능하고 부패한 대신들 간의 권력 투쟁이 절정에 달했다. 그 와중에서 1668년 포르투갈이 독립해 나갔다. 또한 프랑스의 루이 14세와 세 차례에 걸친 전쟁을 통해 1684년 룩셈부르크를 상실했고, 1691

---

1 당시 빼앗긴 땅은 현재의 오키타니아주 동부피레네군(Départment Pyrénées-Orientales)에 해당하는 지역으로, 넓이는 약 4,116km^{2}쯤 된다. 여기에는 로세욘, 바예스피르, 콘플렌트, 캅시르, 고지 세르다냐 면(comarca)이 포함되며, 중심 도시는 페르피냥이다. 한 가지 재미있는 사실은 피레네조약 이듬해에 맺어진 '이비아(Llivia) 조약'이다. 프랑스와의 국경을 확정하기 위해 1660년에 체결된 세부 조약인데, 이 조약에 따르면 '피레네 북쪽의 33개 마을(pueblo)'이 프랑스령이 되어야 했다. 그런데 이비아는 단순한 pueblo '마을'이 아니라 카를로스 1세로부터 특권을 부여받은 당당한 villa '도시'였다. 따라서 이 도시는 피레네 북쪽에 위치해 있지만 조약에 해당되지 않았으며, 그 결과 현재까지도 스페인 헤로나 지방 소속이다. 국경에서 프랑스 쪽으로 불과 수 km밖에 떨어져 있지 않으며, 넓이는 12.83km^2, 인구는 2020년 현재 1,431명이라고 한다. 프랑스 내의 스페인 영토로 시청에는 카탈루냐 깃발이 나부끼고 있다. 이 도시에 관한 자세한 사항은 http://llivia.org/ 참조.

년에는 프랑스군이 카탈루냐에 진주하는 등 대외적으로 국가의 위신이 크게 추락하고 내적 결핍은 더해만 갔다. 더구나 그는 후사를 두지 못하자, 신성로마 제국의 합스부르크가와 프랑스의 부르봉가 사이에 후계 문제를 두고 첨예하게 대립하기 시작했다. 합스부르크 본가인 신성로마 제국에서는 호세 페르난도 왕세자를 후계자로 내세웠다. 근거는 당연히 스페인 왕실과 가까운 친척 관계에 있다는 것이었다. 실제로 당시 황제인 레오폴드의 어머니와 부인 모두 스페인 공주였다. 심지어 부인은 『Las meninas』 '시녀들'에 등장하는 주인공인 마르가리타 공주로 펠리페 4세의 딸이자 카를로스 2세와는 이복 남매지간이었다.[2] 그러나 강력한 합스부르크 왕가의 재건을 두려워한 프랑스의 루이 14세는 자신의 손자인 펠리페의 후계 권리를 주장하고 나섰다. 프랑스 측 주장의 근거 역시, 루이 14세의 부인이 바로 펠리페 4세의 딸인 마리아 테레사 공주였으므로, 그 손자에게도 스페인 왕위계승권이 있다는 것이었다. 게다가 펠리페 4세의 부인이자 마리아 테레사의 어머니인 이사벨은 부르봉가의 공주였다. 왕실 간의 근친 정략결혼으로 서로 얽히고설킨 관계였다.

결국, 카를로스 2세는 국제적인 역학 관계를 고려해 부르봉가의 펠리페를 후계자로 지명했다. 펠리페는 루이 14세의 손자로 프랑스 왕위계승권자이기도 했다. 당시에는 앙주 공작으로 있었다. 펠리페는 이듬해인 1701년 펠리페 5세라는 이름으로 마드리드에 입성했다. 이에 유럽

2 공주가 1651년생이니까, 1656년 벨라스케스가 그릴 당시 나이는 5살이었다. 그러나 그 예쁘고 청초한 공주의 삶은 그리 행복하지 못했다. '30년 전쟁'의 패배로 세력을 상실한 펠리페 4세는 합스부르크 왕가의 세력을 만회하기 위해 1663년 공주를 외삼촌인 신성로마 제국의 황제 레오폴드 1세와 정략적으로 약혼시켰다. 당시 겨우 12살이었으며, 3년 후인 1666년 15세의 나이에 엄마의 동생인 외삼촌에게 시집가야 했다. 2남 2녀를 낳았으며, 1673년 22세를 일기로 세상을 떠났다.

내에서 프랑스의 세력 팽창과 주도권 장악에 불안을 느낀 영국, 포르투갈, 네덜란드 등이 신성로마 제국과 연합해 황제 레오폴도 1세의 장남인 호세를 왕으로 추대함으로써, 양 진영 간에 전쟁이 벌어졌다. 이것이 이른바 '스페인 왕위계승 전쟁'이다(1701-1713).[3]

1705년 호세가 부친의 뒤를 이어 황제에 오르자, 이번에는 차남인 카를로스를 스페인 왕위 후계자로 추대했다. 초반 전세는 대체로 합스부르크가에 유리하게 전개되는 듯했다. 그러나 1711년 신성로마 제국의 황제인 호세가 사망하고 동생인 카를로스가 뒤를 잇게 되자, 영국이 세력 균형을 이유로 돌연 태도를 바꿔 프랑스 편을 듦으로써 전세가 역전되었다. 결국 1713년 스페인의 의사와는 무관하게 유트레히트 조약을 맺어 전쟁을 종결했다. 이로써 이제 스페인에는 부르봉 왕조 시대가 도래하게 되었다.

이 조약의 결과, 프랑스는 펠리페가 프랑스 왕위를 포기하는 조건으로 스페인 왕위를 차지했고, 영국은 중재의 대가로 지브롤터, 메노르카, 테라노바(현 캐나다령 뉴펀들랜드)를 점령해 지중해 무역 통로와 전략 요충지를 차지했으며 30년간 아메리카 노예무역 독점권과 연간 500톤급 무역선 1편의 항해권을 얻어냈다. 또 밀라노, 나폴리, 세르데냐, 시칠리아가 독립했으며, 이미 1648년 독립한 네덜란드는 남부의 플랑드르 지역을 획득했다. 스페인으로서는 처절하기 짝이 없는 한판 승부였다. 이제 스페인은 유럽 내의 전략적, 상업적 요충지를 모두 상실하고 과거 찬란했던 영광을 뒤로한 채 치명타를 입고 깊은 몰락의 나락으로 떨어졌다.[4]

---

3 이 전쟁에 관한 자세한 사항은 Albareda Salvadó, Joaquim(2010) 참조.

4 당시 스페인이 받은 조처는 유트레히트 조약 전문에 잘 나와 있다. 영국, 사보야, 포르투갈 등과 세

프랑스의 전폭적인 지원 아래 왕위에 오른 펠리페 5세(1700-1746)는, 예상했던 대로, 조부인 루이 14세의 전제 군주제를 본떠 지방의 자치권과 특권을 축소하고 중앙집권화를 꾀하는 등, 국가 체제를 프랑스식으로 개편해 나갔다. 또한 계몽 전제 정치를 답습해 경제 재건과 재정 확충에 힘쓰는 한편, 교육과 과학 기술의 진흥, 새로운 사상의 도입, 도시 정비와 미화 등 스페인 근대화에 힘썼다. 16-17세기에는 현대적인 것이 이탈리아에서 온 것이었다면, 이제 18세기에는 현대적이란 것은 곧 프랑스식을 일컫는 말이 되었다. 또한 대외적으로는 유트레히트 조약으로 상실한 나폴리를 비롯한 지중해상의 옛 영토를 되찾는 데 주력했다. 이를 위해 1731년 프랑스와 제1차 부르봉 왕가 동맹을 맺어, 폴란드 왕위계승 전쟁(1733-35), 오스트리아 왕위계승 전쟁(1740-45) 등에 개입하고, 1743년에는 제2차 왕가 동맹을 맺어 영국, 오스트리아 등과 대립했다. 그러나 별 이득을 얻지 못하고 프랑스 왕실에의 대외 종속만 심화되는 결과를 가져왔다.

뒤를 이은 페르난도 6세(1748-1759)는 왕가 동맹에 환멸을 느껴 대외적인 중립을 표방하고 경제 재건과 식민지 경영에 주력했다. 그러나 그의 동생인 카를로스 3세(1759-1788)는 1761년 다시 제3차 왕가 동맹을 체결해 적극적인 대외 정책으로 미국 독립 전쟁 등에 개입했다. 대내적으로는 중앙과 지방의 행정 조직과 금융 제도를 정비하고, 장자 상속제와 대토지 소유제 제한, 화폐개혁, 마드리드를 비롯한 도시 정비 등 개

부적으로 조약을 맺었으며, 지브로올터 영유권에 관한 조항은 특히 영국 측과 체결한 세부 조약 제10조에 나와 있다. 이 내용에 관한 자세한 사항은 https://es.wikisource.org/wiki/Tratado_de_Paz_y_Amistad_de_Utrecht_entre_Espa%C3%B1a_y_Gran_Breta%C3%B1a 참조.

혁의 바람을 일으켰으나, 그 또한 역대 부르봉 왕들과 마찬가지로, 태생적인 한계에 부딪힐 수밖에 없었다. 그의 이러한 일련의 개혁 조치들은 외형적인 수준에서만 성과를 거둔 듯이 보였을 뿐, 일반 대중들에게는 역대 다른 부르봉 왕들과 마찬가지로, 그 역시 이방인 지배자일 뿐이었다. 겉으로는 명령에 복종하는 듯했으나, 실제로 개혁 정책이 시행된 것은 별로 없었다. 당시 유럽을 휩쓸고 있던 프로테스탄티즘과 계몽사상은 전통 가톨릭 교리를 보호하려는 종교재판소의 검열에 걸려 서적 반입이 통제되고 있었으며, 민중들 또한 사회 개혁 세력으로 대두될 만큼 깨어 있지 못했다. 또한 정보 부재로 유럽의 정세와 과학 기술이 어떻게 변해 가고 있는지조차 모른 채, 아직도 과거 세계 최강국이었다는 몽상에 사로잡혀 헛된 자존심만을 내세우며, 은연중에 외국인 왕에 대한 반감만 드러내고 있는 실정이었다.

당시 18세기에는 모든 면에서 '현대적인 것'이란 곧 프랑스풍을 의미하는 것이었다. 정신 사조에서도 프랑스에서 비롯된 계몽주의 사상이 전 유럽을 휩쓸고 있었다. 그러나 이는 스페인을 제외한 다른 나라들에서의 일이었다. 스페인에서는 아직도 강력하게 전국을 통제할 수 있는 유일한 권력 기관은 종교재판소였다. 그 검열 앞에서는, 권력이 막강한 대신들은 물론 국왕조차도 '고양이 앞의 쥐'일 뿐이었다. 1756년 몽테스키외의 『법의 정신』이, 1759년에는 디드로와 달랑베르의 『백과사전』이, 1762년에는 볼테르의 전 작품이, 그리고 1764년에는 루소의 『에밀』이 수입 및 유포 금지되었다. 당시 스페인의 대표적인 개혁주의자들로는 베네딕트파 수도사이자 대표적인 계몽 교육가인 베니토 헤로니모 페이호오(1676-1764)와 가스파르 멜초르 데 호베야노스(1744-1811) 등을 들 수 있다. 종교재판소로 대표되는 보수적인 전통 고수파, 즉 순혈주의자들이 보기에 가장 큰 죄악은 외국풍에 물드는 것이었는데, 바로 이 개혁주의자들이 그와 같은 죄악을 저지르고 있었던 것이었다.

아쉽게도 스페인 근대화에 열정적으로 매달렸던 카를로스 3세의 개혁 정책은 빛을 보지 못하고 끝났다. 더 나아가 잔인한 운명의 여신은 스페인이라는 가여운 나라를 역사상 유례없이 어리석고 무능한 카를로스 4세(1788-1808)와 음탕한 왕비 마리아 루이사, 그리고 하늘이 내려준 그녀의 정부(情夫) 마누엘 고도이, 이 세 사람 손아귀에 던져버리고 말았다. 우둔하고 무능력하기 짝이 없는 국왕, 자신의 몸치장과 성적 쾌락에만 몸이 단 음탕하고 질투심 많은 왕비, 그런 왕비 덕에 튼실한 '물건' 하나로 29살에 왕실 근위병에서 일약 재상 자리에 오른 고도이, 그 불륜의 사생아 등등, 19세기 격동의 시기를 맞이하는 스페인 왕실의 모습은 가련하다 못해 차라리 희극적이었다. 삼류 희극 배우 같던 당시 이들의 우스꽝스러운 모습은 당대 최고의 화가로 꼽히는 프란시스코 데 고야(1746-1828)가 그린 『카를로스 4세 가족』에 잘 드러나 있다.[5] 이 '하늘이 내린 삼위일체' 체제를 종식하고 극단적인 자아도취적 보수주의를 무너뜨린 것은 또 다른 이방인인 나폴레옹 보나파르트였다. 유럽의 다른 나라들처럼, 이제 스페인도 나폴레옹의 등장으로 어쩔 수 없이 새로운 조류에 휩쓸려가게 되었다(1808-1813).

1807년 10월 재상인 마누엘 고도이는 비밀리에 프랑스의 나폴레옹과 폰텐블로우 조약을 체결했다. 1805년 나폴레옹은 트라팔가르 해전에서 패해 영국 봉쇄가 무산되자 영국과 손을 잡고 있는 포르투갈을 치

5 고야와 당시 스페인 사회에 관한 자세한 사항은 Hotta Yoshie(1998), 『고야』, 전 4권; Symmons, Sarah(2001); Todorov, Tzvetan(2011) 참조.

고자 했다. 이에 일찍부터 페르난도 왕세자와 갈등을 겪고 있던 고도이는 자신의 권력 기반을 강화하기 위해 나폴레옹과 은밀하게 내통했다. 이 밀약에 따르면, 스페인은 나폴레옹군에게 포르투갈로 가는 길을 열어주고 고도이는 그 대가로 포르투갈 남부 알가르베에 자신의 공국을 배정받기로 했다. 포르투갈의 해외 식민지도 양측이 나누어 갖기로 합의했다. 그해 11월 스페인 국경을 넘은 프랑스군은 별다른 저항 없이 리스본에 입성했고, 포르투갈 왕실은 브라질로 피신했다.[6]

고도이의 의도대로 일이 착착 진행되는 듯했으나, 스페인에서는 상황이 묘하게 꼬여갔다. 본래는 스페인 땅을 지나 포르투갈로 들어갔어야 할 프랑스 병력 중 일부가 스페인의 북부 요충지에 그대로 눌러앉은 것이었다. 바르셀로나, 산세바스티안, 팜플로나, 부르고스, 살라망카 등 북부의 주요 도시에, 그것도 무려 약 65,000명이라는 대규모 병력이 진주한 것이었다. 스페인의 기대와는 정반대로 일이 이상하게 꼬여가고 있었으나, 프랑스 입장에서는 본래 작전대로 착착 진행되고 있는 과정일 뿐이었다. 그들은 애초부터 스페인을 그저 지나가는 통로로만 이용할 생각이 전혀 없었다. 포르투갈은 그저 구실에 불과했고 더 군침을 흘리고 있었던 곳은 사실 스페인이었는데, 카를로스 4세나 고도이처럼 무

6 당시 포르투갈의 여왕은 마리아 1세였다. 1807년 11월 29일 영국 군함의 호위하에 수십 척의 배에 왕실 가족과 귀족들, 금은보화를 가득 싣고 리스본을 출행해 국민의 원성을 샀다 (김용재 & 이광윤(2000:77) 참조). 리스본은 이튿날 프랑스군의 수중에 떨어졌다. 이듬해 1월 22일 브라질에 도착해 포르투갈-브라질-알가르베 연합왕국의 황제가 되었다. 1816년 모친의 뒤를 이은 후안 6세는 1821년 나폴레옹군이 물러간 후 포르투갈로 귀국했다. 그러나 아들인 페드로 1세는 그대로 남아 브라질의 황제가 되었다(재위 1822-1831). 1831년 아들인 페드루 2세에게 자리를 물려주고 귀국했으며, 브라질 제국은 페드로 2세를 끝으로 1889년에 폐지되었다. 포르투갈 왕국은 1910년 10월 혁명으로 마누엘 2세가 퇴위할 때까지 조금 더 지속되었다. 포르투갈과 브라질의 역사에 대한 자세한 사항은 김용재 & 이광윤(2000)과 Livermore, H.V.(1976) 참조.

능과 이기심에 찌든 이들의 눈에만 그것이 안 보였을 뿐이었다. 이제 마드리드마저 위험해지자, 1808년 3월 카를로스 4세는 남쪽의 아랑후에스로 짐을 옮겼다. 여차하면 포르투갈 왕실처럼 아메리카로 피신하려는 심산이었다.

1808년 3월 17일 아랑후에스에서 왕실의 무능과 나약함에 분노한 군중들이 봉기했다. 성난 군중들은 아랑후에스 궁을 습격했다. 카를로스 4세는 아들 페르난도에게 양위해야 했고 고도이는 쫓겨났다. 나폴레옹군은 같은 달 23일 마드리드에 입성했다. 5월 나폴레옹은 카를로스 4세뿐만 아니라 왕비 마리아 루이사, 갓 등극한 페르난도와 재상 고도이까지 모두 바요나로 호출했다. 말이 좋아 호출이지 볼모로 끌고 간 것이었다. 스페인의 왕위는 나폴레옹의 형인 호세 보나파르트가 차지했다.

1808년 5월 2일 마드리드에서는 나폴레옹군의 침략에 맞서 대규모 봉기가 일어났다. 이때 나폴레옹군의 무자비한 진압과 학살은 1814년 고야가 그린 두 점의 그림에서 생생하게 엿볼 수 있다. 진압 장면을 그린 『1808년 5월 2일』과 그다음 날 집행된 총살 장면을 그린 『1808년 5월 3일』이 그것이다. 대 프랑스 독립 전쟁이 시작된 것이었다. 1814년까지 지속된 이 전쟁에서 스페인은 전화에 휩싸여 황폐화되었고 무수한 사람이 희생되었으나, 굴하지 않고 잘 조직되고 무장된 프랑스군에 맞서 guerrilla라는 독특한 전술로 맞섰다. 이 말은 guerra의 축소사로써 현재까지도 '유격전, 게릴라전'이라는 이름의 전술로 널리 애용되고 있다.[7] 19세기 스페인이 처한 상황에서 나온 최적의 전술이자 용어이다. 이 게릴라전으로 프랑스군을 무수히 괴롭혔으며, 나폴레옹군은 최초로 패배를 맛보았다.

1814년 나폴레옹이 몰락하자 페르난도가 귀국했다(재위 1814-1833).[8] 그는 주변의 기대와는 달리 1812년에 제정된 카디스 헌법을 폐지하고 절대왕정 체제를 수립함으로써 과거의 보수주의로 회귀했다. 그러나 이제 냉엄한 국제 현실을 인정하고 자신의 처지를 직시하지 않을 수 없게 되었다. 19세기 제국주의적 현실은 영국, 프랑스, 독일 등을 비롯한 유럽 각국의 발달한 기술과 문화, 학문 등을 인정하고 받아들이지 않을 수 없게끔 급변하고 있었다. 이에 스페인을 더욱 초라하게 만든 것은 1810년을 전후해 이루어진 아메리카 각국의 독립과 1898년 미국을 상대로 한 라 아바나 해전에서의 패배로 나라의 치부가 적나라하게 드러난 것이었다. 이를 계기로 흔히 '98세대'라 불리는 지식인들이 나서 정신 개혁을 위한 새로운 문화운동을 벌이기 시작했으며, 자신들이 식민 종주국이라는 헛된 망상과 자존심을 내세우며 무시하던 아메리카에 대해서도 이제는 어쩔 수 없이 그 실체를 인정하고 종속관계가 아닌 협력관계로 발전해 나가지 않을 수 없게 되었다.

7 Del dim. de guerra. https://dle.rae.es/guerrilla 참조.

8 1808년에 바요나로 끌려갔던 이들 중에서 살아서 스페인으로 돌아온 사람은 페르난도뿐이었다. 카를로스 4세는 아들인 페르난도의 반대로 귀국하지 못하고 1819년 1월 나폴리에서 사망했다. 왕비인 마리아 루이사 역시 같은 해 1월 남편보다 며칠 앞서 로마에서 사망했다. 그녀의 정부인 고도이도 나폴레옹 몰락 이후 귀국하지 못하고 프랑스에서 떠돌다 1851년 10월에 사망했다.

14.2. 카디스 헌법과 소칼로 광장

1812년 3월 300여 명의 국민대표가 카디스에 모여 스페인 최초의 헌법을 제정 공포했다.[9] 여기에는 60여 명의 아메리카 대표도 포함되어 있었다. 당시 스페인은 나폴레옹군의 진주로 억압받고 있었으나, 스페인어권 국가의 대표들은 이에 굴하지 않고, 나폴레옹군의 영향이 아직 미치지 못하는 남쪽 끝 카디스에 모여 헌법을 제정한 것이었다. 주요 내용은 주권재민, 입헌군주제, 삼권분립, 국왕의 권력 제한, 간접 보통선거, 출판의 자유, 직업선택의 자유, 사유재산권 인정, 영지 제도 폐지 등을 명시하고 있는 현대적 의미의 헌법이었다.[10]

그러나, 주권재민을 명시하긴 했지만 여성의 선거 참여나 시민권 인정

9 헌법 제정에 관한 논의가 시작된 것은 1810년 9월이며, 제정된 것은 1812년 3월 12일, 공포는 같은 달 19일에 이루어졌다.

10 이 헌법의 전문(全文)은 pdf 파일로도 확인이 가능하다. http://www.diputados.gob.mx/biblioteca/bibdig/const_mex/const_cadiz.pdf 참조.

여부 등에 대해서는 아무런 언급이 없이 투표권을 성인 남성에게만 허용한 점, 아메리카에 대한 영토 개념을 명확하게 정의하지 못한 점 등은 한계로 지적된다. 1814년 프랑스에 포로로 잡혀있던 페르난도 7세가 귀국해 5월 4일 이 헌법을 폐지할 때까지 존속했다. 페르난도 국왕의 폐지 선언과 함께 스페인은 다시 전제 정치로 회귀했다. 2년도 채 유지되지 못했지만, 최초의 헌법이라는 점과 주권재민 등 당시로서는 획기적인 조항을 담고 있다는 점에서 이후 수십 년간 유럽 여러 나라에 많은 영향을 끼쳤다. 특히 아메리카의 많은 나라 역시 자신들의 대표가 참여하기도 했고 내용도 본받을 만해서 이 헌법을 참조했다.

일명 El Zócalo라 불리는 멕시코시티 대광장의 공식 명칭은 Plaza de la Constitución '헌법 광장'이다. 1813년에 멕시코에서 이 카디스 헌법을 공포한 것을 기념해서 지은 이름이다. 광장의 역사는 16세기 초로 거슬러 올라가며, 당시까지는 Plaza de Armas, Plaza Principal, Plaza Mayor, Plaza del Palacio 등 다양하게 불렸으나 그때부터 '헌법 광장'이 된 것이었다. 그러다가 1843년에 광장 중앙에 독립 기념탑을 세우기로 하고 zócalo '기단'을 먼저 세웠는데 조형물 건립은 지지부진했다. 그때부터 광장의 속명이 El Zócalo가 되었다고 한다. 현재는 기단도 철거되고 없으며, 대신 거대한 깃대 위에 멕시코 국기가 나부끼고 있다. 대부분의 사람들은 정식 명칭보다는 친숙하게 '소칼로 광장'이라고 부르고 있다.[11]

---

11 zócalo는 zoco에서 나온 것인데, zoco가 여러 의미를 갖고 있어 혼란이 생길 수 있다. 먼저, 건축에서 쓰이는 zoco는 라틴어 soccus에서 유래한 것으로 '기단'이라는 뜻이며 zócalo와 동의어로 쓰인다. 다른 한편으로, 아랍어 suq에서 유래한 zoco는 '시장(mercado)'이라는 의미이다. 여기서 파생된 것이 azogue, azoguejo이다. Azoguejo는 세고비아의 수로교가 위치해 있는 광장의 이름이기도

14.3. 현대 스페인어의 특징

펠리페 5세는 1712년 프랑스를 본떠 국립 도서관을 설립했으며, 이듬해인 1713년에는 Real Academia Española '왕립언어아카데미(일명 왕립학술원)'를, 1738년에는 왕립역사아카데미를, 1744년에는 왕립예술아카데미를 각각 설립했다. 왕립학술원의 설립을 계기로 이제부터는 본격적으로 언어 체제의 정비에 들어갔다. 먼저, 『모범 사전』(1726-39년까지 전 6권 발간)과 『정자법』(1741년 초판)이 출간되었으며 1771년에는 『스페인어 문법』 초판이 빛을 보게 됨으로써, 그동안 개인들에 의해 다양한 갈래로 집필되어 오던 문법서가 통합 발간되기에 이르렀다. 이를 계기로, 16세기까지는 톨레도의 궁정어가 모범이었는 데 반해, 이제부터는 왕립학술원 체계가 모범 스페인어의 위치에 서게 되었다.

하다. 톨레도의 주 광장인 Zocodover '가축 시장'도 이 zoco에서 파생된 것이다. zoco '시장'이 열리는 곳은 zoca '소 광장'이다. 따라서 zócalo도 광장의 이름이고 음 형태도 유사하므로 이 '광장'이라는 의미와 연결시킬 수 있지만, 멕시코의 경우에는 '기단'이라는 의미에서 유래된 것이다. Del lat. *soccus*. https://dle.rae.es/zoco 참조.

최초의 사전 명이 『Diccionario de autoridades』 '모범 사전'인 이유는 16-17세기 초반까지의 고전작가들의 훌륭한 예문들을 주로 인용했기 때문이다. 그중에서도 특히 가치를 인정받은 것은 세르반테스였다. 비록 그가 살아생전에 스페인어를 가장 정확하게 쓴 것도 아니었고 또 가장 고명한 작가도 아니었지만, 왕립학술원은 그의 언어 세계를 재평가해 1780년 『돈키호테』를 호화장정으로 재출판하고 그를 최고 작가의 반열에 올려놓음으로써 언어와 문화 전통에 새로운 모델을 제시했다. 이러한 재평가는 왕립학술원의 목표와도 무관하지 않다. 학술원 문장(紋章)에는, 〈limpia, fija y da esplendor〉 '[언어를] 닦고, 체계를 세워 빛나게 한다'라는 표어가 새겨져 있다.[12] 이는 곧 비속어, 신조어, 외래어 등을 배격하고, 올바른 전통 형태들만을 장려해 최고의 언어 완성체를 지향한다는 뜻이다. 이러한 순혈주의 지향의 학술원 철학은 '전통적인 것, 정화된 것에 대한 편향을 의미하는 것이며, 외래적인 것, 즉 순수 카스티야어가 아닌 것, 족보가 없는 것, 순종이 아닌 것은 배격한다'는 뜻이다. 작품 내적인 가치는 물론이고, 이러한 언어적 관점에서도 『돈키호테』는 구미에 꼭 맞는 훌륭한 모델이었다. 그 덕에 스페인어는 다른 말로 '세르반테스의 언어', 또는 '돈키호테의 언어'라고도 불리게 된 것이다.

앞에서도 밝힌 바와 같이, 현재 우리가 쓰고 있는 문법 체계는 17-18세기에 정착된 체계이다. 따라서 18세기 이후에 가장 두드러지는 언어 변화는 문법 체계의 변화가 아니라, 주로 철자 체계의 변화이다. 따라서

12 https://www.rae.es/ 참조.

18세기 언어상의 가장 중요한 문제는 정자법 체계를 정립하는 것이었다.[13] 또한 어휘 분야에서의 변화도 두드러진다. 가장 특기할 만한 것은 아메리카에서 사용되는 스페인어의 변화이다. 여기에는 자생적으로 변화된 것도 있고, 외부의 영향을 받아 변화된 것도 있다. 어쨌든, 시간이 지남에 따라, 이베리아반도의 스페인어와 차이가 생기기 시작한 것은 물론이고, 아메리카 내에서도 나라에 따라 약간씩의 차이가 생기기 시작했다. 그렇다고 해서, 양측의 언어 체계가 근본적으로 달라진 것은 아니었다. 다만 일부 발음 습관이나 어휘 면에서 약간의 차이가 생겨난 것뿐이었다. 그래도 시간이 지나면 지날수록 그 차이는 더 벌어질 가능성이 컸기 때문에 아메리카뿐만 아니라 스페인의 문인들과 학자들은 언어의 분화를 막기 위해 많은 노력을 기울였다. 또 다른 특기할 만한 사항은 18-19세기에는 프랑스어, 20세기에는 영어의 영향이 지대해 이 언어들로부터 유입된 어휘들이 많다는 것이었다.

14.3.1. 왕립학술원(RAE)의 문법과 정자법 체계 확립

Real Academia Española '왕립학술원'은 1713년 비예나 후작이자 에스칼로나 공작인 후안 마누엘 페르난데스 파체코의 발의로 기획되었으며, 이듬해 10월 국왕 펠리페 5세의 승인을 받아 설립되었다. 설립 목적은 〈fijar las voces y vocablos de la lengua castellana en su mayor propiedad, elegancia y pureza〉 '카스티야의 말과 글을 가장 정확하

13 18세기 스페인어의 위상 정립과 변화에 대해서는 Lázaro Carreter, Fernando(1985) 참조.

고, 우아하고, 정선된 상태로 정립하는 것'이었다. 현재는 스페인, 라틴아메리카 19개국, 필리핀, 미국의 학술원이 연합해서 Asosiación de Academias de la Lengua Española '스페인어학술원 연합'을 결성해 모든 스페인어 사용 지역에서 언어 통일을 기할 수 있는 규범을 확립하고 널리 유포하는 것을 목적으로 결속력을 다져 나가고 있다.[14]

스페인 왕립학술원 회원은 스페인어의 발전에 공이 큰 사람으로 총 46명만을 허용하고 있다. 알파벳 대문자와 소문자 아래 한 명씩 할당되어 있으며 종신직이다. 이런 이유로 후안 라몬 히메네스(1881-1958)는 1956년 노벨문학상을 받은 최고의 작가였음에도 불구하고 회원이 되지 못했다. 할당되는 알파벳은 이름과는 무관하다. ch와 ll(대, 소)를 제외해도, 알파벳 개수(27개)로 치면 총 54명이어야 하지만 ñ(대), v, x, z(소), w, y(대, 소) 문자는 해당 사항을 두지 않는 관계로 총 46명이 된다.

설립 이래 지금까지 많은 사전과 문법서를 발간해 스페인어 규범의 모델을 제시하고 있다. 대표적인 사전이 『Diccionario de autoridades』 '모범 사전'이다. 1726년에서 1739년까지 약 13년간 전 6권이 출간되었다. 아래 내용은 RAE가 이 사전에 관해 홈페이지에서 밝히고 있는 설명이다.[15]

---

14 ASALE 규정 제1조에 보면, 스페인어 사용국 20개에 필리핀, 미국이 포함되어 22개국이 회원으로 등록되어 있다. 창설은 1951년에 했지만, 정식 출범은 2007년 콜롬비아의 메데인에서 이루어졌다. ASALE의 목적은 ≪trabajar a favor de la unidad, integridad y crecimiento de la lengua española, que constituye el más rico patrimonio común de la comunidad hispanohablantes≫이다. https://www.asale.org/la-asociacion/presentacion/estatutos-y-organizacion 참조.

15 https://www.rae.es/obras-academicas/diccionarios/diccionario-de-autoridades-0에서 인용한 것임을 밝힌다.

Entre 1726 y 1739 publica la Real Academia Española su primer repertorio lexicográfico, el ≪Diccionario de la lengua castellana, en que se explica el verdadero sentido de las voces, su naturaleza y calidad, con las phrases o modos de hablar, los proverbios o refranes, y otras cosas convenientes al uso de la lengua [...]≫, conocido como el Diccionario de autoridades.

Se construye esta obra pensando que una lengua necesita contar con una norma culta sustentada en el uso de los mejores escritores (aquellos que, como se advierte en el prólogo, a juicio de la Academia ≪han tratado la Lengua Española con la mayor propriedad y elegancia: conociéndose por ellos su buen juicio, claridad y proporción, con cuyas autoridades están afianzadas las voces≫, [...].

스페인 왕립학술원에서는 1726년에서 1739년까지 최초의 어휘집으로 〈말의 진정한 의미와 본질, 품질을 다루고 있으며 문장이나 말하는 방법, 속담이나 격언 등과 같이 언어 사용에서 유용한 것들을 곁들여 설명한 사전〉을 발간했는데, 모범 사전이라고도 불린다.

이 사전은 최고의 작가들이 사용한 교양적 기준에 따라 구성되었다. (최고의 작가들이란 서문에서 밝혔듯이, 학술원이 보기에 〈스페인어를 가장 정확하고 우아하게 사용한 작가들을 말하는 것으로, 판단력, 명쾌함, 균형감을 고루 갖춤으로써 말에 권위를 실어준 작가들을〉 이르는 것이다.)

그 뒤를 이어 『Diccionario de la lengua española de la Real Academia Española』 '왕립학술원 사전(DRAE)'이 출간되었다. 이 사전

은 1780년부터 시작해 거의 10년마다 개정판을 내는 대표적인 스페인어 사전이다. 2021년 현재 가장 최신 사전은 2014년에 출간된 제23판이다. 또한 2005년 『Diccionario panhispánico de dudas』 '범 스페인어 의문 사전' 초판을 발행해 정자법, 어휘, 문법에 대한 여러 의문 사항을 해소해 주고 있다.

문법서로는 대표적으로 『Gramática de la lengua castellana』 '스페인어 문법(1771)'과 『Esbozo de una nueva gramática de la lengua española』 '신 스페인어 문법 개요(1973)'를 들 수 있다. 특히 『Esbozo』는 2009년 라틴아메리카 각국의 학술원들과 연합해 발간한 『Nueva gramática de la lengua española』 '신 스페인어 문법'으로 대체될 때까지 대표적인 스페인어 문법서로 기능했다. 이 밖에도 RAE에서 직접 쓴 것은 아니지만, Emilio Alarcos Llorach의 『Gramática de la lengua española』 '스페인어 문법(1994)'과 Ignacio Bosque와 Violeta Demonte가 주도한 『Gramática descriptiva de la lengua española』 '스페인어 기술문법(전 3권, 1999)'의 출판을 후원해 권위를 더해주고 있다.

문법책 이외에도 정자법을 발간해 표기 체계의 통일성을 꾀했다. 『Ortografía de la lengua española』 '스페인어 정자법'은 1741년 초판이 발간된 이래 2010년 최신판에 이르기까지 스페인어권 내에서 철자상의 이질화를 막는 역할을 하고 있다.[16]

17-18세기에 사용되던 철자 체계는 중세 때의 것 거의 그대로였다. 따

16 Real Academia Española y Asociación de Academias de la Lengua Española(2010) 참조. 스페인왕립학술원의 홈페이지 http://www.rae.es/에서 모든 사전과 문법서들에 대한 정보를 확인할 수 있으며, 검색 기능을 통해 필요한 어휘 및 자료를 검색할 수 있다.

라서 당시의 발음과 어울리지 않는 면이 많아 문제점으로 지적되고 있었다. 물론, 앞에서도 살펴본 바와 같이, 여러 학자들과 작가들이 발음 나는 대로 표기하고자 많은 노력을 했지만, 그것이 표준으로 받아들여지기에는 역부족이었다. 이에 왕립학술원에서는 그동안의 변화 사항들을 감안해 드디어 표준을 세우기에 이르렀다. 이는 왕립학술원이 갖는 권위의 상징이었다. 그 첫걸음은 1726년 『모범 사전』을 출간하면서 시작되었다.

먼저, -pt-, -ct-, -gn-, -mn-, -xc- 등의 라틴 자음군들은, 스페인어의 음 체계상 발음하기 힘든 것들이었지만, 대체로 어원에 준해 받아들였다. 따라서 concepto/conceto, efecto/efeto, digno/dino, solemne/solene, excelente/ecelente 등으로 형태가 동요되던 것을 concepto, efecto 등과 같은 어원 형태들이 표준으로 채택되었다. 그러나 luto (no *lucto), fruto (no *fructo), respeto (no *fructo), afición (no *afección) 등은 이미 일반화되었으므로 축약된 형태들이 그대로 채택되었다. 이와는 별도로 이들의 어원 형인 luctuoso, fructífero, respecto, afección 등은 교양어로 남아 있으며, obscuro, substancia 등은 oscuro, sustancia 등으로 대체되는 과정에 있다.[17]

이러한 어원 선호 경향은 다른 음소들의 정착에도 그대로 적용되었다. 가장 대표적인 것이 b와 v의 표기 문제였다. 앞에서도 지적했듯이, 유성 양순 폐쇄음 /b/와 유성 순치 마찰음 /v/는 이미 전 세기에 스페인 전역에서 폐쇄음 [b]로 통합되었으나, 철자상으로는 여전히 혼동되고

17 DRAE에서는 각각 oscuro와 sustancia를 선호하고 있다. https://dle.rae.es/oscuro와 https://dle.rae.es/sustancia 참조.

있었다 (caballo/cavallo, beber/bever, cantaba/cantava). 그러나, 이 경우에도 대체로 어원에 근거해 현재와 같이 철자 체계가 정립되었다.

또한 그동안 발음이 되지 않아 표기되지 않던 h가 어원에 따라 다시 쓰이게 되었다: aver→haber, ay→hay, oy→hoy, onesto→honesto 등.

c+e,i, ç, z의 경우에는, 먼저 ç 부호를 폐지했다. 이는 이미 여러 학자들이 언급했던 문제이나, 이때 왕립학술원에 의해 최종적으로 폐지가 확인된 것이다. 폐지 이유는 이미 e, i 앞에서는 발음이 무성 마찰 치간음 [θ]로 통합되었기 때문이다. 따라서 coraçón, çoçobra, çumo 등은 더 이상 사용되지 않게 되었으며, e, i 앞에서는 c를, 나머지 모음과 어말 등에서는 z를 쓰도록 했다: cielo, lucir, hacer와 corazón, zumo, luz, zapato.

그 후, 『Ortografía』 '정자법(1741, 1763년)' 체계에서는 이미 발음상 무성음으로 통합된 -ss-와 -s-를 -s- 하나로 표기하도록 정했으며 (esse→ese, tuviesse→tuviese, assí→así), 이전의 『모범 사전』에서 허용했던 그리스 차용 문자인 ph, th, ch 대신에 f, t, c/qu를 쓰도록 했다 (philosophía→filosofía, thema→tema, chimera→quimera, chaos→caos).

현재 우리가 사용하고 있는 철자 체계는 대체로 1815년에 개정된 『Ortografía』 '정자법'(제8판)에서 정립된 것이다. 여기서는 quatro, quanto, qual, frequente 등을 폐지하고, cuatro, cuanto, cual, frecuente 등으로 쓰도록 했으며, 어중의 반모음이나 반자음은 i로 (aire, sierra), 어말의 반자음은 y로 (rey, muy) 표기하도록 했다. 또한 어원에 의거해 examen, excelente 등의 /ks/ 자음군을 허용했다. 그러나 과거의 caxa, quexar, lexos 등은 이미 그 발음이 [š]에서 [x]로 연구개음화되었으므로 어원에 따라 caja, quejar, lejos 등이나, gente, gigante 등으로 표기하도록 규정했다.

2002년도 왕립학술원 사전까지는 ch와 ll를 독립된 자음으로 인정해 스페인어의 자모는 총 29개였다. 그러나 2010년도부터 두 철자를 알파벳 체계에서 제외시켰다. 음가는 살아있으나, 독립된 철자가 아니라 각각 'c+h'와 'l+l'의 결합으로 간주해 분할한 것이었다. 이때부터 스페인어의 철자는 27개가 되었다.[18]

14.3.2. 중남미 스페인어

14.3.2.1. 음성학적 특징

이베리아반도의 스페인어와 구분되는 중남미 스페인어의 일반적인 음성적 특징으로는 대체로 다음과 같은 사항들을 꼽는다.

먼저, 발화시에 두 모음 사이에 낀 -d-가 탈락되는 현상이다. 예를 들면, colorado를 [koloráo]로, soldado를 [soldáo]로, amado를 [amáo]로 -d-를 탈락시켜 발음하는 것이다. 그러나 이를 반드시 중남미 스페인어의 독특한 특징이라고만 단정 지을 수는 없다. 왜냐하면 이러한 두 모음 사이에서의 약화 현상은 보편적인 언어 현상이기도 하기 때문이다.

---

18 철자 개수 이외에 명칭도 변화되었다. b는 be alta, be grande, be larga 등으로 혼용되던 것이 be로, v는 ve, uve, ve baja, ve chica, ve corta 등으로 혼용되던 것이 uve로 단일화되었다. w도 과거에 ve doble, doble ve, uve doble, doble uve 등으로 다양하게 불리다가 v가 uve로 불리자 자연히 uve doble가 되었다. y도 과거의 i griega에서 ye로 바뀌었다. <Un solo nombre para cada letra>, https://www.rae.es/espanol-al-dia/un-solo-nombre-para-cada-letra 참조.

단지 이베리아반도에 비해서 중남미에서 더 두드러지는 것뿐이다.

음절 말에 있는 -s를 약하게 기식음화 시키는 것 또한 중남미 스페인어의 일반적인 특징으로 꼽는다. 예를 들어, vamos를 [bámoh]로, avispa를 [aβíhpa]로 발음하며, 심지어는 las moscas를 [lah móhkah]→[la mókka], los bosques를 [loh bóhkeh]→[lo bókke]로까지도 발음하는 것이다.

또 하나 특기할 만한 것은 yeísmo이다. 이는 설측 경구개 마찰음 ll [λ]를 반자음 [j]처럼 발음하는 것이다 (mayo [majo]; calle [kaλe]→[kaje]). 스페인에서는 주로 남부의 안달루시아 지역에서 이런 현상이 두드러지며, 중부와 북부에서는 아직도 [λ]로 발음하며 구분하고 있다 (pollo/poyo, halla/haya). 그런데, 남미의 아르헨티나와 칠레 등지에서는 이를 [š]로 발음한다. 이는 mayo와 calle를 각각 유성 경구개 마찰음 [mažo]와 [kaže]로 발음하는 데서 더 변화된 것이다. 이 [ž] 발음이 무성음화되어 [š]로 발음되고 있는 것이다. 즉 calle [kaše], yo [šo], ayer [ašer] 등. 현재 yeísmo는 마드리드에서도 흔히 쓰이고 있지만, 이 [š] 발음은 아르헨티나나 칠레 발음의 특징으로 꼽힌다.[19]

14.3.2.2. 어휘적 특징

어휘 면에서, 이베리아반도 스페인어와 중남미 스페인어 사이의 차이를 가장 잘 드러내는 예로 다음과 같은 농담이 있다. 스페인 여행자 한

---

19 Zamora Vicente, Alonso(1979:376-447)와 Asociación de Academias de la Lengua Española(2010) 참조.

명이 멕시코 식당에 가서 'Tacos y Tortas'라고 쓰여있는 것을 보고는 '여기서는 taco '욕'도 하고, torta '따귀'도 때리나 보다'라고 생각했다고 한다. 마드리드에서는, 상황에 따라 다르지만, taco는 '욕'이라는 의미로도 쓰이고, torta는 '따귀'라는 의미로도 쓰이기 때문이다.[20]

또한 멕시코 베라크루스에 처음 내린 스페인 사람이 부두에서 누군가가 〈Aguzado, joven, que no le vuelen el veliz〉라고 외치는 소리를 듣고는, 자기는 멕시코에서도 스페인어를 쓰는 줄 알고 왔는데 알아들을 수 있는 말이라고는 joven 밖에 없어 당황했다는 얘기도 있다. 이는 〈Cuidado, joven, que no le roben la maleta〉 '젊은이, 가방 도둑맞지 않게 조심하게'라는 소리인데, 멕시코에서는 그렇게 얘기했던 것이었다.

이 밖에도, 이런 종류의 우스개 소리는 많다. 한 스페인 여행자가 멕시코에서 택시를 탔다가, 우선 chófer '운전수'를 ruletero (〈ruleta)라고 부르는 데 놀랐다. 그런데 더 놀란 것은 호텔로 가자고 했더니, Sí, señor, luego라고 대답하는 것이었다. 그는 화가 나서 luego '나중'이 아니라 ahora mismo '지금 당장 갑시다!'라고 소리쳤는데, 알고 보니, 멕시코에서는 luego가 ahora mismo '지금 당장'이라는 뜻으로 쓰인다는 것이었다.

이번에는 스페인 사람이 콜롬비아 보고타에 가서 겪은 이야기이다. 포도주를 한 잔 마시고 싶은 마음에 바에 들어가서 tinto를 주문했더니, 난데없이 '우유를 조금 부은 진한 커피'를 내와 당황했다고 한다. 알고

---

20 taco의 가장 주된 의미는 '나무나 금속의 토막'이다. DRAE에 따르면, '(멕시코의) 타코'는 10번째, '욕'이라는 의미로는 19번째 의미에 나온다. https://dle.rae.es/taco?m=form. torta의 첫 번째 의미는 '옥수수 반죽'이지만, 세 번째 의미는 bofetada '따귀'이다. https://dle.rae.es/torta?m=form 참조.

보니, 이런 종류의 커피를 스페인에서는 cortado라고 하는데 콜롬비아에서는 tinto라고 부른다는 것이었다. 더 황당했던 것은 어느 사무실에 찾아가 문을 똑똑 두드렸더니, 안에서 들어오라는 말은 안하고 ¡siga! 라고만 해 '계속 두드리고 있었다'는 것이었다. 이런 경우, 스페인에서는 ¡pase!나 ¡adelante! 또는 ¡entre!라고 하는 데 반해, 거기서는 ¡siga! 라고 하는 것이었다.

어느 스페인 사람이 카라카스에서 comida에 초대를 받았다고 한다. 그는 즐거운 마음에 잘 차려입고 오후 1시쯤에 그 집에 갔더니 모두 놀라더라는 것이었다. 이유인즉, 베네수엘라에서는 스페인과는 달리 comida가 almuerzo '점심' 아니라 cena '저녁'을 의미했던 것이었다. 스페인에서는 comida '점심'이 두 시쯤 시작되니 적당한 시간에 간다고 간 것이었는데, 초대한 사람들은 그가 저녁 시간에나 올 것으로 예상하고 있었던 것이었다.

스페인과 중남미 사이에는 같은 의미이면서 형태가 다른 어휘들이 많다. 다음과 같은 것들을 예로 들 수 있다.

스페인	중남미
jersey	suéter, chompa, pulóver '스웨터'
aparcamiento	estacionamiento '주차'
camarero	mozo '웨이터, 벨보이'
fresa	[아] frutilla '딸기'
melocotón	durazno '복숭아'
bonita, guapa	linda '예쁜'

그러나, 이 단어들이 각 지역에서만 배타적으로 쓰이고 있는 것은 아

니다. 즉, 예를 들면, estacionar는 중남미에서 주로 쓰인다고 하지만, 스페인에서도 아무런 문제 없이 통용되며, 마드리드에서 ¡Qué linda!라고 해도 모두 알아듣는다. 스페인에서는 '보도, 인도'를 주로 acera라고 하는 데 반해, 멕시코에서는 banqueta라고 하고, 아르헨티나에서는 vereda라고 한다. 일반적으로 스페인에서는 '자동차'를 coche라고 하는 데 반해, 콜롬비아 등에서는 carro라고 한다. 스페인에서 carro는 단순히 '마차'만을 가리킨다. 헤어질 때 쓰는 말로, 스페인에서는 ¡Adiós! 또는 Hasta luego라고 하는데, 아르헨티나에서는 ¡chao!라는 말을 많이 쓰며, 누군가를 부를 때도 che라는 말을 많이 쓰고, 또 스페인과는 달리 vos를 쓴다. 스페인에서는 '쇼윈도우' 주로 escaparate라고 하는 데 반해 아르헨티나에서는 vidriera라고 한다. 그러나, 마드리드에서 이런 말을 쓴다고 해서 못 알아듣지는 않는다. 그 언어 사용자가 중남미 어느 나라 출신이겠거니 짐작하고 다 이해한다.

반면에, 거의 중남미에서만 쓰이는 용어들도 있다. 예를 들어, 스페인에서 china는 China '중국'의 여성형 형용사로 '중국 여자'를 가리키는 말이기도 하고, '작은 자갈'이나 '도자기'를 가리키기도 한다. 그러나 도미니카, 푸에르토리코 등 카리브 지역에서는 naranja dulce '단 오렌지'를 가리키는 말로도 쓰인다. guagua는 스페인에서는 거의 쓰이지 않는데, 칠레에서는 '어린아이'라는 의미로 쓰이는 반면에, 쿠바에서는 '버스'라는 의미로 쓰이고 있다. '버스'는 스페인에서는 autobús라고 하는데, 아르헨티나에서는 colectivo라고 하고 멕시코에서는 camión이라고 한다. 스페인에서 camión은 '트럭'이다. 이 밖에도 스페인에서는 '치마'를 falda라고 하는데, 아르헨티나에서는 pollera라고 한다는 것도 알아둘 필요가 있다. 그러나 이들 대부분의 단어들 역시 마드리드에서도 얼마든지 통용된다. 단지 그 사용자가 마드리드 출신이 아니라는 것을 나타내줄 뿐이다. 반대로, 중남미 어느 나라에 가서 스페인에서 주로 쓰는 어휘를 쓴다고 해도 별문제 없이 통용되는 것은 마찬가지이다.

우리가 주의해야 할 것은 일부 지역에서 아주 '특별한' 의미로 쓰이는 용어들이 있다는 것이다. 특히 성(性)과 관련된 어휘들은 사용 시 특별한 주의를 요한다. 예를 들어, chingar의 사전적 의미는 '술에 취하다, 술에 취해 떠들썩하게 놀다' 등의 뜻인데, 스페인에서는 잘 쓰지 않는 단어이다. 그러나 멕시코에서는 violar '강간하다'라는 의미로 쓰이고 있–다.[21] 스페인에서는 concha가 사전적 정의대로 단순히 '조개'라는 의미로 쓰이는 데 반해, 칠레나 아르헨티나 등에서는 '여성의 성기'를 가리키므로 주의해야 한다.[22] 또한 coger라는 용어도 스페인에서는 '–을 집다'라는 의미로 흔히 쓰이는 데 반해, 아르헨티나 등 중남미에서는 hacer amor '성교하다'라는 의미로 쓰이므로 주의해야 한다.[23] pico는 주로 새의 부리처럼 뾰족하게 튀어나온 모양의 물건을 가리킬 때 쓰이는 말이다. 이에 따라 스페인에서는 '새의 부리' 뿐만 아니라 '산의 정상', '조금 더(100 euros y pico)'라는 의미로도 쓰이며 속어에서 '주둥이'라는 말로도 쓰인다. 그러나 칠레와 코스타리카 등에서는 여기서 더 나아가 '남자의 성기'를 가리키기도 하므로 주의할 필요가 있다.[24] 이 밖에도 나라

---

21 Del caló *čingarár* 'pelear'. https://dle.rae.es/chingar와 https://lema.rae.es/damer/?key=chingar 참조.

22 Del lat. tardío *conchŭla*, dim. del lat. *concha* 'concha', y este del gr. κόγχη *kónchē*. https://dle.rae.es/concha#A81xUaG와 https://lema.rae.es/damer/?key=concha 참조.

23 Del lat. *colligĕre* 'recoger, reunir'. https://dle.rae.es/coger와 https://lema.rae.es/damer/?key=coger 참조.

24 Del lat. *beccus*, voz de or. celta. https://dle.rae.es/pico?m=form와 https://lema.rae.es/

에 따라 특별한 의미로 쓰이는 예들은 일일이 다 열거할 수 없을 정도로 많으므로, 현지에 맞는 어휘와 표현을 적절하게 취사선택해 사용할 필요가 있다.

14.3.2.3. 중남미 국가별 국민 별칭

라틴아메리카와 관련된 용어들 가운데는 특별히 조심해야 할 것들이 더 있다. 출신 도시나 국가를 가리키는 별칭이 대표적인 예이다. 별칭은 그 속성상 대부분 주변 지역에서 다른 지역의 주민들을 폄하하기 위해 붙인 것들이 많다. 경우에 따라서는 스스로를 그렇게 부리기도 하지만, 그 경우는 '애칭'에 가깝다. 그러므로 외국인 입장에서 함부로 쓰는 것은 의도치 않은 문제를 야기할 수도 있으므로 주의해야 한다.[25]

[북중미]

- 멕시코: azteca.[26] 기원은 나우아틀 aztécatl로 'Aztlán 사람'이다. Aztlán은 Aztatlán의 줄임말로, 먼 옛날 메쉬카족이 떠나온 고향, 즉 전설의 이상향을 가리키는 말이다. 나우아틀에서 aztatl은 garzas '백로들', tlan은 lugar '땅, 곳'이라는 뜻이다. 따라서 Aztatlán은 '백로들

---

damer/?key=pico 참조.

25 이 절에서 참고한 사전은 DRAE 이외에도 Asociación de Academias de la Lengua Española(2010), 『Diccionario de americanismos』, https://www.asale.org/recursos/diccionarios/damer임을 밝힌다. 이하 DA로 표기한다.

26 1. adj. mexicano. Apl. a pers., u. t. c. s. https://dle.rae.es/?w=azteca.; azteca. (Del nahua *aztécatl*, habitante de Aztlán). I.1.adj/sust. *Mx*, *Ho*, *Ni*. Relativo a los nahuas. II.1.adj/sust. *Mx*, *Gu*, *Ho*, *Ni*, *Pa*. Relativo a México. https://lema.rae.es/damer/?key=azteca 참조.

의 땅'이라는 뜻이다. 북부에서 멕시코 중부 고원으로 이주해 정착한 종족인 aztateca는 바로 이 지명의 출신 형용사이며, 후에 azteca로 축약된 것이다. mexica '메쉬카'는 이 종족의 다른 이름이다. 특별히 경멸사로 분류되는 표현은 아니지만 되도록 사용하지 않는 것이 좋다.

경멸적인 의미로 쓰이는 표현은 espaldas mojadas '젖은 등'이다. 영어 wet-back에서 나온 말이다. 줄여서 los mojados '젖은 자들'이라고 쓰기도 한다. 주로 미국인들이 국경을 넘어오는 멕시코인들을 가리킬 때 쓰는 말이다. 리오 브라보강을 몰래 건널 때 주로 튜브나 폐타이어에 누운 채 손으로 노를 저어 건너다보니 등이 젖게 된 데서 나온 말이다. 가슴 아픈 사연이 숨어 있는 표현으로 상대방에게 모욕감을 줄 수 있는 표현이므로 조심할 필요가 있다.

주로 미국인들이 멕시코인들을 경멸적으로 부르는 대표적인 별칭은 frijolero이다. 말 그대로 frijol '콩'을 먹는 자라는 뜻이다. 멕시코 사람을 지칭하는 경멸적인 표현이다. 인종차별적 의미가 강한 용어이므로 알고는 있되 되도록 쓰지 않는 것이 좋다.

- 과테말라: chapín.[27] 중앙아메리카에서 널리 쓰이는 말이다. 이 어휘의 기원은 명확하지 않다. 같은 이름의 나막신이 있고, 과테말라 사람들이 이 신발을 즐겨 신는다는 점으로 미루어 보아 여기서 나온 것이

---

27 1. adj. C. Rica, El Salv., Guat., Hond. y Nic. guatemalteco. Apl. a pers., u. t. c. s. https://dle.rae.es/chap%C3%ADn#8aSIEDI.; adj. *Mx*, *Gu*, *Ho*, *ES*, *Ni*, *CR*, *Pa*. Relativo a Guatemala. https://lema.rae.es/damer/?key=chapin 참조.

아닌가 추측할 뿐이다. 과테말라 사람들을 사물에 빗댄 말이므로 경멸적 의미가 다분한 어휘이다. 다른 한편으로, 과테말라 사람을 줄임말로 guate라고 부르기도 한다. 이 또한 아주 친근한 사이가 아니라면 사용하지 않는 것이 좋다.

• 엘살바도르: guanaco(a).[28] 엘살바도르, 온두라스, 니카라과에서 주로 쓰인다. 본래는 낙타과에 속한 포유동물로 라마나 알파카의 야생종이다. 아메리카에서는 "Persona tonta, simple."의 의미로도 쓰이는 것으로 보아 결코 좋은 의미로 쓰는 것이 아니다.

엘살바도르 사람을 지칭하는 다른 말로 cuzcatleco(a)도 있다. 이는 현 엘살바도르의 옛 명칭인 Cuzcatlán에서 나온 것이다.[29] Cuzcatlán는 콜론 도래 이전에 살았던 원주민인 피필족이 살았던 지역명으로 현 엘살바도르의 북부 전역과 중부의 거의 절반에 해당하는 지역이다. cuzcatleco(a)는 이 지역명의 출신 형용사이다. 따라서 guanaco(a)와는 달리 엘살바도르 사람들에게 특별하게 모욕적인 용어는 아니다.

• 온두라스: catracho(a).[30] 어원은 Florencio Xatruch 장군의 성에서 나온 것이라고 한다. 온두라스 태생의 장군이다. 19세기 중반 미국인

28 4. m. y f. *El Salv., Guat., Hond. y Nic.* salvadoreño (‖ natural de El Salvador). U. t. c. adj. https://dle.rae.es/guanaco?m=form.; adj. *Gu, Ho, ES, Ni.*, Relativo a la República de El Salvador. https://lema.rae.es/damer/?key=guanaco 참조.

29 De *Cuzcatlán*, nombre indígena de lo que es actualmente El Salvador. adj. salvadoreño. Apl. a pers., u. t. c. s. https://dle.rae.es/cuzcatleco?m=form 참조.

30 adj. coloq. hondureño. Apl. a pers., u. t. c. s. https://dle.rae.es/catracho?m=form.; adj. *Gu, Ho, ES, Ni.* Relativo a Honduras. pop + cult → espon. https://lema.rae.es/damer/?key=catracho 참조.

윌리엄 워커라는 자의 주도하에 남부의 노예 제도 지지자들이 니카라과에 침입했다. 이들의 목적은 중미에 노예제를 지속할 수 있는 자신들만의 국가를 수립하는 것이었다. 니카라과를 점령한 후 계속 영토를 넓혀 나갔다. 이에 니카라과뿐만 아니라 과테말라, 엘살바도르, 온두라스, 코스타리카 등 주변 국가들은 연합군을 조직해서 이에 맞섰다. 온두라스는 하트루츠 장군의 지휘하에 수백 명의 병사를 제공했다. 1856년 중미 연합군 사령관에 취임한 하트루츠 장군은 치열한 전투 끝에 윌리엄 워커의 군대를 크게 무찌르고 빼앗겼던 땅을 모두 수복했다. 니카라과인들은 장군의 병사들을 영웅시하여 catrachos라고 불렀다고 한다. xatruchos라고 부르려던 것을 잘못 발음한 것이었다. 따라서 이 어휘는 경멸적인 표현은 아니다. 온두라스 사람들이 오히려 자랑스럽게 생각하는 별칭이다. 아무리 그래도 외국인 입장에서 쓸 때는 상황에 맞게 써야 한다.

• 니카라과: nica.[31] 이 용어는 과테말라, 온두라스, 스페인, 니카라과, 코스타리카, 쿠바, 콜롬비아, 볼리비아 등 많은 나라에서 쓰인다. nicaragüense의 줄임말이므로 특별히 경멸적인 의미로 쓰이는 용어는 아니지만, 피하는 것이 좋다. nicoya라는 용어도 쓰인다. 경멸사라기보다는 또래 집단 내에서 쓰이는 구어체이다.

이 밖에도 니카라과인들을 부르는 용어는 더 있다. 엘살바도르와

31 adj. coloq. nicaragüense. Apl. a pers., u. t. c. s. https://dle.rae.es/nica?m=form.; adj. *Gu, Ho, ES, Ni, CR, Cu, Co, Bo*. Relativo a Nicaragua. https://lema.rae.es/damer/?key=nica 참조.

온두라스에서는 니카라과인들을 pinolero(a)라고 부른다.[32] 주로 축구 경기에서 많이 쓰는 용어이다. pinole는 본래 나우아틀어 pinolli에서 나온 말로, 초콜릿에 바닐라와 다른 향료를 섞은 가루를 가리키는 말이다. 멕시코에서는 카카오, 계피, 아니스 등을 섞은 옥수숫가루를 일컫는다. pinolero는 이 pinole의 형용사로 '피놀레를 좋아하는 사람' 또는 '피놀레를 담는 그릇' 등의 의미를 갖는다. 용어 자체가 나쁜 의미를 갖고 있는 것은 아니지만, 듣는 상대방에게 불쾌감을 줄 수 있는 단어이므로 주의를 요하는 용어이다.

엘살바도르인들은 니카라과인들을 chocho(a)라고 부른다. 그 이유는 니카라과인들이 놀라움이나 즐거움, 분노 등을 표현할 때 ¡chocho!라는 감탄사를 즐겨 쓰기 때문이라고 한다.[33]

온두라스인들은 니카라과인들을 muco(a)라고도 부른다. 온두라스에서는 이 어휘가 '손가락이 한두 개 없는 사람' 또는 '투계의 일종(흑갈색이나 흑청색으로 매우 크다고 함)'을 가리키는 것으로 보아 좋은 의미로 쓰이는 것은 분명 아니다.[34]

---

32 adj. El Salv. y Hond. nicaragüense. Apl. a pers., u. t. c. s. https://dle.rae.es/pinolero?m=form.; adj. *Gu*, *Ho*, *ES*, *Ni*, *CR*. Relativo a Nicaragua. pop + cult → espon. https://lema.rae.es/damer/?key=pinolero 참조.

33 adj. El Salv. nicaragüense. Apl. a pers., u. t. c. s. https://dle.rae.es/chocho?m=form.; interj. *Ni*. Expresa asombro, alegría o enfado. pop. https://lema.rae.es/damer/?key=chocho 참조. chocho는 '여성의 성기'를 가리키기도 하므로 특히 주의를 요하는 어휘이다. m. vulg. coño (‖ vulva y vagina). https://dle.rae.es/chocho 참조.

34 adj. despect. Hond. nicaragüense. Apl. a pers., u. t. c. s. https://dle.rae.es/muco?m=form.; adj. *Gu*, *Ho*, *ES*, *Ni*, *Ec*, *Pe:NO*. *Referido a persona o animal*, que le falta un miembro, como un dedo o una oreja. https://lema.rae.es/damer/?key=guanaco 참조.

• 코스타리카: tico(a). 이 말의 기원은 코스타리카인들이 말할 때 주로 축소사 -ico를 즐겨 쓴다는 데서 나온 것으로 상대방을 놀리는 말이다.[35]

• 파나마: canalero(a). 기원은 파나마 Canal '운하'에서 나온 것으로 주로 온두라스, 스페인, 니카라과, 코스타리카, 파나마 등에서 쓰인다고 한다.[36] panameño를 줄여서 pana라고 부르기도 한다.

[카리브해]

• 쿠바: balsero(a). 이 용어의 기원은 balsa '통나무'로 만든 배를 타고 미국으로 밀입국하는 쿠바인들을 가리키는 데서 나온 말이다. 주로 파나마, 쿠바, 도미니카 공화국, 푸에르토리코 등에서 쓰인다고 한다.[37]

밀항에 성공해서 일단 미국 땅을 밟으면 체류가 허락된다. 바다에 빠지지 않고 무사히 육지에 상륙해서 '발이 젖지 않았다'는 의미에서 pies secos '마른 발'이라고도 부른다. 반면에 바다에서 해안경비대에 적발되어 미국 땅을 밟는 데 실패한 사람들은 pies mojados '젖은 발'

---

35 De *-ico*, por la abundancia de diminutivos con esta terminación en Costa Rica. adj. coloq. costarricense. Apl. a pers., u. t. c. s. https://dle.rae.es/tico?m=form.; adj. *Ho*, *ES*, *Ni*. Relativo a Costa Rica. https://lema.rae.es/damer/?key=tico 참조.

36 adj. Hond. panameño. Apl. a pers., u. t. c. s. https://dle.rae.es/canalero?m=form.; adj. *Ho*, *ES*, *Ni*, *CR*, *Pa*. Relativo al canal de Panamá. https://lema.rae.es/damer/?key=guanaco 참조.

37 m. y f. En el Caribe, persona que intenta llegar en balsa ilegalmente a otro país. https://dle.rae.es/balsero.; sust/adj. *Pa*, *Cu*, *RD*, *PR*. Persona, *generalmente de origen cubano*, que intenta llegar en balsa a los Estados Unidos. https://lema.rae.es/damer/?key=balsero 참조.

이라고 부른다. 미국 땅을 밟기 위해 바다에 뛰어들었기 때문이다. 체포되면 즉시 추방된다. 정치적 망명자는 심사를 받게 되고 제삼국을 원하는 사람들은 그곳으로 이송된다. 멕시코를 경유해 미국에 입국하고자 하는 사람들은 pies con polvo '먼지 묻은 발'이라고 부른다. 바다가 아닌 황무지를 통해 밀입국하기 때문에 이런 이름이 붙은 것이다. 슬픈 역사가 깃들어 있는 말이니 사용할 때 특별한 주의가 요망된다. 미국인들이 멕시코인들을 경멸적으로 부르는데 쓰는 espaldas mojadas '젖은 등'과 유사한 맥락에서 나온 말이다. 상대방에게 심한 모욕감을 줄 수 있는 말이므로 주의를 요하는 표현이다.

• 푸에르토리코: boricua.[38] DRAE에서는 단순히 puertorriqueño를 대신하는 어휘로만 규정하고 있다.[39] boricua의 어원에 대해서는 여러 가지 견해가 제시지만, 가장 설득력 있는 것은 푸에르토리코의 옛 이름인 Borinquén에서 나왔다는 설이다.[40] 따라서, 특별히 경멸적인 의미는 없으나, 자신들끼리는 스스럼없이 쓸지라도 외국인 입장에서는 조심할 필요가 있는 말이다. DRAE에 따르면, Borinquén의 출신 형용사인 borinqueño도 puertorriqueño의 다른 이름으로 쓰이고 있다.[41]

---

38 DA에서는 loc. adv. *PR*. De corazón, con afecto라고만 규정하고 있다. https://lema.rae.es/damer/?key=boricua 참조.

39 adj. puertorriqueño. Apl. a pers., u. t. c. s. https://dle.rae.es/boricua?m=form 참조.

40 의미는 명확하지 않으나, tierras del señor valiente '용감한 남자의 땅' 또는 isla de cangrejos '게들의 섬'이라고 한다. Figueroa Parker, Lisa(2003), La construcción literaria en la identidad de Puerto Rico, Tesis Doctoral, Universidad de Tennessee; https://trace.tennessee.edu/cgi/viewcontent.cgi?article=2823&context=utk_graddiss 참조.

41 De *Borinquén*, antiguo nombre de la isla de Puerto Rico, y *-eño*. https://dle.rae.es/

• 도미니카: quisqueyano(a).[42] 어원은 도미니카의 옛 지명인 Quisqueya에서 유래된 것이라고 한다. 한정된 그룹 내에서만 쓰이는 구어체로 보인다. 멕시코인을 지칭하는 azteca (《Azcatlán)나 엘살바도르인을 지칭하는 cuzcatleco (《Cuzcatlán)와 같은 맥락에서 형성된 말이다.

[남미]

• 콜롬비아: cafetero(a).[43] 주로 스페인, 페루, 칠레, 파라과이 등에서 운동 경기에서 콜롬비아 인을 지칭할 때 쓰인다고 한다. 본래 의미는 도미니카, 콜롬비아, 베네수엘라, 페루, 볼리비아 등에서 '커피 재배자(Caficultor, persona que cultiva café)를 가리키는 말이다. 콜롬비아의 커피가 워낙 유명하다 보니 붙은 별칭이다.

콜롬비아 인들 가리키는 다른 말로는 chibcha도 있다. 콜론 이전에 콜롬비아 지역에서 살았던 원주민 명에서 나온 것이다.[44]

paisa라는 말도 쓰인다. 이는 본래 paisano의 줄임말인데, 콜롬비아에서는 다른 의미로도 쓰인다. 콜롬비아에서는 북부의 안티오키아 주 출신을 이렇게 부른다고 한다. 그런데 파나마, 에콰도르, 베네수엘

---

borinque%C3%B1o 참조.

42 이 어휘는 DRAE에도 DA에도 나와 있지 않다. 그러나 Quisqueya는 도미니카에서 흔히 볼 수 있는 어휘이다. 산토도밍고에 있는 스타디움 이름이기도 하고, 산 페드로 데 마코리스 주에 위치한 도시 이름이기도 하다.

43 DRAE에서는 딱히 콜롬비아인을 지칭한다는 말은 없다. DA에서는 '커피 재배자'라는 의미 이외에 adj. *ES, Pe, Ch, Py. En el periodismo deportivo*, relativo a Colombia.라고 규정하고 있다. https://lema.rae.es/damer/?key=cafetero 참조.

44 DRAE에서는 adj. Dicho de una persona: De un pueblo que habitó en las tierras altas de Bogotá y Tunja. U. t. c. s. https://dle.rae.es/chibcha?m=form 참조. DA에는 표제어로 나와 있지 않다.

라 등에서는 콜롬비아 사람들을 통틀어 paisa라고 부른다. 이유는 안티오키아뿐만 아니라 칼다스, 라사랄다, 킨디오, 바예 북부와 톨리마 북부 등을 포괄하는 지역을 Región Paisa라고 부르기 때문이다.[45]

• 베네수엘라: chamo(a). 콜롬비아에서는 베네수엘라인들을 경멸적으로 부르는 데 쓰이지만, 대부분 국가에서는 경멸사로 쓰이지는 않는다고 한다. 예를 들어, 베네수엘라에서는 또래의 젊은이들 사이에서 흔히 쓰인다. 영어 chum에서 나온 것으로 베네수엘라뿐만 아니라 스페인과 쿠바 등지에서도 'niño 또는 adolescente'의 의미로 흔히 쓰이고 있다.[46] 에콰도르에서는 젊은이들의 또래 그룹에서 '키가 가장 작은 친구'를 지칭하는 데 사용된다.

• 에콰도르: mono(a). 페루와 칠레에서 에콰도르 사람을 가리키는 경멸사로 쓰이며, 특히 페루에서는 축구 경기에서 에콰도르 선수를 조롱하는 경멸사로 쓰인다.[47] 기원은 1995년 1-2월에 페루와 에콰도르 사이에 발생했던 국경 분쟁, 일명 Guerra del Cenepa '세네파 전쟁' 때, 에콰도르 군인들이 나무를 잘 타고 올라가 공격을 했기 때문이라고

---

45 DRAE에는 표제어로 나와 있지 않으나 DA에서는 adj/sust. *Co.* Natural del departamento de Antioquia. https://lema.rae.es/damer/?key=paisa 참조.

46 m. y f. Ven. Niño o adolescente. https://dle.rae.es/chamo?m=form.; (Del ingl. *chum*), m. y f. *ES*, *Cu*, *Ve*. Niño o adolescente., *Ve*. juv. Amigo o compañero. https://lema.rae.es/damer/?key=chamo 참조.

47 DRAE에서는 이 의미로는 언급이 없으나 DA에서는 sust/adj. *Pe*, *Ch*. Persona ecuatoriana. pop ^ desp., *Pe*. *En el futbol*, jugador ecuatoriano. pop ^ desp. https://lema.rae.es/damer/?key=mono 참조.

한다.[48] '원숭이'라는 말은 거의 전 세계 공통으로 상대방을 조롱하는 경멸사로 사용되고 있으므로 사용 시 주의를 요하는 어휘이다.[49]

- 페루: cholo(a). 주로 칠레에서 페루인들을 지칭하는 경멸사로 쓰인다. 그러나 칠레 내에서도 안데스 원주민 혈통이거나 자신들보다 피부가 가무잡잡한 사람들을 대상으로 쓰기도 한다. 주의를 요하는 어휘이다.[50]

  inca라는 말도 쓰인다. 콜럼버스 이전에 해당 지역에 살았던 부족을 가리키는 말인데, 페루 사람을 가리키는 말로도 쓰인다고 한다. 경멸사는 아니지만 상대에 따라 사용 시 주위를 요하는 어휘이다.[51]

  peruca라는 말을 쓰기도 하는데, 이는 에콰도르인들까지 포함하는 말이 되기도 한다. 아르헨티나, 칠레, 베네수엘라 등지에서 경멸사로 사용된다고 한다.

48 세네파강은 마라뇬강의 지류로써 페루에서 에콰도르 국경을 향해 흐른다. 1995년 이 지역에서 양국 사이에 국경 분쟁이 일어났고, 급기야 전쟁으로 비화되었다. 미국, 아르헨티나, 칠레, 브라질 등의 중재로 휴전하고 국경을 확정지었다.

49 가장 대표적인 어휘가 macaco이다. 지브로올터, 중국, 일본 등에 사는 원숭이 종류인데, 스페인어권에서 인종 비하용으로 많이 사용되는 어휘이다. perro '개'와 cerdo '돼지' 역시 거의 세계 공통의 욕으로 쓰이고 있으므로 주의해야 할 어휘이다.

50 1. adj. Arg., Bol., C. Rica, Ec., Pan., Perú y R. Dom. Mestizo de sangre europea e indígena. U. t. c. s.; 2. adj. Ec., Méx., Pan. y Perú. Dicho de un indio: Que adopta los usos occidentales. https://dle.rae.es/cholo?m=form.; *Ch.* Persona de Perú o Bolivia, *especialmente si tiene rasgos indígenas andinos.* pop + cult → espon ^ desp. https://lema.rae.es/damer/?key=cholo 참조.

51 adj. Dicho de una persona: Habitante del Cuzco y de sus alrededores. U. t. c. s. https://dle.rae.es/inca?m=form 참조.

• 볼리비아: cholo 또는 bolita. 칠레인들이 페루 사람들을 지칭하는 경멸사로 쓰는 cholo(a) 또한 볼리비아 사람들에게도 동일한 의미로 쓰인다.[52] bolita도 인종차별적인 의미를 담고 있는 용어이므로 대단히 주의해야 할 어휘이다.[53]

• 칠레: roto. 멕시코와 칠레에서는 '하층민, 교양 없는 사람'을 지칭하는 경멸사로 쓰이는데, 페루에서는 '칠레' 사람들을 가리키는 말로 쓰인다고 한다.[54] 아이러니가 아닐 수 없다.

아르헨티나에서 칠레인들에 대한 경멸사로 chilote라는 어휘를 쓴다고 한다. 본래 chilote는 칠로에섬에 사는 사람만을 지칭하는 출신 형용사로 본토에 사는 chilenos와 구분되었다.[55] 땅이 척박해 많은 주민들이 칠레 남부와 아르헨티나의 파타고니아 지역으로 이주했다고 한다. 이때부터 아르헨티나에서는 칠레인들을 경멸적으로 지칭하는 의미에서 쓰기 시작했다고 한다.

---

52 *Ch.* Persona de Perú o Bolivia, *especialmente si tiene rasgos indígenas andinos.* pop + cult → espon ^ desp. https://lema.rae.es/damer/?key=cholo 참조.

53 DRAE에 따르면, bola는 콜롬비아에서 "Persona inepta o incapaz"라는 의미로 쓰인다. bolita는 bola의 축소사이다. https://dle.rae.es/bola?m=form 참조.

54 coloq. Chile y Méx. Persona maleducada, de modales groseros. https://dle.rae.es/roto?m=form.; *Mx*, *Ch.* Persona de clase social baja o de condición humilde. cult → espon ^ desp. *Pe*, *Ch.* Persona maleducada y de modales groseros. pop + cult → espon.; adj. *Pe.* Relativo a Chile. pop ^ desp. https://lema.rae.es/damer/?key=roto 참조.

55 Chiloé섬은 칠레 중남부 태평양상에 있는 섬으로 푸에르토 몬트에서 가깝다. 원주민들은 스페인인들이 들어갔을 때 아타카마사막 남쪽 지역을 chili라고 불렀다고 한다. 어원이 무엇인지, 즉 어느 종족의 말에서 온 것인지 또 무슨 뜻인지에 대해서는 설이 분분한 실정이다. 1824에 공식 국명으로 채택되었다.

mapuche라는 말도 쓰인다. DRAE에 따르면, 이 용어는 칠레 중부 일대에 거주했던 원주민 이름에서 나온 것으로 mapu는 'tierra, país', che는 'gente'라는 뜻이라고 한다.[56] 모두 칠레 사람들에게는 불쾌감을 줄 수 있는 어휘이므로 사용 시 주의할 필요가 있다.

• 파라과이: paragua. 볼리비아, 칠레, 아르헨티나, 우루과이 등에서 파라과이인들을 부르는 말이다.[57] paraguayo(a)를 줄임말이므로 특별히 경멸사로 쓰이는 것은 아니지만, 그렇다고 해서 외국인이 함부로 쓸 수 있는 말도 아니다. 또한 위 국가들에서는 '우산'인 paraguas를 줄여서 paragua라고 부르기도 한다. 특히 아르헨티나에서는 파라과이 출신 농부들이 paraguas '우산'처럼 생긴 챙이 넓은 모자를 쓰고 일한다고 해서 paragua라고도 부른다고 한다. 듣기에 따라 모욕감을 느낄 수 있는 어휘이므로 주의를 요한다.

guaraní라는 말도 쓰인다고 한다. 파라과이에 거주하는 부족을 가리키는 말이다.[58] azteca나 inca 등과 같은 의미이다. 심한 경멸사는 아니지만, 알고는 있되 이 또한 되도록 쓰지 않는 것이 좋다.

• 우루과이: charrúa. DA에 따르면, 온두라스, 코스타리카, 페루, 볼리비아, 아르헨티나, 우루과이, 칠레 등에서 우루과이인들을 부르는 말

---

56 Del mapuche *mapu* 'tierra, país' y *che* 'gente'. https://dle.rae.es/mapuche?m=form 참조.

57 adj. *Bo*, *Ch*, *Ar*; *Ur*, p.u. Relativo al Paraguay. pop + cult → espon. https://lema.rae.es/damer/?key=patagua 참조.

58 Del guar. *abá guariní* 'hombre de guerra'. https://dle.rae.es/guaran%C3%AD 참조.

이다.[59] 딱히 경멸사로 쓰이는 것은 아니다. 오히려 시간이 지나면서 과거 차루아족 용사들의 힘과 용맹을 부각시켜 이를 스포츠에 이용함으로써 이 용어에 대한 거부감이 사라지고 있다고 한다.

젊은이들 사이에서는 yorugua도 쓰인다. uruguayo의 마지막 음절이 앞으로 이동해 yo-uru-gua가 됨으로써 만들어진 어휘이다. 장난삼아 자위를 전화시켜 만든 어휘이므로 특별히 모욕적인 의미를 담고 있는 것은 아니다. 그러나, 친한 사이에서는 흔히 쓰이는 어휘이지만, 외국인 입장에서는 사용을 자제하는 것이 좋다. 듣는 사람에 따라 또 상황에 따라 감정이 상할 수도 있기 때문이다.

아르헨티나에서는 우루과이 사람들을 가리켜 oriental이라고 부른다고 한다. 물론 경멸적 의미로 쓰는 말이다. 이 말은 우루과이 내에서도 쓰이는데, 이 경우에는 동부 지역 사람들을 지칭하는 말이라고 한다.

• 아르헨티나: che. DRAE에 따르면, 아르헨티나 사람들끼리는 서로 친근감을 표시하는 수단으로 사용되며, 온두라스, 페루, 칠레 등에서는 아르헨티나인을 부르는 말로 쓰인다.[60] 딱히 경멸적인 언사는 아니다. 그러나 DA에 따르면 멕시코에서 che는 "Referido a persona, despreciable, vil. pop ^ desp."로 쓰인다. 또한 사람에게뿐만 아니

---

59 adj. uruguayo. Apl. a pers., u. t. c. s. https://dle.rae.es/charr%C3%BAa.; adj/sust. *Ho*, *CR*, *Pe*, *Bo*, *Ar*, *Ur*; *Ch*. esm. Relativo a Uruguay. https://lema.rae.es/damer/?key=charrúa 참조.

60 interj. Val., Arg., Bol., Par. y Ur. U. para llamar, detener o pedir atención a alguien, o para denotar asombro o sorpresa. https://dle.rae.es/che?m=form 참조.

라 사물에도 "Referido a cosa, maldita, que produce disgusto o rechazo. pop ^ desp."로 쓰인다. 따라서 대상과 상황에 따라 다양한 의미를 가질 수 있으므로 주의를 요하는 어휘이다.[61]

argento(a)도 아르헨티나 사람들을 지칭하는 데 사용된다고 한다. argentino(a)를 줄인 말이다. 그러나 DRAE에는 라틴어 argentum에서 유래된 어휘로 plata '은'이라는 의미로만 올라 있을 뿐 아르헨티나 사람들을 지칭하는 줄임말로 등재되어 있지는 않은 것으로 보아 또래 집단 내에서만 쓰이는 구어체이다.[62]

아르헨티나 사람들을 지칭하는 별칭으로 gaucho도 쓰인다. 이 어휘의 기원은 18-19세기 아르헨티나, 우루과이, 브라질 남부의 리오그란데 등에서 가축을 돌보던 '목동'을 지칭하는 말이었으므로 그리 오래된 어휘는 아니다.[63] DA에 따르면, gaucho(a)는 나라에 따라 다양한 의미로 쓰인다. 아르헨티나와 우루과이 등에서는 '가우초' 이외에도 "Referido a persona, noble, solidaria y generosa"처럼 좋은 의미로 쓰이는 반면에, 볼리비아, 칠레 등에서는 "Relativo a Argentina"로 쓰인다.[64]

14.3.2.4. 안드레스 베요

19세기 스페인어 문법을 얘기할 때 빼놓을 수 없는 인물이 있다. 바

---

61 adj. *Ho*, *Pe*; *Ch*, p.u. Relativo a la Argentina. https://lema.rae.es/damer/?key=che 참조.

62 https://dle.rae.es/argento 참조.

63 어원은 불명이다. https://dle.rae.es/gaucho?m=form 참조.

64 https://lema.rae.es/damer/?key=gaucho 참조.

로 칠레의 언어학자 '안드레스 베요'이다. 본명은 안드레스 데 헤수스 마리아 이 호세 베요 로페스이지만, 축약형인 '안드레스 베요'로 더 잘 알려져 있다. 외교, 문학, 법률, 철학, 교육, 언어학 등 다방면에서 모두 뛰어난 재능을 지녔던 인물이다. 1781년 카라카스에서 태어났다. 당시는 아메리카가 독립하기 이전이라 베네수엘라라는 나라는 아직 존재하지 않았다. 대신 카라카스는 Capitanía General de Venezuela '베네수엘라 사령관구'에 속해 있었다. 베요의 생애는 크게 세 시기, 즉 카라카스 시절, 런던 체류 시절, 칠레 시절로 나눌 수 있다.[65]

1796년 카라카스에 있는 왕립교황청학교에 입학해서 예술을 공부했다.[66] 후에 스스로 법률, 의학, 영어, 프랑스어 등을 공부했다. 고전 문학과 당시 유럽에서 유행하고 있던 계몽주의 철학에 심취했다. 젊은 나이임에도 불구하고 그의 번역과 개인 교습은 유럽의 최신 사조에 목말라하던 카라카스의 젊은이들 사이에서 인기가 높았다. 볼테르의 시를 번역하는 등 시인으로서의 명성도 쌓아갔다. 두 살 아래인 시몬 볼리바르(1783-1830)도 그의 동호회 회원들 가운데 한 명이었다. 1810년 4월 베네수엘라의 독립을 위한 최고 평의회가 결성되자 이에 동참해 외교부 제1서기가 되었다. 그간 닦은 학문과 영어 및 프랑스어 실력을 바탕으로 활발하게 활동했다. 그해 6월 시몬 볼리바르, 루이스 로페스 멘데스 등과 함께 독립에 대한 영국의 지지를 얻기 위해 런던으로 건너갔다.

---

65 안드레스 베요의 생애에 대해서는 https://www.uchile.cl/portal/presentacion/historia/rectores-de-la-u-de-chile/4685/andres-bello-lopez-1843-1865 참조.

66 이 학교는 1827년 Universidad Central de Venezuela로 개명했다. 이 대학교에 대한 자세한 사항은 http://www.ucv.ve/ 참조.

런던에서의 생활은 고난의 연속이었다. 당시 영국은 나폴레옹과 전쟁을 치르고 있던 상황이라 아메리카에서 온 낯선 이방인들에게 관심을 기울일 여력이 없었다. 또한 스페인, 프랑스 등과의 관계로 인해 쉽게 독립을 승인해 주지도 않았다. 가난하고 힘없는 신생 독립국의 외교관으로서 힘겨운 나날을 보내야만 했다. 결국, 볼리바르와 일행은 국내 전쟁을 마무리하기 위해 귀국하고 베요만 런던에 남았다. 런던에는 프란시스코 미란다가 먼저 와 있었다. 1750년생인 이 인물은 이미 미국 독립전쟁과 프랑스 혁명에도 참전한 경력이 있는 베테랑 전사이자 정치가였다. 베네수엘라의 독립을 위해 볼리바르나 베요보다 한 세대 앞서 움직인 선구자였다. 먼저 런던에 와 외교전을 벌이고 있던 차였다. 베요는 런던에서 그와 합류해 주요 인사들과 친교를 맺어 나갔다.

1812년 들어서 카라카스에 대규모 지진이 일어나는 등 국내 경제 사정이 악화되자 지원이 끊겼다. 런던에서의 생활은 더욱 궁핍해져 갔다. 엎친 데 덮친 격으로 스페인의 압력으로 대표 자격까지 박탈당했다. 그렇다고 맨손으로 귀국할 수도 없는 노릇이었다. 1812년부터 1822년까지 약 10년 동안 베요는 정상적인 직업을 갖지 못했다. 지인들로부터 소개받은 번역이나 원고 집필, 가정교사, 도서관 사서 등 임시직 일로 근근이 연명해야 했다. 이때 물심양면으로 도움을 준 가장 대표적인 사람이 칠레의 외교관인 프란시스코 안토니오 핀토로, 훗날(1827년) 칠레의 대통령이 되는 인물이다. 1814년 메리 앤 보이랜드라는 영국 여인과 결혼해 슬하에 3남매를 두었다. 그러나 계속되는 생활고로 1821년 결국 부인과 아들이 세상을 떠났다. 사인은 영양 결핍으로 인한 폐결핵이었다. 1819년 그란 콜롬비아가 독립했다. 현재의 베네수엘라, 콜롬비아, 에콰도르, 파나마 등이 합쳐진 국가로 초대 대통령은 볼리바르였다. 그러나 베요에게는 아무런 도움을 주지 않았다. 경제적으로 어려운 그에게 도움을 준 또 한 명의 친구 역시 칠레의 외교관인 안토니오 호세 데 이리사리였다. 그의 도움으로 계약직이나마 칠레 외교관으로 일할 수 있었다. 1824년 이사벨 둔과 재혼했으며, 그녀와의 사이에서 12명의 자녀를 낳았다.

가난했지만 런던 생활에서 얻은 가장 소중한 자산은 스페인, 아메리카, 영국 지식인들과 맺은 친교였다. 당시 스페인은 페르난도 7세의 절대왕정 시기(1814-1833)라 런던은 탄압받던 자유주의 지식인들의 망명처 역할을 하고 있었고, 그와 비슷한 처지에 있던 아메리카 다른 나라의 외교관들 역시 동병상련의 아픔을 공유하고 있었기 때문이었다. 영국의 지식인들도 베요의 학식과 인품을 존중했다. 런던에서의 생활은 가난했지만, 대영 제국 박물관과 도서관에서 마음껏 책을 읽고 저술을 한 시기이기도 했다. 당시 유행하던 신고전주의, 낭만주의 등의 사조를 두루 섭렵했다. 당시 영국은 미국독립과 전후 처리, 나폴레옹 전쟁과 전후 처리 등 국제적으로 굵직한 사건의 처리 무대였다. 따라서 자연스럽게 국제법이 발달하게 되었고, 베요도 그 영향을 받아 법률, 특히 국제법을 열심히 공부했다. 또한 당시 유행하던 실용주의학파의 이론에 눈을 떠 후일 칠레 민법의 기초를 닦는 데 큰 도움이 되었다.

그 사이에 볼리바르와의 관계는 점점 더 소원해져 갔다. 공적으로도 사적으로도, 베요는 그란 콜롬비아와 멀어져 갔다. 수차례에 걸쳐 볼리바르에게 경제적 지원을 요청했으나 반응은 냉담했다. 개인적, 정치적 성향의 차이를 극복하지 못했기 때문이었다. 결국 1827년 볼리바르가 다른 인물을 런던주재 대사로 파견함으로써 두 사람 사이의 관계는 파국을 맞았다. 1829년 파리주재 총영사 자리를 제안했지만 베요는 이를 거절하고 칠레행 배에 몸을 실었다. 당시 런던주재 칠레 대사로 와 있던 마리아노 에가냐의 거듭되는 청원에 본국 정부가 베요를 재무부 관리로 받아들인 것이었다. 에가냐가 조국에 기여한 가장 큰 업적이었다.

1829년 6월 가족과 함께 발파라이소에 도착했다. 생활이 안정되자 그동안 쌓은 실력을 유감없이 발휘하기 시작했다. 정치가로, 문학가로, 교육자로, 법률가로 그 어느 때보다도 열심히 일했다. 1832년 의회는 만장일치로 그에게 칠레 시민권을 수여하기로 의결했다. 그러나 그는 다른 외국인들처럼 규정에 따라 조용하게 처리되길 원해 언론에 공개되지 않았다. 1837년부터 1864년까지 상원의원으로 일했다. 가장 두드러진 업적으로는 칠레대학교 설립과 스페인어 문법서 집필, 칠레 민법 제정 등을 들 수 있다. 1842년 미래를 이끌어 갈 최고 지성인 양성을 목표로 칠레대학교를 설립했으며 초대 총장에 임명되었다. 1835년에 『스페인어의 정음법과 운율 원칙』을, 1838년에는 『라틴어 문법』을 썼다. 1847년에는 『아메리카 사람들을 위한 스페인어 문법서』를 썼다.[67] 베요가 걱정했던 것은 아메리카의 언어 분화였다. 따라서 이 책에서는 언어적으로 하나 된 아메리카를 꿈꾸며 아메리카인들이 써야 할 스페인어를 제시하고 있다. 최고의 문법서 중 하나로 평가받고 있으며 그의 문법 분석 방식과 이론은 전문가들 사이에서 아직도 높게 평가되고 있다. 카라카스에서 태어나고 자랐지만 칠레가 새로운 조국이 되었으므로 역사에는 '칠레의 문법학자'로 이름을 남기고 있다. 1840년부터 말년까지 민법 제

---

67 Andrés Bello[1847], 『Gramática de la lengua castellana: destinada al uso de los americanos』, 전권 pdf 파일은 https://libros.uchile.cl/files/presses/1/monographs/82/submission/proof/4/index.html 참조.

정하는 일에 매달렸다. 칠레 민법은 아메리카에서 완성도가 가장 높은 법전으로 다른 나라에도 많은 영향을 끼쳤다. 1865년 10월 산티아고에서 사망했다. 19세기 아메리카를 대표하는 지성인으로 꼽히는 인물이다.

그렇다면, 안드레스 베요가 언어학자로서 왜 그토록 높은 평가를 받는지 한 가지 예를 들어보자. 그의 대표작인 『아메리카 사람들을 위한 스페인어 문법서』를 보면, 동사의 시제를 얼마나 일목요연하게 잘 분류했는지 살펴볼 수 있다. 그의 분류법을 RAE의 분류법과 비교해 보면 다음과 같다.

[직설법]

우리말 용어	『Esbozo』(1973)와 『NGLE』(2009)[68]	Andrés Bello(1847)
현재	presente '현재'	presente '현재'
현재완료	pretérito perfecto compuesto '복합완료과거'	antepresente '전현재'
단순과거	pretérito perfecto simple '단순완료과거'	pretérito '과거'
불완료과거	pretérito imperfecto '불완료과거'	copretérito '동과거'
직전과거	pretérito anterior '이전과거'	antepretérito '전과거'
과거완료	pretérito pluscuamperfecto '대완료 과거'	antecopretérito '전동과거'
단순미래	futuro '미래'	futuro '미래'

68 두 책 모두 RAE에서 발간한 것으로, 각각 『Esbozo de una nueva gramática de la lengua española』(1973)과 『Nueva gramática de la lengua española』(2009)를 가리키는 것이다.

단순미래완료	futuro perfecto '완료미래'	antefuturo '전미래'
가정미래	condicional '조건'	pospretérito '후과거'
가정미래완료	condicional perfecto '완료조건'	antepospretérito '전후과거'

[접속법]

현재	presente '현재'	presente '현재'
현재완료	pretérito perfecto '완료과거'	antepresente '전현재'
불완료과거	pretérito imperfecto '불완료과거'	pretérito '과거'
과거완료	pretérito pluscuamperfecto '대완료과거'	antepretérito '전과거'
미래	futuro '미래'	futuro '미래'
미래완료	futuro perfecto '완료미래'	antefuturo '전미래'

우선, RAE의 분류법에서는 시제를 '상(완료/불완료)'과 '형식(단순/복합)'에 따라 제각기 나누고 있다. 다른 한편으로, condicional의 분류 기준은 '내용', 즉 의미로 나누고 있다. 또한 앞에서 살펴본 바와 같이, 직설법과 접속법에 따라 사용하는 용어가 각기 다르다.

반면에, 베요의 분류 기분은 매우 체계적이고 일목요연하다. '현재, 과거, 미래' 등의 기준 시제에다 co- '동시', pos- '이후(=미래)', ante- '이전(=완료)' 등을 붙여 일관성을 유지하고 있는 것이 특징이다. 예를 들어, copretérito는 pretérito '과거'와 co- '동일 시점'을 나타내는 시제이므로 '불완료과거'를 나타내며, pospretérito는 pretérito '과거'보다 pos- '이후

(=미래)'를 나타내는 시제이므로 '과거에서 바라본 미래', 즉 '가정미래'를 나타내고, antepretérito는 pretérito '과거'보다 ante- '이전(=완료)'을 나타내는 시제이므로 '직전과거'를 나타낸다. antecopretérito는 copretérito '동일 과거(=불완료과거)'보다 ante- '이전(=완료)'이므로 '대과거(=과거완료)'가 된다. 이뿐만이 아니라 베요의 명칭 분류 체계는 직설법과 접속법의 용어에서도 일관성을 유지하고 있다.

순혈주의를 고집하던 스페인 왕립학술원 입장에서 라틴아메리카는 부차적인 언어 공동체일 뿐 순수한 스페인어의 체계 정립을 주도할 수 있는 입장은 절대 아니었다. 자신들이 정립해 놓은 언어 체계와 분류를 그저 따르기만 하면 되는 주변부로만 인식하고 있었다. 그러나 안드레스 베요와 같은 학자의 등장으로, 자존심이 강하기로 유명한 스페인의 학자들조차도 점차 그 체계성과 논리성을 인정하지 않을 수 없었다. 물론, 어느 한 사람의 힘만으로 이루어진 것은 아니었지만, 아메리카 언어 공동체의 존재를 인정하는 데 그의 역할이 지대했음은 부인할 수 없는 사실이다.

20세기 들어서는, 라틴아메리카의 영향력이 더욱 커졌다. 노벨문학상 수상자만 살펴봐도, 칠레의 가브리엘라 미스트랄(1945년), 과테말라의 미겔 앙헬 아스투리아스(1967년), 칠레의 파블로 네루다(1971년), 콜롬비아의 가브리엘 가르시아 마르케스(1982년), 멕시코의 옥타비오 파스(1990년), 페루의 마리오 바르가스 요사(2010년) 등이 있다. 비록 노벨문학상은 못 받았지만, 세계적인 명성을 떨쳤고 스페인어 발전에 지대한 공헌을 한 작가들도 많다. 쿠바의 호세 마르티(1853-1895)와 알레호 카르펜티에르(1904-1980), 아르헨티나의 호르헤 루이스 보르헤스(1899-1986)와 훌리오 코르타사르(1914-1984), 멕시코의 후안 룰포(1918-1986)

와 카를로스 푸엔테스(1928-2012), 우루과이의 후안 카를로스 오네티(1909-1994), 칠레의 호세 도노소(1924-1996) 등이 있으며, 이 밖에도 많은 문인들과 학자들의 노력 덕분에 라틴아메리카의 언어적 힘은 더욱 커졌다.

2000년대 들어 스페인과 라틴아메리카는 동일한 언어 공동체로서 문법 체계 정립에 공동으로 협력하고 스페인어 발전을 위해 함께 노력하자는 인식이 확산된 결과, 2009년 ASALE 주관으로 새로운 문법서 『Nueva gramática de la lengua española』를 발간하기에 이르렀다. 그만큼 정치, 경제, 문화면에서 라틴아메리카의 위상이 높아졌다는 뜻이다. 이러한 작업은 계속되어 2014년 라틴아메리카 각국의 언어학술원들과 협력해 『Diccionario de la lengua española』(제23판)도 편찬했다.

14.3.3. 프랑스어의 영향

언어 사용에 있어서 '힘의 논리'가 가장 극명하게 드러나는 곳은 바로 외교무대이다. 유럽 역사상 처음 프랑스어로 작성된 조약은 라슈타트 조약이다. 그 이전에는 라틴어로 작성되었다. 라슈타트 조약은 1714년 오스트리아와 프랑스 사이에 맺어진 조약으로, 스페인 왕위계승 전쟁을 종식하기 위해 맺은 유트레히트 조약(1713)에 이어 두 나라 간의 영토 경계를 재확립한 조약이다. 프랑스어로 작성되었다는 것은 프랑스가 유럽 외교무대에서 패자(覇者)가 되었다는 뜻이다. 그 영향력은 1919년 제1차 세계대전이 끝난 후 연합국 측과 독일 간에 맺어진 베르사이유 조약 때까지 약 200년간 지속되었다.

따라서 18-9세기 스페인어에 영향을 끼친 언어로는 프랑스어의 영향이 가장 지대했다. 그 당시 프랑스어에서 스페인어로 유입된 대표적인 어휘들로는 아래와 같은 예를 들 수 있다.[69]

정치에 관한 용어로는 asamblea '의회', burócrata '관료', debate '토론', finanzas '재정, 재무', parlamento '국회' 등이, 군사에 관한 용어로는 brigada '여단', bayoneta '총검', fusil '소총', gendarme '경관', metralla '기관총탄'과 ametrallador '기관총' 등이, 음악에 관한 용어로는 acordeón '아코디언', fagot '파곳, 바순', minué '미뉴에트', oboe '오보에', orfeón '합창단' 등이, 의상에 관한 용어로는 blusa '블라우스', bufanda '목도리', chaleco '조끼', chaqueta '재킷', corsé '코르셋', frac '연미복', modista '디자이너', pantalón '바지' 등이, 음식에 관한 용어로는 bombón '드로프스', consomé '콘소메', croqueta '크로켓', filete '필렛', puré '푸레', flan '푸딩', menú '메뉴', merengue '크림', restaurante '레스토랑' 등이 있다. 이 밖에도, 일상생활과 관련된 것으로 다음과 같은 용어들이 있다.

aprendizaje 배움	aval 이서, 보증	avalancha 산사태
bidé 비데	billar 당구	bisturí 수술칼
chalet 별장	chantaje 들치기	coquetería 요염함
croquis 소묘	cupón 쿠폰	detalle 상세
drenaje 배수	equipaje 수하물	etiqueta 에티켓

69 프랑스어에서 유입된 어휘에 대해서는 Lapesa, Rafael(1981), 황금 세기에 유입된 어휘에 대해서는 p.408, 18세기 이후에 유입된 어휘에 대해서는 pp.454-456 참조; Alatorre, Antonio(1989:308-310) 참조.

galante 상냥한	gripe 감기	hotel 호텔
inspección 조사	interesante 재미있는	intriga 분규
irreprochable 나무랄 데 없는		pillaje 강탈
rango 계급	sofá 소파	zigzag 지그재그

동사로는 abonar '납입하다', atrapar '붙잡다', blindar '장갑(裝甲)하다', bloquear '막다', controlar '통제하다', debutar '데뷔하다', desfilar '분열(分列)하다', entrenar '훈련하다', explotar '개발하다' 등이 있으며, bellas artes '예술', bellas letras '문학', gran mundo '상류층', hombre de mundo '상류층 남자' 등과 tener el honor de '–하는 것이 영광이다', tener mucho de '–와 비슷하다, –많다', hacer el amor '사랑하다, 섹스하다' 등도 프랑스어에서 들어온 것들이다. amateur '아마추어', carné '증서', cliché '상투적 문구', début '데뷔', élite '엘리트', toilette '화장실' 등은 프랑스어 형태가 그대로 쓰이고 있는 예들이다.

이 중에서는 기존에 쓰고 있던 좋은 스페인어가 있는 데도 프랑스어식 표현으로 바뀐 것들도 있고, 나중에 본래의 의미가 바뀐 것도 있다. 예를 들면, '숙박시설'이라는 의미의 어휘로 이미 fonda, mesón, posada 등과 같은 좋은 어휘들이 있는데도, hotel이 전 세계적으로 일반화되자 더 선호하게 되었으며, '(특히 그리스, 라틴) 문자'를 가리키는 bellas letras는 letras humanas라는 기존의 용어가 있었음에도 불구하고 교체되었다. 또한 camino de zigzag '꼬불꼬불한 길'도 camino de revueltas나 camino que culebrea 등으로 표현하던 것을 대체했다. hacer el amor는 본래 프랑스어에서 들어올 때의 의미는 cortejar, galantear '치근거리다, 구애하다'라는 의미였으나, 지금은 영어의 영향을 받아 '섹스하다'라는 의미로 변질되었다.

19세기를 거치면서 그리스어나 라틴어 기원의 어휘들도 많이 유입되었는데, 이들은 대부분 당시 유럽 문화의 창구 역할을 하던 프랑스어를 통해 들어왔다. 아래 어휘들의 본 어원은 분명 그리스어나 라틴어이지만, 프랑스어에서 합성 또는 파생된 후 스페인어로 유입된 것들이다.

acusar 고소하다	altruismo 이타주의	analfabetismo 문맹
antropófago 식인종	barroco 바로크	democracia 민주주의
egoísmo 이기주의	emancipación 해방	espontaneidad 우발성
etnografía 인종학	fraternidad 형제애	higiene 위생
histeria 히스테리	hotel 호텔	intelectual 지적인
leucemia 백혈병	medieval 중세의	misántropo 염세가
opresión 압박	polémica 논쟁	pragmatismo 실용주의
quiróptero 익수(박쥐)류	recibo 영수증	restaurante 레스토랑
retrospectivo 회고적인	simultaneidad 동시성	sociología 사회학

18세기에 프랑스어를 통해 전 세계적으로 확산된 또 하나의 어휘가 바로 '마요네즈'이다. '마요네즈'는 프랑스식 발음이고, 본래는 메노르카에 위치해 있는 항구 도시인 Mahón '마온'의 형용사형 mahonesa에서 나온 것이다. Mahón의 어원은 한니발의 동생인 Mago '마고'에서 나온 것이다. 곧, '마온의 소스'라는 의미인데, 1756년 프랑스 함대의 리슐리외 사령관이 이 섬에 주둔했을 때 맛본 이 소스의 레시피를 파리로 가져가 소개함으로써 널리 퍼지게 된 것이라고 한다.

14.3.4. 영어의 영향

1919년에 체결된 베르사이유 조약은 영어와 프랑스어 두 개의 언어로 쓰임으로써 국제 사회의 중심축이 이제는 미국으로 이동하기 시작했음을 알리는 신호탄이 되었다.[70] 특히 제2차 세계대전을 거치면서 세계 유일의 초강대국이 된 미국의 힘은 언어 사용에서도 그대로 드러났다. 이제 본격적으로 영어의 시대가 도래한 것이었다.

19세기가 프랑스어의 시대였다면, 20세기 이후는 단연 영어의 시대이다. 그 영향 정도는 19세기 프랑스어와는 비교가 되지 않는다. 프랑스어는 주로 유럽 내에서만 문화의 선도자 역할을 했을 뿐이었지만, 20세기 이후의 영어는 전 세계를 대상으로 막대한 영향력을 행사하고 있기 때문이다. 어느 나라 사람이든, 어떤 모국어를 사용하든, 타국의 독자들까지 염두에 둔다면 영어로 쓰고 말하는 것이 필요해졌다. 이러한 현상은 특히 외교, 통상, 학술 분야 등에서 더 두드러진다. 세계 공용어라는 말이 잘 어울리게 된 것이었다. 따라서 지구상의 거의 모든 언어들이 그렇듯이, 스페인어도 영어의 영향으로부터 자유로울 수 없었다.

영어로부터 받아들인 새로운 어휘는 이루 다 열거할 수 없을 정도로 많다. 특히, 대중문화나 예술 관련 용어, 의학, 물리, 화학, 컴퓨터, 생물 등 과학 기술 관련 용어, 운동 경기 관련 용어 등이 주를 이룬다. 이들은 대부분이 철자도 영어식 그대로 쓰이고 있으며, 이미 보편화되어 외국어가 아닌 '외래어'로 취급되고 있다.

---

70 1919년 6월 28일 제1차 세계대전 종식 후 전후 처리를 위해 독일과 연합국 사이에 체결된 조약으로, 국제 연맹의 결성과 독일에 대한 제재 방안 등이 규정되었다.

14.3.4.1. 스팽글리쉬

영어의 영향을 이야기할 때 빼놓을 수 없는 것이 Spanglish '스팽글리쉬'이다. 말 그대로, Spanish와 English가 합쳐져 만들어진 어휘이다. 다른 말로는 Inglañol '잉글라뇰'이라고도 한다. Inglés와 español이 합쳐져 만들어진 말이다. 두 어휘 모두 스페인어와 영어의 혼합으로 인해 야기되는 언어 전이 현상을 가리키는 말이다. 쉽게 말하자면, 미국에 사는 히스패닉들이 스페인어와 영어를 섞어 씀으로 인해 발음, 형태, 의미, 문장 등에서 생기는 언어 변이 현상이다. DRAE에는 espanglish 또는 spanglish로 등재되어 있다.[71] Inglañol은 아직 DRAE에는 등재되어 있지 않다.

2022년 현재 미국에서 스페인어를 사용하는 인구는 5천만 명이 넘는다. 자연히 이들의 스페인어에는 영어의 영향이 많이 작용할 수밖에 없다. 이들의 변종 스페인어를 chicano '치카노'라고도 부른다.[72] 본래는 mexicano를 줄여서 부르던 말이었는데, 미국 내 모든 히스패닉과 그 언어를 총칭하는 말로 변했다. 스팽글리쉬란 이들이 쓰는 언어 변종, 즉 치카노의 영어식 표현이다.

스페인어에 끼치는 영어의 영향은 크게 영어로부터 직접 차용된 것들과 치카노를 통해 유입되는 것으로 나눌 수 있다. 지리적 위치에 관계없이 각종 전문 분야의 용어들은 대부분 직접 차용되는 반면에, 일상생활

71 2014년에 출간된 DRAE(제23판)에서부터 espanglish와 spanglish가 표제어로 사전에 포함되었다. Fusión de *español* y el ingl. *English* 'inglés'. https://dle.rae.es/espanglish#Rq8JJSS 참조.

72 Acort. de mexicano. https://dle.rae.es/chicano?m=form 참조.

용어 중 상당수는 치카노를 통해 유입된다. 그렇다고 해서 두 경로가 분명하게 구분되는 것도 아니고, 또 두 경로만 있는 것도 아니다. 멕시코나 푸에르토리코 등 중미와 카리브해 국가들은 스페인이나 남미 국가들보다 상대적으로 미국과 지리적으로 더 가깝고 교류가 빈번해 유입 경로도 매우 다양한 것뿐이다.[73]

스팽글리쉬의 종류로는 크게 한 문장 내에서 두 언어를 혼합해 사용하는 Code-switching '혼용', 영어를 스페인어 형태로 바꿔 쓰는 Borrowing '차용', 영어 문장을 글자 그대로 스페인어로 교체하는 Direct translation '직역' 등이 있다.[74]

Code-switching '혼용'의 예로는 다음과 같은 것들을 들 수 있다.

Are you free this evening *a eso de las ocho*?

Are you ready? 대신에 ¿*Estás* ready?

Call me *mejor* on my cell phone, *que voy a estar afuera*.

Can you believe it? 대신에 ¿*Puedes* believe it?

Have fun, don't forget to *platicar y charlar* lots, and *hasta luego*!

I am full. 대신에 *Estoy* full.

I want to buy a dog. 대신에 I want *comprar un* dog.

I went to the store to buy the grapes. 대신에 *Yo fui a la* store to buy *las uvas*.

If you can join me, *me das una llamadita*.

It is very important to honor you *abuelitas*.

It's a show. 대신에 *Es un* show.

---

73 스팽글리쉬 자료는 Stavans, Ilan(2003) 참조.

74 본 절에서 인용한 자료는 온라인에서 관찰되는 많은 예 중 일부를 수집한 것에 불과하다. 따라서 이것들이 전형적인 예도 아니고 오랜 생명력을 갖고 있는 것도 아니다.

to go shopping의 영향으로 ir de compras라고 하지 않고 *ir de* shopping.

Borrowing '차용'의 예로는 다음과 같은 것들을 들 수 있다.

disorder의 영향으로 trastorno라고 하지 않고 desorden이 쓰이고 있다.

market의 영향으로 mercado라고 하지 않고 marqueta라고 쓴다.

truck의 영향을 받아 camioneta라고 하지 않고 troca라고 쓴다.

to chat의 영향으로 conversar가 있음에도 불구하고 chatear가 쓰이고 있다.

to check의 영향으로 verificar가 있음에도 불구하고 chequear, checar [el e-mail] 등이 쓰이고 있다.

to click의 영향을 받아 hacer click이라고 하지 않고 cliquear나 clicar라고 쓴다.

to clic의 영향으로 opresionar가 있음에도 불구하고 cliquear, clicar 등이 쓰이고 있다.

to disappoint의 영향으로 decepcionar라고 하지 않고 disapuntar라고 한다.

to eat lunch의 영향을 받아 almorzar라고 하지 않고 lonchar라고 쓴다.

to Google의 영향을 받아 buscar en Google이라고 하지 않고 googlear 또는 gugulear라고 쓴다.

to click의 영향을 받아 hacer clic, pinchar, apretar라고 하지 않고 Cliquear라고 쓴다.

컴퓨터의 mouse '마우스'는 말 그대로 el ratón '생쥐'라고 쓴다.

to link의 영향을 받아 hacer un enlace라고 하지 않고 linkear라고 쓴다.

to update의 영향을 받아 actualizar라고 하지 않고 updatear 또는 opdeitear라고 쓴다.

to level up의 영향을 받아 nivelar라고 하지 않고 levelear라고 쓴다.

to park의 영향을 받아 estacionar라고 하지 않고 parquear라고 쓴다. 명사도 estacionamiento 대신에 el parking이 자연스럽게 쓰이고 있다.

to rent의 영향을 받아 alquilar라고 하지 않고 rentar라고 쓴다.

to scan의 영향으로 digitalizar (documento) 대신에 escanear가 쓰이고 있다. 물론 digitalizar 자체도 영어의 to digitalize에서 나온 것이다.

to send an email '이메일을 보내다'의 영향을 받아 mandar un correo 또는 mandar un correo electrónico라고 하지 않고 mandar un e-mail이라고 한다. 단일 동사로는 emailear라고 쓴다. 이와 유사한 의미로 to tweet '트위터하다'는 twittear라고 쓴다.

to tag '라벨을 붙이다'의 영향을 받아 etiquetear라고 하지 않고 taguear라고 쓴다.

to text의 영향으로 escribir un mensaje de texto라고 하지 않고 textear라고 쓴다.

Direct translation '직역'의 예로는 다음과 같은 것들을 들 수 있다.

It's up to you.를 Depende de ti.라고 하지 않고 Está p'arriba de ti.라고 쓴다.

This machine doesn't work.를 Esta máquina no funciona.라고 하지 않고 Esta máquina no trabaja.라고 쓴다.

I will call you back.을 Te vuelvo a llamar.라고 하지 않고 Te llamo para atrás.라고 쓴다.

14.3.4.2. 영어에서 차용된 어휘

DRAE(제23판)에 등재되어 있는 어휘들이다. 그렇다고 해서 이 어휘들이 2014년에 처음 스페인어 사전에 등재되었다는 뜻은 아니다. 어휘에 따라 스페인어로 차용된 시기는 제각각 다르다. 또한 여기서 제시된 어휘들이 영어에서 차용된 어휘들의 다는 아니다. 미처 다 제시하지 못한 예들이 훨씬 더 많으며, 현재도 스페인어로 유입되고 있는 영어 어휘들이 있을 것이다.[75]

75 이 어휘들은 대부분 한국어에서도 영어 발음 그대로 쓰이고 있다. 스페인어에서도 마찬가지이므로 별도의 의미를 기술하지는 않는다.

aeróbic[76] aire acondicionado bacón[77]
bar basquetbol[78] béisbol
best seller big bang bisnes[79]
blackjack[80] blog blues
búnker chance chat
chequear[81] chip chute[82]
clic[83] clip clóset
club confort córner
cricket dandi deleción[84]
desempleo[85] desinversión[86] disquete
drenaje[87] dumping estándar
extrapolación[88] fan[89] filme

---

76 aerobic도 사용된다. https://dle.rae.es/aerobic?m=form 참조.

77 스페인어로는 tocino 또는 panceta ahumada라고도 한다.

78 basketball을 글자 그대로 스페인어로 전사한 것이 baloncesto이다.

79 business를 스페인어 발음 그대로 쓴 것이다.

80 black jack, black-jack.도 등재되어 있다. https://dle.rae.es/blackjack 참조.

81 명사는 chequeo(checkup)이다.

82 shoot를 스페인어식으로 발음한 것이다.

83 동사 cliquear도 등재되어 있다. https://dle.rae.es/cliquear?m=form 참조.

84 deletion을 스페인어 발음 그대로 쓴 것이다.

85 unemployment를 글자 그대로 스페인어로 전사한 것이다.

86 disinvestment를 글자 그대로 스페인어로 전사한 것이다.

87 영어의 drainage가 프랑스어 drainage를 거쳐 유입된 어휘이다. Del fr. *drainage*, y este del ingl. *drainage*. https://dle.rae.es/drenaje?m=form 참조.

88 extrapolation을 글자 그대로 스페인어로 전사한 것이다.

89 스페인어 음운구조에 맞는 복수형은 fanes이지만, 일상생활에서는 fans가 많이 쓰인다. RAE의 『Diccionario panhispánico de dudas』, 〈fan〉; https://www.rae.es/dpd/fan 참조.

flash	footing	fútbol
gag	gol	golf
hippie	hobby	jazz
jersey	jogging[90]	jonrón[91]
láser	líder	lifting
marketing	máster	mitín
parking	rock and roll	rosbif[92]
rugby	self-service	shorts
stop	subempleo[93]	test
tique[94]	tranvía	túnel
vagón	voleibol[95]	yate

IT나 BT 관련 기술은 변화의 속도가 워낙 빨라 새로운 용어들이 쉽게 만들어지고 또 사라진다. 대표적인 예로 CD(Disco Compacto), CD-ROM, DVD(Disco de Video Digital), MP-3 등은 이미 구시대의 유물이 되었거나 되어가고 있고, 새로운 장치와 용어들이 계속 만들어지고 있다. 이들은 대부분 스페인어로 차용되어 자리 잡기 전에 영어 형태 그대로 쓰이다가 사라진다.

2014년 판 DRAE에는 등재되어 있지 않으나 일상생활에서 흔히 쓰이

---

90 jogging '조깅'을 글자 그대로 가져다 쓴 것이다. footing과 같은 의미이다.

91 home run을 스페인어식으로 발음한 것이다.

92 roastbeef를 스페인어식으로 발음한 것이다.

93 underemployment를 글자 그대로 스페인어로 전사한 것이다.

94 ticket을 스페인어 발음 그대로 적은 것이다. DRAE에는 tique로 올라가 있으나, 일상생활에서는 ticket으로 더 많이 쓰인다. Del ingl. *ticket*. https://dle.rae.es/tique?m=form.

95 volleyball을 글자 그대로 스페인어로 전사한 것은 balonvolea이다.

는 어휘들로는 다음과 같은 것들을 들 수 있다.[96] 스페인어로 꼭 바꾸어야 한다면 바꿀 수는 있으나, 굳이 그렇게는 하지 않고 대체로 영어 그대로 쓴다.

baby	backup[97]	black hall[98]
bluetooth	brother	byte
cash	directory[99]	dumping
e-mail[100]	happening	hacker
hard[101]	hardware[102]	jeans[103]
link[104]	overbooking[105]	port[106]
shopping	software[107]	swing

96 이 어휘들의 생명력 또한 장담할 수는 없다. 기술의 발달로 인해 다른 것으로 대체되어 사라질 수도 있고, 스페인어화 되어 새로운 형태로 자리 잡을 수도 있기 때문이다. 본 절에서는 단지 현시점에서 사용되고 있는 예들을 제시하는 것뿐이다.

97 스페인어로는 copia de seguridad이라고 한다.

98 스페인어로는 hoyos negros 또는 agujeros negros라고 한다.

99 스페인어로는 directorio 또는 guía라고 한다.

100 스페인어로는 correo electrónico라고 한다. '이메일을 보내다'라는 표현도 영어의 send an e-mail의 영향을 받아 mandar un e-mail이라고도 쓴다.

101 hard copy라고도 쓴다. 스페인어로는 copia dura 또는 copia impresa라고 한다.

102 스페인어로는 aparato(s)라고 한다.

103 blue jeans라고도 한다. 스페인어로는 pantalón vaquero라고 한다.

104 스페인어로는 enlace라고 한다.

105 스페인어로는 sobrecontratación이라고 한다.

106 스페인어로는 puerto 또는 vía de entrada라고 한다.

107 스페인어로는 programa(s)라고 한다.

여기서 든 예들은 극히 일부분에 지나지 않는다. 아직 스페인어 사전에는 등재되어 있지 않으나, 실생활에서는 흔히 사용되고 있는 어휘들이 상당히 많기 때문이다. 사회 각 분야에서 미국의 영향력이 커지면 커질수록 영어로부터 직접 차용되는 어휘의 빈도수는 계속 늘어갈 것이다.

14.3.4.3. 영어의 영향으로 인해 변화된 의미와 표현

영어 차용어와 기존 어휘가 형태는 동일한데 의미가 확장된 경우가 있다.

acualmente는 본래 ahora, hoy '현재, 지금'이라는 의미였는데, 영어 actually의 영향으로 en realidad, de verdad, realmente '실제로, 사실상'이라는 의미도 갖게 되었다.[108]

asumir는 본래 presuponer, dar por supuesto '예상하다, 가정하다'라는 의미인데, 영어의 to assume (the resposibility)에 따라 asumir (la responsabilidad), 즉 '(책임을) 떠맡다'라는 의미로도 쓰이게 되었다.

contemplar는 본래의 의미는 '지긋이 바라보다, 숙고하다'인데 (예: contemplar la belleza de un paisaje), 영어의 to contemplate의 영향을 받아 tener intención de algo '의도하다, –할 생각을 갖다'라는 의미로도 쓰이게 되었다.[109]

estimar는 본래 '–을 높게 평가하다, 존경하다'라는 의미였다 (예:

108 https://dle.rae.es/actualmente?m=form 참조.

109 https://dle.rae.es/contemplar?m=form 참조.

estimar a las personas honradas). 그런데 영어의 to estimate가 calcular '계산하다'라는 의미로 쓰이는 데 영향을 받아, estimación de costos '예상 가격', tiempo estimado de vuelo '비행 예정 시간' 등으로도 쓰이게 되었다.[110]

navegar는 본래 라틴어 navigāre에서 유래된 어휘로 '(바다나 강 등을) 항해하다'라는 의미로 쓰였다. 그러나 인터넷이 발달하면서 '웹서핑하다'라는 의미로도 쓰이고 있다: navegar por la red '웹서핑하다', navegar por Internet '인터넷 검색하다' 등.[111]

remover는 본래 라틴어 removēre에서 나온 어휘로 '(물건 등을) 다른 곳으로 옮기다' 또는 '(섞기 위해) 휘젓다' 등의 의미로 쓰였는데, 영어 to remove의 영향을 받아 eliminar '삭제하다, 제거하다'의 뜻으로도 쓰이고 있다.[112]

aplicación은 본래 '근면, 노력'이라는 의미로 쓰였었는데, 영어 application의 영향을 받아, 특히 문서상에서 solicitud, petición '신청서, 지원서'이라는 의미로도 쓰이게 되었다. 더 나아가, 경우에 따라서는 스마트폰에서 사용되는 '어플리케이션'의 의미로도 쓰인다.[113]

carpeta는 프랑스어 carpette '테이블보, 책상보'에서 유래된 어휘로 '(종이나 서류 등을 넣는) 서류철'을 가리킨다. 그러나 영어 carpet의 영향으로 '카펫'이라는 의미로도 쓰이고 있다. 본래 스페인어에서 '카펫'은

---

110 https://dle.rae.es/estimar?m=form 참조.

111 https://dle.rae.es/navegar?m=form 참조.

112 https://dle.rae.es/remover?m=form 참조.

113 https://dle.rae.es/aplicaci%C3%B3n 참조.

moqueta나 alfombra 등이 쓰이고 있었으나, 지금은 혼용되기도 한다.[114]

emergencia는 동사 emerger '수면으로 떠오르다'라는 데서 유래된 것으로, 본래 의미는 '출현, 부상'이라는 의미로 쓰였다 (예: la emergencia de la burguesía). 그러던 것이 영어 emergency의 영향으로 '응급, 비상'이라는 의미를 갖게 되었다: las medidas de emergencia '비상 수단', las salidas de emergencia '비상구' 등.[115]

evidencia는 본래의 의미는 '명백함, 명료함'인데 (예: la evidencia de nuestra condición moral), 영어 evidence의 영향을 받아 주로 복수로 쓰여 수사나 조사의 '증거'라는 의미로도 쓰이게 되었다.[116]

portal은 puerta에서 파생된 어휘로 본래는 '문, 현관' 등의 의미를 갖고 있다. 그러다가 인터넷의 발달로 '포털'이라는 새로운 의미로도 쓰이게 되었다.[117]

과거에는 잘 쓰이지 않던 단어들이 영어의 영향으로 다시 쓰이게 된 경우도 있다. deporte는 본래 entretenimiento, solaz, descanso '오락, 휴식'의 의미로써, 이베리아반도에서는 잘 쓰이지 않던 어휘였다. 그러나 20세기 들어 영어 sports의 영향으로 사용되게 된 것이다. deporte는 '–를 추방하다'라는 의미를 갖는 라틴어 deportare (>deportar)'에서 파생된 명사이다. descansar, reposar '쉬다, 휴식을 취하다' 또는 divertirse, recrearse '즐기다, 놀이를 하다'라는 의미로도 쓰였다. 프랑스어에서 쓰

114 Del fr. *carpette* 'tapete', y este del ingl. *carpet*. https://dle.rae.es/carpeta?m=form 참조.

115 https://dle.rae.es/emergencia?m=form 참조.

116 https://dle.rae.es/evidencia?m=form 참조.

117 https://dle.rae.es/portal?m=form 참조.

이던 것이 영어를 통해 스페인어로 다시 들어온 것이다.[118]

sofisticar 역시 수 세기 동안 잘 사용되지 않던 것이 영어 to sophisticate 때문에 부활된 경우이다. 그러나 이 경우에는 의미가 변질되었다. 중세 라틴어에서 sofisticare는 proceder con sofismas, complicar lo sencillo y natural '궤변을 늘어놓다, 복잡하게 만들다'였다. 따라서 16세기 스페인어에서 vino sofisticado는 나쁜 의미로 자연성을 상실한 vino falsificado, adulterado '위조 포도주' 또는 '불량 포도주'라는 의미였다. 현재 스페인어에서의 제1의미도 falsificar o corromper algo '뭔가를 위조하거나 부패시키다'라는 의미이다.[119] 그런데, 영어에서는 반대로 좋은 의미로 해석되어 vino exquisito, refinado, exótico '잘 정제된, 숙성된 포도주'로 해석되고 있다. 이에 따라 20세기 들어서는 이런 의미가 확산되어 좋은 의미로 쓰이고 있다: métodos sofisticados '최신 방법', productos artísticos sofisticados '고상한 예술품', técnicas bélicas sofisticadas '정교한 군사기술' 등.

스페인어 표현들 중에서도 영어의 영향을 받아 변화된 것들이 많다.

'그것이 바로 내가 원하는 바야.'라는 표현을 할 때 Eso es lo único que quiero.라는 좋은 표현을 놔두고, 영어의 That's all I want.를 기계적으로 번역해 흔히 Eso es todo lo que yo quiero.라고 쓰고 있다.

'80년대'라는 표현은 los años que van de 1980 a 1989인데, 영어 the eighties의 영향을 받아 간편하게 los ochentas로 쓰고 있다.

---

118 Calco del ingl. *sport*, a partir del desus. *deporte* 'diversión', y este der. de *deportarse* 'divertirse'. https://dle.rae.es/deporte?m=form 참조.

119 https://dle.rae.es/sofisticar?m=form 참조.

'–역할을 하다'라는 표현은, desempeñar el papel을 놔두고, 영어 to play a role을 그대로 번역해 jugar un papel이라고도 쓰고 있다.

'결국'이라는 표현도, al fin y al cabo라는 좋은 표현을 놔두고, 영어의 after all에 따라 después de todo라고도 쓰고 있다.

'고화질'은 영어의 high fidelity를 본뜬 alta fidelidad이, high quality를 본뜬 alta calidad이 만들어져 사용되고 있다.

'무엇보다도 먼저'라는 표현은 antes de nada 또는 antes que nada인데, 영어 first of all의 영향을 받아 primero de todo라는 말을 쓴다.

'–에 따라서'는 de acuerdo con 또는 según이다. 영어 according to의 영향을 받아 de acuerdo a도 쓰인다.

'–이외에'는 además de인데, 영어 in addition to의 영향을 받아 en adición a도 쓰이는 추세이다.

'–(시간) 내에'라는 표현은 전치사 dentro를 쓴다. 예를 들면, dentro de dos minutos/ horas/ semanas 등이 일반적인 스페인어식 표현이다. 그러나 영어 in two minutes/ hours/ weeks 등의 영향을 받아 en dos minutos/ horas/ semanas 등으로도 쓰인다.

'오랫동안에'라는 표현은 durante mucho tiempo인데, 영어 for a long time의 영향을 받아 durante largo tiempo도 쓰인다.

전화를 받을 때 '여보세요!'라는 의미로 스페인에서는 주로 ¡Dígame! 또는 ¡Hola!라고 하는 데 반해, 멕시코에서는 주로 ¡Aló!라고 한다. 영어의 hello!에서 나온 것이다. 이 용어들은 이미 스페인이건 중남미건 상관없이 일반화된 것들이지만, 영어의 영향은 중남미, 특히 미국과 가까울수록 그 정도가 더 심하다.

승낙의 의미로 '좋다!'라고 할 때도, 스페인에서는 주로 Está bien.,

Vale. 또는 De acuerdo. 등을 많이 쓰는 반면에, 멕시코에서는 영어 O.K.의 영향을 받아 Okey라고 많이 한다.

'강조하다'는 본래 poner énfasis이다. énfasis는 (그리스어 ἔμφασις에서 유래된) 라틴어 emphăsis가 어원이다. 동사는 따로 없이 poner énfasis en la expresión de algo 또는 expresarse con énfasis 등으로 쓰였는데, 영어 to emphasize의 영향으로 enfatizar가 쓰이게 되었다.

'기억하다'는 본래 aprender de memoria이다. memoria는 라틴어 memorĭa에서 유래한 어휘이다. 동사는 별도로 없어서 aprender de memoria 또는 fijar algo en la memoria 등의 표현을 썼으나, 영어 to memorize의 영향으로 memorizar가 만들어져 쓰이고 있다.

'전화하다'는 llamar por teléfono라는 표현을 쓴다. teléfono '전화기'는 그리스어 기원의 tele '먼'와 fono '소리'가 합성되어 만들어진 현대 어휘이므로 본래 스페인어는 아니었다. 따라서 동사가 따로 없었고, llamar와 결합해 사용된 것이다. 그런데, 후에 명사에서 파생된 telefonear가 쓰이기 시작해 일반화되었다.

현대에 발명된 많은 전자 기기들도 비록 어원은 그리스어를 토대로 만들어졌지만 넓은 의미에서는 영어의 영향을 받은 것이라고 할 수 있다. 예를 들어, televisión은 tele '먼'+visión '시각, 영상', video는 (그리스어에서 파생된) 라틴어 vidĕo 'yo veo'에서 나온 것이다. 본 어원은 그리스어 tele '먼', fono '말', visión '시각', video '보다' 등이지만, 단어 형성은 현대 영어에서 이루어진 것들이다.

영어로부터 영향을 받아 진행되는 변화는 역사언어학적 관점에서뿐만 아니라 교육학적 관점에서도 매우 중요하고 유용한 자료이다. 어휘의 차용 과정, 의미의 전이 및 확장 과정을 실시간으로 관찰할 수 있는 예이기 때문이다. 현재 진행 중인 변화이므로 앞으로도 관심을 갖고 지속적으로 관찰해 나간다면 스페인어 발전의 원인과 양상을 이해하는 데 많은 도움이 될 것이다.

끝

부록

참고문헌

Abad León, Felipe(1980), 『La Rioja provincia y región de España』, Logroño: Ochoa.

Albareda Salvadó, Joaquim(2010), 『La Guerra de Sucesión de España(1700-1714)』, Barcelona: Crítica.

Alonso, Amado(1976), 『De la pronunciación medieval a la moderna en español』, I, Madrid: Gredos,

______________(1988), 『De la pronunciación medieval a la moderna en español』, II, Madrid: Gredos.

Alonso, Dámaso & Galvarriato de Alonso, Eulalia(1966), 『Primavera y flor de la literatura española』, Tomo I, Madrid: Selecciones del Reader's Digest.

Álvarez Aranguren, Lucio(1989), 『La gramática española del siglo XVI y Fray Luis de León』, Madrid: Neoprint.

Amillo Alegre, Francisco(2012), 『Historia de Benidorm, de los orígenes a 1960』, Valencia: Associació d'Estudis de la Marina Baixa.

Andrés Bello[1847], 『Gramática de la lengua castellana: destinada al uso de los americanos』, Madrid: Arcos, 1988.

Anguiano, Mateo de(2011), 『Compendio historial de la provincia de La Rioja, de sus santos y milagrosos santuarios』, Charleston, South Carolina: Nabu.

Anónimo(1978), 『Poema de Fernán González』, Madrid: Espasa-Calpe.

Aquino, Lucia & Pomilio, Mario(2008), 『레오나르도 다 빈치』, 김연선 역, 서울: 예경.

Arias Freixedo, Xosé Bieito(2003), 『Antoloxía da lírica galego-portuguesa』, Vigo: Edicións Xerais.

Asociación de Academias de la Lengua Española(2010), 『Diccionario de americanismos』, Madrid: Santillana.

Atalay, Bülent(2004), 『다빈치의 유산』, 채은진 역, 서울: 말글빛냄.

Averroes(2005), 『결정적 논고』, 이재경 역, 서울: 책세상.

Ayala Martínez, Carlos(2007), 『Las órdenes militares hispánicas en la Edad Media (siglos XII-XV)』, 1ª ed., Madrid: Marcial Pons, Ediciones de Historia S.A. y Latorre Literaria.

Barbosa García, María Vicente & Ruiz Ruiz, Manuel(1999), 『La Alhambra y el Generalife』, Granada: Junta de Andalucía.

Bariani, Laura(2003), 『Almanzor』, San Sebastián: Nerea.

Bergreen, Laurence(2006), 『세상의 끝을 넘어서』, 박은영 역, 파주: 해나무.

Bermúdez López, Jesús, *et. al.*(2010), 『La Alhambra y el Generalife: guía oficial』, Madrid:

TF Editores.

Borrás Gualís, Gonzalo M., *et. al.*(2000), 『El arte mudéjar: la estética islámica en el arte cristiano』, Madrid: Museo Sin Fronteras.

Bourassin, Emmanuel(2006), 『중세의 기사들: 그 영광과 쇠락』, 임호경 역, 서울: 동문선.

Bradford, Sarah(2008), 『체사레 보르자: 마키아벨리를 사로잡은 『군주론』의 모델』, 김한영 역, 서울: 사이.

Bressler, Richard(2018), 『The Thirteenth Century: a World History』, Jefferson, North Carolina: McFarland & Company.

Brotton, Jerry(2018), 『르네상스』, 윤은주 역, 파주: 문학동네.

Cacho Blecua, Juan Manuel & Lacarra Ducay, María Jesús(2012), 『Historia de la literatura española, I. Entre oralidad y escritura: la Edad Media』, Madrid: Crítica.

Cano Aguilar, Rafael(1988), 『El español a través de los tiempos』, Madrid: Arco/Libros.

Carrière, Jean Claude(2007), 『바야돌리드 논쟁: 신대륙의 운명을 결정지은 5일간의 기록』, 이세욱 역, 서울: 샘터사.

Castro, Ivo(2013), 『Historia de la lengua portuguesa』, Traducción del portugués al español de Beatriz Peña Trujillo, Bogotá: Instituto Caro y Cuervo.

Catalán, Diego(1971), "En torno a la estructura silábica del español de ayer y del español de mañana", en Catalán, Diego(1989), 『El español, Orígenes de su diversidad』, Madrid: Paraninfo, p.77-104.

Celdrán, Pancracio(1995), 『Historia de las cosas』, Madrid: Ediciones del Prado.

________________(2009), 『Diccionario de topónimos españoles y sus gentilicios』, Madrid: Espasa.

Cervantes Saavedra, Miguel de[1605/1615], 『Don Quijote de la Mancha』, 전2권, ed. de John Jay Allen, Madrid: Cátedra, 2003.

___________________________[1605/1615], 『돈키호테』, 박철 역, 서울: 시공사, 2015.

Christin, Olivier(1998), 『종교개혁: 루터와 칼뱅, 프로테스탄트의 탄생』, 채계병 역, 서울: 시공사.

Cochrane, E. & Kirshner, J.(2003), 『르네상스』, 김동호 역, 서울: 신서원.

Collins, Roger(1994), 『The Arab Conquest of Spain 711—797』, Oxford & Cambridge: Blackwell.

_____________(2005), 『La España visigoda: 474-711』, Barcelona: Crítica.

Collinson, Patrick(2013), 『종교개혁』, 이종인 역, 서울: 을유문화사.

Corbin, Henry(1997), 『이슬람 철학사: 태동기부터 아베로에스(1198년 死)까지』, 김정위 역,

서울: 서광사.

Corominas, Joan & Pascual, José A.(1991), 『Diccionario crítico etimológico castellano e hispánico』, Tomo 1-6, Madrid: Gredos.

Corral, Pedro de(2001), 『Crónica del Rey don Rodrigo』, I, Madrid: Castalia.

Crosby, Alfred W.(2006), 『콜럼버스가 바꾼 세계』, 서울: 지식의숲.

Crowley, Roger(2010), 『바다의 제국들』, 서울: 책과함께.

Czarra, Fred(2014), 『향신료의 지구사』, 강경이 역, 서울: Humanist.

Demurger, Alain(2005), 『Caballeros de Cristo: templarios, hospitalarios, teutónicos y demás órdenes militares en la Edad Media (siglos XI a XVI)』, Granada: Universidad de Granada y Universitat de València.

Diamond, Jared(2013), 『총, 균, 쇠: 무기·병균·금속은 인류의 운명을 어떻게 바꿨는가』, 김진준 역, 서울: 문학사상사.

Díez Jorge, Mª Elena(2006), 『La Alhambra y el Generalife: guía histórico-artística』, Granada: Universidad de Granada.

Disney, A.R.(2009), 『A History of Portugal and the Portuguese Empire, Vol. 1: Portugal』, Cambridge: Cambridge University Press.

Eberenz, Rolf(2000), 『El español en el otoño de la Edad Media: sobre el artículo y los pronombres』, Madrid: Gredos.

Echenique Elizondo, Mª. Teresa & Martínez Alcalde, Mª. José(2003), 『Diacronía y gramática histórica de la lengua española』, Valencia: Tirant lo Blanch.

Eggenberger, David(2012), 『An Encyclopedia of Battles: Accounts of Over 1,560 Battles from 1479 B.C. to the Present』, New York: Dover Publications.

Einhard(2008), 『샤를마뉴의 생애』, 이경구 역, 서울: 지만지.

Elliott, John H.(2000), 『스페인제국사 1469-1716』, 김원중 역, 서울: 까치글방.

Fernández Álvarez, Manuel(2003), 『Juana la Loca: la Cautiva de Tordesillas』, Madrid: Espasa.

Fernández Catón, J.M., *et. al.*(2003), 『Documentos selectos para el estudio de los orígenes del romance en el Reino de León (Siglos X-XII)』, León: Colección Fuentes y Estudios de Historia Leonesa.

Fernández José, Arenas(1972), 『Mozarabic Architecture』, NY: New York Graphic Society.

Fraile, Guillermo(1971), 『Historia de la folosofía española』, Madrid: Católica.

Freely, John(2007), 『이스탄불: 유럽과 아시아를 품은 제국의 도시』, 민승남 역, 서울: 민음사.

Galmés de Fuentes, Álvaro(1994), 『Las jarchas mozárabes: forma y significado』, Barcelona: Crítica.

García López, José(2009), 『Historia de la literatura española』, Barcelona: Vicens-Vives.

Gimeno Menéndez, Francisco(1995), 『Sociolingüística histórica(siglos X-XII)』, Madrid: Visor.

Girón Alconchel, José Luis(2000), "Historia de la gramática en España", en Manuel Alvar(ed.), 『Introducción a la lingüística española』, Barcelona: Ariel, p.69-87.

Glick, Thomas F. *et. al.*(2014), 『Medieval Science, Technology, and Medicine: an Encyclopedia』, NY: Routledge.

Gómez Asencio, José Jesús(2006), 『Nebrija vive』, Madrid: Fundación Antonio de Nebrija.

Gómez Moreno, Manuel(2011), 『Iglesias mozárabes: arte español de los siglos IX a X』, Madrid: Nabu.

Goodrich, Norma Lorre(1998), 『중세의 신화: <베오울프>에서 <시드>까지 위대한 중세 신화의 놀라운 재현』, 윤후남 역, 서울: 현대지성사.

Grabar, Oleg(2006), 『La Alhambra』, Madrid: Alianza.

Greenblatt, Stephen(2014), 『1417년, 근대의 탄생: 르네상스와 한 책 사냥꾼 이야기』, 이혜원 역, 서울: 까치글방.

Hall, Robert A.(1976), 『Proto-romance Phonology』, NY: American Elsevier.

Hancock, Graham & Bauval, Robert(2006), 『탤리즈먼: 이단의 역사』, 오성환 역, 서울: 까치글방.

Heyerdahl, Thor(1950), 『The Kon-Tiki Expedition』, London: George Allen & Unwin.

Hirschberger, Johanes(2017), 『서양 철학사』, 상, 강성위 역, 대구: 이문출판사.

Holzbacher, Ana Mª & Bretos, Jesús(2001), 『Introduction à l'ancien français et anthologie de la littérature française du Moyen-Âge』, Madrid: Universidad Autónoma de Madrid.

Horten, Max(2012), 『아베로에스의 아리스토텔레스 형이상학』, 김재범 역, 파주: 한국학술정보.

Hotta Yoshie(1998), 『고야』, 전 4권, 김석희 역, 서울: 한길사.

Hourani, Albert(2010), 『아랍인의 역사』, 김정명 & 홍미정 역, 서울: 심산.

Huizinga, Johan(2012), 『중세의 가을』, 이종인 역, 고양: 연암서가

______________(2013), 『광기에 맞선 인문주의자 에라스뮈스』, 이종인 역, 고양: 연암서가.

Ibáñez Rodríguez, Miguel(2000), 『El Monasterio de Suso: arte, historia y poesía』, León:

Edilesa.

Isaacson, Walter(2019), 『레오나르도 다빈치: 인간 역사의 가장 위대한 상상력과 창의력』, 파주: 아르테.

Isla Frez, Amancio(2010), 『Ejército, sociedad y política en la Península Ibérica entre los siglos VII y XI』, Madrid: CSIC.

Jakobi-Mirwald, Christine(2017), 『중세의 책: 기능과 장식』, 최경은 역, 서울: 한국문화사.

Jonas, Hans(1991), 『The Gnostic Religion』, Boston: Beacon; Hoeller.

Jones, Colin(2001), 『사진과 그림으로 보는 케임브리지 프랑스사』, 방문숙 & 이호영 역, 서울: 시공사.

José Barreiros, António(1996), 『História da literatura portuguesa』, Lisboa: Bezerra.

Jürgen Wolf, Heinz(1996), 『Las Glosas Emilianenses』, Versión española de Stefan Ruhstaller, Sevilla: Universidad de Sevilla.

Kay, Bernhard(2003), 『위대한 항해자 마젤란』, 전2권, 박계수 역, 파주: 한길사.

Kraemer, Joel L.(2012), 『Maimónides: vida y enseñanzas del gran filósofo judío』, Buenos Aires: Kairós.

Lapesa, Rafael(1951), "La apócope de la vocal en castellano antiguo. Intento de explicación histórica", en Lapesa, Rafael(1985), 『Estudios de historia lingüística española』, Madrid: Paraninfo, p.167-197.

______________(1975), "De nuevo sobre la apócope vocálica en castellano medieval", en Lapesa, Rafael(1985), 『Estudios de historia lingüística española』, Madrid: Paraninfo, p.198-208.

______________(1981), 『Historia de la lengua española』, Madrid: Gredos.

______________(1985), 『Estudios de historia lingüística española』, Madrid: Paraninfo.

______________(1992), 『Léxico e historia I: palabras』, Madrid: Istmo.

Las Casas, Bartolomé de(2000), 『콜럼버스 항해록』, 박광순 역, 서울: 범우사.

Lathrop, T.(1989), 『Curso de gramática histórica española』, Barcelona: Ariel.

Lázaro Carreter, Fernando(1985), 『Las ideas lingüísticas en España durante el siglo XVIII』, Barcelona: Crítica.

Lewis, Bernard(1996), 『이슬람문명사』, 김호동 역, 서울: 이론과 실천.

Livermore, H.V.(1976), 『A New History of Portugal』, Cambridge: Cambridge University Press.

Lleal, Coloma(1990), 『La formación de las lenguas romances peninsulares』, Barcelona: Barcanova.

___________(2007), 『A propósito de una denominación: el judeoespañol』, Alicante: Biblioteca Virtual Miguel de Cervantes.

Lloyd, Paul M.(1993), 『Del latín al español』, Madrid: Gredos.

Lodares Marrodán, Juan Ramón(1993-1994), “Las razones del <castellano derecho>”, 『Cahiers de linguistique hispanique médiévale』, N.18-19, p.313-334.

Lope Blanch, Juan M.(1990), 『Estudios de historia lingüística hispánica』, Madrid: Arco/Libros.

López Estrada, Francisco(1961), 『Poema del Cid』, Madrid: Castalia.

López Guzmán, R.(2005), 『Arquitectura mudéjar: del sincretismo medieval a las alternativas hispanoamericanas』, Madrid: Cátedra.

Luther, Martin(2019), 『마르틴 루터 95개 논제』, 최주훈 역, 서울: 감은사.

Macesich, George(2000), 『Issues in money and banking』, Westport, CT: Greenwood.

Marcos Marín, Francisco(1990), 『Introducción a la lingüística histórica y modelos』, Madrid: Síntesis.

Martín Baños, Pedro(2019), 『La pasión de saber: vida de Antonio de Nebrija』, Prólogo de Francisco Rico, Huelva: Universidad de Huelva.

Mattingly, Garrett(1997), 『아르마다』, 박상이 역, 서울: 가지않는길.

Maurois, André(2016), 『프랑스사』, 신용석 역, 파주: 김영사.

Mena, Juan María de(1990), 『Leyendas y misterios de Madrid』, Llobregat: Plaza & Janes.

Menéndez Pidal, Ramón(1972), 『Orígenes del español』, Madrid: Espasa-Calpe.

___________(1982), 『Crestomatía del español medieval』, I, Madrid: Gredos.

___________(1991), 『Cantar de Mio Cid』, Madrid: Espasa Calpe.

___________(2005), 『Historia de la lengua española』, Texto de Diego Catalán, Madrid: Fundación Ramón Menéndez Pidal y Real Academia Española.

___________(2009), 『엘시드의 노래』, 이강국 역, 서울: 한국외국어대학교 출판부.

Migliorini, B.(1988), 『Storia della lingua italiana』, Vol.I, Firenze: Sansoni.

Miklos Stern, Samuel(2010), 『Antología de jarchas』, Barcelona: Linkgua.

Mühlem, Karl-Heinz zur(2003), 『종교개혁과 반종교개혁』, 정병식, 홍지훈 역, 서울: 대한기독교서회.

Nadal, J.M. & Prats, M.(1982), 『Història de la llengua catalana』, 1, Barcelona: Edicions 62.

Nebrija, Antonio de(1977), 『Reglas de orthographía en lengua castellana』, Estudio y edición de Antonio Quilis, Bogotá: Instituto Caro y Cuervo.

Nebrija, Antonio de[1492], 『Gramática de la lengua castellana』, Estudio y edición de Antonio Quilis, Madrid: Editorial Centro de Estudios, 1989.

________________[1492], 『Gramática sobre la lengua castellana』, Edición, estudio y notas de Carmen Lozano y *Paginae nebrissenses*, al cuidado de Felipe González Vega, Madrid: Real Academia Española, 2011.

Netanyahu, Benzion(1995), 『The Origin of the Inquisition in Fifteenth Century of Spain』, New York: Random House.

Nieto Ballester, Emilio(1997), 『Breve diccionario de topónimos españoles』, Madrid: Alianza.

Nieto, Juan Ángel(2007), 『Glosas Emilianenses: cuna de la lengua castellana』, León: Edilesa.

Notker(2016), 『샤를마뉴의 행적』, 이경구 역, 서울: 지식을만드는지식, 커뮤니케이션북스.

Olarte, Juan B.(2005), 『Monasterio de San Millán de la Cogolla: Suso y Yuso』, León: Edilesa.

Oliver Asín, Jaime(1959), 『Historia del nombre 'Madrid'』, Madrid: C.S.I.C.

Oulad Amar, Aziz(2013), 『Las jarchas y las moaxajas en la España musulmana』, Mankato: Minnesota State University.

Pagels, Elaine H.(2006), 『(숨겨진 복음서) 영지주의』, 하연희 역, 서울: 루비박스.

Parker, Geoffrey(1996), 『Felipe II』, Barcelona: Altaya.

Parrinder, Geoffrey(2008), 『Breve enciclopedia del cristianismo』, Madrid: Istmo.

Pedro Peira, Jesús Moreno(1979), 『Crestomatía románica medieval』, Madrid: Cátedra.

Pelt, Jean-Marie(2002), 『향신료의 역사』, 김중현 역, 서울: 좋은책만들기.

Pirenne, Henri(2010), 『마호메트와 샤를마뉴』, 강일휴 역, 서울: 삼천리.

Queiroz, Sandy Guedes de(2017), 『포르투갈』, 이정아 역, 서울: 시그마북스.

Real Academia Española(1973), 『Esbozo de una nueva gramática de la lengua española』, Madrid: Espasa-Calpe.

____________________(2014), 『Diccionario de la lengua española』, 23ª ed., Madrid: Espasa.

Real Academia Española & Asociación de Academias de la Lengua Española(2009), 『Nueva gramática de la lengua española』, Madrid: Espasa.

____________________(2010), 『Ortografía de la lengua española』, Madrid: Espasa.

Robins, R.H.(1992), 『언어학의 사상사』, 박수영 역, 서울: 이목.

Ronjat, Jules(1980), 『Grammaire historique des parlers provençaux modernes』, Tomo I, Montpellier: Siciété des Langues Romanes.
Roth, Norman(1995), 『Conversos, Inquisition and the Expulsion of the Jews from Spain』, Wisconsin: The University of Wisconsin Press.
Salomon, Pierre(1987), 『프랑스 문학』, 김수정 & 장정웅 역, 대구: 경북대학교 출판부.
Sánchez Meco, Gregorio, *et. al.*(2005), 『El Escorial: imágenes e historia』, El Escorial: Ayuntamiento de El Escorial.
Sánchez Peinado, Ana(2014), 『La Alhambra』, Granada: Miguel Sánchez
Jesús, Santa Teresa de(1972), 『Las moradas/Libro de su vida』, 2ª ed., Colección "Sepan Cuantos", v.50, México: Porrúa.
Smith, Colin(1976), 『Poema de mio Cid』, Madrid: Cátedra.
Solá-Solé, Josep Mª.(1990), 『Las jarchas romances y sus moaxajas』, Madrid: Taurus.
Stavans, Ilan(2003), 『Spanglish: the Making of a New American Language』, NY: HarperCollins.
Stephan A.(2006), 『이것이 영지주의다: 영지의 세계와 역사』, 이재길 역, 서울: 샨티.
Symmons, Sarah(2001), 『고야』, 김석희 역, 서울: 한길아트.
Tannahill, Ray(2006), 『음식의 역사』, 손경희 역, 서울: 우물이 있는 집.
Taviani, Paolo Emilio(1985), 『Christopher Columbus: the Grand Design』, London: Orbis.
Todorov, Tzvetan(2011), 『고야: 계몽주의의 그늘에서』, 류재화 역, 서울: 아모르 문디.
Torrente Ballester, Gonzalo(1945), 『Alfonso X y Sancho IV: crónica』, Madrid: Ediciones FE.
Tuñón de Lara, Manuel, *et. al.*(1991), 『Historia de España』, Barcelona: Labor.
________________(coord.)(1994), 『Historia de España, IV: feudalismo y consolidación de los pueblos hispánicos(siglos XI-XV)』, Barcelona: Labor.
Turner, Jack(2012), 『스파이스』, 정서진 역, 서울: 따비.
Väänänen, Veikko(1988), 『Introducción al latín vulgar』, Madrid: Gredos.
Vaca de Osma, José Antonio(1999), 『Carlos I y Felipe II: frente a frente』, Madrid: RIALP.
Vasari, Giorgio(2018), 『르네상스 미술가 평전』, 이근배 역, 고종희 해설, 파주: 한길사.
Villar, Francisco(2000), 『Indoeuropeos y no indoeuropeos en la Hispania prerromana』, Salamanca: Universidad de Salamanca.
Villarrubia Mauso, Pablo(2007), 『El fantástico reino del Preste Juan: el secreto de las tres cartas』, Madrid: Aguilar.
Wasserman, James(2006), 『성전기사단과 아사신단』, 서미석 역, 서울: 정신세계사.

Wright, Roger(1989), 『Latín tardío y romance temprano』, Madrid: Gredos.
Ximénez de Sandoval, Felipe(1968), 『Cristóbal Colón: evocación del almirante de la mar oceána』, Madrid: Ediciones Cultura Hispánica.
Zamora Vicente, Alonso(1979), 『Dialectología española』, 2ª ed., Madrid: Gredos.
Zweig, Stefan(1996), 『마젤란: 불멸의 탐험가』, 이내금 역, 서울: 자작나무.
__________(2004), 『아메리고』, 김재혁 역, 서울: 삼우반.
__________(2006), 『에라스무스 평전』, 정민영 역, 파주: 아롬미디어.
고연선(2012), "고연선의 미술감상: 레오나르도 다빈치: 모나리자의 비밀①", 『한국논단』, 277권, p.184-191.
고혜선 외(2008), 『중세 동·서 문화의 만남』, 용인: 단국대학교 출판부.
권미선 외(2008), 『(작품으로 읽는) 스페인 문학사』, 서울: 고려대학교출판부.
김덕영(2017), 『루터와 종교개혁: 근대와 그 시원에 대한 신학과 사회학』, 서울: 길.
김명섭(2001), 『대서양문명사』, 서울: 한길사.
김상엽 & 김소정(2018), 『(궁금해서 밤새 읽는) 유럽사』, 파주: 청아출판사.
김선기(2013), 『고려가요의 해석과 이론,』 서울: 역락.
김양선(1964), "임진왜란 종군신부 세스페데스의 내한 활동과 그 영향", 『사학연구』, 18, p.703-740.
김용재(1996), 『포르투갈 문학사』, 부산: 부산외국어대학교출판부.
김용재 & 이광윤(2000), 『포르투갈·브라질의 역사문화기행』, 부산: 부산외국어대학교출판부.
김정위(2002), 『이슬람문화사』, 서울: 탐구당.
김종범 & 임동현(2018), 『이탈리아역사 다이제스트 100』, 서울: 가람기획.
김종옥(2015), 『스페인 문학사』, 전주: 전북대학교.
김쾌덕(2006), 『고려 속가의 연구』, 서울: 새미, 국학자료원.
김홍기(2004), 『종교개혁사: 마르틴 루터에서 존 웨슬리까지』, 서울: 지와 사랑.
김희곤(2014), 『(인간이 만든 최고의 아름다움) 스페인은 건축이다』, 파주: 오브제.
도현신(2020), 『(세계 역사와 지도를 바꾼) 가루 전쟁: 설탕 소금 후추 밀 커피 초콜릿』, 서울: 이다북스.
두산동아편집부(1997), 『두산세계대백과사전』, 서울: 동아출판사.
박병채(1994), 『(새로 고친) 고려가요의 어석 연구』, 서울: 국학자료원.
박지향(1997), 『영국사: 보수와 개혁의 드라마』, 서울: 까치.
브리태니커 편찬위원회(2017), 『브리태니커 필수 교양사전 이슬람』, 박지선 역, 파주: 아고라.
성호경(2006), 『고려시대 시가 연구: 체계적 이해를 위한 모색』, 파주: 태학사.
손광호 & 최계영(2015), 『공간에 홀리다: 건축과 문화유산의 향연, 스페인·포르투갈』, 서울:

미세움.
송동훈(2016), 『세계사 지식 향연: 영국과 스페인, 제국의 엇갈린 운명』, 서울: 김영사.
______(2019), 『대항해 시대의 탄생: 세계사의 흐름을 바꾼 위대한 모험』, 서울: 시공사.
송혜경(2014), 『영지주의: 그 민낯과의 만남』, 의정부: 한님성서연구소.
시오노 나나미(1998), 『레판토해전』, 최은석 역, 서울: 한길사.
__________(2004a), 『로도스섬 공방전』, 최은석 역, 서울: 한길사.
__________(2004b), 『체사레 보르자 혹은 우아한 냉혹』, 오정환 역, 파주: 한길사.
__________(2005), 『콘스탄티노플 함락』, 최은석 역, 서울: 한길사.
신우태(2001), 『슬라브 문자의 창제자, 성 끼릴과 함께 떠나는 중세 여행』, 서울: 명지출판사.
신유선(2019), "세계 3대 향신료 생산 및 교역 동향: 후추, 계피, 정향을 중심으로", 『세계농업』, 11월호, p.1-17.
신항섭(2011), 『스페인 제국과 무적함대의 흥망』, 서울: 랜드앤마린.
신형준(2007), 『천상의 미술과 지상의 투쟁』, 서울: ㈜사회평론.
염은열, 류수열, 최홍원(2020), 『문학 교육을 위한 고전시가 작품론』, 서울: 사회평론아카데미.
유민호(2020), "문화 십자군이 고대하던 '신의 군대' 프레스터 존의 흔적 찾아", 『주간조선』, Vol.2619, p.54-57.
윤덕노(2020), 『(음식으로 읽는) 로마사』, 서울: 더난콘텐츠그룹.
윤선자(2006), 『이야기 프랑스사』, 서울: 청아.
이강국(2000), "중세 스페인어에서 어휘의 분열과 고착: tan의 발전을 중심으로", 『서어서문연구』, 16, p.169-189.
______(2001), "Glosas Emilianenses: 주(Glosas) 어휘들의 어원과 라틴어와의 친소관계 분석", 『서어서문연구』, 20, p.67-88.
______(2013), "어원에 따른 이베리아반도 도시의 위계 분류", 『지중해지역연구』, 15/4, p.107-132.
______(2015), "아랍 기원 스페인어 어휘들의 원(原) 어원 분석을 통한 문화전파 흔적 연구", 『중남미연구』, 34/1, p.29-52.
______(2020), "스페인 지명에 내재되어 있는 아랍어 구문 구조 연구", 『스페인어문학』, 97, p.9-28.
이상협(1996), 『헝가리사』, 서울: 대한교과서(주).
이은해(2010), "16, 17세기 스페인 종교재판소 평의회(Consejo de la Inquisición)의 역할과 특징", 『지중해지역연구』, Vol.12/1, p.55-81
이준섭(1993), 『프랑스문학사』, 1, 서울: 세손.

이형식(2005), 『롤랑전』, 서울: 궁리.
이희수(2004), 『이스탄불: 동서양 문화의 교류』, 파주: 살림.
전한호(2014), "모나리자, 다시 살다 : 레오나르도 다 빈치 초상화의 비밀", 『인문과학연구논총』, 37, p.103-133.
정은주, 박미란, 백금희(2005), 『비단길에서 만난 세계사』, 파주: 창비.
주경철(2009), 『문명과 바다』, 서울: 산처럼.
최영길(2009), 『아랍에서 출발한 이슬람의 역사와 문화』, 서울: 세창.
최진영 외(2019), 『기초 아랍어문법』, 서울: 한국외국어대학교 지식출판콘텐츠원.
허인(2005), 『이탈리아사』, 서울: 대한교과서(주).

스페인 언어문화사 II
이슬람 시대부터 현대까지

초판 인쇄 2022년 4월 24일
초판 발행 2022년 4월 29일

지은이 이강국
발행인 고윤성 Director, University Knowledge Press
편집장 신선호 Executive Knowledge Contents Creator
도서편집 이근영 Contents Creator
장혜정 Contents Creator
디자인 한 지 Designer
우승민 Designer
재무관리 조아라 Managing Creator
정예찬 Managing Creator
사전·홍보물 장지혜 Contents Creator
발행처 한국외국어대학교 지식출판콘텐츠원
02450 서울특별시 동대문구 이문로 107
전화 02)2173-2493-7
FAX 02)2173-3363
홈페이지 http://press.hufs.ac.kr
전자우편 press@hufs.ac.kr
출판등록 제6-6호(1969. 4. 30)
인쇄·제본 주)트윈벨미디어 02)2088-1810

ISBN 979-11-5901-901-2 [93920] 정가 29,000원

* 잘못된 책은 교환하여 드립니다.

불법복사는 지적재산을 훔치는 범죄행위입니다.
저작권법 제136조(권리의 침해죄)에 따라 위반자는
5년 이하의 징역 또는 5천만 원 이하의 벌금에 처하거나
이를 병과할 수 있습니다.

HU:iNE 은 한국외국어대학교출판부의 어학도서, 사회과학도서, 지역학도서 Sub Brand이다. 한국외대의 영문명인 HUFS, 현명한 국제전문가 양성(International+Intelligent)의 의미를 담고 있으며, 휴인(携引)의 뜻인 '이끌다, 끌고 나가다'라는 의미처럼 출판계를 이끄는 리더로서, 혁신의 이미지를 담고 있다.